D1663595

Hermann A. Wagner

E N D Z E I T

Der kosmische Count Down läuft:

Der Quantensprung vom
„homo sapiens"
zum
„homo spiritualis"

Books on Demand GmbH, Norderstedt

1

Impressum

Bibliografische Information der Deutschen Nationalbibliothek

Die Deutsche Nationalbibliothek verzeichnet diese Publikation
in Der Deutschen Nationalbibliografie; detaillierte bibliografische
Daten sind im Internet über http://dnb.d-nb abrufbar

Herstellung und Verlag: Books on Demand GmbH, Norderstedt
ISBN 978-3-8370-7561-8

Gewidmet

Allen vernunftbetonten Mitmenschen
auf der Suche nach der Wahrheit

**Das Streben nach Wahrheit und Erkenntnis gehört
zum Schönsten, dessen der Mensch fähig ist.**

Albert Einstein

Inhalt

Vorwort: Atlantis, das letzte Opfer einer Erdkatastrophe

Prolog: Endkampf zwischen Spiritualismus und
            Materialismus

Kapitel I: ZEIT, ZEITZEICHEN UND WELTZEITALTER

1. Reflexionen über die Zeit, deren Anfang und Ende   9
2. Unterschiedliche Sichtweisen über den Beginn der
   Endzeit   20
3. Übergang vom Fische- ins Wassermannzeitalter   29
4. Die große Zeitenwende am Ende des Eisernen Zeitalters   36

Kapitel II: MARKANTE ERKENNUNGSZEICHEN DER
             ENDZEIT

1. Der materialistische Mensch   41
2. Der schleichende Niedergang des Kapitalismus   51
3. Fieberhaftes, aber vergebliches Streben nach Einheit   66
4. Prophezeiungen signalisieren das baldige Zeitenende   81
5. Massive Aufrüstung zum letzten großen Gefecht   89
6. Drastischer Klimawandel, schwere Erdbeben und
   Vulkanausbrüche   97

Kapitel III: DER ZEITLOSE SCHÖPFER

1. Die Logik bedingt eine erste Ursache   112
2. Der liebe Gott des einfachen Menschen   115
3. Der patriotische Gott der Nationen   124
4. Der personale Gott der Theologie und Religionen   128
5. Der Omegapunkt-Gott der Physik   135
6. Der metaphysische Gott der Philosophen und Weisen   142
7. Der einzige wahre Gott   147

4

Kapitel IV.   ZEIT: FOLGE DER MATERIELLEN
                      SCHÖEPFUNG

1. Das Lebensprinzip und die Erstlinge Gottes   155
2. Hochmut der Erstlinge führt zum Fall   158
3. Die Entstehung von fluidalen Lichtwelten   162
4 .Halbmaterielle Welten und die 7. Weltstufe   178
5. Die Entstehung der Embrio- oder Paradiesgeister   183
6. Der Fall der Embrio- oder Paradiesgeister   195
7. Die Entstehung unseres Sonnensystems, der Erde und ihrer
   Bewohner   201

Kapitel V.   UMKEHR DER ZEIT: DIE VERGEISTIGUNG
                      ALLER MATERIE

1. Friedliche Ko-Existenz zwischen Evolution und
   Kreationismus   214
2. Gott würfelt nicht   217
3. Der beschwerliche lange Weg zurück zum Ursprung   225
4. Der Antichrist Ante Portas   238
5. Die große Trübsalszeit und apokalyptische Katastrophen 247
6. Die dramatischen Ereignisse der Potenzierung 265
7. Die neue Erde und der neue Mensch   274

Literaturverzeichnis   287

Vorwort

„Wenn die Erde kippt" lautet der Titel jenes Buches, in dem der 1989 verstorbene Wissenschaftsjournalist Gerd von Hassler umfassend und tiefgründig der Frage nachgeht, ob die Erde wieder einmal vor einer epochalen Veränderung steht.

Sowohl er selbst als auch die zu Wort kommenden Geophysiker, Klimatologen, Kosmologen und Umweltforscher sehen verstärkt Anzeichen für eine neue über uns hereinbrechende Erdrevolution. Gemeint ist damit eine plötzliche Verschiebung oder das Kippen der magnetischen Pole. Die Folgen wären dramatisch. Weltweite Riesenerdbeben und extremer Vulkanismus, Verlagerung der Kontinente, ein neuer Verlauf der Erdachse und neue Klimazonen.

Die letzte globale Erdkatastrophe, geologisch Kataklysmus genannt, ereignete sich vor rund 13.000 Jahren. Es handelt sich hierbei um die Sintflut, bei der auch der sagenhafte Kontinent Atlantis untergegangen ist.

Es bleibt uns Menschen ein Rätsel, weshalb in gewissen Abständen die Natur die totale Gewalt über unseren Planeten übernimmt. Selbst unsere allerbesten Wissenschaftler können diese kosmisch/irdischen Vorgänge nicht erklären.

Eine Antwort kann also nur dort gefunden werden, wo die Ursachen beheimatet sind: Im kosmisch/irdischen Bereich.

6

Prolog

Liebe Leserin, lieber Leser,

die Erd- und Menschheitsentwicklung streben im Tandem immer rascher einem Kulminationspunkt, der großen geistigen Wende, dem „Quantensprung" zu. Die träg schwingende Erde wird dabei samt ihrer synchron schwingenden Bewohner in einen höheren Schwingungszustand versetzt werden. Im Zuge dieser kosmisch/ irdischen Transformation wird aus dem heutigen „homo sapiens" der zukünftige „homo spiritualis" hervorgehen.

Wir, die wir nicht zufällig am Ende des Fischezeitalters - und damit inmitten der höchst schmerzlichen Geburtswehen des Wassermannzeitalters unser menschliches Dasein fristen müssen oder dürfen - erleben dabei nichts anderes als die weitreichenden Folgen von Ursachen, die vor Äeonen, also vor Milliarden von Jahren geschaffen wurden.

Am Ende unserer Zeitepoche, auch Endzeit genannt - womit nicht im Entferntesten der Weltuntergang gemeint ist - treten die Fehlentwicklungen von Wissenschaft, Technik und Wirtschaft des Industriezeitalters immer krasser in Erscheinung. Selbst unsensible und unkritische Zeitgenossen hegen seit geraumer Zeit Zweifel darüber, ob der Weg, den die heutige Menschheit beschreitet, in eine goldene Zukunft führt.

Selbst Politiker, allgemein für ihren Pragmatismus und Optimismus, aber auch für Opportunismus und Beschwichtigung bekannt, sowie anerkannte Naturwissenschaftler halten die derzeitige Entwicklung für bedrohlich. Furchterregend klang denn schon vor 17 Jahren das Fazit, das der renommierte Club of Rome im Jahre 1991 gezogen hat:

„Wir leben im Anfangsstadium der ersten globalen Revolution, auf einem kleinen Planeten, den zu zerstören wir offenbar wild entschlossen sind."

Da sich seither die klimatischen Verhältnisse noch dramatisch verschlechtert haben, stellt sich sogar der ansonsten in den Tag hinein lebende Durchschnittsbürger zwei bange Fragen: Was geht vor in der heutigen Welt, auf unserer Heimstatt Erde, einem von neun Planeten in unserem Sonnensystem, das nur eines unter vielen Millionen ist? Und was ist los in der Beziehung zwischen den

7

Menschen, Nationen, Völkern und Religionen?

Gewaltig türmen sich die Probleme zu einem hohen Gebirge auf: Da ist der besorgniserregende Klimawandel, die sich vergrößernde Kluft zwischen Arm und Reich, Verhungernden und im Überfluss lebenden Menschen, die hohe Kriminalität und die krebsgeschwürartig wuchernde Korruption, das große Misstrauen zwischen den Menschen, der allgemeine Verfall von Sitte und Moral, und nicht zuletzt die wachsenden kriegerischen Aktivitäten überall auf der Welt einschließlich des Terrorismus. Wohl gibt es recht plausibel klingende naturwissenschaftliche und soziologische Einzelantworten auf die brennenden Fragen zu den Ursachen dieser elementaren aktuellen Probleme, doch liefern sie weder ein vernünftiges Gesamtbild noch erlauben sie eine zuverlässige Vorausschau der weiteren Entwicklung.

Die Endzeit, in der wir heute am Anfang des 21. Jahrhunderts leben, ist dadurch geprägt, dass die Gegensätze zwischen Spiritualismus (Geist) und Materialismus (Materie) ins Extreme gehen. Wir erleben den Ausgärungsprozess dieser Gegensätze, die sich beim Übergang in die „Neue Welt" potenzierend-abstossend begegnen werden. Das eine Extrem, der Spiritualismus des Urchristentums, ist die Lehre vom Geist. Nach dieser Lehre, Geistwissenschaft genannt, ist der Geist das Primäre, der Urgrund allen Seins. Sein (ungleiches) Gegenstück und großer Widersacher ist der Materialismus, der in der letzten Phase vor dem Übergang extreme Erscheinungsformen zeigt. Nie in der ganzen Menschheitsgeschichte war die Kluft zwischen den beiden Welt- und Lebensauffassungen größer als heute.

Unerbittlich rückt der Zeiger vor auf der kosmischen Evolutionsuhr. Immer näher dem Jahr, dem Monat, dem Tag und der Stunde, zu der sich der große Umbruch, die Potenzierung, vollziehen wird.

Kapitel I

Z E I T, ZEITZEICHEN UND WELTZEITALTER

1. Reflektionen über die Zeit, deren Anfang und Ende

„Endzeitstimmung" -

diesen Begriff lesen und hören wir allerorten in den letzten Jahren immer häufiger. Benutzt wird er vornehmlich immer dann, wenn es nicht mehr so richtig weitergeht. Sei es in der Politik, in der Wirtschaft, im Finanzbereich, im Umweltschutz oder ganz allgemein in der Gesellschaft, wenn die Probleme und Mißstände überhand nehmen, sich also chaotische Verhältnisse düster am Horizont abzeichnen.

Der beispiellose Terroranschlag auf die Vereinigten Staaten von Amerika am 11. September 2001 (Kamikaze-Angriffe mit entführten Linienflugzeugen auf das World Trade Center in New York und das Pentagon in Washington) ist ein charakteristisches Beispiel für diese spezifische Gefühlslage vieler Menschen rund um den Globus. Auch größere Naturkatastrophen wie das gewaltige Tsunami-Erdbeben in Asien im Dezember 2004 oder die Überschwemmung und Verwüstung von New Orleans durch den Hurrikan Katrina im Sommer 2005 werden als Ereignisse apokalyptischen Ausmaßes empfunden.

Fast zu jeder Zeit hatten Menschen das Gefühl, in einer Art Endzeit zu leben. Stets ging es darum, Entscheidungen für die Zukunft, das Überleben der Spezies Mensch schlechthin, zu treffen. Immer gab es Bedrohungspotentiale, die, von chronischen Schwarzsehern und „Doomsday-Propheten" entsprechend aufgebauscht, durchaus den Weltuntergang, das Ende der Menschheit bedeuten konnten. Welch Wunder? Das vermeintliche Ende hat sich bis heute nicht eingestellt. Weder hat das heftige Wettrüsten zwischen West und Ost in den achtziger Jahren des letzten Jahrhunderts zur Vernichtung unseres Planeten geführt, noch sind uns die Rohstoffe ausgegangen. Auch der prognostizierte biologische Tod unserer Weltmeere ist ausgeblieben, die Hälfte der Menschheit ist nicht verhungert, und die Weltbevölkerung ist trotz Aids, BSE, Vogelgrippe, Wasserknappheit und sonstigen Krankheiten und ernsthaften Mangelerscheinungen gewachsen. Auch Naturkatastrophen haben den Gang der Dinge, das Leben und den Fortbestand der Menschheit nicht wesentlich beeinflusst. Keinem

9

irdischen Menschen ist es möglich, zweifelsfrei festzustellen bzw. im wissenschaftlichen Sinne zu beweisen, dass wir uns in der „Endzeit" befinden. Auch können wenige unter uns Erdenbürgern mit dem Wort „Zeitperiode" aus dem Evangelium etwas Rechtes anfangen. Jesus Christus hat in seiner Prophetie vor 2000 Jahren nie das Wort „Weltuntergang" oder „das Ende der Welt" gebraucht, wie dies in vielen - leider falschen - Übersetzungen vorkommt, sondern er benutzte stets das Wort „Zeitperiode".

Die Übersetzer haben den Sinn des Wortes nicht richtig verstanden. Sie setzten einfach das Wort „Weltuntergang" anstelle von „Ende der Zeitperiode", so dass die ganze Lehre dadurch ein anderes Gesicht, eine ganz andere Bedeutung bekam. Der Planet Erde wird jedoch nicht verschwinden. Er wird zwar seinen derzeitigen Zustand verlieren, aber keineswegs aus unserem Sonnensystem ausscheiden. Im Zuge der steten kosmologischen Evolution wird sich die Form, also die Gestaltung der Erdoberfläche, der Neigungswinkel der Erde zur Umlaufbahn um die Sonne und damit das Klima ebenso verändern wie die geistige Qualität der Menschen, die in der neuen Zeitperiode auf ihr leben werden.

Der Einfachheit halber steht im weiteren Verlauf der Ausführungen der Begriff „Endzeit" für „Ende der Zeitperiode".

Endzeit?

Dieses Wort enthält, unabhängig von der biblischen Interpretation, zwei sehr unbestimmte Begrifflichkeiten bzw. Phänomene. Wohl können wir Menschen uns das Ende einer Sache, einer Entwicklung oder eines Prozesses sehr gut vorstellen, weil wir es alltäglich mit unseren fünf materiellen Sinnen erleben, verstandesmäßig begreifen und seelisch verinnerlichen können. Ein Bürger stellt z. B. einen Antrag auf den Bau eines Einfamilienhauses an die zuständige Behörde. Irgendwann erhält er von ihr die Genehmigung, mit oder ohne Auflagen. Der Vorgang hat ein Ende. Nun kann mit dem Bau des Hauses begonnen werden.

Der Zeitpunkt von Anfang und Ende kann also auf den Tag genau bestimmt werden. Schwieriger ist dagegen die Bestimmung des Zeitpunktes der „ersten Ursache" für den Bau eines Hauses, oder die Ergreifung eines bestimmten Berufes, die Auswanderung in ein fernes Land, die Gründung eines Unternehmens, der Austritt aus einer Religionsgemeinschaft, die Scheidung vom Ehepartner, und

10

dergleichen. Unsere Vorstellungskraft, unsere Fantasie, hat einen Gedanken geboren, ihn vielleicht nach vielfältigen intensiven Abwägungen und Prüfungen so stark wachsen lassen, dass wir ihn mit unserer Willenskraft letztendlich irgendwann in die Tat umgesetzt haben. Ort, Zeit und Umstände, bei denen uns der erste Gedanke zu einer später in die Tat umgesetzten Idee gekommen ist, mögen zwar in einigen Fällen klar und offensichtlich sein, doch bleibt im Regelfall die eindeutige Bestimmung des Anfangs eher nebulös, da der menschliche Geist im Spiel ist. Lautet doch die unmittelbar mit diesem geistigen Vorgang verbundene Frage: Woher kam der Impuls für gerade diesen oder jenen Gedanken, diese Idee oder diesen Geistesblitz? Kam er von mir selbst, oder kam er von außen, also von Mitmenschen oder irgendwelchen Ereignissen, auf die mein Geist kraft Intelligenz, Vorstellungskraft und Kreativität entsprechend reagiert hat?

Selbstverständlich ist die genaue Kenntnis der ersten Ursache, der Uranfang einer Sache im alltäglichen Leben nicht von nennenswerter Bedeutung. Anfang und Ende haben für Menschen wirkliche existentielle Bedeutung nur dann, wenn es um das Leben, das eigene oder anderer, sehr nahestehender Menschen, oder um sehr viel Geld, Macht, Ruhm und Ehre geht. Oberflächlich betrachtet ist der Anfang des Lebens relativ eindeutig bestimmt als der Tag der Geburt, dokumentiert durch die Geburtsurkunde, die uns während des gesamten Erdenlebens begleitet, bis eine weitere „finale" Urkunde, die Sterbeurkunde, das Ableben des Menschen bestätigt.

Eine tiefergehende Betrachtung wirft allerdings viele elementare Fragen auf, die sich so mancher Mensch irgendwann einmal im Leben, entweder ganz insgeheim oder im kleinen privaten Kreise stellt. Sie lauten: Woher komme ich? Wozu bin ich hier (als Mensch auf Erden) und Wohin gehe ich (nach meinem Tode)? Auf diese zeitlosen Fragen hat zwar die Menschheit noch keine zufriedenstellende Antworten gefunden, wohl aber die immaterielle geistige Welt, deren Kundgaben, empfangen durch menschliche Medien, gezielt Eingang in dieses Buch gefunden haben.

Nicht weniger komplex als die Problematik „Anfang und Ende" ist ist das Phänomen „Zeit". Zeit, was ist das?

Platons Definition „Abglanz der Ewigkeit" ist ebenso abstrakt wie die Ewigkeit selbst. Sie entzieht sich der Vorstellungskraft des Normalbürgers ebenso wie der Begriff der Unendlichkeit.

Wenn wir als Baby das Licht der Welt erblicken, beginnt die lebenslange Auseinandersetzung mit der Zeit. Für den Neuankömmling scheint es nur die zeitliche Dimension Zukunft zu geben. Vergangenheit scheint der neue Erdenbürger nicht zu haben, und die Gegenwart erlebt er unbewusst. So erscheint die Zeitdauer zwischen seiner Geburt und seinem Todestag auf unserem Planeten als schiere Zukunft. Und wächst das Kind dann zum Erwachsenen heran, so erlebt es die geläufigen Dimensionen der Zeit: Vergangenheit, Gegenwart und Zukunft.

Was aber bringt diese unterschiedliche Betrachtung von Zeit hinsichtlich des Ziels einer sinnhaften und logischen Definition des Phänomens Zeit? Hätte die Zeit nur eine zukunftsbezogene Orientierung, so wäre das Positive daran, dass wir Menschen leichter „Herr der Zeit" werden könnten. Denn das, was zeitlich vor uns liegt, können wir ja beeinflussen. Zukunft ist doch nichts anderes als gedanklich vorweggenommene Realität. Mit unserer Willenskraft und Arbeit setzen wir unsere Gedanken und Ideen - in der Gegenwart geboren - zukünftig in die Tat um. Das bedeutete also, dass es eigentlich auch keine richtige Zukunft gibt, sondern nur fortgesetzte Gegenwart. Was aber ist dann Gegenwart?

Genau genommen gibt es auch keine richtige Gegenwart, denn diese verzehrt sich ständig. Auch der noch so bewusst gelebte momentane Augenblick unterliegt der Wandlung. In jedem allerkürzesten Augenblick verwandelt sich das, was wir schlechthin Zukunft nennen, nur für eine ganz winzige Zeit in die Gegenwart. Beim nächsten Atemzug hat sie sich jedoch schon in die von uns nicht mehr beeinflussbare Vergangenheit verwandelt.

Friedrich v. Schiller kleidete diesen Sachverhalt in den Sprüchen des Konfuzius in treffende Prosa:

„Dreifach ist der Schritt der Zeit;
zögernd kommt
die Zukunft hergezogen
pfeilschnell ist das Jetzt entflogen
ewig still steht die Vergangenheit"

Diese philosophische Betrachtung hat für das gewöhnliche Leben in Gesellschaft und Wirtschaft keine herausragende Bedeutung. Sie zeigt jedoch, dass die Gegenwart für den Menschen wohl die wichtigste zeitliche Dimension ist. Seine persönliche Vergangenheit kann der Mensch nicht mehr ändern. Er kann die Zeit nicht zurückdrehen, neu bei Null beginnen und es eventuell dank zwischenzeitlich gewonnener Erkenntnisse besser machen.

Passiert ist eben passiert! Allenfalls kann er in die Zukunft gerichtete Korrekturmaßnahmen ergreifen, die er aber zu irgendeinem Zeitpunkt, der dann die Gegenwart ist, entscheiden muss. Das Hier und Heute, die grob gefasste Gegenwart, ist also die zeitliche Dimension, in der wir Menschen hauptsächlich Einfluss auf die uns persönlich in unserem ganzen Leben zur Verfügung stehende Zeit nehmen können.

Am besten erreichen wir dies dadurch, indem wir die richtigen Gedanken fassen und erfolgversprechende Ideen gebären, die wir dann möglichst rasch - also in der ganz nahen Zukunft - in die alles entscheidende Tat umsetzen. Diese ganz nahe Zukunft kann noch Heute sein, Morgen oder Üebermorgen. Es hängt nicht zuletzt davon ab, wie ehrgeizig, willenskräftig, fleißig und konsequent der einzelne Mensch ist und wie wichtig ihm die Realisierung seines Gedankens oder seiner Idee ist. Verschiebt er die Umsetzung aber immer in die Zukunft, so „vergeudet" er sein persönliches Zeitkonto, das definiert ist als die Zeit zwischen seiner Geburt und seinem Tod. Irgendwann wird so ein „Morgen"-Mensch betrübt feststellen, dass sich zum Beispiel schon mehr als die Hälfte seines „persönlichen Zeitfonds", der bei seiner Geburt nur aus „Zukunft" bestand, in die nicht mehr beeinflussbare unwiederbringliche Vergangenheit verwandelt hat. Die Zeit, sprich die restliche Zukunft, erscheint ihm dann vielleicht schon als zu knapp bemessen, um seine Lebensziele noch vollständig realisieren zu können. Trost erfährt er dann noch nicht einmal von Wilhelm Busch, der seine Beobachtung wie folgt formuliert hat:

„Hartnäckig weiter fließt die Zeit; Die Zukunft wird Vergangenheit. Von einem großen Reservoir ins andre rieselt Jahr um Jahr."

Konfrontiert man einen x-beliebigen Menschen auf der Straße mit der Frage nach der Definition der sogenannten 4. Dimension, der Zeit, so ist die Wahrscheinlichkeit eines spontanen Achselzuckens, gepaart mit einem hilflosen Gesichtsausdruck, sehr hoch.

Für den normalen Menschen verläuft die Zeit linear in den Dimensionen Vergangenheit, Gegenwart und Zukunft. Zeitsprünge oder Zeitreisen - in die Vergangenheit oder Zukunft -, Paralleluniversen und Sternzeiten wie sie in Science-fiction-Romanen und - Filmen gang und gäbe sind, hält er zwar für interessante und fantasiereiche Unterhaltung, letztlich aber für esoterische Spinnerei.

Wohl kann er sich vorstellen, dass irgendwo auf einem fremden

Planeten im weiten All das Zeitmaß ein anderes ist, weil die Umdrehungsgeschwindigkeit des betroffenen Planeten um seine eigene Achse und der Lauf um seinen Mutterstern anders sind als wir es von unserer Erde und Sonne kennen. Folgerichtig erkennt er, dass dort eben ein Tag oder ein Jahr nicht gleich einem irdischen Tag oder Jahr ist. Eine Zeitreise in die Vergangenheit oder gar in die Zukunft?

Nein! Er weiß eben aus der Schule und seiner persönlichen Erfahrung durch das Bereisen ferner Länder, dass die Erde in 24 Zeitzonen eingeteilt ist, wobei sich von Zone zu Zone die Zeit um 1 Stunde verschiebt, so dass nach Ablauf von 24 Stunden die Erde ihre Eigendrehung vollendet hat und an der Datumsgrenze ein neuer Tag beginnt. Diese Zeitzonen sind für den Menschen verständlich und nachvollziehbar, geht doch die Sonne im Osten auf und im Westen unter. Dass die Zeit irgendwie mit räumlicher Distanz zu tun hat, also in Verbindung mit dem Raum zu betrachten ist, ist ihm nichts Neues.

Die Zeit war im Mittelalter, als das vorherrschende Weltbild die Erde als den Mittelpunkt betrachtete, um den sich die Sonne dreht, noch geheimnisvoller als heute. Giordano Bruno formulierte im Jahre 1588 zutreffend: „Denn das ist sicher, dass wenn keine Bewegung und Veränderung wäre, nichts zeitlich genannt würde... nicht die Zeit ist das Maß der Bewegung, sondern umgekehrt, die Bewegung das Maß der Zeit."

Weil er weiterhin folgerichtig erkannte, dass sich die Erde um die Sonne dreht, und nach einem Umlauf ein Jahr verstrichen ist, wurde er im Jahre 1600 als Ketzer auf dem Scheiterhaufen verbrannt.

Ein heute lebender Astrophysiker, der behauptete, die Naturkonstante Lichtgeschwindigkeit gelte nur in unserem Sonnensystem, erhöhe sich aber stetig, je weiter entfernt und weniger dicht andere Galaxien im All sind, würde zwar nicht auf dem elektrischen Stuhl enden, wohl aber in der Arbeitslosigkeit und gröbster kollegialer Missachtung.

Der Semantiker Alfred Korzybski hat davor gewarnt, verbal zu trennen, was existentiell nie getrennt war, weil dadurch entscheidende Trugschlüsse in unser Denken einfließen würden. Sein Lieblingsbeispiel war die Sache mit „Zeit und Raum". In unserer alltäglichen Erfahrung begegnen wir dem Phänomen „Raum" selten oder nie ohne das der „Zeit", d. h. ein Jahr misst den Raum, den die Erde braucht, um sich in der Umlaufbahn um die Sonne zu drehen, und der Raum, den die Sonne dazu braucht, gibt uns die „Zeit", die wir Jahr nennen.

Die verbale Trennung von „Raum" und „Zeit" wurde in der Physik des späten neunzehnten Jahrhunderts ein solches Problem, dass Paradoxe und Widersprüche den Wissenschaftlern über den Kopf wuchsen. Das hörte erst auf, als das Genie Einstein sich wieder auf die verbalen Kategorien besann und sich klar machte, dass die Wissenschaftler selbst für dieses Durcheinander verantwortlich waren. Er baute die Physik daraufhin von Grund auf neu auf und zwar auf der simplen Tatsache, dass man „Zeit" und „Raum" nie getrennt voneinander erfahren kann. Es handele sich stets um ein undifferenziertes „Raum-Zeit-Kontinuum".

Das entscheidende Postulat der Relativitätstheorie besagt, dass die Naturgesetze für alle bewegten Beobachter unabhängig von ihrer Geschwindigkeit gleich sein müssen. Das traf zwar schon auf Newtons Bewegungsgesetze zu, doch nun wurde das Prinzip auch auf Maxwells Theorie und die Lichtgeschwindigkeit ausgedehnt: Alle Beobachter müssen die gleiche Lichtgeschwindigkeit messen, wie schnell auch immer sie sich bewegen.

Eine Auswirkung von Einsteins Erkenntnis ist, dass sich aufgrund der Äquivalenz von Masse und Energie ($E = mc2$) sich jedes gewöhnliche Objekt nur mit Geschwindigkeiten unter der Lichtgeschwindigkeit fortbewegen kann. Nur das Licht oder andere Wellen, die keine Ruhemasse haben, können sich mit Lichtgeschwindigkeit ausbreiten. Mit Hilfe der konstanten Lichtgeschwindigkeit definieren wir exakt das räumliche Längenmaß, den Meter. Er ist definiert als die Strecke, die vom Licht in 0, 000 000 003 335 640 952 Sekunden zurückgelegt wird, gemessen von einer Cäsiumuhr. Zu dieser besonderen Zahl kommt es, weil sie der historischen Definition des Meters entspricht, den beiden Markierungen auf dem in Paris aufbewahrten Platinstab.

Eine einfachere Längeneinheit in der Relativitätstheorie ist die Lichtsekunde. Sie ist definiert als die Entfernung, die das Licht in einer Sekunde zurücklegt. Ganz generell wird innerhalb der Relativitätstheorie die Entfernung durch die Zeit und die Lichtgeschwindigkeit ausgedrückt. Die Theorie beweist also, dass die Zeit nicht völlig losgelöst und unabhängig vom Raum existiert, sondern sich mit ihm zu einer Entität verbindet, die man Raumzeit nennt.

Soweit zum Phänomen Zeit aus naturwissenschaftlicher Sicht. Größere Schwierigkeiten bereitet dem Mensch aber der subjektive Zeitbegriff, das persönliche subjektive Empfinden von Zeit. Leiden wir nicht alle häufig unter „Zeitdruck" und „Zeitnot"? Läuft uns nicht manchmal - und dies ganz besonders in sehr wichtigen Lebenssituationen - die Zeit weg oder zerrinnt uns unter den Fingern?

Eine Stunde, objektiv definiert als 60 Minuten oder 3.600 Sekunden, kann im persönlichen Empfinden eines Menschen unendlich lang („es dauerte ewig") oder erstaunlich kurz („im Nu war die Zeit vorbei) erscheinen. Ein Mensch etwa, der auf einen Befund eines Pathologen wartet, der nur eine binäre Antwort zulässt - der festgestellte Tumor ist entweder gut- oder bösartig - wird die eine Stunde des Wartens als extrem lang empfinden. Ein sich in euphorischer Hochstimmung befindliches frisch verliebtes Liebespaar wird sich höchstwahrscheinlich sehr wundern, dass die eine Stunde des lange ersehnten Zusammenseins schon vergangen ist. Es wird subjektiv das Zeitmaß Stunde als sehr viel kürzer betrachten als der tumorbefallene Patient. Nicht zuletzt sagt der Volksmund: „Dem Glücklichen schlägt keine Stund!" Zeit, so empfinden Menschen in glücklicher Hochstimmung, finde dann einfach nicht statt oder „Verliebte laufen stets der Uhr voraus" wie es William Shakespeare im Kaufmann von Venedig formulierte.

Was also ist Zeit jenseits der rationalen objektiven wissenschaftlichen Beschreibung?

Führt etwa die beliebte Problemlösungs- und Definitionsmethode der Negativabgrenzung zu einer zufriedenstellenden Antwort? Gut, die Zeit ist keine Sache (Materie), die wir sehen, hören, riechen, tasten und schmecken können. Wir können sie aber sehr wohl mit von Menschenhand gefertigten Uhren und Chronometern messen oder, anhand des Sonnenstandes am Himmel, der Tageshelle oder nächtlichen Dunkelheit grob schätzen. Vergisst man einmal die Zeitaufzeichnung mit Kreide auf der Schiefertafel, bei der jeder Tag mit einem Strich vermerkt wird, so wüssten wir ohne Kalender und Uhr nicht, welches Jahr, welcher Monat und Tag genau gerade ist. Hilfreich bei einer groben Zeitbestimmung wären dann aber die in der jeweiligen Klimazone vorherrschenden Jahreszeiten. Anhand der prägnanten jahreszeitspezifischen Klimaerscheinungen ließe sich in etwa die Zeit auf einen Monat genau ermitteln. Auf der nördlichen Erdhalbkugel in Mitteleuropa bedeuten eben Kälte und Schnee Winter, mildes Wetter und Erwachen der Natur Frühjahr, Hitze und Reifen der Früchte Sommer, Welken der Blumen und Blätter, Stürme und Nebel Herbst.

Die Natur, in ihrem steten Werden und Sterben, steht uns als biologische Uhr hilfreich zur Seite. Sie ist nichts anderes als ein natürlicher Zeitmesser oder Zeitanzeiger, der eigentlich nichts anderes anzeigt als die permanente Bewegung, Veränderung, Wandlung und Verwandlung. Betrachten Sie Fauna und Flora mit einer entsprechenden Zeitlupe, so können Sie diese stete Veränderung und Verwandlung mit Ihrem bloßen Auge wahrnehmen. Da wir Menschen unbestritten Teil dieser Natur sind, uns auch von ihr ernähren, unterliegen auch wir der ständigen Verwandlung, von der Geburt bis zu unserem Tod. Den schlüssigen Beweis liefert Ihnen ein kritischer Blick in den Spiegel beim gleichzeitigen Betrachten Ihrer Baby- und Kinderfotos. Zwar ist die Lebensspanne der einzelnen Arten und Gattungen in Fauna und Flora höchst unterschiedlich, und auch die Lebensdauer beim Menschen variiert, doch das zugrunde liegende Prinzip ist das gleiche: Werden und Sterben!

Beim Menschen nennt man die fünf Entwicklungsphasen Kindheit, Jugend, Reife, Alter und Tod.

Daraus ist ersichtlich, dass im Begriff „Zeit" implizit die Veränderung bzw. die Entwicklung steckt. Diese Veränderung vollzieht sich nicht nur in der äußeren materiellen Erscheinungsform, sondern, im Gegensatz zur Tier- und Pflanzenwelt sowie dem Bereich der Mineralien, auch in der inneren Welt des persönlichen Gedanken- und Gefühlslebens des Menschen.

Der 18-jährige begabte, ehrgeizige Abiturient mit einem Einser-Abitur erlebt das Phänomen Zeit subjektiv völlig anders, und sieht auch die Welt und ihre Problembereiche in einem völlig anderen Licht als z. B. eine 94- jährige, bettlägerige Greisin, den nahenden Tod vor ihren kaum noch sehenden Augen. Der Abiturient ist voller Hoffnung und Ideale, und hat noch sehr viel Zeit, sein Leben zu gestalten, so dass er sich über Zeit an sich keine tiefschürfenden Gedanken macht. Er sieht die Welt „rosarot", weil sie ihm eine glänzende Zukunft verspricht. Die Greisin dagegen hat ihre (irdische) Entwicklung weitestgehend hinter sich, und hat - den Tod und damit den Abschied von dieser Welt fürchtend - eine ausgesprochen düstere Zukunft vor sich. Sie sieht die Welt demzufolge „dunkelgrau bis schwarz" und die ihr auf diesem Planeten verbleibende Zeit verflüchtigt sich wie Nebel in der Mittagssonne.

Die „Zeit" so kann vorläufig konstatiert werden, zeigt die

Veränderung, den Wandel und die Entwicklung der gesamten Natur und all ihrer Lebewesen an. Im Sinne von Giordano Bruno müsste es natürlich korrekt heißen: Die uns vorgegebene naturgesetzliche Bewegung und Veränderung ist die maßgebliche Bestimmungsgröße für die Zeit. Es ist in diesem Zusammenhang völlig nebensächlich zu prüfen, ob das Ei vor dem Huhn da war oder umgekehrt. Wichtig für den Leser ist es zu verstehen, dass sich Bewegung der Materie und Zeit gegenseitig bedingen.

Während sich also die Materie und alle Lebewesen ständig bewegen und dabei verändern, vergeht Zeit. Für das Erreichen des Endzieles aller Evolution, die völlige Vergeistigung sämtlicher Materie, spielt es aus Sicht des Schöpfers, der überhaupt keine Zeit kennt, keine Rolle, wie viele Äonen bis zu diesem Zeitpunkt vergangen sind. Für uns endliche Menschen aber ist Zeit, die uns ständig im Nacken sitzt, noch eher verständlich als die uns unbekannten göttlichen ewigen und endlichen Gesetze, die das materielle Universum ordnungspolitisch steuern.

Die Zeit als Gradmesser der Veränderung bzw. der Entwicklung beinhaltet nicht nur die Evolution aller Lebewesen, sondern auch alle vom Menschen geschaffene Werke. Diese Werke können materieller oder immaterieller Natur sein, also Bauwerke gleichermaßen wie Entdeckungen, Erfindungen und Erkenntnisse.

Die Zeit wirkt objektiv betrachtet auf alle Lebewesen einschließlich der Menschen gleichmäßig ein; sie wird von Menschen subjektiv aber höchst unterschiedlich empfunden. Wir Menschen haben die Zeit, nolens volens, als Faktum und als „Messinstrument" für Veränderung und Entwicklung akzeptiert und über die Jahrtausende so verinnerlicht, dass sie im Volksmund durch so sinnhafte Sprichwörter wie „Alles hat seine Zeit!; Kommt Zeit, kommt Rat!; Zeit heilt Wunden!" zum Ausdruck kommt. Ueberdies ist Zeit in unserer materialistischen Leistungsgesellschaft, die auch den Sport einschließt, zu einem kostbaren Gut und kritischen Erfolgsfaktor avanciert.

Die Zeit ist also keine Sache, sondern so eine Art „Wasserstandsanzeiger" im steten Wirken der Natur mit ihren zyklischen Wellenbewegungen oder auch gelegentlich abrupten Umbrüchen. Sie ist auch keineswegs eine von einem Menschen geborene oder entwickelte Idee, Erfindung oder gar ein geniales Ordnungs-, Lenkungs- und Leitungskonzept für die Menschheit. Mitnichten! Nein! Sie existiert einfach seit wir denken können. Und sie existiert weiter, offensichtlich ohne Aussicht darauf, dass sich

18

an diesem Phänomen je etwas ändern könnte.

So ganz befriedigend ist die bisherige intellektuelle Durchdringung des Phänomens Zeit also noch nicht. Vielleicht führt ja eine menschentypisch polaritätsbezogene Frage weiter zum Erfolg: Was ist das Gegenteil von Zeit?

Die „Unzeit" könnten Sie ganz spontan und dialektisch antworten, womit Sie zunächst auch teilweise recht hätten. Schließlich wissen wir alle, dass, wenn eine Zeit noch nicht „reif" ist für eine neue Idee, eine neue Entwicklung oder Erfindung oder einem neuen Denken, dann wird eine solche Idee erbärmlich scheitern. Denn sie kam zur Unzeit, zur falschen Zeit, und kann, obwohl brillant, bahnbrechend und zukunftsweisend, gar nicht oder nur in Ansätzen verwirklicht werden. Wie aber findet man heraus, ob die Zeit „richtig" ist für eine neue Idee oder Entwicklung, die den sogenannten Zeitgeist voll trifft, weswegen sie sich in Windeseile über die ganze Welt verbreiten kann? Nun, das ist eine Frage des Spürsinns oder eines guten Näschens oder der sozialen und soziologischen Kompetenz eines Menschen oder einer Gruppe. Gleichwohl bleibt die Frage „Was ist das Gegenteil von Zeit" offen.

Die einzig richtige Antwort erhalten wir nur von der jenseitigen geistigen Welt, der Welt der Entkörperten, zu der wir vor unserer irdischen Geburt gehörten, und in die wir nach unserem leiblichen Tode mit unserer immateriellen unsterblichen Geistseele zurückkehren werden. Die geistwissenschaftliche Antwort lautet: „Der unerschütterliche Glaube an sich selbst!"

Gemeint ist hier das höhere, uns Menschen noch verborgene Selbst, das Ur-Ich, der göttliche, zeitlose Funken, der seit unserer Schaffung unsere unsterbliche Persönlichkeit und Identität darstellt. Wir alle tragen diesen göttlichen Funken, diesen „Mikro-Mikro" - Splitter des göttlichen Geistes in uns. Wir Menschen sind verkörperte Geistwesen. Wie bereits aufgezeigt, existiert die Zeit nur im Zusammenhang mit dem Raum, lebt sozusagen in Symbiose mit dem Raum. Die Raumzeit aber ist nur über die materielle Schöpfung in die „Welt" gekommen. Mit dem Urknall oder „Big Bang" - so die einhellige wissenschaftliche Ansicht - hat diese materielle Schöpfung vor rund 15 Milliarden Jahren begonnen. Der ersten Ursache dieses „Urknalls", dem wahren Grund dieses Anfangs, hat diese allgemein anerkannte Urknalltheorie keinerlei Bedeutung beigemessen bzw. die dringend gebotene Aufmerksamkeit geschenkt. Es ist unglaublich, aber wahr! Die Wissenschaft, ansonsten der strengen Kausalität verpflichtet, akzeptiert eine Theorie, mit der sie ausführlich die Wirkung beschreibt, aber der Ursache dieser Wirkung nicht näher nachgeht.

Die erste Ursache allen Seins, des Geistigen wie des Materiellen, ist Gott allein. Gott ist ein Geist und wir Menschen sind von ihm geschaffene Geistwesen. Gott ist der Motor des Alls. Er alleine bewirkt alles Leben und das, was wir Evolution nennen. Leben hat alles in der Natur, die Mineralien, die Pflanzen und die Tiere. Bewusstsein, der Ausdruck des Geistes, besitzt jedoch der Mensch allein. Weil unser Geist von Gott, dem nie Geschaffenen, Ewigen, der keine Zeit kennt, stammt, werden wir Menschen nach vielen Wandlungen und Läuterungen als relativ vollkommener Geist zu Gott zurückkehren. Am Endziel dieser langen Reise wird unser höheres Selbst, unser Ur-Ich in höchstmöglichem Vollkommenheitsgrad in der Nähe zu Gott existieren. Dann ist die Zeit überwunden, denn dann ist auch das, was wir Raum, also Materie, nennen, nicht mehr existent.

2. Unterschiedliche Sichtweisen über den Beginn der Endzeit

Die Menschen haben die abstrakte Zeit durch die Einführung von Kalendern konkretisiert, sie für das Leben handhabbar gemacht. Die Zeitrechnung ist dem Menschen wesentlich vertrauter als der Umgang mit naturwissenschaftlichen, philosophischen oder gar geistwissenschaftlichen Definitionen. Aber auch sie hat ihre Tücken.

Wir planen unser Leben nach dem Kalender. Durch den Tag führt uns die Uhr. Wie verlässlich ist aber die langfristige Zeitrechnung?

Geschichtlich dokumentiert ist die Tatsache, dass sich der skythische Mönch Dionysius nachweislich bei der Kalenderumstellung vom römischen Kalender auf die christliche Zeitrechnung im Jahre 532 verrechnet hat. Obwohl man später den Fehler entdeckte, behielt man den Kalender unverändert bei. Als sicher galt damals, dass Jesus Christus mindestens 4 Jahre, höchsten aber sieben Jahre vor „Christi Geburt" geboren wurde. Demzufolge variieren die Angaben in den unterschiedlichen Lexika.

Ende des 20. Jahrhunderts hat sich der deutsche Astrophysiker Dr. Norbert Peiler intensiv mit dem Zeitpunkt von Christi Geburt auseinander gesetzt. Zunächst hat er festgestellt, dass Jesus Christus tatsächlich auf unserer Welt gelebt hat.

Allerdings haben seine kosmologischen Nachforschungen zum überlieferten „Stern von Bethlehem" ergeben, dass es sich hierbei mit großer Sicherheit um eine Konjunktion der Planeten Jupiter und Saturn in der Nähe der Sonne gehandelt hat. Daher der helle sternförmige Schein. Er schließt das Ereignis einer Super-Nova, eine Sternenexplosion, zum damaligen Zeitpunkt ebenso aus wie einen Kometen. So bestimmte er den 12. November des Jahres 7 vor Christi Geburt mit einer Genauigkeit bzw. maximalen Abweichung von nur einem Tag als den Geburtstag von Jesus Christus.

Denkbar wären demnach als richtiger Geburtstag der 11. 11. oder der 13. 11. des Jahres 7 v. Chr. Das berühmt berüchtigte Jahr 2000, das irrtümlich weltweit mit bombastischen Sylvesterfeiern der Superlative bereits zum Jahreswechsel 1999/2000 gefeiert wurde, begann also tatsächlich schon im November 1994 und somit befinden wir uns im Jahr 2009 heutiger Zeitrechnung bereits im Jahre 2016. Die Jahrtausendwende, der Übergang vom zweiten ins dritte Jahrtausend christlicher Zeitrechnung, die von vielen Menschen mystifiziert wurde, hat sich also still und heimlich vollzogen. Es ist kein welterschütterndes Ereignis aus dem Jahre 1994 bekannt. Weshalb auch? Betrifft die christliche Zeitrechnung doch nur einen Bruchteil der Weltbevölkerung. Für die Araber und die Juden stellt nämlich unser Jahr 2000 keineswegs eine Jahrtausendwende dar. Die Muslime schrieben im Jahr 2000 das Jahr 1421 der Hedschra und die Juden das Jahr 5760.

Die fundamentalen Christen, die die Bibel wörtlich nehmen, sind fest davon überzeugt, dass wir in der Endzeit leben. Nach einer Stelle aus dem Lukas-Evangelium halten viele Fundamentalisten den 6. Juni 1967, den Zeitpunkt der Wiedervereinigung Jerusalems unter israelischer Hoheit, für den Beginn der Endzeit. Sie soll mit dem Fall Jerusalems ihren Abschluss finden: „ .... und sie werden durch die Schärfe des Schwertes fallen und in die Gefangenschaft unter die Heidenvölker weggeführt werden, und Jerusalem wird von den Heiden zertreten werden, bis die Zeiten der Heiden abgelaufen sind. Dann werden Zeichen an Sonne und Sternen in Erscheinung treten, und auf der Erde wird Verzweiflung der Völker in ratloser Angst beim Brausen des Meeres und seiner Wasserwogen herrschen, indem Menschen den Geist aufgeben vor Furcht und in banger Erwartung der Dinge, die über den Erdkreis kommen werden, denn (sogar) die Kräfte des Himmels werden in Erschütterung geraten. Und hierauf wird man den Menschensohn in einer Wolke kommen sehen mit großer Macht und Herrlichkeit.

21

Wenn dies nun zu geschehen beginnt, dann richtet Euch auf und hebt Eure Häupter empor; denn Eure Erlösung naht - Luk. 21: 6 - 28; Menge Üebersetzung).

Die wenigen Fundamentalisten, die den Beginn der Endzeit nicht auf 1948 (Wiedererrichtung des Staates Israel) oder auf 1967 (Wiedervereinigung Jerusalems) legen, gehen vom ersten Weltkrieg, genauer gesagt, von dessen Beginn im Jahre 1914 aus; sie betonen die Bibelstellen, an denen von noch nie da gewesenen Kriegen die Rede ist und beziehen diese auf den ersten Weltkrieg:„.... wenn ihr ferner von Kriegen und Aufständen höret, so lasst Euch dadurch nicht erschrecken! Denn das muss zuerst kommen, aber das Ende ist dann noch nicht sogleich da. Hierauf fuhr er fort: Ein Volk wird sich gegen das andere erheben und ein Reich gegen das andere; auch gewaltige Erdbeben werden stattfinden und hier und da Hungersnöte und Seuchen; auch schreckhafte Erscheinungen und große Zeichen vom Himmel her werden erfolgen" - Luk. 21 : 9f; Menge-Üebersetzung).

Die Zeugen Jehovas nehmen im Gegensatz zu anderen christlichen Fundamentalisten die Prophezeiungen um die Wiederherstellung Israels nicht wörtlich. Sie glauben, dass sie selbst das neue Israel seien. Aber auch sie glauben, dass wir in der Endzeit leben, und dabei stützen sie sich auf die Prophezeiungen von großen Kriegen, während derer sich ein Volk wider das andere erheben soll. So kommen auch sie auf 1914, das Jahr, in dem der erste Weltkrieg begann, als dem Beginn der Endzeit. In jenem Jahr soll nämlich Jesus Christus in das himmlische Königreich eingezogen sein. Satan, sein Gegenspieler, auch Luzifer (Lichtträger) genannt, soll dagegen protestiert haben, indem er den ersten Weltkrieg auslöste.

Als überzeugter Vertreter der These vom Primat des Geistes betrachtet der Autor als den Beginn der Endzeit den Zeitpunkt, den die geistige jenseitige Welt als die „Zeit der Fülle" bezeichnet. Dieser Begriff begegnet uns in der Bibel immer wieder. Welche Gesetzmäßigkeit sich jedoch hinter diesem blumigen Ausdruck verbirgt, bleibt dem Menschen ein Rätsel. Empirisch kann man aber feststellen, dass immer dann, wenn aus geistiger Sicht die „Zeit der Fülle" gekommen war, es in der Menschheitsgeschichte epochale Veränderungen gab. Genannt sei hier beispielhaft das plötzliche Verschwinden alter Kulturvölker wie das der Sumerer, der alten Griechen, Ägypter usw. von der Erde ohne einen erkennbaren Grund. Auch das körperliche Erscheinen von Jesus Christus (dem höchsten Geistwesen, das je als irdischer Mensch einverleibt wurde) vor rund 2000 Jahren geschah zu einer „Zeit der Fülle".

Das Erscheinen von Gottes eingeborenem Sohn (er ist das einzige von Gott geschaffene Geistwesen, das nicht als Dual kreiert wurde) just zum damaligen Zeitpunkt ist für uns Menschen ebenso wenig erklärbar wie seine angekündigte Wiederkehr. Alles was wir aus dem Neuen Testament positiv wissen ist, dass es dem Messias um die Erlösung der Menschheit geht. Diese Erlösung der Menschheit von den negativen geistigen Kräften, begonnen vor rund 2000 Jahren, steht in verhältnismäßig kurzer Zeit vor ihrem Abschluss. Die Erde als „Hauptwohnsitz" Satans ist damit in den Fokus der geistigen Welt und ihrer kosmischen Kräfte gerückt.

Der Heil- und Erlösungsplan von Jesus Christus trat mit dem Beginn der Endzeit in die entscheidende letzte Phase. Sie begann mit dem modernen Spiritualismus am Ende des Jahres 1847 in Hydesville, USA, im Hause des Farmers John Fox. Er gehörte mit seiner Familie dem sogenannten Methodistenglauben an. Seine beiden Töchter im Alter von 12 und 15 Jahren waren medial begabt und dienten der Geisterwelt Gottes. Versuche wurden schon vorher in Europa und auch anderswo unternommen, aber jene Menschen, die sich der Geisterwelt Gottes zur Verfügung gestellt hatten, endeten meist auf dem Scheiterhaufen. Diese neue Epoche begann ganz einfach mit Tischklopfen, denn die mediale Kraft war damals noch gering. Mit der Zeit entdeckte man noch eine Reihe anderer Möglichkeiten, Durchgaben von der geistigen Welt zu empfangen.

Ausgehend von der geistwissenschaftlichen Erkenntnis, dass es bei Gott, also Geist und Inbegriff von Liebe, nichts Zweckloses gibt, muss also Ende des Jahres 1847 die Zeit „reif" gewesen sein. Es spricht sehr viel dafür, dass diese geistige „Aufklärungskampagne" das Ende des Fische- und den Beginn des Wassermannzeitalters markiert. Da die Übergänge in der Natur fließend sind, werden sie von den Menschen in der Regel nur sehr unscharf wahrgenommen.

Der moderne Spiritualismus - die Durchgabe von Botschaften von Geistwesen der jenseitigen geistigen immateriellen Welt an irdische, medial begabte Menschen - sollte im Bewusstsein der Menschheit eine Wende bringen. Er sollte die Menschen auf die von unserem Erlöser, Jesus Christus, selbst prophezeite Wiederkehr vorbereiten. Obwohl sich diese medialen Praktiken mit rascher Geschwindigkeit über den Erdball ausbreiteten, ist bis zum heutigen Tage der geistige Wert der verschiedensten Durchgaben der Geisterwelt Gottes nur vereinzelt im Bewusstsein der Menschen zur fruchtbaren Ernte geworden.

Was geschah also im Jahr 1847 so Außergewöhnliches, das im materiellen Bereich der Erde der geistigen Weichenstellung für die weitere Entwicklung der Menschheit entsprach?

Die Analyse der politischen Weltlage ergibt nichts , was man als Kulminationspunkt einer wichtigen Epoche werten könnte. Ein Blick in die Annalen offenbart auch keine weltverändernden Ereignisse: In Preußen gab es eine Konstitution und einen Vereinigten Landtag; in Italien ein unerwartetes Erwachen des politischen Lebens und die allgemeine Bewaffnung gegenüber Österreich; in der Schweiz einen Bürgerkrieg; in England eine neues Parlament mit entschieden radikaler Färbung; in Frankreich Skandale und Reformbanketts, in Belgien siegten die Liberalen in den Wahlen und schließlich wurde Mexiko von den Vereinigten Staaten von Amerika erobert.

Also Fehlanzeige? Versagt hier etwa das Prinzip der irdischen Manifestation geistig initiierter Prozesse? Mitnichten!

Im Dezember 1847/Januar 1848 verfasste Karl Heinrich Marx, Philosoph u. Nationalökonom, das Manifest der Kommunistischen Partei. Es sollte fortan den Geschichtsverlauf stark beeinflussen. Mit der Geburtsstunde des Kommunismus, der in seiner idealen Form dem friedlichen, harmonischen und brüderlichen Urchristentum vergleichbar ist, war also aus geistiger Sicht die Zeit der Fülle gekommen, in der die Aufklärung der Menschheit über den wahren Schöpfungsverlauf und die ultimative Zielsetzung der Evolution beginnen sollte. Karl Marx, dessen Eltern aus alten Rabbinerfamilien stammten, legte zusammen mit seinem Freund Friedrich Engels mit dem wissenschaftlichen Sozialismus das Fundament für den Kommunismus. Lenin bezeichnete 1917 in Anlehnung an Karl Marx den Sozialismus, der im Zeichen der Diktatur des Proletariats stehen werde, als die niedere Stufe des Kommunismus. Die höhere Stufe des Kommunismus sei vor allem durch eine herrschaftsfreie klassenlose Gesellschaft bestimmt. Nach Lenins Vorstellung ist eine kommunistische Gesellschaft eine solche ohne Klassen, ohne wesentliche Unterschiede zwischen Stadt und Land, zwischen körperlicher und geistiger Arbeit. Auf der Basis des einheitlichen gesellschaftlichen Eigentums an allen Produktionsmitteln ist die soziale Einheit aller Mitglieder der Gesellschaft hergestellt. Der Kommunismus ist eine Gesellschaft des Wohlstandes und des Überflusses, in der das Prinzip herrscht:

24

Jeder nach seinen Fähigkeiten, jedem nach seinen Bedürfnissen. Die Arbeit zum Wohle der Gemeinschaft entwickelt sich zum ersten Lebensbedürfnis für alle. Durch die Uebereinstimmung der gesellschaftlichen und persönlichen Interessen werden sich die zwischenmenschlichen Beziehungen, die Beziehungen zwischen Persönlichkeit und Gesellschaft harmonisch als echte Menschengemeinschaft gestalten. Und auch die Nationen werden einander so weit näherkommen, dass sie schließlich ineinander verschmelzen zu einer Weltgemeinschaft der Menschen, ohne materielle und geistige Not, ohne Krisen und Kriege.

Angesichts der offensichtlichen Tatsache, dass der Kommunismus in keinem Land der Erde in seiner Idealform verwirklicht werden konnte - einige wenige Kibbuzim in Israel ausgenommen - im Stalinismus pervertiert wurde, und anfangs des 21. Jahrhunderts nur noch in wenigen Staaten (China, Nordkorea, Kuba) mehr schlecht als recht praktiziert wird, ist durchaus nachvollziehbar, dass heute die Menschen die messiasähnliche Mission von Marx in der Menschheitsgeschichte nicht erkennen können.

Der Kommunismus ist nach dem Untergang der Sowjetunion im Jahre 1991 lediglich noch ein lästiges, dem endgültigen Untergang geweihtes Relikt aus längst vergangenen Zeiten. Der Kapitalismus hat sich aus Sicht der großen Mehrheit der Menschen in aller Herren Länder als die dem Kommunismus haushoch überlegene Wirtschafts- und Gesellschaftsform erwiesen.

War Marx ein Sozialutopist oder gar ein Esel, wie es der erfolgreichste polnische Schriftsteller Stanislaw Lem, Autor von ebenso spannenden wie literarisch anspruchsvollen Science-fiction-Romanen (z.B. Solaris, Die Vergangenheit der Zukunft, Fiasko) es in einem Gespräch mit der Berliner Zeitung (27./28.4.1996, S.47) behauptete: „Der war, mit Verlaub, ein Esel. Er meinte, die unangenehmen Seiten der menschlichen Natur seien allein die Folgen kapitalistischer Ausbeutung. Unsinn. Alles spricht dagegen, dass die menschliche Natur durch irgendwelche politischen Systeme, durch technologische oder wirtschaftliche Veränderungen optimiert werden könnte. Der Mensch ist, wie er ist, und er wird es bleiben."

Lem hat fraglos recht, wenn man nur das Handeln des Menschen in der Vergangenheit und aktuellen Gegenwart zum Maßstab nimmt. Wohl ist der Verstand des Menschen schärfer geworden, womit er gerade im letzten Jahrhundert allerhand technische, wissenschaftliche und wirtschaftliche Glanzleistungen vollbracht hat, doch mit der Vernunft hapert es doch enorm. Zwist, Streit und Krieg, Umweltzerstörung, Terrorismus, Korruption, Kriminalität und andere abscheuliche Begebenheiten und Grausamkeiten wie Menschenhandel, Folter, und dergleichen prägen das heutige Gesellschaftsbild.

Da es allseits und allerorten an Erkenntnisfähig- und willigkeit, an Einsicht und Vernunft mangelt, kommt es mit der bevorstehenden Potenzierung zu einem chaotischen „revolutionären" Uebergang in die neue Gesellschaftsform. Der bei der französischen Revolution 1789 ausgestreute Samen der Humanität mit dem Ruf nach Freiheit, Gleichheit und Brüderlichkeit wird auf dem neuen, äußerst fruchtbaren Mutterboden prächtig aufgehen und gedeihen. Auf der „neuen Erde" wird für den Kapitalismus kein Platz mehr sein. Schon heute liegt dieser auf dem Sterbebett der Geschichte. Zwar versuchen viele Kräfte ihn mit einer Überdosis Staatshilfen gesund zu spritzen, doch das genau bedeutet für ihn den finalen Tod. Der Frühkapitalismus hatte mit dem Merkantilismus seinen Beginn im 17. Jahrhundert - so feierte die Aktie, erstmals in Holland ausgegeben, im Jahre 2002 ihren 400. Geburtstag - erlebte seine Blütezeit mit dem Hochkapitalismus um 1800, und befindet sich seit 1918 in der spätkapitalistischen Phase, in der sich immer stärker der Staat durch Lenkungs- und Leitungsmaßnahmen in die Marktmechanismen einmischt. Der häufig als Lösung propagierte „Dritte Weg", die Synthese aus Sozialismus/Kommunismus und Kapitalismus, ist kraft mangelnder Einsicht der Menschen letztendlich eine reine Theorie, zu deren praktischer Umsetzung die mächtigen Verfechter fehlen. Mit der Großen Reinigung, dem Kataklysmus, der geistigen, kräftemäßigen und auch stofflichen Potenzierung der Erde und ihrer Bewohner wird der rund 400-jährige Zyklus des Kapitalismus sein Ende finden. Die neue Menschheit wird in ihrem ganzen Verhalten dem Idealbild des Kommunismus, dem Urchristentum, sehr ähnlich sein.

War Marx also doch der große „Gesellschafts-Visionär", der Vordenker und Verkünder der zukünftigen idealen Gesellschaftsform?

Theoretisch Ja, praktisch Nein!

Als Studierender der Rechtswissenschaften war er zunächst Anhänger der Hegelschen Philosophie. Später wandte er sich unter dem Einfluss Ludwig Feuerbachs von Hegel und der idealistischen Philosophie ab. Sehr stark wurde er dann von M. Stirner beeinflusst, der alle Erscheinungen des Hegelschen objektiven und absoluten Geistes (Moral, Staat, Religion) ablehnte und nur noch den Einzelnen und seine konkreten Bedürfnisse gelten ließ. Marx folgte Stirners materialistischen Reduktion der idealistischen Gedanken Hegels auf die Vorstellungen und Bedürfnisse sinnlich-konkreter Menschen. Andererseits orientierte er sich aber widerspruchsartig am Ideal eines einigen, nicht von Partikular-interessen zerrissenen Volkes, wie es besonders Rousseau vertreten hatte, und an kommunistischen Vorstellungen, wie sie in der französischen Revolution sichtbar wurden.

Marx fiel nicht zuletzt einem groben Fehler Hegels zum Opfer. In dessen „Phänomenologie" heißt es wörtlich:" Über jenes absolute Wesen gerät die Aufklärung selbst mit sich in Streit ... und teilt sich in zwei Parteien ... die eine nennt jenes prädikatslose Absolute ... das höchste absolute Wesen ...die andre nennt es Materie ... beides ist derselbe Begriff, der Unterschied liegt nicht in der Sache, sondern rein nur in dem verschiedenen Ausgangspunkt der beiden Bildungen.

Hegel vertrat also die irrige Auffassung, dass Deismus und Materialismus zwei Parteien ein und desselben Grundprinzips seien. Gott aber ist Geist, er ist das Gesetz über der Materie. Aus geistiger Sicht ist auch der Deismus, die Gottesauffassung der Aufklärung im 17. und 18. Jahrhundert nicht ganz zutreffend. Zwar erkennt er Gott als die erste Ursache allen Seins an, nicht aber als eine kosmisch unveränderliche Kraft, die stetig in ihren Schöpfungen wirkt. Der Deismus geht deshalb von einem „einmaligen" Schöpfungsakt Gottes aus und überlässt alles weitere der Evolution.
Da Marx fest davon überzeugt war, dass die Philosophie eine lebendige Kraft sein muss, die tatsächliche Veränderungen beim Menschen und in der Gesellschaft bewirkt, distanzierte er sich auch von Ludwig Feuerbach. Letzterer vertrat nämlich die Auffassung, dass die Gottesidee und Religion das von Vernunft, Wille und Liebe geprägte Wesen ihrer Gattung ausdrücken.

Marx konzentrierte sich fortan auf das konkrete Diesseits. So schreibt er in seiner Schrift „Zur Kritik der Hegelschen Rechtsphilosophie, Einleitung" im Februar 1844 unter anderem:

„Es ist also die Aufgabe der Geschichte, nachdem das Jenseits der Wahrheit verschwunden ist, die Wahrheit des Diesseits zu etablieren. Es ist zunächst die Aufgabe der Philosophie die im Dienste der Geschichte steht, nachdem die Heiligengestalt der menschlichen Selbstentfremdung entlarvt ist, die Selbstentfremdung in ihren unheiligen Gestalten zu entlarven. Die Kritik des Himmels verwandelt sich damit in die Kritik der Erde, die Kritik der Religion in die Kritik des Rechts, die Kritik der Theologie in die Kritik der Politik."

In dieser seiner ersten wichtigen Arbeit spiegelt sich Marx`s Übergang vom Idealismus zum Materialismus und vom revolutionären Demokratismus zum Kommunismus wider. Mit der Abwendung vom Idealismus und Hinwendung zum Materialismus gab Marx der Geschichte eine entscheidende Richtungsänderung, die all die technischen Errungenschaften und wissenschaftlichen Erkenntnisse von heute erst möglich gemacht haben, und fatalerweise auch die schicksalhaften Fehlentwicklungen von Mensch und Gesellschaft. Marx war ein großer Geist, ein scharfer Denker, ein Liebhaber der Dialektik und Logik. Ein Mensch mit einem großen Sendungsbewusstsein, ein Reformer, ein Wegbereiter, ein Nach- und Vordenker, ein „weltlich" orientierter Prophet und eigentlich auch ein Weltverbesserer, dessen Herz für die Schwachen und Armen schlug. So schrieb er in der zuvor zitierten Kritik der Hegelschen Rechtsphilosophie: "Die Kritik der Religion endet mit der Lehre, dass der Mensch das höchste Wesen für den Menschen sei, also mit dem kategorischen Imperativ, alle Verhältnisse umzuwerfen, in denen der Mensch ein erniedrigtes, ein geknechtetes, ein verlassenes, ein verächtliches Wesen ist, Verhältnisse, die man nicht klarer schildern kann als durch den Ausruf eines Franzosen bei einer projektierten Hundesteuer: Arme Hunde! Man will euch wie Menschen behandeln."

Marx, der Philanthrop, der „verkappte Kirchenvater" oder verhinderte „Friedensstifter" war seiner Zeit zu weit voraus. Er hatte ein sehr positives Menschenbild. Aber der Mensch bzw. die Menschen seiner Zeit haben seine aufklärerischen Lehren nicht verstanden. Sofern sie sie aber verstanden haben, so waren sie jedenfalls nicht bereit, den für ihre Entwicklung hin zum Besseren erforderlichen Mut aufzubringen und schweißtreibende An-strengungen zu unternehmen. Die Menschen waren eben noch nicht bereit, ihr Schicksal selbst in die Hand zu nehmen.

Sieht man mal vom falschen einseitigen materialistischen Denkgebäude ab, so hat Marx dem Menschen doch nichts anderes vermitteln wollen als den weisen volkstümlichen Ratschlag: „Hilf Dir selbst, dann hilft Dir Gott!" Da aber nicht der wirklich weise ist, der gute, vernünftige und richtige Ratschläge erteilt, sondern der, der sie annimmt, bleibt nur die Schlussfolgerung: Der Mensch war noch nicht reif, nicht weise genug, um sich selbst zu verwirklichen, frei und stark zu werden, um so zu leben, wie es der „Krone der Schöpfung" gebührt.

Und so steht er, der große „Vorläufer" - die geistige Welt bezeichnet damit Geistwesen, die mit einer ganz bestimmten wegbereiterischen Mission als Mensch zum gebotenen Zeitpunkt geboren oder wiedergeboren werden - der Verfechter der klassenlosen Gesellschaft da als ein Gescheiterter und Verlierer. Nach seiner Vorstellung hätten die Menschen friedlich, harmonisch und brüderlich zusammengelebt. Er, der auszog, um die Welt zu begeistern, und zum Guten hin zu entwickeln, wurde paradoxerweise zum Spiritus Rector des heutigen exzessiven Materialismus. Faktisch hat er genau das Gegenteil seiner Intentionen bewirkt: Der Mensch ist noch versklavter geworden.

Hinzu gekommen zu den früheren Zwängen sind der Erlebnis- und Konsumzwang. Auch ist der Mensch oberflächlicher geworden. Er ist allzu häufig missgünstig, geld- und habgierig, geplagt von großer innerer Leere, hektisch, zerfahren und zerrissen, käuflich und korrupt, freud- und lieblos. Der Natur, dessen Bestandteil er ist und von der lebt, zollt er in aller Regel nur noch wenig Respekt. Seine Entfernung von Gott war nie größer als heute. Und unter den Völkern dieser Erde herrscht Zwietracht statt Eintracht.

Der von Marx geprägte Materialismus stellt die letzte Epoche der Menschheit in der heutigen Form dar. Es ist die letzte Phase der Dekadenz, gekennzeichnet durch den Verfall von Moral und Sitte, dem Verlust des Respekts vor dem Leben und der Natur. Die heutige Menschheit wird sich aus eigener Kraft nicht mehr retten können. Und so werden wir die Rettung just von jenen kosmischen Kräften aus dem Jenseits erfahren, die Marx so hartnäckig aus seinem Weltbild verbannt hat. Erst nach der Potenzierung des Planeten Erde samt seiner Bewohner wird die klassenlose Gesellschaft, für die Marx als Vorkämpfer bzw. Vorläufer so vehement eingetreten ist, verwirklicht werden. In dieser „neuen Menschheit" wird die Würde des Menschen im gleichberechtigten Miteinander der dann auf der Erde lebenden Menschen keine pure Deklamation, keine leere Phrase sein, sondern gelebte Wirklichkeit.

3. Übergang vom Fische- ins Wassermannzeitalter

Wenn vom Fische- oder Wassermannzeitalter und Tierkreiszeichen die Rede ist, so denken viele in wissenschaftlicher Astronomie und grenzwissenschaftlicher Astrologie unbewanderte Zeitgenossen an

Humbug, Hokuspokus oder Yellow-Press-Unterhaltungslektüre. Diese Assoziation ist nicht gänzlich falsch, denkt man dabei an die dort abgedruckten Tages-, Wochen- oder Monatshoroskope für die 12 Sternzeichen. Derlei Zukunftsvoraussagen haben zwar einen amüsanten Unterhaltungswert, doch haben sie - Zufallstreffer ausgenommen - keinerlei verlässliche Aussagekraft. Dennoch ist die Astrologie ernst zu nehmen. Sie ist die älteste auf jahrtausendelanger Beobachtung und Bezugsetzung kosmischen und irdischen Geschehens gründende Erfahrungswissenschaft der Menschheit. Zu allen Zeiten haben sich die profiliertesten Persönlichkeiten ihrer Zeit damit befasst. Um die Zeitenwende war es der Universalgelehrte Ptolemäus; an der Schwelle zur Neuzeit der große Arzt Paracelsus, der Humanist Melanchthon und, Kopernikus, Galilei und Kepler.

Die Astrologie geht zu Recht von der Erkenntnis aus, dass der Mensch kein isoliertes, abgekapseltes Lebewesen ist, sondern eingebettet ist in ein soziales, geographisches und kosmisches Umfeld, in ein Geflecht von subtilen Beziehungen, die ihn prägen und beeinflussen. Kosmische „Uhren" steuern alle Lebensvorgänge auf der Erde, kosmisches Geschehen bewirkt den Wechsel von Tag und Nacht, den Ablauf der Jahreszeiten, die Folge von Ebbe und Flut. Auch Strahlungen aus dem Weltall, die zu uns auf die Erde gelangen, spielen eine bedeutsame Rolle. Das individuelle Lebewesen, der Mensch, wird ebenso kosmisch geprägt wie er irdisch von seinen Eltern die genetisch verankerten Erbanlagen erhält.

Ein Horoskop kann einen Menschen in seiner ganzen Vielfalt nicht erfassen und seinen Lebensweg erklären. Die seriöse Astrologie zeichnet keine Zwangsläufigkeiten vor, und sie will und kann dem Menschen persönliche Entscheidungen nicht abnehmen oder aufdrängen. Für den ernsthaften Menschen wiederum ist die Astrologie kein bequemer Vorwand, sich mit dem Hinweis auf einen angeblichen „Schicksalszwang" der Gestirne seiner persönlichen Verantwortung zu entziehen.

Kein Geringerer als Johann Wolfgang v. Goethe hat diesen komplexen kosmisch/irdischen Sachverhalt in folgenden Vers gefasst:

„Wie an dem Tag, der dich der Welt verliehen,
die Sonne stand zum Gruße der Planeten,
bist alsbald und fort und fort gediehen
nach dem Gesetz, wonach du angetreten.

So musst du sein, dir kannst du nicht entfliehen,
so sagten schon Sibyllen und Propheten;
und keine Zeit und keine Macht zerstückelt
geprägte Form, die lebend sich entwickelt".

Vorrang in der Zeitbestimmung genießen unzweifelhaft die astronomischen Aspekte. Die Abermillionen Sterne, die wir nächtens bei klarem Wetter am Firmament funkeln sehen, sind beobachtbare Realität. Im übertragenen Sinne handelt es sich hierbei um das große Ziffernblatt der anthropologischen Uhr. Bei den Sternbildern, die wir sehen können, handelt es sich jeweils um eine Gruppe von Sternen, die nach einer historischen Person, einer mythologischen Figur, einem Tier oder einem unbelebten Gegenstand benannt worden sind. Die Namen sind sehr phantasiereich und haben nach Ansicht der Astronomen keine wirkliche Bedeutung. Die Sterne eines Sternbildes sind ja auch nicht wirklich miteinander verbunden. Sie sind willkürlich zusammengefasst. Die einzelnen Sterne liegen in unterschiedlichen Entfernungen zur Erde und liegen nur zufällig in etwa der gleichen Richtung im Weltraum. Zur Klarstellung und besseren Handhabung der Forschung und Deutung wurden von der Internationalen Astronomischen Union 88 Sternbilder festgelegt. Sie sind mit lateinischen Namen versehen und alphabetisch von 1 = Andromeda bis 88 = Vulpecula (Deutsch: Fuchs, Füchschen) geordnet. 12 dieser Sternbilder gehören zu den uns allen geläufigen Tierkreiszeichen, vom Widder (Frühlingsbeginn) bis zum Fisch (Winterende).

Da wir Menschen uns im unendlichen Raum und auch innerhalb unserer eigenen Galaxie, der Milchstrasse, nur zurecht finden, wenn wir um unser Sonnensystem einen Hilfskreis schlagen, und auf diesem Kreis einen Bezugspunkt bestimmen, haben unsere Vorfahren in der Antike den Tierkreis „erfunden". Als Bezugspunkt wurde der Frühlingspunkt (0 ° Widder) festgelegt. Zweimal im Jahr überquert die Sonne den Himmelsäquator, einmal in nordwärtiger Bewegungsrichtung (um den 21.03. eines jeden Jahres) und einmal in südwärtiger Richtung (um den 22.09.). Zu diesen Zeitpunkten sind überall auf der Erde Tag und Nacht gleich lang. Die Schnittpunkte sind jeweils als Frühlingspunkt und Herbstpunkt bekannt. Die Tagundnachtgleiche nennen die Astronomen Äquinoktium. Dieser Tierkreis ist ein Gürtel, der sich über die gesamte Himmelskugel erstreckt, jeweils 8 ° beiderseits der Ekliptik,in dem Sonne, Mond und helle Planeten ständig zu finden sind. Das Band zieht sich durch alle vorgenannten 12 Sternbilder und auch einen kleinen Teil des Ophiuchus (Sternbild 59 =

Schlangenträger). Die Astrologie, die rund 12.000 Jahre alte Grenzwissenschaft, hat diesen Tierkreis vereinfachend in 12 gleiche Abschnitte (Monate) a` 30 ° Grad eingeteilt, wohlwissend, dass die einzelnen Sternbilder in ihrer räumlichen Ausdehnung nicht jeweils exakt 30 ° entsprechen. Nichtsdestotrotz hat sich diese Vorgehensweise durchgesetzt. Sie hat sich als recht praktikables Verfahren zur Zeit- und Standortbestimmung erwiesen. So beginnt auch für die Astrologen ein Jahr im Frühlingspunkt bei 0 ° Widder (21. März) und läuft durch die Monate Stier, Zwillinge, Krebs, Löwe, Jungfrau, Waage, Skorpion, Schütze, Steinbock,Wassermann und endet nach 12 Monaten mit den Fischen am 20. März eines jeden Jahres. Nach 12 mal 30 ° ist der Kreis (360 °) geschlossen, und die Erde hat in 365 ¼ Tagen den Weg um die Sonne, die ihrerseits um den Kern der Milchstrasse kreist, vollendet.

Um zu verstehen, in welchem Zeitalter, in welcher Zeitepoche wir uns soeben befinden, hilft uns wiederum die Wissenschaft der Sternkundler. Der orbitale Weg der Erde um die Sonne weicht kaum von der Kreisform ab. Unsere vier Jahreszeiten sind bedingt durch die Neigung der Erdachse (23,5 ° von der Senkrechten). Eigentlich sind wir im Dezember näher an der Sonne, wenn in der nördlichen Hemisphäre Winter ist, als im Juni. Der Entfernungsunterschied ist jedoch unbedeutend. Die größere Wassermenge südlich des Äquators stabilisiert die Temperatur. Die axiale Neigung der Erde variiert etwas, weil die Erde keine vollständige Kugel ist. Der äquatoriale Durchmesser beträgt 12756 Kilometer, der polare Durchmesser nur 12714 Kilometer. Der Äquator ist leicht vorgewölbt (Äquatorialwulst). Sonne und Mond ziehen an diesem Wulst, wodurch die Achse mit einer Periode von 25.800 Jahren einen Kegelmantel mit einem Winkel von 23 ° 26 umläuft. Zur Veranschaulichung kann man sich einen auf dem Kopf stehenden Kegel vorstellen. Wenn die Spitze des Kegels im Erdmittelpunkt liegt, so dreht sich die Erdachse um die kreisförmige Kegelfläche, d.h. , sie umläuft den Kegelmantel. Die Kreisbahn, die ein Pol am Himmel beschreibt, hat einen Durchmesser von 47 ° und wird in einer Periode von etwa 25.800 Jahren durchlaufen. Aufgrund dieses Effekts, der Präzession genannt wird, bewegt sich auch der Himmelsäquator, genau so wie der Frühlingspunkt westwärts entlang der Ekliptik um 50 Bogensekunden pro Jahr verschoben wird. Vereinfacht dargestellt: In 72 Jahren, einem durchschnittlichen Menschenleben, rückt der Pol auf dem Kreismantel um 1° vor, so dass nach einem vollen Kreisumlauf von 360 Grad 25960 Jahre vergangen sind. Das sogenannte „Platonische Jahr", das die Griechen das „Große Jahr" nannten, ist dann zu Ende gegangen. Die Erde nimmt dann wieder den gleichen Platz auf der Ekliptik, der Erdbahnebene, ein, den sie ausgangs des rund 26 tausend Jahre dauernden zyklischen Umlaufes besetzte. Da die Erdachse ihre Position zur Himmelssphäre ständig ändert, bleibt der Polarstern, der nördliche Himmelspol nicht immer der Polarstern.

Als z. B. die ägyptischen Pyramiden gebaut wurden, war der nördliche Polarstern Thuban im Sternbild des Draco (Sternbild 34 = Drachen). Der Drachen ist eines der Ursternbilder. Von ihm wird gesagt, dass er den Drachen, der die goldenen Äpfel im Garten der Hesperiden bewacht, ehrt. Er soll aber auch den Drachen, der vom Helden Cadmus vor der Gründung der Stadt Theben getötet worden ist, repräsentieren. Seitdem ist der Pol aus dem Drachen weiter gewandert und befindet sich heute in Ursa Minor (Sternbild 84 = Kleiner Bär, auch Kleiner Wagen genannt). Der nördliche Himmelspol wird derzeit gekennzeichnet durch den Stern Polaris, der sich momentan in die Richtung des Pols bewegt. Er wird ihm im Jahre 2102 am nächsten sein. Danach wird der Pol durch den Cepheus (Sternbild 20 = Kepheus) und den Cygnus (Sternbild 31 = Schwan) ziehen und in 12.000 Jahren die Lyra (Sternbild 52 = Leier) erreichen. Der Polarstern wird dann die strahlende Wega sein, doch wird dieser Stern dem Himmelspol nicht so nahe stehen wie gegenwärtig Polaris. Der Pol wird die Runde durch Hercules (Sternbild 40 = Herkules) ziehen, dann zum Drachen zurückkehren und schließlich wieder nahe am Thuban vorbeiwandern, und ein neues Platonisches Jahr beginnt.

Nicht nur der große Himmelskreis ist zwölfgeteilt, sondern auch der sogenannte Sternenkreis der Heroen (Herkules, Schlangenträger, Perseus, usw.). So erklärt sich auch, dass in urfernen Zeiten die Germanen zwölf Kraftströme, zwölf schenkende Lebenskräfte aus der Richtung des Sternenkreises empfanden. Der ausströmende Urheber war der damals mächtige Gott Tyr. Daher der Tyrkreis, später der Tierkreis. Die Zwölfheit spielt in der Menschheitsgeschichte eine bedeutende Rolle. Die Beispiele der 12 Apostel, der 12 Ritter der Artus-Runde oder der 12 olympischen Götter der Griechen verdeutlichen, dass eine harmonische Vollständigkeit um einen Geistesmittelpunkt (Jesus Christus, König Artus, Göttervater Zeus) herum erst dann gegeben ist, wenn zwölf unterschiedliche Charaktere vertreten sind. Für den Menschen interessant sind besonders die 12 Geisteskräfte, die er besitzt, ohne sich deren bewusst zu sein.

Will man die Endzeitereignisse zeitlich eingrenzen, so ist die

Kenntnis vom Beginn und Ende des Fischezeitalters unerlässlich. Hierzu gibt es weder von der Wissenschaft noch von der Esoterik eine eindeutige Antwort. Ausgangspunkt der Analyse ist das Große Jahr, das ebenso wie der Tierkreis in zwölf Monate eingeteilt wird, wobei ein Monat 2160 Jahre dauert. Ein jeder Monat, Weltmonat oder Weltzeitalter genannt, entspricht einem der 12 Tierkreiszeichen. Aufgrund des durch die Präzession bewirkten Effekts ist die Reihenfolge jedoch genau umgekehrt zum jährlichen Umlauf der Erde um die Sonne. Die drei letzten im platonischen Jahr durchwanderten Tierkreiszeichen waren der Stier, Widder und Fische (rund 6500 Jahre). Da die faktischen Sternbilder am sichtbaren Himmel, wie bereits dargestellt, nicht exakt 30 ° des Himmelraumes einnehmen, gibt es auch unter Experten der Sternenkunde und Kosmologen Meinungsunterschiede über den genauen Beginn und das Ende des Fischezeitalters. Nach vorherrschender Expertenmeinung hat das Fischezeitalter im Jahre 150 v. Christus begonnen, so dass es, nimmt man die pauschale Monatszahl von 2160 Jahren, im Jahre 2010 enden würde. Legt man die exakte mathematische Dauer eines platonischen Monats von 2150 Jahren zugrunde (25800 : 12 = 2150), so ergäbe dies das bereits vergangene Milleniumsjahr 2000 bzw. 1993 (tatsächliches Jahr der Geburt von Jesus Christus). Was aber sind schon 10 Jahre im Verhältnis zu 2150 oder 25800 Jahren? Nur ein Wimpernschlag! Es kann also zweifelsfrei festgestellt werden, dass wir uns im Jahre 2009 entweder in der allerletzten Phase des Fischezeitalters befinden oder bereits in der Anfangsphase des Wassermannzeitalters leben.

Im Gegensatz zur Wissenschaft vertreten viele Astrologen, Esoteriker und Mystiker die Auffassung, dass ein besonderes Zeichen das neue Zeitalter ankündigen müsse. Aufgrund einer bestimmten astrologischen Konstellation wird deswegen von vielen Astrologen das Jahr 1962 als Beginn des Wassermannzeitalters betrachtet. Andererseits sind viele Seher des vergangenen 20. Jahrhunderts der Meinung, man müsse das Jahr 2000 als Beginn ansehen, während manche das Jahr 2001 als Schlüsseljahr betrachten, weil es das erste Jahr des neuen Jahrtausends ist. Peter Lemesurier behauptet unter Berufung auf das Institut Geographique National, das Jahr 2010 sei das richtige Jahr, während Jose´Argüelles, der sich bei seinen Schlussfolgerungen auf die Zyklen im alten Kalender der Maya stützt, auf 2012 kommt. Die Planeten Jupiter und Saturn werden im Jahr 2020 erstmals seit 1404 wieder im Zeichen Wassermann stehen. Also ist nach Adrian Duncan der 21. Dezember jenes Jahres der richtige Zeitpunkt.

Im weiten Feld der Grenzwissenschaften, Esoterik und Religionen existieren aber noch weitere Daten: 1898, basierend auf der Weltchronik der Hindus; 1904, nach dem Magier Aleister Crowley nach einer Eingebung durch eine nicht inkarnierte ägyptische Entität; 1905, laut Gerald Massey mit einer willkürlichen Berechnung; 1911, gemäß Madame Blavatsky nach einer Channeling-Durchsage durch Lord Meitreya; sowie 1921. Da der in den dreißiger und vierziger Jahren des letzten Jahrhunderts agierende amerikanische Heiler und Seher Edgar Cayce sagte, im Jahre 1936 habe sich die Erdachse zu verlagern begonnen, könnte auch diese Jahreszahl in Frage kommen. Alice A. Bailey legte sich unter Berufung auf esoterische Hintergründe auf 1945 fest. Diverse andere Seher sprachen von 1975, und auch 1987 und 1997 werden genannt. Terence und Dennis McKenna entwickelten eine These, nach der das Universum durch die holographische Interaktion zweier Hyperuniversen entstanden und das All zyklisch und wiederkehrend sei. Computerberechnungen führen sie ins Jahr 2012.

Die Erörterung der unterschiedlichen Standpunkte ist für den geistwissenschaftlich Kundigen ohne jeglichen Belang, denn geistige Durchgaben besagen, dass wir uns bereits seit einigen Dekaden im Wassermannzeitalter befinden. Bevor aber die für das Fischezeitalter charakteristischen Merkmale völlig verschwunden sind, und sich die neuen, das Wassermannzeitalter charakterisierenden Eigenschaften voll durchgesetzt haben, wird die Erde noch viele Umläufe um den Mutterstern Sonne zu vollziehen haben.

Hintergrund des allmählichen, graduellen Übergangs ist das **Gesetz der Abstammung und Verwandlung**. Die gesamte Natur, das menschliche Leben eingeschlossen, unterliegt diesem Gesetz. So ist Jesus Christus zunächst oft mit einem Lamm in Verbindung gebracht worden. Dies sollte seine Abstammung vom Widder, dem Erdzeitalter vor Christi Geburt, unterstreichen. Erst nach und nach hat sich der Fisch als Erkennungszeichen des Fischezeitalters durchgesetzt. Jesus Christus ist durch das Fische-Tor nach Jerusalem eingezogen. Die ersten verfolgten Christen haben sich untereinander durch ein Fisch-Ideogramm zu erkennen gegeben. Im Neuen Testament stößt man immer wieder auf die Fische-Symbolik: Von Petri Fischzug bis zur wunderbaren Fischvermehrung. Und schließlich heißt das griechische Wort „Ichthys" Fisch, das im übrigen auch den Initialen „Iesous Christos Theou Hyios Soter" entspricht: Jesus Christus, Sohn Gottes, Retter." Seine 12 Apostel hat der Messias zu „Menschenfischern" ermächtigt, d.h., sie sollten möglichst viele Menschen von seiner Liebeslehre überzeugen, um den Weg zu Gott zu finden.

So verabschieden wir uns vom Fischezeitalter, dessen welthistorisch bedeutsamstes Ereignis die Entstehung und die Entfaltung des Christentums war. Der Einfluss des polaren (im Tierkreis gegenüberliegenden) Tierkreiszeichens Jungfrau zeigte sich auch in den Grundzügen der christlichen Religion (Demut, Nächstenliebe, usw.), aber auch im Marienkult.

Das bereits begonnene Wassermannzeitalter wird durch das Tierkreiszeichen Wassermann mit dem polaren Tierkreiszeichen Löwe, und den ihm zugeordneten Planeten Uranus gekennzeichnet sein. Beide symbolisieren revolutionäre Umbrüche, eine gesteigerte Verbundenheit mit dem All, aber auch eine Verdichtung der Beziehungen innerhalb der Menschheit. Dass die atemberaubende Entwicklung von Wissenschaft und Technik grundlegende Veränderungen (Nutzung der Atomkraft, Computer, Internet, Raumfahrt, Gentechnologie) eingeleitet hat, ist offensichtlich. Nachrichten- und Verkehrstechnik haben die Erde gleichsam schrumpfen lassen, haben die Menschen aller Kontinente einander so nahe gebracht wie nie zuvor.

Wann der große revolutionäre Umbruch, der geologische Kataklysmus, die kosmisch/irdische Potenzierung geschehen wird, ist ungewiss. Gewiss aber ist, dass das, was von göttlicher Seite offenbart worden ist, sich gesetzmäßig erfüllen wird. Die Anzeichen, dass die mit dem „Tag des Herrn" bezeichneten dramatischen Ereignisse bald über uns hereinbrechen werden, verdichten sich massiv.

4. Die große Zeitenwende am Ende des Eisernen Zeitalters

Nur das Wissen über das Platonische oder Große Jahr ermöglicht dem Menschen überhaupt eine kosmische Standortbestimmung. Damit ist nicht die örtliche oder räumliche Lage der Erde im Universum gemeint, sondern welche Position unser Nordpol gerade zum Himmelspol einnimmt, und in welche Richtung er sich bewegt, so dass daraus die entsprechenden Schlussfolgerungen bezüglich der Prägung des jeweiligen Weltzeitalters gezogen werden können.

Wie bereits dargelegt, ist der Wechsel von einem Weltzeitalter in das andere kein punktuelles Ereignis, sondern vollzieht sich

36

graduell. So drehte sich beim Wechsel vom Widder- zum Fischezeitalter ca. 150 Jahre vor Christi Geburt die Erde weiter um sich selbst und um die Sonne; Menschen wurden geboren und zu Grabe getragen; dem Winter folgte das Frühjahr bis der Sommer das Kommando übernahm, und der Herbst löste den Sommer ab und wechselte dann über zum Winter, bis der bunte Reigen der Jahreszeiten, der Kreislauf der Natur, geschlossen war.

Der Geschichtsschreibung nach geschah zur damaligen Zeitenwende nichts Dramatisches, das unseren Planeten aus den Angeln hätte heben können. Geprägt von diesem Wissen erwarten die meisten Menschen einen ebenso unspektakulären Übergang vom Fische- ins Wassermannzeitalter. Bekannt ist ihnen aber auch, dass mit jedem Tierkreiszeichen, das die Erde auf ihrem Weg durch das Grosse Jahr durchlaufen hat, eine neue Religion oder eine stark veränderte Weltanschauung verbunden war.

Die letzten vier Weltmonate bzw. Weltzeitalter standen unter den Einflüssen der Tierkreiszeichen Fische, Widder, Stier und Zwillinge. Das Zeitalter der Zwillinge (um 6000 - 4000 v. Chr.) wurde gekennzeichnet durch gesteigerte geistige und physische Mobilität. In diese Zeitperiode fallen die Verbreitung der Schrift und die Entstehung erster Bibliotheken (China, Zweistromland, Ägypten), aber auch die Erfindung des Rades.

Das Zeitalter des Stiers (um 4000 - 2000 v. Chr.) war geprägt von erdverbundenem Schönheitssinn und praktischem Denken. Der Stier war die am weitesten verbreitete Gottheit, insbesondere in Indien und im Mittelmeerraum. Die wedischen Götter Indra und Schiwa wurden als Stiere dargestellt, so wie auch Osiris und Apis bei den Ägyptern, und El oder Enlil bei den Babyloniern. Dabei ist der Stier immer das Sinnbild der Schöpferkraft, der Fruchtbarkeit und des Lebensprinzips, das - wie etwa der kretische Minotaurus - mitunter auch Opfer verlangt. Der polare Skorpion-Einfluss zeigt sich u.a. in den Totenkulten der damaligen Hochkulturen.

Das Zeitalter des Widders (um 2000 v. Chr. bis 150 v. Chr.) stand unter dem Einfluss des Planeten Mars. Große Völkerkriege ließen mächtige Reiche untergehen und führten das Griechenheer Alexanders des Großen bis nach Indien. Der polare Waageeinfluss zeigte sich in den herrlichen Kunstschöpfungen dieser Zeit. Das Lamm, den Widder symbolisierend, spielte im Alten Testament die entscheidende Rolle.

Der Übergang vom gerade auslaufenden Fischezeitalter zu Beginn des 3. Jahrtausends n. Chr. zum Wassermannzeitalter ist allerdings kein gewöhnlicher Wechsel. Es endet nämlich in der fraglichen Zeitspanne auch das sogenannte Eiserne Zeitalter.

Nach den großen überlieferten Texten über die Geschichte der Menschheit unterscheiden die Hindus: Das Goldene Zeitalter oder Krita-Yuga

Es entspricht in seiner Dauer dem Platonischen Jahr. Es dauert 72 Jahre x 360 ° = 25920 Jahre oder 360 durchschnittliche Lebenslängen eines Menschen. Es wird auch das ruhmreiche Zeitalter (Einssein mit Gott) genannt. Zeitlich ist es anzusiedeln von der Erschaffung Adams bis zum Sündenfall. Die Dauer entspricht der Zeit für den vollen Umlauf um die Ekliptik, also 12 Tierkreiszeichen.

Das Silberne Zeitalter oder Treta-Yuga

Hier herrschte schon eine gewisse Disharmonie. Es ist zeitlich anzusiedeln in der Vorgeschichte der Menschheit. Dauer: 9 Tierkreiszeichen oder 19440 Jahre (9 x 2160 Jahre).

Das Eherne Zeitalter oder Dwapara-Yuga
Es stand ganz im Zeichen der Leidenschaft. Zeitlich ist es in der Frühgeschichte bis zur Antike anzusiedeln. Dauer: 6 Tierkreiszeichen oder 12960 Jahre (6 x 2160 Jahre).

Das Eiserne Zeitalter oder Kali-Yuga

Diese Zeitepoche ist gekennzeichnet durch zunehmende Gewalt und Finsternis. Dauer: 3 Tierkreiszeichen oder 6. 480 Jahre (3 x 2160 Jahre). Es umfasst die Zeitspanne von der Antike bis heute. Es endet zusammen mit dem Fischezeitalter, also spätestens um das Jahr 2012.

Die Menschheit befindet sich also heute eindeutig in der Endphase des Kali-Yuga, des Eisernen Zeitalters. Diese Zeit wird im „Linga Purana", einem ungefähr im 5. Jahrhundert vor Christus verfassten hinduistischen Religionsepos wie folgt beschrieben:

„Gleichgültigkeit, Krankheit, Hunger und Angst werden sich ausbreiten. Es wird zu schlimmen Dürreperioden kommen. Die verschiedenen Weltreligionen werden miteinander in Konflikt geraten. Die heiligen Texte werden nicht mehr geachtet werden.

38

Die Menschen werden ohne Moral, werden reizbar und fanatisch sein. Falsche Lehren und trügerische Schriften werden weite Verbreitung finden.

Die Zahl der Fürsten und Bauern wird beständig abnehmen. Die meisten Anführer werden von Arbeitern abstammen. Man wird Kinder noch im Mutterleib töten. Diebe werden zu Königen, Könige zu Diebe werden. Zahlreiche Frauen werden mit mehreren Männer Verkehr haben.

Die Erde wird mancherorts viel hervorbringen und andernorts wenig. Die Machthaber werden Eigentum beschlagnahmen und es mißbrauchen.

Es wird viele heimatlose Menschen geben, die von Land zu Land irren. Die guten Menschen werden davon absehen, eine tatkräftige Rolle zu spielen.

Es werden bereits gekochte Speisen zum Kauf angeboten werden. Die heiligen Bücher werden an jeder Straßenecke zu kaufen sein. Die jungen Mädchen werden ihre Jungfräulichkeit verkaufen. Der Wolkengott wird die Regenfälle widersinnig verteilen. Es wird viele Bettler und Menschen ohne Arbeit geben. Man wird niemandem trauen können.

Die Endzeit des Kali-Yuga wird vom Niedergang der Tugenden und der Zensur der heuchlerischen Puritaner gekennzeichnet sein. Reichtum und Ernten werden zurückgehen. In der Stadt und auf dem Land werden sich Banditen zusammenschließen. Es wird an Wasser fehlen, und die Obsternte karg ausfallen. Viele Leute werden hinterhältig, geil und gemein sein. Ihre Haare werden zerzaust sein. Abenteurer mit geschorenen Köpfen und orangefarbenen Gewändern werden wie Mönche aussehen. Vor Hunger und Angst geplagte Menschen werden sich in unterirdische Unterkünfte flüchten. Unqualifizierte Menschen werden als moralische und religiöse Autoritäten gelten."

Dieses Religionsepos hat zweifelsfrei prophetischen Charakter. Bei dieser konkreten und detaillierten Beschreibung der 2500 Jahre später auf der Erde vorherrschenden klimatischen, wirtschaftlichen, soziologischen und menschlichen Verhältnisse kann es sich unmöglich um eine fantasievolle Extrapolation eines sich etwa zur damaligen Zeit entwickelnden Trendes in die ganz ferne Zukunft handeln. Der sehr klare und unmißverständliche Text des Epos bedarf keinerlei Interpretation, denn alle Geschehnisse der letzten

Jahrzehnte und jener der aktuellen Gegenwart lassen sich mühelos den im Epos enthaltenen präzisen Prognosen zuordnen.

Unbestreitbar sind der Verfall von Sitte und Moral, die Arbeitslosigkeit, die Abtreibungen, die wachsende Armut, Kriminalität und Angst, die Flüchtlingsbewegungen in aller Welt, die Fertigspeisen, die Drogen-, Menschenschleuser-, Autoschieber- und sonstigen Banden, und das immer unberechenbarere Klima mit großen lang anhaltenden Dürren und katastrophalen Regenfällen und Überschwemmungen überall auf der Erde. Schwere Erdbeben, Vulkanausbrüche, Hurrikane und Tsunamis bestätigen den vorhergesagten Klimaumbruch.

Schiebt man diese erdrückende Uebereinstimmung dieser Vorhersagen mit unseren heutigen tatsächlichen Verhältnissen auf der Erde nicht achtlos beiseite, so wird einem klar, dass der Zeiger auf der kosmischen Uhr nicht auf „5 Minuten vor Zwölf" sondern „5 Sekunden vor Zwölf" steht.

„Zwölf Uhr Mittags" oder „High Noon" steht in der Moderne, sprich im Hollywood Western-Klassiker, zeitlich für Mittags, wenn die Sonne im Zenit steht, inhaltlich aber für einen „Show Down", die Konfrontation mit dem Unausweichlichen. Während es sich aber bei diesem Film nur um ein fiktives Einzelschicksal handelt, geht es bei dem nun laufenden „Count Down" um das reale Gesamtschicksal aller Menschen auf unserem blauen Planeten.
Wir Menschen kennen jedoch nicht das Jahr, den Tag und die Stunde, wann das Signal zum großen Umbruch, der großen Reinigung, also der Potenzierung der Erde kommt.

Den Zeitpunkt kennt

ER

das Gesetz über der Materie,

Gott

allein!

40

Kapitel II

MARKANTE ERKENNUNGSZEICHEN DER ENDZEIT

1. Der materialistische Mensch

Heute, in den Wirrnissen der Endzeit lebend, fragt sich ein jeder kritisch denkende Mensch: Was ist in der Entwicklung der Menschheit negativ verlaufen?

Großer Optimismus hinsichtlich der Befreiung des Menschen aus seiner Unmündigkeit herrschte am Ende des 17. Jahrhunderts. Das Zeitalter der Aufklärung, eine neue geisteswissenschaftliche Epoche hatte in England mit dem „age of enlightenment" und in Frankreich mit dem „siecle des lumieres" begonnen. Die Grundlage der verschiedenen Richtungen der Aufklärung, die bis ins 19. Jahrhundert wirksam war, ist die Vorstellung, dass die Vernunft das Wesen des Menschen darstelle, wodurch alle Menschen gleich seien (Egalitarismus) und die Vernunft als einzige und letzte Instanz befähigt sei, über Wahrheit und Falschheit von Erkenntnissen zu entscheiden, und die in ihrer Gesamtheit vernünftig angelegte Welt zu erkennen.

Die fatale Folge dieser Sichtweise war eine am Modell naturwissenschaftlicher Erkenntnisse orientierte Kritik an allen autoritätsbezogenen, irrational bestimmten Denkweisen. Dazu zählten das Weltbild des christlichen Offenbarungsglaubens, die Metaphysik, und vor allem der Aberglauben. Letzteres zu Recht! Der Fortschrittsoptimismus suggerierte dem Menschen, dass er sich durch den freiheitlichen autonomen Vernunftgebrauch aus seinen Abhängigkeiten befreien könne. Und dadurch werde die stete Vervollkommnung und Verwirklichung eines freiheitlichen, menschenwürdigen und glücklichen Daseins in einer neuen Gesellschaft möglich.

Obwohl gegen Ende des 18. Jahrhunderts mit dem Neuhumanismus, der Romantik und dem Sturm und Drang neue gegenläufige Geistesbewegungen entstanden, die der Über-bewertung der Vernunft durch die Aufklärung mit Religion, Seele und Gefühl entgegen wirkten, so haben doch bis heute die im

41

Zeitalter der Aufklärung entwickelten philosophischen Systeme des Rationalismus und Materialismus obsiegt. Sie sind die dominierenden Geisteshaltungen und gesellschaftlichen Kräfte in allen zivilisierten hochentwickelten Nationen der Welt geworden.

Der Triumph des Rationalismus und des Materialismus ist zugleich ein glorreicher Sieg des Kapitalismus. Es sind nämlich genau diese drei „Ismen", die den Verlauf der Menschheitsgeschichte in den letzten vier Jahrhunderten so nachhaltig geprägt haben. Sie ergänzten sich, sie hebelten sich gegenseitig, ja sie verschmolzen nachgerade zu einem Gesamtsystem wie aus einem Guss, das den Weltenlauf vor allem in der westlichen Welt bestimmte. Die Konzentration auf die „Ratio", von den Philosophen fälschlicherweise als Vernunft bezeichnet, obwohl mit der Ratio nur der einseitige menschliche Verstand angesprochen wird, führte in die Irre.

Vernunft ist ein Attribut des ewig existierenden geistigen höheren Ichs. Der Verstand dagegen ist die endliche seelisch-körperliche Intelligenz des Menschen bei seiner jeweiligen Inkarnation. Erst Kopfdenken (Verstand) und Herzdenken (Vernunft als Wirkung des in uns wohnenden göttlichen Funkens) zusammen macht einen vollständigen Menschen aus, der ganzheitlich die Schöpfung und das Leben in all seinen Facetten wahrnehmen kann.

Es ist selbstverständlich völlig unbestritten, dass der scharfe Menschenverstand, und die Fokussierung auf das Konkrete, Gegenständliche, Beeinflussbare, Gestalt- und Machbare Voraussetzung für die spektakulären technischen Errungen-schaften und wissenschaftlichen Erkenntnisse waren, sowohl im 19. Jahrhundert, dem Zeitalter der Industrialisierung, als auch im postindustriellen Zeitalter der zweiten Hälfte des 20. Jahrhunderts.

Der Mensch in der zivilisierten Welt hat sich in dieser Zeit allerlei Erleichterung und Verbesserungen geschaffen, die heute für große Teile der Weltbevölkerung ein Leben in Wohlstand ermöglichen. Dank einer besseren Ernährung sowie guter medizinischer Versorgung kann er sein Leben im Durchschnitt um 10, 20 und mehr Jahre genießen als ein Mensch, der sein zuhause in der Dritten Welt hat. Dank der modernen Verkehrsmittel, auf der Straße und Schiene, in der Luft, oder auf und auch unter Wasser, ist der moderne Mensch hochmobil geworden. Er kann damit alle Länder der Welt bereisen, so oft er auch will. Hat er genug Geld, so kann er für ein paar Millionen US $ sogar einen Ausflug ins All machen, und auf der Internationalen Raumstation die Erde von oben betrachten. Für seine Information und Kommunikation stehen ihm zahllose Medien zur Verfügung, so dass für ihn bereits die Qual der Wahl besteht. Er ist ständig in Bewegung, geschäftlich wie privat, denn in der modernen, pluralistischen Spaß- und Erlebnisgesellschaft gilt es, keine Zeit zu vergeuden. Im Geschäftsleben gilt ohnehin ausnahmslos die Devise: „Time is Money!" Und Geld, wovon man im materialistischen Kapitalismus nie genug haben kann, ist doch der Stoff, aus dem die Träume gewoben sind.

Der zivilisierte Mensch lebt in einer Demokratie mit rechtsstaatlichen Prinzipien. So genießt er allerlei Bürgerrechte und Freiheiten, von der Religionsfreiheit bis zur Meinungsfreiheit. Auch geniesst er den Schutz der Polizei. Er ist ein freier Mensch in einem freien Staat, und kann, solange er nicht offensichtlich gegen die Gesetze seines Staates verstößt, eigentlich tun und lassen, was er will. Das bestehende Bildungssystem mit großer Chancengleichheit für jeden Bürger, die Sozial- u. Altersversorgungssysteme und viele weiteren Einrichtungen bieten ihm eine stabile Sicherheit und beste Entwicklungsmöglichkeiten.

Das für hochentwickelte Staaten beschriebene Umfeld mit den nahezu idealen Lebens- und Arbeitsbedingungen nebst den persönlichen Entwicklungsmöglichkeiten spiegeln eigentlich eine wünschenswerte Welt wider, in der es einfach eine Freude sein muss, zu leben, zu arbeiten, zu wirken.

Tut es das aber wirklich? Ist wirklich alles solides Gold, was da schillernd glänzt? Leider nein, denn es gibt zwar viel Licht in unserer dynamischen Informations- u. Dienstleistungsgesellschaft, aber auch große Schatten. Viele technische Erfindungen und wissenschaftliche Glanzleistungen in der Medizin, der Raumfahrt, Genetik und Biotechnologie darf man getrost als die guten Früchte des Zeitalters der Aufklärung bezeichnen. Aber wo viel Licht ist, da ist leider auch sehr viel Schatten. Und dieser Schatten wird immer länger und länger, und umhüllt den homo oeconomicus, den fleischgewordenen Materialisten immer mehr, bis er schließlich, von tiefer Dunkelheit umgeben, blind seinem Schicksal entgegen stolpert. Er, der lupenreine Materialist, ist Opfer seiner intellektuellen Vordenker, der Philosophen, geworden.

Ausgangspunkt war der Rationalismus. Jene Geisteshaltung, die das rationale Denken als einzige Erkenntnisquelle ansieht. Und er, der gemeine Mensch, schloss sich dieser Haltung nur allzu gerne an und wurde Rationalist, ein einseitiger Verstandesmensch. So wurde auch der Materialismus geboren. Diese philosophische

Lehre führt die ganze Wirklichkeit auf Kräfte und Bedingungen der Materie zurück. Geist, Seele, Gemüt, Gefühl und sonstige „weiche Faktoren" haben im Gedankengebäude des Materialismus keinen Platz. Und willig, wie das Schaf dem Hirten, folgte der Mensch diesem Weltbild und wurde Materialist. Das Streben nach bloßem Lebensgenuss sollte fortan sein wesentlicher Lebensinhalt sein. Und so wurde aus ihm ein auf den eigenen Nutzen und Vorteil bedachter Mensch, den geistige Dinge und idealistische Vorstellungen wenig interessierten. Das klassische Bewusstsein eines Menschen: Ich denke, also bin ich, oder: Ich atme, also bin ich, hat einer viel profaneren Bewusstseinsvariante Platz gemacht:

ICH KAUFE

ARMANI, BOSS, CERRUTI, DAVIDOFF, ESCADA, FERRARI, GAULTIER, HERMES, IWC, JAGUAR, KL (KARL LAGERFELD), LANG & SÖHNE, MERCEDES , NOKIA, OMEGA, PORSCHE, QUATTRO, ROLLS ROYCE, SISLEY, TIFFANY, UNGARO, VERSACE, WRANGLER, X-TRA-ORDINÄRES, YVES SAINT LAURENT, ZEGNA

ALSO BIN ICH

Zu den überzeugten Materialisten zählen in der heutigen spätkapitalistischen Phase leider auch immer mehr Jugendliche, für die eine Wertediskussion eine reine Zeitverschwendung darstellt.

Die hyperaktiven, dynamischen Materialisten unserer Zeit, die auf der sonnigen Seite des ultraliberalen Kapitalismus stehen, sind sichtlich stolz auf ihre persönliche Leistung. Nicht zuletzt deshalb, weil sie sich tagtäglich im freien und harten Spiel der Kräfte in der globalen Wirtschaft erfolgreich bewähren.

Bei näherer Betrachtung ergibt sich jedoch ein erschütterndes Bild:

Sie, die modernen Götzen, glauben zu viel und das Falsche; sie denken zu wenig; sie handeln zu schnell; sie haben keine Scham mehr; sie haben jeglichen Respekt vor dem Schöpfer und der Schöpfung verloren; sie haben keinen Gottesglauben mehr; sie betrachten das Leben als einmaliges Ereignis; sie sind oberflächlich, körperbezogen und lustbetont; sie wollen in Glanz, Schönheit und Reichtum leben; sie wollen groß, mächtig, reich und anerkannt sein; sie lügen und betrügen, um zum materiellen Erfolg zu kommen; sie sind erfasst von einer zügellosen Gier nach Geld; sie sind gewissen- und skrupellos; sie sind hektisch, ruhe- und rastlos; sie haben es verlernt, froh und glücklich zu sein; sie verspotten demütige, fromme und bescheidene Menschen; sie sind egoistisch, narzistisch, egozentrisch und egomanisch. Den Altruismus und die christliche Nächstenliebe haben sie in die Mottenkiste der Geschichte verbannt. Sie sind unfrei und unwissend, und sie haben wenig Mitgefühl mit Älteren, Kranken, Behinderten, sozial Benachteiligten und Armen. Den klassischen Wertekanon (Vertrauen, Offenheit, Soziale Einstellung, Überzeugung, Fairness, Vernunft) halten sie für sozialromantische Anforderungskriterien für Geistliche und Sozialarbeiter. Sie sind Sklaven ihrer Gedanken, die sich dann in ihrem Tun, Wollen, Streben und Handeln auswirken. Schließlich und endlich, das Allerschlimmste am Schluss: Sie denken und glauben fest daran, aus sich selbst heraus zu Schöpfen, zu Geben, zu Sein.

Das Maß aller Dinge des homo oeconomicus in dieser gottfernen materialistischen Welt ist das Geld bzw. die damit käuflichen Sachen, seien es Immobilien, Juwelen, Gemälde, Aktien, Bonds, hochwertige Kleidung, Luxusautos, Kreuzfahrten und dergleichen. Er kennt von jeder Sache den Preis, aber nur selten ihren wahren Wert. Entscheidend für das Ansehen in der Gesellschaft sind die äußeren sichtbaren Werte, denn sie alleine sind der Gradmesser für Erfolg. Erfolg wiederum ist das Einzige, was in dieser Zeit des Niedergangs zählt.

Der Glaube an Gott ist so weit entfernt von diesen atheistischen Materialisten wie der Stern Arkturus von der Erde. Das Leben betrachten sie nicht mehr als ein Geschenk der Schöpfung, sondern als Selbstverständlichkeit. Die Geburt Christi und sein Wirken halten sie für ein nettes und unterhaltsames Märchen, eine kleine erdgeschichtliche Episode eben, der man nicht allzu viel Aufmerksamkeit zu schenken braucht. Vielleicht an Weihnachten, wenn es gilt, seine soziale Ader zu zeigen, um geliebte Menschen reich zu beschenken, was natürlich auch wieder das Ansehen des generösen Schenkers fördert, also in keiner Weise selbstlos ist.

Rationalität, das scharfe Verstandesdenken ist Trumpf in dieser Zeit. Es ist ein Zeichen der Stärke, während Emotionalität oder Spiritualität, das Denken mit dem Herzen, von der Masse als ausgesprochene Schwäche angesehen wird. „Gefühle können wir uns nicht leisten, hier geht es um knallharte Geschäfte" lautet denn auch folgerichtig dieser häufig von kühlen, rational handelnden Geschäftsleuten geäußerte Satz. Das rationale Denken und Handeln hat die zeitgenössischen Menschen zu wissenschaftsgläubigen Jüngern gemacht, die alles, was nicht wissenschaftlich erwiesen ist, in den Orkus verbannen. Das Reale, Konkrete, das Materielle ist ihre Welt. Es ist überdies ihr Selbstverständnis, mit Hilfe der Wissenschaft alles machen, regeln und alle Probleme lösen zu können. An Selbstbewusstsein mangelt es ihnen hierbei nicht. Selbstkritische Reflektionen sind ihnen, den selbstherrlichen Gestaltern und Machern ebenso fremd, wie einem Eskimo der Kauf eines Kühlschrankes. Resümierend kann man ihr Denken, Wollen und Tun in ihrem Glaubensbekenntnis - analog dem der christlichen Religion - wie folgt zusammenfassen:

Der rationale materialistische Glaube
- Glaubensbekenntnis -

Ich glaube an mich, den ehrgeizigen Macher, den omnipotenten Problemlöser, ideenreicher und souveräner Gestalter meines Lebens und Beherrscher der Erde samt ihrer Natur und der in ihr wirkenden Kräfte.

Und an die unbegrenzten Möglichkeiten der Genomwissenschaftler, die Qualität des Menschen durch entsprechende Züchtung mittels Klonierung unter Ausscheiden des pathologischen oder minderwertigen Erbgutes ständig so zu verbessern, bis der Mensch eines Tages unsterblich sein wird, und ewig die Wonnen eines Lebens in völliger Gesundheit, Wohlstand und Wohlergehen genießen kann.

Ja, daran glaube ich.

Ich glaube an den rapiden technologischen Fortschritt, ein kontinuierliches Wirtschaftswachstum, stets steigende Aktienkurse, die exzellenten Krisenmanagement-Fähigkeiten von IWF, Weltbank u. allen Notenbanken der G-7 Nationen, an die Weisheit von Ben Bernanke und die seiner Kollegen der westlichen kapitalistischen Welt.

Der Kapitalismus, der uns die segensreiche Globalisierung und das Shareholder-Value-Denken beschert hat, ist mir heilig, denn er bietet mir alle Freiheiten und Möglichkeiten einer optimalen Lebensgestaltung mit maximaler Freude und Spaß, das jeweils neueste Modell von Mercedes Benz, die letzte Mode aus Mailand und Paris, die Villa auf Teneriffa, die Yacht in Cannes, das Chalet in der Schweiz, meine Farm in Südamerika, meine Jagd in Österreich, ausgiebige Luxusreisen in exotische Länder, das Helicopter-Skiing in Kanada und im Kaukasus, die Mitgliedschaft in allen renommierten Golfclubs der Welt, und vieles mehr. All diese

46

Annehmlicheiten will ich bis zu meinem letzten Atemzug voll auskosten, denn ich lebe nur einmal.

Und bis zu meinem Tode, den ich mit Hilfe der hochentwickelten medizinischen Kunst so weit wie nur irgendwie möglich in die Zukunft verschieben werde, möge alles Aufwärts gehen ohne Ende.

Amen!

Zu den verpönten „weichen Faktoren" gehört neben dem Gottesglauben auch die Liebe. Die wahre Liebe teilt im atheistischen Materialismus in hohem Masse das Schicksal mit dem Glauben. Die beiden Phänomene entziehen sich nämlich einer rationalen Erklärung. Sie können von der irdischen Wissenschaft nicht bewiesen werden. Ergo sind sie für sie auch nicht existent.

Wohl kennt der Materialist die personenbezogene Liebe, also die Liebe zwischen Partnern und Verwandten, vielleicht auch die Liebe zu seinem eigenen Volk. Dem neutestamentarischen Liebesgebot: „Liebe Gott über alles, mit Deiner ganzen Kraft ... , Deinen Nächsten und Dich selbst" steht er jedoch ablehnend gegenüber. Allein die Bezugnahme auf Gott wird in der heutigen rationalen, atheistisch geprägten Gesellschaft mit Missachtung bestraft. Erklärt ein Mensch, dass er an Gott glaubt, so wird er bestaunt, als käme er von einem anderen Stern. Gibt er gar ehrlichen Herzens zu verstehen, dass er Gott liebt, weil er spürt, dass er ihm sein eigenes Leben geschenkt, und eine wunderbare Welt geschaffen hat, so wird er endgültig als „Ewig Gestriger" gebrandmarkt und stigmatisiert.

Man sollte dem heutigen modernen Menschen nicht abverlangen, dass er der universellen Liebe fähig ist, und, gleich Jesus Christus, jeden Nächsten und auch seinen Feind liebt. Der fast völlige Verlust der ideellen oder intellektuellen Gottes- und Menschenliebe, und die massive Hingabe der Menschen an die objektbezogene Liebe ist aber schon ein äußerst befremdlicher Paradigmenwechsel. Der oberflächliche materialistische Mensch von heute liebt die konkreten Dinge, das Geld, den Besitz, das in Geldwert bestimmbare Vermögen. Um Vorteile im Gesellschafts- oder Wirtschaftsleben zu erzielen, gibt er zwar vor, ideelle und humanistische Werte zu lieben, doch entpuppt sich solch ein heuchlerisches Lippenbekenntnis in aller Regel als scheinheilige Doppelmoral. Der Top-Manager in Wirtschaft und Industrie redet häufig in „Sonntagsreden" gerne voller Pathos über ideelle Werte wie Mitbestimmung, Partizipation aller Mitarbeiter an der Entscheidungsfindung, Gleichbehandlung, Gerechtigkeit, Glaubwürdigkeit und andere hohe Moral und Geschäftsethik signalisierende eherne Prinzipien. Vor allem aber betont er, dass die Mitarbeiter, das sogenannte „Humankapital", das wertvollste Gut der Firma seien.

Steht dieser Repräsentant des Kapitalismus, der sich in der Presse gerne als Wohltäter für jeden einzelnen zusätzlich geschaffenen Arbeitsplatz feiern lässt, innerlich wirklich hinter diesen wohlklingenden Schlüsselworten? Liebt er diese Werte? Ist er bereit, für deren Realisierung persönliche Opfer zu bringen?

In aller Regel: Nein! Es ist für ihn eine Frage der „political correctness", ein Wahren des Scheins, ein gewinnbringendes Pharisäern, eine formale Konzession an die gesellschaftlichen Kräfte und Gruppierungen, um keine persönlichen oder geschäftlichen Nachteile zu erleiden. Unterzieht man die betroffenen Personen und/oder Firmen einer kritischen Analyse bezüglich des tatsächlichen Umsetzungsgrades der verkündeten hehren Normen und Werte sowie der proklamierten ethischen Grundsätze im Detail, so erlebt man so manche herbe Enttäuschung. Die Öekonomie hat schon längst das Primat über die Politik übernommen. Die Auswirkungen sind fatal. Sie hat dem gewöhnlichen Bürger, der hauptsächlich als unselbständiger Arbeitnehmer in einem Unternehmen tätig ist, sogar die Zielrichtung seiner Liebe oktroyiert. Nicht Gott, die „archaische Märchenfigur" ist Inhalt seiner Liebe, sondern seine Firma, sein Brötchengeber. Wer heutzutage dem Postulat „Wes Brot ich ess`, des Lied ich sing" nicht bedingungslos folgt, der hat es sehr schwer. Vom Top-Management wird mindestens eine sehr starke Zuneigung, idealerweise jedoch Leidenschaft, ja leidenschaftliche Liebe, die stärkste weltliche Form der Liebe, gefordert.

Ein Paradebeispiel hierfür ist das größte Software-Unternehmen der Welt, die amerikanische Firma Microsoft. Das unverzichtbare Kernstück von Stephen Anthony Ballmer, früher Leiter des operativen Geschäfts und heute Konzernchef, bei internen Motivationsveranstaltungen ist sein lauthals in die Belegschaft posauntes Glaubens- und Liebesbekenntnis. Natürlich ist dies kein Bekenntnis zu Gott, sondern zur Firma und ihren Produkten. Nachdem er das neueste Note Book auf der Bühne sinnig geküsst und seine verbale Liebeserklärung „I love this note book, I love this company" vor der faszinierten Mitarbeiterschar abgegeben hat, wird diese von ihm, dem großen mächtigen Boss aufgefordert,

48

diese Liebesformel - gleich einem Eid - im Chor zu wiederholen: „I c h l i e b e d i e s e F i r m a " wobei jedes einzelne Wort von ihm betont langsam und sehr akzentuiert vorgesprochen wird, das dann von allen Mitarbeitern mit dem vollen Brustton der Überzeugung nachgesprochen wird. Es klingt wie ein Gebet in der Kirche, nur lauter und viel bestimmter.

Die Mitarbeiter und Führungskräfte in den Unternehmen lieben aber nicht wirklich innigst das Unternehmen und ihre Produkte, sondern die Frucht dieser Liebe, das viele Geld, das sie dort verdienen. Bei Führungskräften gesellen sich zum vorzüglichen Barlohn sehr häufig üppigste Bonusse, sei es in Form von sehr lukrativen Aktienoptionen oder direkter Gewinnbeteiligung. Geld ist der unverzichtbare Schmierstoff für die Maschinerie des Kapitalismus. Mit Geld kann man fast alles kaufen, was das Materialisten-Herz begehrt. Nicht nur die Villa, das Luxus-Auto, die Luxus-Yacht, Genussmittel aller Art, Sex, Dienstleistungen aller Art, Reisen in die entferntesten Winkel dieser Erde, eine bessere Gesundheit dank Sauerstoffkuren und besserer Ernährung, einen schöneren Körper mittels kosmetischer Chirurgie, sondern auch ein verlängertes Leben etwa durch eine erforderliche Organtransplantation oder spezieller teurer Medikamente.

Der materialistische Mensch glaubt mittlerweile, dass Geld eine unangreifbare Macht darstellt, die von niemandem zerstört werden kann. Dies deshalb, weil seine Existenz eben genau in diese Macht eingebettet liegt. Geld regiert die Welt, ist das allseits akzeptierte Schlagwort. Alles ist käuflich geworden. Bedauerlicherweise auch der Mensch selbst. Damit sind nur nachrangig die weibliche Prostituierte oder der männliche Call Boy gemeint, die primär ihre Körper auf Zeit für mehr oder weniger erfüllenden Sex dem Freier oder der Freierin verkaufen. Im Mittelpunkt der Kritik steht vielmehr die Käuflichkeit des ganzen Menschen, die Einheit Mensch, bestehend aus Geist, Seele und Körper.

Was die Käuflichkeit der Menschen angeht, so legt die Korruption im Gesellschafts- und Wirtschaftsleben ein beredtes Zeugnis ab. Sie breitet sich aus wie ein böse wucherndes Krebsgeschwür und erfasst nach und nach alle Lebensbereiche. Überall werden Menschen bestochen oder erpresst, um möglichst viel von dem „schnöden Mammon" zu ergattern. So werden Aufträge von Unternehmen wie von Handwerkern und Freiberuflern gekauft, Gefälligkeitsgutachten gegen zusätzliches Bares oder ausgefallenen Annehmlichkeiten erstellt, Testate für die Ordnungsmäßigkeit von Buchführung und Bilanzierung erteilt, obwohl grobe

Mängel vorliegen, Richter durch Sach- oder Geldleistungen „gnädig" gestimmt, Politiker durch Spenden zur Verabschiedung gewisser nützlicher Gesetze oder für die Erteilung von Aufträgen zum Bau kommunaler Einrichtungen gewonnen, wichtige Zeugen für die Entlastung des Hauptangeklagten „überredet", u. dergleichen.

Noch gravierender ist aber die Tatsache, dass man sich einen Killer kaufen kann, der den gewünschten Auftragsmord durchführt, oder sich einen Brandstifter anwerben kann, um in den Genuss einer hohen Versicherungssumme für ein abgewirtschaftetes Gebäude zu kommen.

Mit den vorstehenden Beispielen soll nur angedeutet werden, dass der Käuflichkeit von Menschen so gut wie keine Grenzen gesetzt zu sein scheinen. Vieles geschieht im Gesellschafts- und Wirtschaftsleben illegal oder ist illegitim, die Dunkelziffer ist beträchtlich. Die öffentliche, scheinheilige Entrüstung ist aber immer wieder sehr groß, wenn durch Zufall oder aus Missgunst wieder ein schwerer Bestechungs- oder Spendenskandal aufgedeckt wird.

Das Einzige, was sich der Materialist auch mit sehr viel Geld nicht kaufen kann, ist Liebe. Liebe und Geld - was für ein gewaltiger innerer Widerspruch. Liebe ist ein Attribut des Geistes, Geld der Inbegriff des Materialismus. Liebe steht für das Edle, Wahre, Gute und Geld ist ihr Gegenpol. Geld ist nicht nur Gegenstand und Ziel niedriger Triebe, es wurde in der spätkapitalistischen Phase zum Maßstab für alles. Jedes Ding, und am Ende auch der Mensch hat seinen in Geld ausgedrückten Wert erhalten. Kurzum: Geld hat gemein gemacht.

Im doppelten Sinnes dieses Wortes hebt der gemeinsame, alleinige Maßstab aller Dinge die Unterschiede nach Klassen, Bildung, Können, Wissen, Intelligenz, Charakter, Erfahrung und Beruf auf. Der Wert eines Menschen scheint sich ausschließlich nach der Position in der Rangliste des jährlichen Einkommens zu bestimmen. Der Mensch hat offenkundig in seinem verkümmerten Weltbild die Omnipräsenz Gottes durch die Omnipräsenz des Geldes ersetzt.

Es besteht nicht der geringste Zweifel daran, dass die Irrlehre des Materialismus zu der „Erniedrigung" des Menschen in der spätkapitalistischen Welt geführt hat. Die falsche Annahme, dass die ganze Wirklichkeit einzig und allein auf die Kräfte und

50

Bedingungen der Materie zurückzuführen ist, hat zu der großen Gottesferne, der mangelnden Nächstenliebe und zu der entarteten Eigenliebe des Menschen geführt. Der Materialist liebt vorrangig alleine sich und das Geld.

Die Eigenliebe ist in der Liebeslehre unseres Erlösers, Jesus Christus, ein ebenso gewichtiger Bestandteil wie die Nächstenliebe. Jeder Mensch ist nämlich als Schöpfung Gottes Teil des kosmischen Prinzips Liebe, die Äußerungsform des vollkommenen Geistes. Daher ist im Ursprung ein jeder Mensch gleich liebenswürdig und liebenswert. Diese elementare, in der geistigen Schöpfung begründete Eigenliebe ist aber von den Menschen über die Jahrhunderte pervertiert worden. Egoismus, Egozentrik, Narzissmus und Egomanie sind die faulen Früchte mangelnder geistiger Wachheit und Lebendigkeit, so dass diese groben charakterlichen Schwächen der Menschen in den zivilisierten, meist kapitalistischen und auch kapitalistisch orientierten Staaten heute eher die Norm als die Ausnahme darstellen.

All diese Materialisten rund um den Erdball gehen extrem schwierigen Zeiten entgegen. Wenn der Tag des Tages, dessen Datum wir alle nicht kennen, kommt, und ihnen ihren ganzen Besitz, die ganze Materie, die sie so strebsam erworben haben, über Nacht wegnimmt, dann brechen sie zusammen. Sie werden dann reuevoll erkennen, wie wenig zum Leben auf unserer Erde notwendig ist.

Die Materialisten denken, sie könnten aus sich selbst heraus Schöpfen und Geben und Sein, und doch ist es so, dass wir Menschen nur aus der Liebe, der Energie des Schöpfers leben, also SEIN können.

Noch, da die Geburtswehen der neuen Menschheitsepoche noch nicht so deutlich spürbar sind, klingt den Materialisten der Ausspruch unseres Retters, Jesus Christus, sehr befremdlich:

„Was nützt es dem Menschen wenn er die ganze Welt gewänne, aber an seiner Seele Schaden leidet!"

2. Der schleichende Niedergang des Kapitalismus

So mancher gebeutelte Kapitalist blickt heute, im Jahre 2009, da die wirtschaftlichen und finanziellen Probleme in aller Welt stark überhand nehmen, voller Wehmut zurück in die letzte Dekade des 20. Jahrhunderts.

Was war das für atemberaubendes Jahrzehnt! Es strotzte nur nur so vor weltwirtschaftlicher Dynamik mit satten Wachstumsraten, hohem Beschäftigungsgrad und Firmenneugründungen im Stile der Gründerzeit. Die Börsen in aller Welt eilten mit Ausnahme von Japan von Rekord zu Rekord. Immer mehr Industrieunternehmen schlossen sich zu größeren Verbünden im Rahmen von Fusionen oder „Mergers" zusammen, um die erforderliche kritische Größe für das erfolgreiche Agieren am Weltmarkt zu erlangen. Diese Zusammenschlüsse erfolgten nicht immer freiwillig, denn so manche Firma wurde feindlich im Rahmen eines „hostile takeover" übernommen. Der „Raubtierkapitalismus", die allerletzte Phase im dekadenten Spätkapitalismus, war nun aus der Taufe gehoben.

Der Kapitalismus schickte sich an, mit großem Elan und scheinbarer Leichtigkeit den erstrebenswerten Klimax zu erreichen. Dieser Gipfel, der in der Entwicklung von Pflanzen an einem Standort einen verhältnismäßig beständigen Endzustand darstellt, sollte fortan auch für die Wirtschaft und die Kapitalmärkte rund um den Globus gelten. Die erfolgreiche Bekämpfung der Inflation und zum großen Teil auch der Arbeitslosigkeit hat nicht nur Wirtschaftswissenschaftler, Notenbanker und die stets wachsende Investmentgemeinde zu der vermessenen Auffassung geführt, die Steuerung von Angebot und Nachfrage verbliebe für immer in der Hand des Menschen: Eine perfekte Öekonomie, eine nimmerendende Prosperität mit stets steigenden Aktienkursen. Kurzum, der ultimative Sieg über den Konjunkturzyklus. Aufgrund des langanhaltenden außergewöhnlichen Erfolges wurden die Anhänger vom nimmerendenden Konjunkturzyklus ziemlich übermütig. Deren prominentester Vertreter, der amerikanische Politikwissenschaftler Steven Weber, nannte noch Ende 1997 sechs Argumente für eine Welt immerwährenden Gleichgewichts:

„Die Globalisierung der Produkte; die radikalen Äenderungen der Finanzmärkte; eine strenge Stabilitätspolitik der Zentralbank; eine neue und kluge Beschäftigungspolitik; internationale Märkte mit ungeahnten Wachstumspotentialen und schließlich die Universalisierung der Informationstechnik, die dazu führe, dass die Transaktionskosten verringert und Angebot und Nachfrage passgenau aufeinander abgestimmt werden können. Insbesondere die Logistik der Lagerhaltung, deren Missmanagement in der Vergangenheit häufig eine Rezession ausgelöst habe, habe sich qualitativ verbessert. Zuträglich sei auch der Wandel zur Dienstleistungsgesellschaft, gelten doch Dienstleistungen als deutllich geringer zyklisch anfällig im Vergleich zum verarbeitenden Gewerbe. Letztendlich wäre die gegenwärtige Phase der Prosperität strukturell anders als früher. Sie sei nachhaltig und beherrschbar, weil die Gesetze ihres Erfolges bekannt seien, meinten die wirtschaftswissenschaftlichen Revolutionäre".

Die wirtschaftliche und finanzielle Euphorie der neunziger Jahre, die zur längsten und stärksten Hausse in der über 200-jährigen Geschichte des amerikanischen Aktienmarktes geführt hat, hat viele Anleger blind gemacht. Blind gegenüber der empirisch erhärteten Erkenntnis, dass jähe Wenden im Konjunkturzyklus durch externe Schocks ausgelöst werden. Die Eigenart letzterer ist es, dass sie für die breite Masse nicht vorhersehbar sind. So riss der Ölschock in den frühen siebziger Jahren die Menschen aus ihrer satten Selbstzufriedenheit. Wie die Wirtschaft und die Börsen darauf reagierten, ist dem älteren Anlegerpublikum sattsam bekannt.

Politik, Wirtschaft, Notenbanken und internationale Finanzinstitute wie der IWF, die Weltbank und diverse Entwicklungsbanken haben nach der „Great Depression" (1929 - 1932), insbesondere aber nach dem 2. Weltkrieg sicherlich bessere Geldpolitiken, Regularien, Kontrollinstrumente und Korrekturmechanismen entwickelt. Dies bedeutet jedoch nur, dass wir mit den Schwierigkeiten der Vergangenheit in der heutigen Gegenwart besser umgehen können. Doch die heutigen Schwierigkeiten sind andere als jene, die wir in den dreißiger Jahren des letzten Jahrhunderts erlebten. Die „neuen" Probleme (Subprime-Krise, extrem hohe Verschuldung von Staaten und Bürgern, exzessiver Bestand von Derivaten in allen Spielarten) werden jedoch mit den geläufigen Instrumentarien nur unzureichend bewältigt werden können. Stagnation, Rezession und schließlich Depression sind die uns aus der Geschichte von 250 Jahren Industrialisierung bekannten Folgen.

Generationen von Politik- und Wirtschaftswissenschaftlern, Aktienmarktanalytiker und -historiker, Philosophen und Mathematiker, Wirtschaftsjournalisten, Investoren und Spekulanten haben im Industrie-, und verstärkt im Informationszeitalter große Anstrengungen unternommen, um dem Geheimnis der Zyklen, insbesondere aber dem Wellengang des Kapitalismus auf die Spur zu kommen. Ihr Motiv war und ist sicherlich nicht nur materieller Natur, wenngleich der wilde „Casino"- Kapitalismus eigentlich nur diese Schlussfolgerung zuließe.

Nein, es geht ihnen von jeher auch um die Verwirklichung des alten Menschheitstraums: Die Beherrschbarkeit der Natur und aller damit verbundenen Lebensvorgänge. Sie suchen den Beweis der Rationalität menschlicher Entscheidung. Das Zwischenergebnis ihrer Untersuchungen kann sich zwar durchaus sehen lassen, zeigt aber doch deutlich die Begrenztheit des Menschen. Die Naturgesetze, die zu den zyklischen Wellenbewegungen führen, entziehen sich nachweislich der Einflussnahme des Menschen. Sie sind unumstößlich.

Sie verbannen den rationalen und erkenntnisreichen Menschen in die Passivität des aufmerksamen Beobachters, scharfen Analytikers und akribischen Dokumentierers der Zyklen und erlauben ihm lediglich in einem gewissen Rahmen verlässliche Prognosen. Das wird unter anderem auch beim Einsatz von neuronalen Netzen im Finanz- und Börsenwesen deutlich. Die daraus resultierenden Vorhersagen sind nur bedingt zuverlässig und belastbar. Das Musterbeispiel für die Unwägbarkeiten von menschlichen, auf dem Elliot-Wellen-Prinzip basierenden Vorhersagen, ist die Entwicklung des amerikanischen Aktienmarktes nach dem großen Crash im Oktober 1987. Als Volltreffer erwies sich zunächst die Prognose der beiden amerikanischen Aktienmarktexperten Frost und Prechter. Sie prophezeiten im Jahre 1978 für die 80-er Jahre eine stürmische Hausse, die dann auch tatsächlich eintrat. Der Dow Jones Industrial Index stieg von August 1982 bis August 1987 von 777 Punkten auf das damalige historische Hoch von 2722 Punkten. Auch deren zweite Vorhersage, dass der Boom mit einem Crash enden würde, erwies sich als richtig. Die dritte Prognose lautete: „Danach wird eine lange Periode der wirtschaftlichen und finanziellen Schrumpfung", also eine Depression, eintreten.

Ausgangspunkt für die von ihnen prognostizierte Weltwirtschaftskrise sollten die Vereinigten Staaten von Amerika sein. Deren tiefgreifenden wirtschaftlichen, finanziellen und sozio-kulturellen Veränderungen stünden am Anfang und würden wegen der Bedeutung der US-Wirtschaftskraft auch auf die restliche Welt übergreifen.

Auch Dr. Batra, ein angesehener amerikanischer Wirtschaftswissenschaftler, blies in das gleiche Horn. In seinem 1985 veröffentlichten Buch „The Great Depression of 1990" kam er ebenso zu der klaren Prognose, dass der endgültige Börsenzusammenbruch in den USA 1989 - 1990 erfolgen werde, der dann

Amerika in eine ausgedehnte Depression hineinführen würde.

Edel und hochrenommiert war der Kreis jener, der sich in der Einschätzung des Grundtrendes der Wirtschaft und der Finanz- und Kapitalmärkte so eklatant vertan hat. Zu diesem Zirkel zählte auch der frühere Bundeskanzler der Bundesrepublik Deutschland, Helmut Schmidt. Dank seiner profunden volkswirtschaftlichen Kenntnisse genoss er weltweit großes Ansehen. Er konstatierte kurz nach dem großen Crash an der Wall Street, der Weltleitbörse, im Oktober 1987: „Das Desaster ist da! Die Aktienmärkte sind zusammengebrochen. Die Depression wartet schon im Hinterhof!" Er irrte sich ebenso gewaltig wie die Herren Frost, Prechter und Dr. Batra und unzählige andere Experten.

Was war also in den späten 80-er Jahren geschehen, dass sich so viele Koryphäen so gewaltig geirrt hatten? Anstelle des als unausweichlich geltenden katastrophalsten Crashs aller Zeiten begann an den amerikanischen Aktienbörsen am 10. Oktober 1990 die stürmischste und längste Hausse, der größte „Bullen-Run" aller Zeiten. Dieses Datum kennzeichnet den börsentechnischen Beginn der Super-Rally, der kein zeitnahes außergewöhnliches Ereignis zu Grunde lag. Aus fundamentaler, psychologisch/soziologischer Sicht ist der Beginn des Jahrhundert-Aktienbooms eindeutig mit dem 9. November 1989 zu fixieren, dem Fall der Berliner Mauer. Der damit verbundene Untergang des Sozialismus und im August 1991 schließlich auch des Kommunismus in der Sowjetunion, löste weltweit eine wahre Euphorie aus. Der Kalte Krieg zwischen West und Ost war nun beendet. Man sprach allerorten von einer Neuen Weltordnung und der daraus resultierenden Friedensdividende.

Die gewaltige Dynamik an den Börsen von 1990 bis zum Frühjahr 2000 raubte Profis wie Amateuren den Atem. Steil und langanhaltend ging es an der Wall Street und an allen anderen internationalen Börsenplätzen, mit Ausnahme von Tokio, steil bergauf. Bis Oktober 1997 verlief die Hausse wider allen historischen Mustern ohne jegliches bemerkenswertes Zwischentief, sieht man einmal von der kurzen scharfen Korrektur von knapp 10 % im Dow Jones Index Mitte Juli 1996 ab.

Als der sich wegen der exzessiven Spekulation sehr besorgt zeigende US-Notenbankchef Alan Greenspan die Investoren vor der „irrational exuberance", also des irrationalen Ueberschwangs bzw. der völlig übertriebenen Überbewertung der Aktien warnte, ging die Post erst noch einmal richtig ab. Der Dow Jones, das wichtigste Börsenbarometer der Welt, stieg vom Zeitpunkt seiner eindringlichen Warnung im Oktober 1966 von rund 6000 Punkten innerhalb von drei Jahren um mehr als stolze 85 % auf über 11000 Punkte an. Keine noch so schlechte Nachricht konnte der Wall Street etwas anhaben. Jede gute Nachricht aber wurde überproportional durch fulminante Kursanstiege der betroffenen Aktien gewürdigt. So nährte die Hausse die Hausse, bis sich die Aktienbewertungen sehr weit von den fundamentalen Daten entfernten und nie zuvor erlebte Werte erreichten. Die starke Zunahme von Firmenzusammenschlüssen steigerte das Börsenfieber zusätzlich. Neuemissionen von vielen kleinen Firmen, insbesondere im High-Tech-Bereich (Computer-, Software-, Biotechnologie- und vor allem Internet-Aktien) wurden in der zweiten Hälfte der neunziger Jahre die absoluten Renner. Tagesgewinne von mehreren hundert Prozent an einem Börsentag waren keine Seltenheit.

Die allerletzte Phase in einer Hausse, die sogenannte „Lieschen Müller-Spekulationswelle" begann dann im Oktober 1998. Jedermann wollte nun dabei sein: Der Fließbandarbeiter, die Hausfrau, der Schuhputzer, der Friseur. Völlig neu entstanden ist das Berufsbild des Day-Traders. Hierfür benötigte man keinerlei amtlichen Befähigungsnachweis. Ein Online-Anschluß und ein wenig Startkapital waren neben einer Portion Risikobereitschaft und guten Nerven alles, was die Glücksritter der Moderne benötigten, um an der Börse ihr großes Glück zu machen. Profunde Aktienanalyse, professionelle Selektion und Wahl einer optimalen Portfoliostruktur waren nun verzichtbar geworden, denn es stiegen ja auf wundersame Weise alle Aktien, besonders die heißbegehrten, 100- und sogar 1000-fach überzeichneten Neuemissionen diesseits und jenseits des Atlantiks.

Weshalb also noch arbeiten, fragten sich viele Zeitgenossen, wenn das Geld für einen so vorzüglich arbeitet. Ein autodidaktischer Day-Trader konnte in dieser „blinden Euphoriephase" in der Tat bei überschaubarem Einsatz an einem Börsentag mehr Geld verdienen als in einem ganzen Arbeitsjahr in seinem früheren Beruf, den er ja nun an den Nagel gehängt hatte.

Die „Hausfrauen-Hausse" signalisierte den Kennern der Szene ein baldiges Ende dieses Booms. Die überaus große Gefahr eines kräftigen Einbruchs vor Augen, sorgten die von ihren mit jährlichen Renditen von 20 und 30 % verwöhnten Anleger/Fondssparer unter Handlungsdruck gesetzten professionellen Fondsmanager immer wieder mit ihrer „Buy on dips" - Strategie dafür, dass ein größerer Rückgang der Aktienkurse ausblieb. Die „Masters of the Universe", als die sich die erfolgreichen Broker, Investment- u. Fondsmanager gerne halten, enttäuschten ihre Anhängerschar in keinster Weise. Als nämlich die im Juli 1997 begonnenen Finanzprobleme in Südostasien eskalierten und Ende Oktober 1997 die Weltbörsen stark erschütterten, blickte die ganze Finanzwelt am 28. Oktober 1997 sehr gespannt auf die Wall Street. In ihrer fast naiv anmutenden Gewissheit, dass nur sie - und sonst niemand - die Welt vor dem Untergang retten könnten, brannten sie am 28. Oktober 1997 ein brillantes Kursfeuerwerk ab, das seinesgleichen suchte. Stolze 5 % oder 337 Punkte hatten sie in der sechseinhalbstündigen Börsensitzung in die Scheuer gefahren, als die Glocke diese atemberaubende Sitzung beendete. Stolz reckten sie ihre Hände in den Abendhimmel von Big Apple, als sie die Börse am Südzipfel Manhattans mit erhobenem Haupt nach vollendetem Tagewerk verließen. Schließlich hatten sie die Welt gerettet - zumindest an diesem Tag!

Der „Dip", die entstandene Lücke war schnell geschlossen, galt es doch, die prognostizierten 10000 Punkte im Dow Jones zu erreichen. Fortan stiegen alle Indizes von Rekord zu Rekord aufwärts ohne absehbares Ende, bis ein derart schwindelregendes Niveau der Aktien erreicht war, dass sich der US-Währungshüter Alan Greenspan bei einer Anhörung vor dem Bankenausschuss des US-Senats im Sommer 1998 zu der sarkastischen, ja zynischen Aussage verstieg: „The shares not only have discounted the future but the year after", womit er zum Ausdruck brachte, dass in diesen Aktienkursen nicht nur die Zukunft, sondern auch das imaginäre Jahr nach der Zukunft in den Aktienkursen eskomptiert seien.

Die Skeptiker stellten sich besorgt viele Fragen: Wie lang kann das gut gehen? Wann endet diese abenteuerliche, längste Reise in den Aktienhimmel? Wie heißt die Endstation, bei der die Glocke zum Ausstieg aus dem Börsenzug läutet?

Nie! behaupteten die erfolgsverwöhnten und selbstgefällig gewordenen Broker, Finanz- u. Aktienanalysten, Investmentbanker und diverse Aktiengurus. Für sie waren Indexstände von 10000 Punkten im deutschen Aktienindex Dax, und 12000 Punkte im Dow Jones - Index in Nordamerika nur noch eine Frage der Zeit. Den Positivtrend extrapolierende Zielmarken von 15000 Punkten im Dax und 20000 Punkten im Dow machten in den einschlägigen Kreisen die Runde. Steven Weber, der das immerwährende vollkommene Gleichgewicht in Sachen Wirtschaft und Finanzen prophezeite, schien Recht zu behalten.

Die Naturgesetzlichkeiten schienen vorübergehend außer Kraft gesetzt zu sein bzw. in ihrer Wirkung durch die rationale und kluge Handlungsweise der Menschen neutralisiert oder gar besiegt worden zu sein. Das eherne Gesetz der Schwerkraft schien seine Wirkung verloren zu haben, wonach all das, was vorher stark gestiegen ist, wieder in die „Bodennähe", d.h. wieder in den Bereich des Ausgangspunktes zu kommen hat, bevor es von dort wieder zu einem neuen Aufschwung ansetzt. Die ganze bunte Investmentgemeinde indes schlug alle Warnungen seitens der Notenbanker, Wirtschaftswissenschaftler und sogenannten Wirtschaftsweisen, Crash-Propheten, und selbst von exponierten Wirtschaftsführern wie die des Microsoft-Managers Ballmer in den Wind. Letzterer bezeichnete die Bewertung der Aktien seines Unternehmens in aller Öffentlichkeit als „absurd hoch". Kritische Stellungnahmen waren in jenen Zeiten nirgendwo erwünscht. Die Investmentbanken enthielten sich nicht nur jeglichen pessimistischen oder kritischen Kommentars, sondern veröffentlichten in ihren Studien, Einstufungen und Empfehlungen immer noch positivere Aussichten, und Millionen von Anlegern rechneten sich auf dem Papier schon reich.

Dabei musste doch jedem vernünftig denkenden Menschen klar sein, dass viele der banalen, z. Teil skurrilen Geschäftsideen der wie Pilze aus dem Boden schießenden „Start-Up"-Firmen echte „Schnapsideen" waren, womit wirklich kein Geld zu verdienen war. Für einen Außenstehenden mit gesundem Menschenverstand nahm die Entwicklung an den Börsen schon schizoide Züge an, denn je höher der bekannt gegebene Verlust eines Start-up - Unternehmens war, desto schneller und steiler stieg die Aktie im Wert. So wurden unvorstellbar hohe Aktienkurse erreicht, die mit herkömmlichen Bewertungsziffern wie KGV (Kurs-Gewinn-Verhältnis) nicht mehr zu charakterisieren waren, da ja ein Gewinn überhaupt nicht erzielt wurde, und auch auf lange Frist gesehen gar nicht erwartet werden konnte. Gefakte ad-hoc - Mitteilungen der Unternehmen über neu gewonnene Großaufträge und damit gesteigerte Umsatzerwartungen sowie erhöhtem Marktanteil wirkten zudem wie eine Gießkanne Öel ins bereits lichterloh brennende Börsenfeuer.

Die Banken und Wertpapierhäuser zeigten sich in diesem irrsinnigen Spektakel, das da vor ihren Augen mittels ihres fleißigen Zutuns ablief, von der ganz kreativen Seite. Diesen puren Wahnsinn versuchten sie durch die Entwicklung völlig neuer Bewertungskriterien zu heilen. Der Aktienkurs der heißen „High-

Flyers" wurde nun in das Verhältnis zum erzielten, wenn nötig auch nur zum geplanten Jahresumsatz ins Verhältnis gesetzt. Als auch dieser Bewertungsmaßstab an seine Grenzen stieß, wurde die „Cash-Burn-Rate" erfunden. Dieser Wert beziffert, wie viel Geld ein „New Economy-Unternehmen" pro Jahr verbraucht (verbrennt), ohne nennenswerte Einnahmen zu erzielen. Das bittere Ende war nun nah. Als den betroffenen Unternehmen das Geld aus dem Börsengang ausging, und keine Bank herkömmliche Finanzmittel für einen windigen Geschäftsplan, der nichts als horrende Verluste produzierte, zur Verfügung stellte, fielen die ersten umjubelten Sterne wie Felsbrocken vom Börsenhimmel, der sich nun sichtlich eintrübte. Die Börsenlieblinge von einst zertrümmerten nicht nur die Erfolgsgefühle und die hohen Erwartungen der Aktionäre, sondern zerstörten auch deren Vertrauen nachhaltig. Nach viel Sekt war nun Selters angesagt. Die rauschende Party war jetzt vorbei. Das alte Börsengesetz, wonach jeder stürmische Aktienboom mit einem „Bust", einem „Crash" und sei es auch nur ein „Stotter-Crash" bzw. Crash auf Raten zu Ende geht, hat sich wieder einmal als richtig erwiesen.

Das Ergebnis nach der dreijährigen Baisse (2000 - 2003) war für viele Banken, institutionelle und private Anleger sehr bitter: Der deutsche Aktienindex halbierte sich im Wert, der deutsche Technologieindex Nemax zehntelte sich, und der amerikanische Technologieindex Nasdaq drittelte sich. Lediglich der Dow Jones Index, der ja fast ausschließlich Werte der „Old Economy" enthält, kam mit einem blauen Auge davon.

Dieser katastrophale Einbruch an den Börsen rund um den Globus im Gefolge der Weltleitbörse in New York liefert den kristallklaren Beweis, dass es gegen die Gesetze der Natur und die relative Konstanz des menschlichen Geistes bzw. das irrationale Verhalten von Menschen kein Mittel gibt.

Der Crash nach der längsten und stärksten Börsen-Hausse aller Zeiten in der letzten Dekade des 20. Jahrhunderts bedeutete aber noch nicht das Ende des Kapitalismus. Der fulminante New Economy Boom war erst die vorletzte Phase des Kapitalismus.

Offensichlich hat der homo oeconomicus nur ein sehr kurzes Gedächtnis, denn schon kurze Zeit nach dem großen Kater verhalten sich bereits wieder viele Anleger so, als sei nichts weiter geschehen als ein unglücklicher Geldverlust, den man ja bald wieder wett machen kann. Getrieben vom Prinzip der Gewinnmaximierung und dem unerschütterlichen Glauben an ein

„AUFWÄRTS OHNE ENDE" hat die kreative Investmentgemeinde an den hochspekulativen Anlagemethoden und - instrumenten festgehalten und zusätzliche neue „Spielzeuge" konstruiert.

Es beginnt nun die Phase an den Weltbörsen (Aktien, Rohstoffe, Edelmetalle, etc.), die später als die Phase der präletalen Euphorie in die Annalen der Geschichte eingehen wird.

Ganz stark in Mode kommen Hedge-Fonds (ca. 8000 weltweit, die ungefähr 1 Billion US $ verwalten), die durch entsprechende Investments sowohl bei steigenden als auch fallenden Kursen höchstmögliche Gewinne erzielen wollen, sei es am Aktien-, Anleihen-, Währungs-, Rohstoff oder Edelmetallmarkt. Diese Fonds, die ihre spekulativen Geschäfte auch mit Großkrediten von Geschäftsbanken finanzieren, stellen, da sie kaum über Eigenkapital verfügen, eine große Gefahr für die Stabilität des Weltfinanzsystems dar.

Noch aber vagabundiert das Kapital ungebremst. Hedge-Fonds und Private-Equity Fonds sind die Speerspitzen des Kapitalismus in dieser Endphase: Der radikale Kapitalismus. Politiker wie Arbeitnehmer beklagen die „totale Öekonomisierung" der Gesellschaft. Wie die Heuschrecken schwärmen diese Fonds und auch expansionssüchtige Industriemanager übers Land, um alles wegzufressen (aufzukaufen), was ihren ehrgeizigen Zielen dient. Während die Arbeitnehmerrechte in Ländern mit sozialer Marktwirtschaft zusehends ausgehöhlt werden, wächst die Macht der Unternehmen ins Unermessliche. Es sind mittlerweile die Wirtschaftsvertreter ohne politisches Mandat, die direkt oder indirekt via Lobbyismus vorherbestimmen, was am Ende Recht und Gesetz wird. In fast allen kapitalistischen und kapitalistisch orientierten Staaten werden heutzutage die Interessen der Wirtschaft weitgehend mit denen der Gesellschaft gleichgesetzt. Nicht immer nur zum Wohle des Volkes. Viele Arbeitnehmer und auch die sie vertretenden Gewerkschaften werden von der dem Kapital verpflichteten Unternehmensleitung regelrecht erpresst: Entweder stimmen Arbeitnehmer und Gewerkschaften unbezahlter Mehrarbeit, Arbeitszeitverlängerung ohne jeden Lohnausgleich, Reduzierung oder völligem Wegfall von Weihnachts- und Urlaubsgeld oder gar direkten Lohn- und Gehaltskürzungen zu, oder das Werk bzw. der Betrieb wird geschlossen. Dieser enorme Machtzuwachs der Wirtschaft ist selbstverständlich eine direkte Folge der Globalisierung. Das Erpressungspotential seitens der Unternehmen besteht in der aus Kapitalsicht attraktiven

Möglichkeit, wahlweise die Produktion oder Forschung und Entwicklung oder gar den gesamten Firmensitz ins wesentlich kostengünstigere Ausland zu verlagern. Vor allem osteuropäischen und vielen asiatischen Ländern sind Industrieansiedlungen hochwillkommen. Sie locken die Investoren mit niedrigen Arbeitslöhnen, billigen Grundstücken und moderaten Unternehmenssteuern. Den Industriekapitänen wird förmlich der rote Teppich ausgerollt. Im Heimatland jedoch stehen dadurch in vielen Jahren und Arbeitskämpfen mühsam errungene Fortschritte wie Mitbestimmung der Arbeitnehmer und sogar die Tarifautonomie zur Disposition. Sowohl Arbeitnehmer als auch die Gewerkschaften in den klassischen Industriestaaten (G-7) gehen extrem schwierigen Zeiten entgegen, denn die Globalisierung wird bis zum Ende dieser Zeitepoche fortschreiten.

Der Weltfinanzwirtschaft drohte auch noch von anderer Seite eine nicht unerhebliche Gefahr. Die von den Banken geschaffenen Derivate hatten inzwischen eine astronomische Größenordnung erreicht. Nur Ignoranten bezeichnen letztere als finanztechnisches Spielzeug der „virtuellen Realität". Kritisch betrachtet war die Welt bis zum Ausbruch der Immobilienkrise in den USA im Sommer 2007 ein großes Spielcasino, in dem die Einsätze immer höher und riskanter wurden. Diese exzessive Spekulation, die sich meilenweit von der Finanzierung der Güter und Dienstleistungen der realen Wirtschaft entfernt hatte, füllte vor allem die Kassen der Banken, der Bankmanager und Spekulanten.

Ein weiteres, sehr konkretes riesiges Gefahrenpotential für die Weltwirtschaft und den Weltfinanzmarkt stellte die gewaltige Spekulationsblase dar, die sich sowohl im Mutterland des Kapitalismus, den USA, als auch in England, Australien und in vielen anderen Ländern auf dem Immobilienmarkt gebildet hatte. Die Banken lockten die Käufer mit immer gewagteren Kreditangeboten. An eine rasche Tilgung nach klassischem Muster dachte in der angloamerikanischen Welt niemand mehr. Viele Engländer, insbesondere im Großraum London, und Amerikaner sind daher hoch verschuldet. Wie im Spielcasino wurde nun, nachdem die Aktienmärkte seitwärts liefen und nur noch geringe Renditen boten, mit Immobilien gezockt. Der rasche Kauf, eventuelle Sanierung, und Verkauf von Häusern, in Amerika Flipping genannt, trieb die Preise weiter. Experten gehen davon aus, dass allein 30 - 35 % des höheren Konsums in Amerika und Großbritannien im Jahre 2005 auf die Immobilienspekulation entfielen. Zwar nahm Alan Greenspan, der ex-Präsident des Federal Reserve Board in Washington, in einer Rede Anfang

August 2005 das Schreckenswort der Spekulationsblase noch nicht in den Mund, doch wurde er entgegen seiner ansonst kryptischen Ausdrucksweise sehr deutlich: „Der gewaltige Zuwachs des Marktwertes von Immobilien beruhe hauptsächlich auf dem Glauben, dass die Risiken gering seien." Anders ausgedrückt: Die amerikanischen Immobilienbesitzer rechnen sich reich, sind es aber nicht wirklich.

Sobald nämlich die Blase platzte, fielen die Häuserpreise ins Bodenlose, die Hypotheken blieben jedoch in unverminderter Höhe bestehen. Die Banken forderten dann weitere, in aller Regel beim Schuldner nicht vorhandene Sicherheiten. Kreditkündigungen führten dann massenweise zu Zwangsversteigerungen, die wiederum die Immobilienpreise weiter nach unten drücken. Viele ehemals stolze Hausbesitzer sind unweigerlich in der privaten Insolvenz gelandet..

Das beste empirische Anschauungsbeispiel für die Folgen vom Platzen der Spekulationsblasen auf dem Immobilien- und Aktienmarkt ist Japan. Seit dem „Doppel-Crash" im Jahre 1990 hat sich die zweitgrößte Industrienation der Welt bis heute noch nicht wirklich von der eingetretenen deflationären Depression erholt. Selbst niedrigste Zinssätze bzw. sogar zinslose Darlehen der staatlichen Notenbank an das Bankensystem konnten keinen nachhaltigen konjunkturellen Aufschwung bewirken. Allein die Tatsache, dass dort zeitweise Geld kein Geld mehr kostete - die Kosten des Kapitals sind im kapitalistischen System die Zinsen - war, streng betrachtet, bereits der **Wegfall der Geschäftsgrundlage des Kapitalismus.**

Und so kam was kommen musste. Die Immobilienkrise wuchs sich zur Finanz- u. Aktienmarktkrise aus. Ende Oktober 2008 (27.10.08) hatten die Aktien in Deutschland und den USA nahezu 50 % ihres Wertes verloren (Dax: 4334, Dow Jones: 8175 Punkte). Der Japanische Aktienindex Nikkei-225 notierte gar auf einem 26-Jahres-Tief (7162 Punkte). Weltweit gingen innerhalb von nur 12 Monaten rund 30 Billionen US $ an den Aktienmärkten verloren.

Dagegen nehmen sich die von den Regierungen und Notenbanken zur Behebung der Eigenkapital- und Liquiditätskrise der Banken zur Verfügung gestellten Rettungspakete von ca. 2 Billionen US S $ (z. B. Deutschland 500 Mrd. €, USA 800 Mrd. US $) recht bescheiden aus. Hoffnungslos überschuldet sind in vielen kapitalistischen und marktwirtschaftlichen Staaten nicht nur unzählige Privathaushalte und Unternehmen, sondern auch die Staaten selbst haben jahrzehntelang ihr Wachstum und den Wohlstand ihrer Bürger in hohem Maße sehr leichtfertig, wenn nicht grob fahrlässig, auf Pump finanziert. Ignoranz, Arroganz, Egozentrik, Opportunismus und Verantwortungslosigkeit der Regierenden sind ursächlich für die überdimensionale Hypothek, die auf den zukünftigen Generationen schwer wie ein Mühlstein lastet. Japans Staatsschulden und die vieler anderer Staaten, darunter auch Länder der Europäischen Union (EU), sind höher als deren jährliches Bruttosozialprodukt (BSP). In der EU haben viele Staaten die selbst zugestandene Obergrenze von 60 % des BSP überschritten und marschieren zügig auf die 100 Prozent zu. Häufig übertreffen die gesetzlichen Verpflichtungen des Staates für Soziales, Zinsen, und Personal die Steuereinnahmen, so dass durch die jährliche Neuverschuldung der Schuldenberg automatisch wächst. Schwergewichte in der EU, wie die Bundesrepublik Deutschland, Frankreich, Großbritannien und Italien können so die 3 % - Marke des jährlichen Budgetdefizits gemäß dem Maastricht-Vertrag nicht mehr einhalten, weil sich zum Einen das erforderliche Wirtschaftswachstum, das die Steuer- quellen sprudeln lässt, nicht einstellt, und zum Anderen den Regierungen der Mut für einen strikten Sparkurs fehlt. So ist der Maastricht-Vertrag, ein Stabilitätspakt der EU, der die Ver- schuldungsgrenzen der EU-Staaten regelt, bereits heute Makulatur. Die äußerst angespannte Finanzsituation in fast allen europäischen Ländern wird auch zum Prüfstein ihrer Demokratien, denn diese funktionierten in der Vergangenheit nur deshalb so gut, weil es immer etwas zu verteilen gab bzw. mehr verteilt worden ist, als erwirtschaftet wurde. Nun kommt diese krasse Fehlleistung als Bumerang zurück. Wir werden das sehr schmerzhafte Absterben dieser „Verteilungsdemokratien" in Europa erleben. Politiker, egal welcher Partei oder Regierung sie angehören, stehen vor ihrer größten Bewährungsprobe seit dem Ende des 2. Weltkrieges. Die Anfeindungen der unterschiedlichsten Interessengruppen werden scharf und langanhaltend sein. Es beginnt die „Blut, Schweiß und Tränen" - Phase.

Aber es sind gerade die Vereinigten Staaten von Amerika, die sich in einer noch misslicheren Lage befinden. Deren Budgetdefizit von etwa 1.200 Mrd. US $ wird sich durch die immensen Kriegskosten (Irak, Afghanistan) und die für die Golfregion zugesicherten Wiederaufbauhilfen (Verwüstungen in New Orleans und Umgebung durch Hurrikan Katrina) in Höhe von 200 Mrd. US $ erhöhen.

Desweiteren verschlechtern sich sowohl die Handels- als auch die Leistungsbilanzergebnisse erheblich. Da auch die Sparquote der

Amerikaner mit Minus 0,7 Prozent (Europa ca. 10 %) auf den tiefsten Stand seit 60 Jahren gefallen ist, kann Amerika den zerrütteten Staatshaushalt nicht länger aus eigener Kraft sanieren.

Bislang hat Asien den Amerikanern ihren Wohlstand auf Pump finanziert, denn die Nationalbanken von Japan und China sind die größten Käufer amerikanischer Staatsanleihen. Man muss beileibe nicht Volkswirtschaft und Internationales Finanzwesen studiert haben, um herauszufinden, was passieren wird, wenn diese beiden Großgläubiger kalte Füße bekommen. Daraus folgt, dass das Eis, auf dem der Kapitalismus wilder denn je seine Pirouetten drehte, schon sehr dünn und auch brüchig geworden ist. Japan steht finanztechnisch betrachtet selbst mit dem Rücken zur Wand und kann sehr bald zu einer Repatriierung seines Kapitals gezwungen sein. Das extrem ehrgeizige, mit aller Macht zu einer Weltmacht aufstrebende China könnte unversehens derzeitige politische Zwistigkeiten mit Amerika (Taiwan-Frage, Rüstungspolitik) zum Anlass nehmen, sich teilweise oder auch ganz vom finanziellen USA-Engagement zurück zu ziehen.

Aber auch ohne den Ausfall der beiden Hauptfinanziers geht Amerika äußerst schwierigen Zeiten entgegen. Waren die Riesenpleiten des Telekom-Konzerns Worldcom, des Misch-konzerns Tyco und des Energiekonzerns Enron auf Betrug, Bilanzmanipulation und andere Straftatbestände zurückzuführen, so sind die Insolvenzen großer Fluggesellschaften und zuletzt im Herbst 2005 des Autozulieferers Delphi konjunkturell bedingt. Diese Insolvenzen sind aber lediglich die Vorboten für die kommenden Groß-Pleiten in allen Industrie- und Wirtschafts-bereichen.

Wenn in Kürze General Motors Insolvenz anmeldet, dann hat das weitreichende Folgen für das gesamte Land. Das einstige Motto in der Blütezeit des Kapitalismus: "Was gut ist für General Motors, ist gut für Amerika" wird sich dann in das krasse Gegenteil verkehren. Dann rächt sich bitter, dass die großen Industriekonzerne ihren gewerkschaftlich organisierten Mitarbeitern seit den 70-er Jahren soziale Wohltaten zugestanden haben, die sie sich nicht leisten konnten. Die unheilige Allianz von Aktionären und Gewerkschaften sorgte dafür, dass die teuren Versprechen durch riskante Anlagen am Kapitalmarkt finanziert wurden, um die Konzernkassen zu schonen. Als die Börsen aber nun im Jahr 2000 einbrachen ,wurde das Desaster deutlich. Die Renten- und Krankenversicherungen für Millionen Menschen können heute nur noch durch Zuschüsse der Unternehmen finanziert werden. So mancher Konzern droht unter dieser Kostenlast zusammen zu brechen. Zwar hat General Motors der Gewerkschaft der Autoarbeiter die Verringerung dieser Kosten um ein Viertel abgerungen, doch wird so mancher Konzern in die Insolvenz gehen, um die unbezahlbar gewordenen Gesundheits- und Rentenkosten auf den Staat abwälzen zu können.

Der Staat wiederum ist, wie dargelegt, in Kürze selbst ein Fall für den Insolvenzrichter. So stehen Millionen von amerikanischen Arbeitnehmern vor dem Absturz in die Armut. Der Traum von der sozialen Sicherheit nach jahrzehntelanger Arbeit wird für unzählige Familien zum grauenvollen Albtraum werden.

Amerika, das Mutter- und Musterland des Kapitalismus, wird schon bald nicht mehr Vorbild sein in Sachen Wirtschaftsdynamik mit jährlichen Wachstumsraten von 3 - 5 % und einer geringen Arbeitslosenquote von rund 5 %. Der Niedergang der Wirtschaft hat bereits begonnen. Die amerikanische Metropole Detroit, die berühmte Autostadt, gleicht schon heute einer Geisterstadt. Sie stand einst für den großen Wohlstand der USA. Heute grassiert dort die Armut, viele Menschen wandern ab. Vor 40 Jahren lebten dort rund 2 Millionen Einwohner. Heute sind es weniger als eine Million. Die Mehrheit der verbliebenen Bürger ist schwarz und arm.

Das einst hochgelobte Wirtschaftssystem des Kapitalismus, das insbesondere nach dem Zusammenbruch des Kommunismus dessen Ideologie, Staatsform und Wirtschaftssystem als haushoch überlegen galt, zeigt in der letzten Dekadenzphase seine hässliche Fratze. Durch das Primat der Ökonomie über die Politik und das gesamte Gesellschaftsleben ist das Kapital zum alles beherrschenden Faktor geworden. Ein Wirtschaftssystem ist aber prinzipiell dann falsch, wenn das Kapital die Menschen beherrscht und nicht umgekehrt.

In den nächsten Jahren folgt das Unausweichliche: Der langsame, schmerzhafte Tod des materialistischen Kapitalismus. Wenn sich in naher Zukunft die Finanzprobleme auch in der Realwirtschaft gravierend niederschlagen, dann wartet im Hinterhof die weltweite deflationäre Depression. Massenkonkurse von Unternehmen wie Privatpersonen, und Bankenzusammenbrüche werden eine Weltwirtschaftskrise im Ausmaße der Great Depression (1929 - 1932) auslösen und auch das Weltfinanzsystem aus den Angeln heben. Weder der Internationale Währungsfonds und die Weltbank noch US- Notenbankchef Ben Bernanke werden mit ihren kühnen Rettungsplänen Erfolg haben. Auch wird es keinen amerikanischen Präsidenten geben, der mit der Ausrufung eines „New Deal" die

Wirtschaft und auch die Finanzen wieder in Ordnung bringt, so wie es in den dreißiger Jahren des letzten Jahrhunderts so hervorragend funktioniert hat. Der Kapitalismus wird zusammen mit den beiden Zeitepochen, dem Fischezeitalter und dem Eisernen Zeitalter, im Chaos enden. Er wird sich dann, wie bisher jedes System, überlebt haben und eine völlig neue Gesellschaftsform löst ihn ab.

3. Fieberhaftes, aber vergebliches Streben nach Einheit

Trotz der vielfältigen Probleme in der Welt sind sich die führenden Institutionen und Organisationen nicht einig darüber, wie sie diese anpacken und lösen wollen: Krankheit, Armut und Hunger in vielen Ländern der Dritten Welt; globale Umweltzerstörung in grandiosem Ausmaß; Terrorismus; Unfrieden, Misstrauen, Missgunst, Hass und Neid in aller Welt, nicht zur zwischen Menschen, sondern auch zwischen Organisationen, Nationen, Völkern und Religionen.

Uneinigkeit kennzeichnet sogar die Kirchen, die eigentlich Vorbild sein sollten für ein friedvolles Leben im Mit- und Füreinander. Papst Johannes Paul II. reiste im Frühjahr 2000 zum Auftakt seiner Besuche in Israel und Palästina zum Berg Sinai, an dessen Fuße das bekannte Katharinenkloster steht. Nach der Überlieferung soll Gott auf diesem Berg in einer Wolke dem Moses erschienen sein, um ihm aus dem brennenden Dornbusch - der nicht verbrannte - die Zehn Gebote zu übermitteln. In diesem Geschehen liege das Geheimnis des Alten Testaments, schrieb der Papst in Vorbereitung seiner ersten Reise zu den Geburtsstätten der Christenheit. Dieses Geheimnis wollte der Papst dafür nutzen, um Juden, Christen und Muslime, die sich alle auf das Moses-Geschehen beziehen, am Fuße dieses Berges zusammen-zubringen. Dies misslang jedoch gründlich. Der Abt des griechisch-orthodoxen Klosters, Erzbischof Damianos, für den es keinen Stellvertreter Christi auf Erden gibt, gewährte ihm zwar Gastrecht, gab ihm den Segen des Ortes sowie eine Einladung zum Beten, und überließ ihm den blühenden Mandelbaumgarten für seine katholische Messe. An dieser nahm er aber nicht teil. Man habe, so der Erzbischof, den Papst wie einen Pilger empfangen, wie weiland Egeria am Ende des vierten Jahrhunderts, oder wie einen der fünf Patriarchen der alten ökumenischen Zeit, in der es noch keine Spaltung zwischen Ost- und Westkirche gab. Der Papst kam als Versöhner, doch aus Sicht der Vertreter der östlichen Kirche bestand überhaupt kein Streit zwischen den Kirchen, sondern die östliche Kirche habe lediglich ein anderes Verständnis von Geschichte als der Westen. Vater Simeon sagte: „Unsere ewige Liturgie will nahe beim Ursprung bleiben. Wir denken nicht in Hierarchien, die zur Macht drängen, in einer Geschichte, die zu einem Abschluss kommt."

Vergebung und Versöhnung waren für den katholischen Papst Johannes Paul II. wichtige Ziele seines emsigen Wirkens. So bat er China in einer öffentlichen Botschaft um Vergebung für Fehler, die Katholiken in der Vergangenheit in China begangen hätten. Auch hoffte er auf eine Wiederaufnahme der seit 1951 unterbrochenen Beziehungen. 1950 wies die Volksrepublik China katholische Priester und Ordensleute aus. Die katholische Kirche in China ist seither gespalten in eine offizielle Kirche, die keine direkten Kontakte zum Vatikan hat, und eine romtreue Untergrundkirche. Chinas politische Führung hat zwar Interesse an einer Normalisierung, fordert aber von Rom im Gegenzug den Abbruch der Beziehungen zu Taiwan.

Der 3. Oktober 2000 sollte im Rahmen des Großen Jubiläumsjahres der katholischen Kirche dem jüdisch-christlichen Dialog gewidmet werden. In einer feierlichen Zeremonie in der Lateran-Universität wollte Rabbiner Alberto Piatelli von der römischen Gemeinde über die jüdische Idee des Jubiläumsjahres sprechen. Der päpstliche Haustheologe Pater Georges Cottier sollte über das katholische Konzept des „Heiligen Jahres" referieren. Es endete in einem Eklat. Wegen der tiefen Verstimmung haben die jüdischen Gäste den Termin abgesagt. Ursachen der Irritation waren die Seligsprechung von Papst Pius IX. Anfang September 2000 und die Publikation eines Dokumentes der Glaubenskongregation, das die Überlegenheit des Katholizismus gegenüber allen Religionen und Konfessionen behauptet.

Die damalige Stimme Roms, der deutsche Joseph Kardinal Ratzinger, Präfekt der r. k. Kirche - heute Papst Benedikt XVI. - hatte sich in der Glaubenskongregation „Domine Jesus" dagegen gewandt, das Christentum nur als einen von vielen möglichen Heilswegen zu verstehen. Er betonte die Überlegenheit der katholischen gegenüber allen übrigen christlichen Kirchen. Den Protestanten sprach das Dokument gar die Bezeichnung Kirche ab. Sie seien lediglich „Kirchliche Gemeinschaften". Die Seligsprechung von Papst Pius IX. war für die Juden vor allem wegen des Falls „Mortara" eine Provokation. Edgardo Mortara, ein jüdisches Kind aus Bologna, wurde seinen Eltern entrissen und in Rom erzogen, weil es angeblich von einem Dienstmädchen getauft worden war. Allen Protesten zum Trotz gab Pius IX. das Kind nicht frei.

Das Verhältnis zwischen der r. k. Kirche und dem Judentum ist ohnehin eher spannungsgeladen als harmonisch. Der einzige Israeli in der Katholisch-Jüdischen Kommission zur Erforschung der Rolle des Vatikans in der Zeit der Schoa (Holocaust), Robert Wistrich, ist Anfang November 2001 aus Protest zurückgetreten, weil ihm der volle Zutritt zum Archiv des Heiligen Stuhls verweigert wurde. Während ihn der Vorsitzende der pontifikalen Kommission für Religiöse Beziehungen zum Judentum, Kardinal Walter Kasper, bezichtigte, die zum Thema bereits veröffentlichten Bände nicht gelesen zu haben, behauptete Wistrich, er habe in monatelangem Studium die zwölf Bände gewissenhaft studiert. Das Material sei eine „furchtbare Anklage gegen die Unsensibilität der Kirche und das moralische Versagen, die Indifferenz gegenüber dem jüdischen Leiden und der Entmenschlichung unter den antisemitischen Gesetzen und gegen die Weigerung, einen Bruch mit Nazi-Deutschland auch nur in Erwägung zu ziehen."

Schon anhand dieser wenigen geschilderten Ereignisse wird die riesige Kluft zwischen Anspruch und Wirklichkeit deutlich. Anstelle Vergebung und Versöhnung gibt es gegenseitige Beschuldigungen, Ablehnung und Streit. Von Einigkeit, von einem friedlichen und harmonischen Zusammenwirken der Weltregionen kann partout nicht die Rede sein. Noch nicht einmal innerhalb des abendländischen Christentums besteht Einigkeit und Eintracht.

Wie ein schales Lippenbekenntnis wirkt da die Warnung des Papstes vor einer Kluft zwischen den Religionen, und auch seine Forderung im September 2001 in Kasachstan nach einer Welt ohne Gewalt ist nichts anderes als ein Ruf in der einsamen Wüste. Anlässlich seines Besuches in Astana, der Hauptstadt Kasachstans, hat er Moslems und Christen in der Welt zum gemeinsamen Friedensgebet aufgerufen. Bei einer dort zelebrierten Messe mahnte er: „Die Terrorakte in den USA sowie die Reaktion der Amerikaner dürfen keine Kluft zwischen den Gläubigen beider Religionen reißen." Religion dürfe niemals als Grund für Konflikte missbraucht werden, und Moslems und Christen müssten in einen Dialog eintreten. Es sei ihre Aufgabe, eine „Welt ohne Gewalt" und eine „Zivilisation der Liebe" aufzubauen.

Die Mahnungen und moralisch ethischen Postulate von Papst Paul II. sind zweifellos ehrenwert, richtig und wichtig. Doch nicht nur die

Weltgesellschaft ist Lichtjahre von der Realisierung dieser hehren Ziele entfernt, sondern auch die Religionen, selbst die angeblich allen anderen Kirchen überlegene römisch katholische Kirche. Letztere sieht offensichtlich den Balken in ihrem eigenen Auge nicht, sondern nur jenen in den Augen der Anderen. Zwist und Streit hat sich auch in den eigenen Reihen der r. k. Kirche breitgemacht. Nicht nur in der heiklen Frage der Abtreibung, die besonders bei den deutschen Katholiken großes öffentliches Interesse und viele kontroverse Diskussionen in der Priesterschaft ausgelöst hat. Umstritten sind unter anderem auch das Zölibat, die Empfängnisverhütung, sowie die Berufung von Frauen und homosexuellen Männern in das katholische Priesteramt. Wenn schon der Klerus in sich zerstritten, also uneins ist, und alle Bestrebungen und Anstrengungen für ein friedliches Leben und Zusammenwirken in Harmonie und Eintracht immer wieder auf erbitterten Widerstand stoßen und im Sande verlaufen, dann darf man sich nicht wundern, wenn die säkularen Gesellschaften, die Staaten und Nationen, die Republiken, Monarchien und Diktaturen ebenso wenig in der Lage sind, ein freies, friedliches und menschenwürdiges Leben für alle 6,8 Mrd. Erdbewohner zu bewerkstelligen.

Seit den Terroranschlägen in den USA am 11. September 2001 liegt ein Hauch von Armageddon über der Welt. Der Kampf der Religionen und Kulturen war schon früher sichtbar geworden, als internationale Terroristen offen ihre Absichten über die Erschaffung eines neuen fundamentalistischen Staates zwischen dem Schwarzen und Kaspischen Meer angekündigt hatten. Die Anfänge sah die Welt mit der Machtübernahme religiöser Fanatiker in Tschetschenien und bewaffneten Angriffen auf die Nachbarrepublik Dagestan vor einigen Jahren.

Unvergessen sind die schrecklichen Bilder von weinenden Schulkindern, die 2004 bei der Geiselnahme in einer Schule im südrussischen Beslan schreiend das Schulgebäude verließen. 331 Menschen, die Mehrzahl davon Kinder, fielen diesem blutigen Terroranschlag zum Opfer. Dass Moskau die russischen Südrepubliken auch durch noch so hartes Vorgehen gegen die Rebellen nicht befrieden kann, zeigte die Angriffsserie von tschetschenischen Aufständischen in der südrussischen Kaukasus-republik Kabardino-Balkarien (früher Nordossetien) im Oktober 2005. Ein bewaffnetes Kommando fiel in der Hauptstadt Naltschik ein und griff Gebäude von Regierung, Geheimdienst, Polizei und Flughafen an. Die Angreifer gehörten zu der Islamisten-Gruppe Jarmuk, einem Ableger der tschetschenischen Rebellen. So spricht man in politischen Kreisen bereits vom kaukasischen Todeskreis. Sogar der zuständige Kreml-Gesandte räumte nach den blutigen Anschlägen mit mindestens 63 Toten ein, dass die Vielvölkerregion zu einem Mikrokosmos der Instabilität zu werden droht. Da Moskau die darbende Bergregion offensichtlich nicht so schnell von Armut, Korruption und Nepotismus befreien kann, ist ein Ende des sinnlosen Gewaltreigens nicht in Sicht. Terrorführern wie Schamil Bassajew wird angesichts der mangelnden Perspektiven der Bevölkerung in Tschetschenien, Dagestan, Inguschetien, Kabardino-Balkarien und Karatschaj-Tscherkessien der menschliche Nachschub zur Durchführung seiner blutigen und menschenverachtenden Gewalttaten so bald nicht ausgehen.

Durch den Terrorismus, ob im Kaukasus, in Afghanistan, in den USA, oder im Irak, in Ägypten, Israel, Großbritannien, Indonesien oder Indien, um nur einige Länder beispielhaft für den globalen Horror zu nennen, sind alle Sicherheits- und Bündnisstrukturen, Ko-operationen und Allianzen auf den Prüfstand gestellt worden.

Allen voran die NATO, insbesondere in ihrem Verhältnis zu Russland. 1997 unterschrieben beide Seiten eine Grundakte, die die einstige Feindschaft des Kalten Krieges in eine Kooperation umwandeln sollte. Zuerst „16 + 1", und seit der Natoerweiterung „19 + 1" lauten die Formeln, mit denen der historische Zusammenschluss beschrieben wird. Doch seit dem Kosovo-Krieg bedeutete „19 + 1": Neunzehn Nato-Mitglieder stehen mit ihrer Meinung geschlossen gegen Russland. Aus früheren Beratungen wurden nun einseitige Unterrichtungen durch die Nato. Moskau empfand die Wirkungslosigkeit seiner Einsprüche beim Nato-Rußland-Rat als demütigend.

Seit dem 11. September 2001 gehört aber Russland zur Anti-Terror-Koalition, der die UN und 140 Staaten angehören. Moskau kann fortan gleichberechtigt mitentscheiden, wenn es um Terrorbekämpfung, den Handel mit Massenvernichtungswaffen und Friedensmissionen geht. Die Nato gab damit zumindest teilweise ihren ehernen Grundsatz auf, dass Moskau kein Vetorecht eingeräumt werde. Dieses Entgegenkommen kann aber nicht als Garantie dafür verstanden werden, dass „19 + 1" auch in der Zukunft 20 ergibt. Wie jedermann weiß, haben Russland und die USA, die beiden mächtigen ehemaligen Hegemonialstaaten ihr „Kriegsbeil" noch längst nicht vergraben. Russland hielt nämlich am Vertrag über die Abwehr ballistischer Raketen (ABM-Vertrag) fest, zumal dieser expressis verbis die Entwicklung nationaler Raketenabwehrsysteme verbietet.

Aus Sicht der USA hatte der ABM-Vertrag, der im Kalten Krieg entwickelt worden war, ausgedient, d.h. seinen Nutzen überlebt. „Njet", sagten die Russen, denen die amerikanischen Pläne für ein nationales Raketen-Abwehr-System (NMD-Programm) ein gewaltiger Dorn im Auge waren und verwiesen darauf, dass dieser Vertrag nur im Zusammenhang mit dem Kernthema weiterer atomarer Abrüstung diskutiert werden könnte. Dennoch kündigten die USA im Dezember 2001 den Vertrag. Putins Anmerkung hierzu war: "Das ist ein Fehler." Schon wenige Tage nach dem Ausstieg der USA aus dem Vertrag haben Russland und China eine enge Kooperation in der umstrittenen Raketenabwehrfrage vereinbart. Sie seien sich einig, dass ein „Kontrollsystem für Abrüstung und Globale Sicherheit" bewahrt werden müsse, ließ eine Sprecherin des chinesischen Außenministeriums am 18. Dezember 2001 in Peking verlauten. Es darf bezweifelt werden, dass diese neue Allianz die Beziehungen zwischen Russland und den USA stärkt.

So ist auch heute das Verhältnis zwischen den beiden Erzfeinden von einst nicht frei von ernsthaften Meinungsunterschieden und Spannungen. Es ist nach wie vor von einem gewissen gegenseitigen Misstrauen geprägt. Die kritische Sichtweise der USA seitens Russland wird auch recht deutlich in den Aussagen, die Präsident Putin während eines Deutschlandbesuches im September 2001 bei seiner Rede vor dem deutschen Bundestag getätigt hat: „Niemand bezweifelt den großen Wert der Beziehungen Europas zu den Vereinigten Staaten. Aber ich bin der Meinung, dass Europa seinen Ruf als mächtiger und selbständiger Mittelpunkt der Weltpolitik langfristig nur festigen wird, wenn es seine eigenen Möglichkeiten mit den russischen menschlichen, territorialen und Naturressourcen sowie mit den Wirtschafts-, Kultur- und Verteidigungspotentialen Russlands vereinigen wird." Und für Notlagen hat Putin Deutschland bereits die Unterstützung der Energieversorgung zugesichert: „Im Fall von Konflikten sind wir bereit, zusätzliches Mineralöl zu liefern", sagte Putin unter Beifall vor dem Deutsch-Russischen Forum in der Essener "Villa Hügel".

Russland könnte allerdings von der Sinnkrise der Nato, in die sie im Kampf der USA gegen den Terrorismus gestürzt wurde, profitieren. Da hat die Nato zum ersten Mal seit ihrem Bestehen den Bündnisfall verkündet, und wird von den USA, die ihrerseits selbst wichtigstes Mitglied der Nato sind, nicht gebraucht bzw. nicht in Anspruch genommen. Den Beitrag der Nato zum Anti-Terror-Krieg der USA konnte man zu Beginn des Afghanistankrieges allenfalls als symbolisch bezeichnen: Ein paar Awacs-Flugzeuge zur Luftaufklärung, diese aber nicht etwa im Kriegsgebiet, sondern in den USA. Auch durfte die Nato die USA bei der Auslieferung von Hilfsgütern unterstützen, und dies immerhin von der US-Air-Base in Ramstein (Deutschland) nach Istanbul (Türkei).

Das mächtigste Militärbündnis der Welt ist so von den USA zum zahnlosen Tiger degradiert worden. Die Gründe hierfür liegen auf der Hand: Die US-Streitkräfte sind den übrigen Alliierten militärisch so deutlich überlegen, dass sie auf die Hilfe der Nato nicht angewiesen sind. Viel schwerer aber wiegt der Umstand, dass sich die USA bei der militärischen Kriegsführung im Rahmen des Bündnisses jede einzelne Entscheidung von den Natogremien billigen lassen müssten. Nach dem Einstimmigkeitsprinzip der Nato würde eine Genehmigung nur dann erfolgen können, wenn dem Antrag der USA alle übrigen 18 Mitgliedsstaaten ausnahmslos zustimmten. Daher kann man verstehen, dass der frühere Generalsekretär der Nato, des „gefesselten Herkules", George Robertson, Unterstützung beim östlichen Nachbarn Russland suchte, mit dessen Hilfe er eine teilweise Befreiung aus den von den USA auferlegten Fesseln erzielen wollte. Gleichwohl sind Zweifel angebracht, dass durch diesen Annäherungsakt Russland jemals zu einem Vollmitglied der Nato wird. So hatte sich Russland vehement gegen den Nato-Beitritt der der baltischen Staaten Estland, Lettland und Litauen gestemmt, und noch immer ist das Verhältnis zwischen diesen Nato-Ländern und Russland geprägt von Spannungen. Letztere konkretisierten sich beim Absturz des russischen Kampfjets SU-27 am 15. September 2005 auf einem Formationsflug von St. Petersburg nach Kaliningrad in der Nähe der litauischen Stadt Vilnius. Im Wrack der Militärmaschine wurde ein Gerät gefunden, ein so genanntes Feind-Identifizierungs-system, mit dem russische Kampfjets andere Militärflugzeuge erkennen können. Sollte es Litauen und seinen Nato-Partnern gelingen, den Code des Systems zu knacken, müsste Russland sämtliche Geräte des IFF-Systems (identification friend/foe) austauschen. Unangenehme Erinnerungen an den kalten Krieg werden da wach.

Mit dem Zusammenbruch der Sowjetunion ist auch das Gegenstück der Nato, der Warschauer Pakt, untergegangen. An die Stelle der Sowjetunion trat die GUS, die Gemeinschaft Unabhängiger Staaten, als Quasi-Nachfolgeorganisation der offiziell per 31.12.1991 untergegangenen Sowjetunion. Sie wurde am 8. Dezember 1991 in Minsk gegründet. Allerdings gehören ihr nicht alle ehemaligen 15 Sowjet-Republiken, sondern nur 12 Staaten an, da ja die drei baltischen Staaten den Weg in die Nato bevorzugt haben. Die GUS-Staaten verständigten sich anlässlich ihrer 10-jährigen Jubiläumsfeier am 8. 12. 2001 im Kreml zu einer engeren Zusammenarbeit im Kampf gegen den internationalen Terrorismus. Doch mit der ernsthaften und überzeugten Zusammenarbeit und Einigkeit innerhalb der GUS ist es nicht allzu gut bestellt. Zum einen gehören nur 6 Staaten dem Rat für Kollektive Sicherheit der GUS an, und zum anderen ist die GUS schon lange in zwei Blöcke zerfallen: Den prorussischen Block, dem Weißrussland, Kasachstan, Kirgisien, Tadschikistan und Armenien angehören, und dem westlich orientierten Lager der GUUAM, zu dem sich Georgien, die Ukraine, Usbekistan, Aserbaidschan und Moldova zusammengeschlossen haben.

Im Kampf gegen Allahs Krieger hat auch die APEC (Asien-Pazifik-Wirtschaftskooperation), bislang ein loser Verbund von 21 Mitgliedstaaten der hauptsächlich wirtschaftliche Ziele verfolgte, bei ihrer Konferenz in Schanghai im Oktober 2001 die „mörderischen Anschläge" gegen die USA aufs Schärfste verurteilt. Die APEC ist zwar eine bedeutende Wirtschaftsmacht (mehr als 40 % der Weltbevölkerung lebt in der APEC-Region, die knapp die Hälfte des Welthandels abwickelt), doch politisch wird es in absehbarer Zeit keine große Geschlossenheit und Einigkeit geben können. Der Grund ist denkbar einfach: In Indonesien, dem weltgrößten muslimischen Land und in Malaysia, gleichfalls mehrheitlich von Moslems bewohnt, kommt es nahezu täglich zu massiven Kundgebungen gegen die USA, die Mitglied der APEC sind. Bei der Lösung der vielfältigen und gravierenden Problemen in aller Welt, vor allem aber in den Schwellen- bzw. Entwicklungsländern und Ländern der Vierten Welt macht auch die UNO (Weltorganisation der Vereinten Nationen) allergrößte Anstrengungen. Mit Sicherheitsrat, Vollversammlung und zahllosen nachgegliederten Fachorganisationen hat sich die Völkergemeinschaft eine Einrichtung geschaffen, die als eine Art Weltregierung für Freiheit, Frieden, Gerechtigkeit und Wohlstand in allen Teilen der Welt sorgen soll. In der Praxis erweist sie sich jedoch häufig als stumpfes Schwert. Viele sehen in der UNO das Gegenstück, das Korrektiv für die einseitige wirtschaftliche Globalisierung. Ihr „modus operandi" besteht aber nicht so sehr in der gestalterischen Aktion, sondern in der schadensbegrenzenden und schadensbehebenden Reaktion. Bei Streitigkeiten und militärischen Auseinandersetzungen auf der Welt fungiert ihr Sicherheitsrat als Schiedsgericht und Gralshüter des Völkerrechts.

Bis zum 11. September 2001 hing die UNO sehr stark am Gängelband des militärisch und wirtschaftlich stärksten

Mitgliedslandes, den USA. Nach dem 11. September entspannte sich das stets mit Friktionen behaftete Verhältnis zwischen den USA und der UNO etwas. Die USA vollzogen gegenüber der UNO zwei Akte, die nicht nur symbolischen Charakter haben. Die USA beglichen längst überfällige Schulden, d.h. Mitgliedsbeiträge in Höhe von 582 Mill. US $, und sie benannten, ebenfalls verspätet, ihren neuen Botschafter bei der Weltorganisation, John Negroponte. Der Grund für das schnelle und überraschende Beidrehen der USA war offensichtlich die nun dringend erforderliche Unterstützung der UNO für das Zusammenschweißen einer Anti-Terror-Allianz. Die Entschließung Nr. 1368 des UN-Sicherheitsrates vom 12. September 2001, welche den internationalen Terrorismus als Bedrohung des Friedens und der Sicherheit betrachtet, wertete dann Washington auch als politisches Signal der vollen Unterstützung. UN-Generalsekretär Ban Ki Moon, Nachfolger von Kofi Annan, muss aber weiterhin einen schwierigen Balanceakt vollbringen, will er einen weiteren Bedeutungsschwund der UN wie beim Kosovo-Krieg verhindern. Angesichts der schlechten Erfahrungen in der Vergangenheit sind Zweifel angebracht, dass die zarte Annäherung zwischen Washington und New York, dem Hauptsitz der UNO, zu einer langfristig harmonischen Ehe führt. Ein wichtiger Punkt hierbei wird der weitere Verlauf des Anti-Terror-Krieges „Dauerhafter Frieden" sein. Ursprünglich hieß dieser moderne Kreuzzug in der amerikanischen Terminologie „Grenzenlose bzw. Unendliche Gerechtigkeit". Es ist zu befürchten, dass dieser Kampf eines Tages in der grenzenlosen Selbstgerechtigkeit der USA enden wird.

Verstärkung erfuhr die UNO auch von einem Land, dessen Neutralität bislang als oberstes Staatsprinzip galt. Aufgrund der breiten Üebereinstimmung der Ziele von UN-Charta und schweizerischer Außenpolitik gemäß ihrer Bundesverfassung: Stärkung der Menschenrechte; Förderung des Friedens; Bekämpfung der Armut und Einsatz für eine gesunde Umwelt; wurde die Schweiz Mitglied der UNO, die ihren europäischen Hauptsitz ohnehin in Genf hat. Es gibt aber leider wenig Anhaltspunkte dafür, dass sich mit dem Neumitglied Schweiz etwas an der Erfolglosigkeit der zahllosen Konferenzen zu hochbrisanten, existentiellen Themen ändern wird. Genannt sei hier zum Beispiel die UN-Rassismus-Konferenz in Durban: Mehr Toleranz und Verständnis waren die hehren Ziele. Doch Hassgesänge und Verschweigen haben die Lösung der wahren Probleme be- und schließlich verhindert. Heftig umstritten ist auch das Kyoto-Protokoll zum weltweiten Klimaschutz: Die USA als Mitgliedsland mit den größten schädlichen Emissionen lehnten es rundweg ab, und die Gipfeltreffen von 180 Ländern in Bonn und Marrakesch endeten mit einem faulen Kompromiss.

Unüberbrückbare Gegensätze beherrschen auch das wichtige Thema Biowaffen, das gerade nach den Terroranschlägen vom 11.9. in den USA sowie den Anthrax-Attacken in den Vordergrund rückt. Die Üeberprüfungsrunde für die internationale Biowaffenkonvention, bestehend aus Vertretern der 144 Unterzeichnungsstaaten, hat Anfang Dezember 2001 die Verhandlungen nach einem dreiwöchigen Konferenz-Marathon in Genf für ein volles Jahr ausgesetzt, weil sich die USA nicht in die Karten schauen lassen wollten. Die USA ihrerseits bezichtigten aber den Iran, Irak, Libyen, Nordkorea, Syrien und den Sudan des Verstoßes gegen die Konvention.

Es sind aber nicht nur die Mitglieder, die den Erfolg der UNO aus eigennützigen Gründen verhindern, sondern die Organisation selbst ist marode geworden. Das unrühmliche Debakel der UN mit dem Programm Öl für Lebensmittel zeigt, dass sie in hohem Maße reformbedürftig ist. Dies betrifft nicht nur die Organisationsstruktur und die Kontrollmechanismen, sondern insbesondere auch die Kompetenz und Integrität ihrer leitenden Mitarbeiter. Das von 1996 bis 2003 laufende Programm „Oil for food" erlaubte dem ehemaligen irakischen Diktator Saddam Hussein Ölverkäufe in einem Volumen von 64 Mrd. US $. Die Einnahmen sollten zur Finanzierung von Lebensmittel und Medikamentenimporten genutzt werden. Laut Angaben der von Ex-US-Notenbankchef Paul Volcker geführten Sonderkommission zur Aufklärung dieses Mega-Schmiergeldskandals lieferten im Rahmen dieses UN-Programms insgesamt 3600 Firmen aus aller Welt humanitäre Güter im Wert von 34,5 Mrd. US $ in den Irak. Dabei sollen sich 2253 Firmen mit illegalen Zahlungen von 1,6 Mrd. Dollar an das ehemalige Regime von Saddam Hussein für die Aufträge erkenntlich gezeigt haben.

Hält man sich die sich ausbreitende Armut in der Welt, Krankheiten, Kriege, Bürgerkriege und den Terrorismus vor Augen, dann wird einem schnell klar, dass diese gewaltigen Probleme nur durch außerordentlich große Anstrengungen aller Mitgliedsländer im harmonischen Mit- und Füreinander gelöst werden können. Solange aber ihre wichtigsten Mitgliedsländer mit gespaltener Zunge reden - in den UN-Gremien wird das verteufelt, was in der Regierung im Heimatstaat insgeheim als politisches Programm gilt - ist keine Besserung in Sicht. Wenn dann gar das Mitgliedsland Iran im Oktober 2005 fordert, dass Israel, ebenfalls ein UN-Mitglied, von der Landkarte getilgt werden soll, und der iranische Präsident Mahmud Ahmadinedschad im gleichen Atemzug die wüste Drohung ausstößt, dass Jeder, der Israel anerkennt, im Zornesfeuer der islamischen Nation verbrennen wird, dann zeigt dies überdeutlich, wie bedroht der Weltfrieden ist. Es fehlt der Staatengemeinschaft einfach das Zusammengehörigkeitsgefühl, die strikte Solidarität, und vor allem am gemeinsamen Verantwortungsbewusstsein für den ganzen Planeten, auf dem wir leben.

So war der Weltgipfel der vor 60 Jahren gegründeten Vereinten Nationen, der in New York stattfand, ein wahres Desaster. Generalsekretär Kofi Annan, der im Gegensatz zu seinem Sohn Kojo nicht in die Mauscheleien rund ums Öl für Lebensmittel verstrickt war, sagte zum Auftakt des Treffens, zu dem mehr als 170 Staats- und Regierungschef angereist waren: „Wir haben die durchgreifenden und grundlegenden Reformen, die ich und viele andere für notwendig erachtet haben, nicht erreicht." Er bedauerte zutiefst den mangelnden Reformwillen und nannte es „eine Schande", dass man sich noch nicht einmal zu einem Aufruf zur atomaren Abrüstung durchringen konnte. Wenige Tage vor dem Gipfeltreffen hatte der US-Botschafter bei der UNO, John Bolton, ein Dokument präsentiert, das 750 Änderungswünsche zu dem 36-seitigen Entwurf zur Abschlusserklärung des UN-Reformgipfels enthielt. Alle der USA unliebsamen Passagen des Textes, von der atomaren Abrüstung, über die Einrichtung eines Internationalen Strafgerichtshofs bis zum Kyotoer Klimaprotokoll und der Steigerung der Entwicklungshilfe auf 0,7% des Bruttosozialprodukts - um nur einige Punkte zu nennen -, sollten entweder völlig entfallen oder bis zur Bedeutungslosigkeit verwässert werden. Ziel der US-Kampagne war zwar nicht die Abschaffung der Uno, doch lief das ganze auf eine weitgehende Marginalisierung der Organisation hinaus.

Streit gibt es auch bei der Erweiterung des UN-Sicherheitsrates. Hier sind sich ausnahmsweise China und die USA einig. Sie wollen mit allen Mitteln den Plan der sogenannten Viergruppe aus Deutschland, Japan, Indien und Brasilien (G 4) zur Erweiterung des prestigeträchtigen Gremiums verhindern. Chinas UN-Botschafter Wang Guangya begründete das gemeinsame Vorgehen mit den USA damit, dass der Erweiterungsplan die 191 Mitgliedstaaten der Vereinten Nationen in zwei Lager spalten würde.

Sollte auch der neue US-Präsident Obama dem als exzellenten Friedensmanager gerühmten Annan nachtragen, dass er den Einmarsch der US-Armee im Irak als Bruch des Völkerrechts gebrandmarkt hat, wird die Organisation stark geschwächt ihr Dasein fristen. Es wird viele erfolglose Konferenzen geben, und viele Wälder werden abgeholzt werden für die Unmengen von Papier, das für und im Auftrag des „Papiertigers" UNO weiterhin beschrieben werden wird, von Beamten und Politikern, die allesamt das große Ganze aus den Augen verloren haben.

Auch die Europäische Union (EU) strebt unermüdlich und mit hektischem Aktionismus nach Einigkeit und einer reibungslosen erfolgsorientierten Zusammenarbeit ihrer 25 Mitgliedsstaaten. Zwar gibt es die Einheitswährung Euro (im Volksmund Teuro genannt), doch ist diese Tatsache kein schlüssiger Beleg dafür, dass die europäische politische und wirtschaftliche Staatengemeinschaft mit 350 Millionen Menschen in Zentral- und Osteuropa von innerer Einheit geprägt ist. Solange nicht Großbritannien, Schweden und Dänemark der europäischen Währungsunion beigetreten sind und idealerweise eine europäische Regierung mit einheitlicher Wirtschafts-, Finanz-, Rechts-, Sicherheits-, Verteidigungs- u. Außenpolitik installiert ist, wird noch mehr Zwist und Streit unter den Mitgliedsstaaten entstehen als wir es in den letzten Jahren immer wieder leidvoll erlebt haben. Der Konfliktpotentiale gibt es viele, wie die Osterweiterung der Gemeinschaft mit dem besonders heiklen Thema Türkei (Nato-Mitglied); Höhe der Mitgliedsbeiträge und deren Rückerstattung; Höhe der Agrarsubventionen; generell Kampf um Subventionen und Beihilfen jeder Art, sei es nun für Industrieansiedlungen oder für Forschung und Entwicklung oder für unzählige andere Zwecke; gleichberechtigte Repräsentanz der Mitgliedsländer in der EU-Kommission.

Die Zerstrittenheit zeigte sich wieder einmal sehr deutlich beim Gipfeltreffen der 25 EU- Staats- und Regierungschefs am 27.10. 2005 im Gastgeberland Großbritannien, auf Schloss Hampton Court bei London. Ziel war die Verabschiedung des vor fünf Jahren beim Lissaboner Gipfel beschlossenen ehrgeizigen Reformprogramms, das der EU einen Spitzenplatz im internationalen Wettbewerb sichern sollte. Eine europäische Antwort auf die wirtschaftlichen Erfolge der USA und Asiens blieb erwartungsgemäß erneut aus. Die europäischen Führer konnten sich wiederholt nicht über zentrale wirtschaftspolitische Fragen einigen. Höchst umstritten blieben neben der grundsätzlichen Ausrichtung der Wirtschaftspolitik - das von Tony Blair als Vorbild bezeichnete neo-liberale britische Wirtschaftssystem wurde mehrheitlich abgelehnt - das EU-Budget, die Dienstleistungsfreiheit innerhalb der EU und die Strategie für die laufende Welthandelsrunde. Keine Einigung gab es auch über den geplanten

Fonds für die europäischen Opfer der Globalisierung.

Komplex und schwierig ist auch das Zusammenspiel der EU mit der Nato. So liegt das potentielle zukünftige EU-Mitgliedsland Türkei seit vielen Jahren in heftigem Streit mit dem EU- und Nato-Mitgliedsland Griechenland. Deren bekannter Zankapfel ist die zweigeteilte Insel Zypern. Eine einvernehmliche Lösung ist auch hier nicht abzusehen, so dass das türkische Veto in der Nato immer wieder Pläne der EU torpedieren wird. Dies war auch der Fall, als die EU eine schnelle Eingreiftruppe mit bis zu 60.000 Soldaten für Krisensituationen schaffen wollte. Wie schwer der Weg zu einem einheitlichen Europa ist, zeigte auch die ausufernde Diskussion um den europäischen Haftbefehl. Ob all diese wünschenswerten Initiativen für den Bau eines stabilen und wetterfesten Hauses Europa je gelingen werden, darf bezweifelt werden. Kaum eine Verordnung oder eine EU-Maßnahme kommt ohne jegliche Verwässerung durch die Berücksichtigung irgendwelcher handfester Partikularinteressen zustande.

Konfrontiert mit der binären Frage „Erneuerung oder Untergang" hatte sich die EU im Dezember 2001 durchgerungen, sich dieser kritischen Situation zu stellen. Eine Mammutaufgabe wartete auf den 75-jährigen Valery Giscard d`Estaing, ehemals französischer Staatspräsident, der an die Spitze des EU-Konvents gewählt wurde. Diese Arbeitsgruppe sollte eine europäische Verfassung ausarbeiten mit einer europäischen Regierung, die in der Lage ist, mit Autorität, Effizienz, Schnelligkeit und Legitimität zu handeln. Alle waren sich damals einig, dass der EU der Zerfall droht, wenn sich die Mitgliedsländer nicht auf diese europäische Verfassung einigen, die auch den wildwuchernden Institutionen der EU den Garaus bereiten sollte.

Die Erwartungen der europäischen Bürger an die EU waren angesichts der politischen und wirtschaftlichen Weltlage sehr groß. Das Ergebnis ist allseits bekannt. Der tschechische Präsident Vaclav Klaus kommentierte das Scheitern der europäischen Verfassungsreform wie folgt: „ Die bisherigen Grundlagen der EU sind mit dem Nein der Franzosen und Niederländer zur Verfassung wie ein Kartenhaus zusammengefallen."

Auch das „Surrogat" für die gescheiterte EU-Verfassung, der Lissaboner Vertrag aus dem Jahre 2007 befindet sich im Frühjahr 2009 noch in der Schwebe. Die Ratifikation von vier EU-Ländern (Polen, Deutschland, Tschechien und Irland) steht noch aus.

Das Kartenhaus ist aber noch nicht zusammen gefallen. Angesichts des großen Zeitdrucks, der kritischen Weltlage und der Unstimmigkeiten und Eifersüchteleien, besonders unter den „Großen" (Deutschland, Großbritannien, Frankreich, Italien), besteht in der Tat die Gefahr, dass die „Europe" der griechischen Mythologie, Schwester des Kadmos, und heute das Symbol der EU, bei ihrem Ritt auf dem Stier (Zeus symbolisierend, der sie in dieser Tiergestalt entführt hat) strauchelt. Die große Bewährungsprobe steht der EU noch bevor. Wenn sich die aus der Finanz- und Bankenkrise resultierende wirtschaftliche Rezession allmählich zu einer langanhaltenden deflationären Depression verschlimmert, so wie es in Japan in den 90-er Jahren des letzten Jahrhunderts geschah, dann lodert Feuer auf dem europäischen Dach. Der EU-Stabilitätspakt wird dann endgültig Makulatur sein, denn kaum ein Mitgliedsland wird bei stark fallendem Bruttosozialprodukt und steigenden Ausgaben die Verschuldungsgrenzen einhalten können. Der harte Kampf der Mitgliedsländer um die sich leerenden Brüsseler Töpfe wird schließlich auch das Ende der europäischen Verteilungsdemokratie einleiten. Die europäische Staatengemeinschaft, die supranationale EU, wird zwangsläufig das Schicksal mit ihren Mitgliedstaaten teilen, denn auch deren Verteilungsdemokratien stehen vor ihrem langsamen schmerzhaften Tod.

Hehre Absichten und die richtigen Ziele verfolgt auch die Welthandelsorganisation WTO, die im Dezember 2001 mit China ein weiteres, sehr wichtiges Mitglied gewonnen hat. Die WTO mit ihren 144 Mitgliedstaaten bemüht sich auf Druck ihrer Mitglieder um eine stärkere Integration der Entwicklungsländer in die Weltwirtschaft. Den angestrebten globalen Pakt zwischen den Industrie- und Entwicklungsstaaten, der auch die Armutsbekämpfung und den Umweltschutz in den Entwicklungsländern regeln soll, fordern die reichen Industrieländer aber mehr aus Eigennutzdenken als aus selbstlosem Handeln heraus. Zum Einen wird die eigene Wirtschaft gestärkt, und zum Anderen dient sie der eigenen Sicherheit. Denn durch den Terrorismus ist international eine gefährliche Instabilität entstanden. So müssen die Industriestaaten in ihrem eigenen Interesse Sicherheit und Stabilität in alle Regionen der Welt bringen, wollen sie vermeiden, dass die Unsicherheit zu ihnen kommt.

Es ist aber höchst fraglich, ob der Schulterschluss aller Industriestaaten bei der Bekämpfung des Terrors auch zur engeren Zusammenarbeit bei politischen, finanziellen, wirtschaftlichen und sozialen Problemen führt. Wenn diese Zusammenarbeit nicht mit der gebotenen Dringlichkeit und Prioriät erfolgt, werden wir alle mit einer nie da gewesenen Weltunordnung konfrontiert sein, die allzu leicht ins allgemeine Chaos abdriften kann.

Wie aber alle anderen supranationalen und internationalen Organisationen ist auch die WTO in sich selbst uneins. Zum Beispiel in der Stahlerzeugung, um nur einen von vielen Streitpunkten zu adressieren. Der von der US-Handelsbehörde ITC erarbeitete Vorschlag, die leidende einheimische Stahlindustrie mit hohen Sonderzöllen zu schützen, wurde von Präsident Bush zwar nicht 1:1 akzeptiert, aber mit 30 % Sonderzöllen weitestgehend in die Tat umgesetzt. Weil diese protektionistische Maßnahme aber gegen die Regeln der WTO verstößt, übte die Europäische Union scharfe Kritik an diesem Vorhaben. Im Zweifelsfall sitzt den USA das Hemd, sprich heimische Wirtschaft, immer näher als die Jacke, die Solidarität mit den Mitgliedsländern der Welthandels-organisation. War es vorgestern der Stahl und gestern die Baumwolle, dann ist es morgen ein anderer Rohstoff oder ein anderes Wirtschafts- und Handelsgut, das aus dem alles überragenden nationalen Interesse heraus besonders geschützt werden muss.

Die amerikanische Dominanz stößt aber immer häufiger auf heftigen Widerstand. So scheiterte der zweitägige Amerika-Gipfel Anfang November 2005 im argentinischen Mar del Plata daran, dass die 33 teilnehmenden Länder die von Amerika gewünschte Freihandelszone von Alaska bis Feuerland deshalb ablehnten, weil sie wirtschaftliche Nachteile für ihre Länder befürchteten. Mit Unterstützung von Argentinien, Brasilien, Uruguay und Paraguay verhinderte der venezuelanische linkspopulistische Präsident Hugo Chavez die Wiederaufnahme der Gespräche über die Frei-handelszone. Das sogenannte Alca-Projekt war auf dem ersten Amerika-Gipfel 1994 lanciert worden und sollte 2006 in Kraft treten. Fast alle südamerikanischen Länder halten Washington die hohen Subventionen für die eigenen Farmer vor, die nur dadurch auf dem Weltmarkt mit den billigeren Produkten aus Südamerika kon-kurrieren können.

Der nimmerendende Zwist und Streit in Handelsfragen zwischen den großen Wirtschaftsnationen bzw. Wirtschaftsregionen führt zwangsläufig zu einem weltweiten Handelskrieg, der letztendlich alle Handelsnationen schädigt.

Uneinigkeit in diesen für den Weltfrieden so wichtigen genannten

80

Organisationen und Kooperationen ist deren prägendes Kennzeichen. Überall dominieren die Scheuklappen tragenden Amtsträger und Funktionäre, die einzig und allein nationale Interessen verfolgen. So schwindet die Aussicht auf ein fruchtbares und friedliches Miteinander der Staatengemeinschaft zum Wohle aller Menschen in allen Teilen der Welt von Tag zu Tag.

4. Prophezeiungen signalisieren das baldige Zeitenende

Die Prophetie, die Weissagung, ist ein unübersichtliches, weites Feld. Für den rationalen Denker und Forscher ist die Welt des Paranormalen intellektuell nur sehr schwer durchdringbar. Die Parapsychologie ordnet sie unter dem Begriff der Präkognition dem Bereich der Außersinnlichen Wahrnehmung (ASW) zu. Die Wissenschaft hat sich zwar aufgrund schlagender empirischer Beweise schon mit diesem Phänomen beschäftigt, doch sind sich die Gelehrten nicht einig, wie das „Vorauserkennen" sich später realisierender Ereignisse oder Sachverhalte erklärt werden soll. Die Bandbreite der unterschiedlichen diesbezüglichen Begabungen von Menschen reicht vom intuitiven Erfassen, über Hellfühlen, Hellhören bis hin zum klaren Hellsehen. Es bestehen in diesem Zusammenhang allerdings mindestens vier grundlegende Probleme.

Zum ersten können die Seher häufig dem „voraus Erkannten" keinen konkreten Zeitpunkt oder genaue Zeitspanne zuordnen. Das bedeutet, dass das vorausgesehene Geschehen bereits morgen oder auch erst in 1000 Jahren eintreten kann. Zweitens kann das Gesehene vom Seher falsch interpretiert werden, wobei der Bildungsstand, das persönliche Weltbild oder religiöse Prägung des auslegenden Sehers eine Rolle spielen kann. Drittens können die vom Seher gesehenen Einzelbilder sachlich oder zeitlich in eine falsche Beziehung zueinander gesetzt werden, so dass die Gesamtaussage falsch wird. Und schließlich kann viertens der Seher unter Umständen die „Bilder" auch gar nicht begreifen und/oder nicht in Worte fassen, so dass die eventuell bedeutsame Vision die Mitmenschen nicht erreichen kann. Es ist also durchaus Vorsicht geboten, das von Sehern kundgetane zukünftige Geschehen als bare Münze zu nehmen, d.h. sein persönliches Verhalten auf eine derartige „Fiktion" auszurichten, um einen eventuellen Vorteil daraus zu erzielen oder Schaden zu vermeiden.

81

Nichtsdestotrotz gab es in der Menschheitsgeschichte viele Seher, die zukünftige Ereignisse mit erstaunlicher Präzision vorhergesagt haben. Der Franzose jüdischer Abstammung Michel de Nostredame, genannt Nostradamus, wurde 1503 geboren und prophezeite vor fast 500 Jahren Ereignisse bis in unsere Zeit und die weitere Zukunft hinein. Weltruhm erlangt hat auch der amerikanische Heiler Edgar Cayce (1877 - 1945). Seine seherischen Fähigkeiten unter Beweis gestellt hat auch der deutsche Alois Irlmeier (1854 - 1959), der klar den Zeiten Weltkrieg und auch die Geschehnisse des Dritten Weltkrieges, aber ohne Zeitangabe, schilderte. Stolz ist auch die Bilanz des Schweden Anton Johannson, der als Fischer in Norwegen lebte (1858 - 1929). Mit konkreter Zeitangabe vorausgesehen hat der den Vulkanausbruch des Mont Pelee auf Martinique im Jahr 1902 sowie die Erdbeben von 1906 in San Franzisko und 1908 in der Straße von Messina. Am 14. November 1907 erblickte er gar die traurige Geschichte des 20. Jahrhunderts: Erster Weltkrieg, Oktoberrevolution in Russland sowie die Ereignisse vor und während des Zweiten Weltkrieges. Auch sah er den Beginn des Dritten Weltkrieges gegen Ende des 20. Jahrhunderts. Inmitten dieses Krieges würde aber, so Johannson, eine gewaltige Erdkatastrophe über die Völker hereinbrechen.

Es gibt noch eine Reihe weiterer Seher, die den Dritten Weltkrieg „gesehen" haben und mit verblüffenden Detailkenntnissen aufwarten. Geschildert werden der militärische Verlauf, die Himmelszeichen („Schein gegen Norden"), die Dunklen Tage, die Flucht des letzten Papstes von Rom nach Köln, und letztendlich die Erdkatastrophe, der Kataklysmus, das Kippen der Erdachse mit der daraus resultierenden Verschiebung der Pole. Von all diesen namentlich hier nicht erwähnten Sehern sticht der blinde Hirtenjunge von Prag heraus, der im 14. Jahrhundert die Zukunft bis in unsere Zeit hinein mit atemberaubender Genauigkeit vorausgesehen hat. Dazu gehören nicht nur die Kriege selbst (Dreißigjähriger Krieg, Erster und Zweiter Weltkrieg), sondern auch die Umstände, die zu diesen Kriegen geführt haben. Er sah auch die Folgen dieser Kriege, und machte auch unmissverständliche Angaben zum Ende unserer Zeit:

„Wenn sie meinen, Gottes Schöpfung nachmachen zu sollen, ist das Ende da. Die Menschen werden die Welt vernichten, und die Welt wird die Menschen vernichten." Angesichts der heutigen gentechnologischen Manipulationen seitens der Biomedizin besteht keinerlei Zweifel mehr, dass wir exakt diese Zeitepoche erreicht haben, die der Namenlose vor rund 600 Jahren vor seinem geistigen Auge sah.

Klar zu unterscheiden von Weissagungen sind Botschaften von der jenseitigen geistigen Welt, die uns mittels menschlicher Medien erreichen. Da in der geistigen Welt ebenfalls eine Hierarchie besteht, die sich aus dem erreichten Vollkommenheitsgrad des jeweiligen Geistwesens ergibt, können auch solche Durchgaben teilweise falsch oder unvollständig sein.

Die stärkste und wahrhaftigste Form der Übermittlung einer geistigen Botschaft erlebte die Menschheit durch die Einverleibung des größten von Gott geschaffenen Geistes vor 2000 Jahren: Jesus Christus. Inhalt seiner Mission war die Vermittlung der Liebeslehre. Durch deren Annahme und Praktizierung sollte sich die Menschheit verbessern und sich dadurch aus den Fängen von Satan, dem Gegenspieler von Jesus Christus, dessen „Hauptwohnsitz" und primäre Einflusssphäre die Erde ist , zu befreien.

Die nächststärkere Form ist die Erscheinung einer sehr hohen Geistpersönlichkeit vor einem auserwählten menschlichen Seher. Dies geschah insbesondere im Jahre 1917: Am 13. Mai haben die zehnjährige Lucia dos Santos, ihr neunjähriger Cousin Francesco Marto und dessen siebenjährige Schwester Jacinta aus Fatima, Provinz Estremadura, Erzdiözese Leiria in Portugal, eine Erscheinung Mariens, der Mutter von Jesus Christus in dessen 33-jährigem Erdenleben. Fünf weitere Erscheinungen folgen in monatlichen Abständen. Bei der dritten Erscheinung am 13. Juli erhält Lucia drei „Geheimnisse" übermittelt, die sie vorderhand aber nicht weitergeben darf. Bei der sechsten Erscheinung am 13. Oktober kommt es zu einem „Sonnenwunder", das Zehntausende am Erscheinungsort Versammelte, aber auch viele in weitem Umkreis, gesehen haben und bezeugen.

25 Jahre später, im Jahre 1942 schreibt die mittlerweile ins Kloster eingetretene Lucia (die beiden anderen Seher sind früh gestorben) die drei Geheimnisse auf. Die ersten beiden werden veröffentlicht. Das dritte sollte nach Weisung Mariens erst 1960 vom Papst geöffnet und verkündet werden. Der Erzbischof von Leiria hält es in einem versiegelten Umschlag unter Verschluss. Im Jahre 1957 wird der versiegelte Brief mit dem dritten Geheimnis dem Heiligen Officium in Rom übergeben. Der damals regierende Papst Pius XII. hinterlässt es ungeöffnet seinem Nachfolger Johannes XXIII. Bei der „Kuba-Krise" im Oktober 1962 spielte angeblich eine

mittlerweile ins Englische, wohl auch ins Russische übersetzte „diplomatische" Fassung des dritten Geheimnisses eine wichtige Rolle.

Abschriften sollen von Diplomaten des Vatikans nach Washington, Moskau, London und an U Thant, den damaligen Generalsekretär der UNO, gesandt worden sein. Am 26. Dezember 1962 ließ Johannes XXIII. „das dritte Geheimnis" in kleinem Kreis öffnen und verlesen. Dort wurde beschlossen, es nicht zu veröffentlichen. Daran hat sich bis heute nichts geändert. Liest man nachstehend die Botschaft Mariens, so versteht man auch sofort, weshalb die Päpste seit 1960 nicht bereit waren, das „Dritte Geheimnis" von Fatima zu lüften.

Wichtig zu wissen ist aber auch, dass sich Mitte Dezember 1988 Mutter Maria auf dem Weg einer medialen Kundgabe erneut mit der eindringlichen Warnung an die ganze Menschheit wandte. Sie wiederholte darin sinngemäß diese von der r. k. Kirche zurückgehaltene Botschaft von 1917, die höchst wichtige Hinweise und Aufschlüsse über die Weltlage und die Zeichen der Zeit enthält: „Kind, ich habe dich auserkoren zu dieser Mitteilung, die ich dir geben werde. Gehe hin und veröffentliche sie der ganzen Welt, der ganzen Menschheit! Habe keine Sorge und keine Angst; ich werde dir beistehen. Man wird dich zwar anfeinden, aber je stärker du im Glauben bist, umso weniger wird diese Anfeindung dir zu schaffen machen. Siehe: Was ich dir jetzt sagen werde, ist für die ganze Menschheit bestimmt. Darum fürchte dich nicht, denn die Menschheit soll erfahren, wie es um sie steht und in Zukunft um sie stehen wird! Höre gut zu und merke dir, was ich dir jetzt sage:

„Über die ganze Menschheit wird eine große Züchtigung kommen; nicht heute und nicht morgen, jedoch vor dem Ende des 20. Jahrhunderts. Die Menschheit hat sich nicht so entwickelt, wie Gott, unser himmlischer Vater, es von ihr erwartete. Sie hat die Geschenke Gottes, ihres Vaters, mit Füßen getreten, ja sie hat gegen diese Geschenke gefrevelt. Nirgends auf Erden ist mehr Ordnung; überall, selbst von den höchsten Spitzen der Regierungen und Kirchen, wird Satan Besitz nehmen. Er wird nicht halt machen, die Spitzen der Regierungen und der Kirchen in seinen Bann zu schlagen. Er wird nicht halt machen, die Gehirne der Wissenschaftler so zu verwirren, dass sie mächtige Waffen erfinden, die in wenigen Minuten Millionen und Abermillionen von Menschen, ja die Hälfte der Menschheit, töten können. Er wird nicht halt machen vor den Mächtigen dieser Erde und sie aufstacheln, dass sie diese Waffen in Massen erzeugen, damit er seine Macht gebrauchen kann, um die Menschheit zu vernichten. Wehe aber, wenn die Mächtigen dieser Erde und die Spitzen der Kirchen diesem Treiben nicht Einhalt gebieten! Dann werde ich den mächtigen Arm meines Sohnes Jesus, des Christus, fallen lassen. Wehe, wenn die Mächtigen der Erde und die Spitzen der Kirchen es nicht ernst meinen mit ihren Bestrebungen, die Ordnung wiederherzustellen! Dann werde ich Gott, meinen Vater, bitten, Er möge das große Gericht über die Menschheit kommen lassen, das ärger sein wird, als die Sintflut damals war. Überall auf Erden regiert Satan. Es wird unter den Kirchenführern zu gegenseitigen Kämpfen kommen, denn Satan tritt in ihre Reihen. In Rom wird es zu gewaltigen Veränderungen kommen, denn was faul ist, fällt, und was fällt, soll nicht gehalten werden, denn die Lehren der Kirchen sind verdunkelt. Über die gesamte Menschheit und über die ganze Erde wird furchtbare Bedrängnis kommen. Feuer und Rauch werden vom Himmel fallen, und alles wird verdunkelt sein. Die Wasser der Ozeane werden verdampfen, und es wird eine so hohe Temperatur herrschen, dass die Gischt zum Himmel strahlt. Alles, was noch aufrecht steht, soll niedergerissen werden, und von einer Stunde zur anderen werden Millionen und Abermillionen Menschen sterben. Alle, die noch am Leben sind, werden jene beneiden, die bereits tot sind. Elend wird sein, wohin man schaut, und die ganze Erde wird erbeben. Die Zeit schreitet vorwärts, und die Kluft zwischen dem geistigen Reiche und dem Diesseits wird immer größer. Denn die Menschen in ihrem Irrtum haben dem geistigen Tod zu seinem Triumph verholfen, und die Knechte Satans haben ihn emporgehoben. Er wird dann der einzige Herrscher auf Erden sein. Aber all die, die im irdischen Leibe überleben, werden dann nach Gott rufen, und es wird so sein, dass Gott sie segnet und einen anderen Zustand herbeiführt. Dieser Zustand wird so sein wie jener auf Erden, als die Menschheit und die Welt noch nicht verdorben waren. Ich rufe alle Nachfolger meines Sohnes Jesus, des Christus, auf, sowie alle Christen, die es ernst meinen:

Scharet euch um Christus! Er ist der einzige Garant, der euch diese Zeit im Geiste überleben lässt!

Die Zeit der Zeiten kommt immer näher, und das Ende aller Enden kommt immer näher. Wehe den Mächtigen und den Spitzen der Kirchen, wenn nicht von ihnen eine rasche Bekehrung ausgeht! Wehe, wehe, wenn es so bleibt, wie es jetzt ist! Dann wird es noch viel schlimmer werden, als ich es jetzt dir sagen konnte. Geh hin, mein Kind, und sage es denen, die die Macht haben, es der ganzen Menschheit zu sagen! Ich werde bei dir sein und für dich eintreten, jetzt und immerdar. Bedenke, dass ich dir all das sage, merke es dir und sorge dafür, dass es veröffentlicht wird! So sprach die Mutter Jesu zu Lucia."

Die Vorhersage Mariens zum Klerus „ ... und was fällt, soll nicht gehalten werden, denn die Lehren der Kirchen sind verdunkelt" findet eine weltliche Ergänzung durch die Weissagung des von 672 bis 735 lebenden Kirchenlehrers Beda Venerabilis:

„ Solange das Kolosseum steht,
steht ganz Rom;
fällt das Kolosseum, fällt auch Rom;
das Ende Roms aber ist auch
das Ende der Welt „

Nach mehreren Prophezeiungen aus dem Mittelmeerraum wird Rom nicht nur durch kriegerische Aktionen, sondern vor allem auch durch Erdabsenkungen und Üeberflutungen betroffen werden. Letztendlich wird die italienische Halbinsel diesen Voraussagen zufolge in mehrere Teile zerbrechen.

Was den Papst bzw. das Papsttum betrifft, so besticht die dem irischen Heiligen Malachias (1095 – 1148) zugeschriebene Vorhersage der 111 Päpste, die von Cölestin II. im Jahre 1143 bis ans Ende unserer Zeit aufeinander folgen. Bei dieser Weissagung handelt es sich um eine Liste mit 111 lateinischen Sprüchen, von denen jeder sich auf einen Papst bezieht. Diese lateinischen Sinnsprüche haben sich bislang ausnahmslos als zutreffend erwiesen. So wurde der im Jahre 2005 verstorbene 110. Papst, Johannes Paul II., mit „ De labore solis „ , die „ Arbeit der Sonne" charakterisiert. Es ist eine gelungene Anspielung auf dessen unermüdlicher Reisetätigkeit in einer Welt, in der die Sonne nicht untergeht. Noch erschließt sich der Sinnspruch für seinen Nachfolger, Papst Benedikt XVI., nicht: „De gloriae olivae", der „Ruhm des Ölbaums". Eigentlich ist der Ölbaum traditionell das Symbol des jüdischen Volkes. Vielleicht könnte der „Ruhm des Ölbaums" aber bedeuten, dass Papst Benedikt XVI., der 111. Papst in der Weissagung des Heiligen Malachias, grosse Erfolge in der Versöhnung des Christentums mit dem Judentum erzielen will.

Wie weit das Ende unserer Zeit an uns herangerückt ist, erkennt man daran, dass nach der Prophezeiung der 111. Papst der vorletzte Papst in der nun zu Ende gehenden Zeitepoche ist. Der letzte Papst vor der Apokalypse in der Liste der Weissagung trägt weder die Ziffer 112 noch wurde ihm vom heiligen Malachias ein

Sinnspruch gewidmet. Vielmehr steht in der bislang empirisch voll bestätigten Prophezeiung: „Während der letzten Verfolgung der heiligen römischen Kirche wird Petrus der Römer amtieren; er wird seine Schäfchen inmitten großer Mühsal weiden. Wenn diese Mühsal vorüber ist, wird die Stadt auf den sieben Hügeln zerstört werden und der furchtbare Richter sein Volk richten".

Die römisch katholische Kirche wird demnach in den nächsten Jahren in furchtbare Bedrängnis geraten. In einer elementaren Krise befindet sie sich ja heute schon angesichts des weit verbreiteten Atheismus, insbesondere in zivilisierten Ländern. Viele Menschen interessieren sich nicht mehr für Gott oder wenden sich Sekten zu, für die Jesus Christus, der die Menschheit aus den Fängen Satans, des Gegensätzlichen, retten will, lediglich noch eine triviale Geschichtsfigur ist. All dies hat der Retter und Erlöser der Menschheit bereits vor 2000 Jahren in seinem irdischen Leben vorausgesehen. Seine im Neuen Testament niedergelegte Frage: **„Wird bei meiner Wiederkehr noch jemand da sein, der an mich glaubt?"** ist ein deutlicher Hinweis auf die geistige Einstellung der Menschen in der Endzeit: Egoismus, Eitelkeit und das Fehlen aller Geistigkeit und Gläubigkeit. Auch die Warnung des heiligen Paulus bestätigt den Abfall der Menschen vom christlichen Glauben: „Bevor der Tag des großen Strafgerichts heranbricht, muss die Apostasie kommen."

Aus all den weltlichen und biblischen Prophezeiungen wie auch dem „Dritten Geheimnis" von Fatima ergibt sich zwingend eine dringend zu klärende Kernfrage: Weshalb sind die dramatischen Ereignisse nicht vor Ablauf des 20. Jahrhunderts, wie vorausgesagt, eingetreten? Haben sich die profiliertesten Seher wie Cayce, Nostradamus, Johannson, und selbst die hohe Geistpersönlichkeit Mutter Maria geirrt? Ja und Nein!

Zunächst gilt es festzustellen, dass die höchste von Gott geschaffene Geistpersönlichkeit, der eingeborene Sohn Jesus Christus (alle weiteren geistigen Geschöpfe wurden als Duale geboren), während seines menschlichen Wirkens auf unserem Buß- und Sühneplaneten Erde nie eine konkrete Zeitangabe zur Endzeit gemacht hat. Wohl hat er von der Endzeit und den dann auf der Erde vorherrschenden Verhältnissen gesprochen, doch hat er stets betont, dass er nicht gekommen sei, das Gesetz zu brechen, sondern es zu erfüllen. Nicht sein Wille, sondern der seines Vaters (Gott) geschehe. Das Gesetz ist Gott allein und sein Wille und seine Liebe sind das absolute Höchste. Er, der nie geschaffene, unwandelbare ewige Gott steht über Allem und Allen.

Mediale Durchgaben bestätigen, dass die geistige Welt nicht damit gerechnet hat, dass Gott der Menschheit in der letzten Dekade des zwanzigsten Jahrhunderts noch eine Gnadenwelle zugesteht. Niemand außer unserem Schöpfer selbst kennt die Länge dieser Gnadenwelle. Den Tag und die Stunde kennt alleine er.

Die Menschheit hat nach dem Ende des Kalten Krieges die außergewöhnliche Chance zur Gestaltung einer neuen friedlichen Weltordnung nicht genutzt. Durch den „falschen Frieden" in der letzten Dekade des vergangenen Jahrhunderts hat die Menschheit lediglich einen zeitlichen Aufschub bewirkt. Das Unausweichliche, die dramatischen Ereignisse wie sie Apostel Johannes in der Apokalypse beschrieb, das Jüngste Gericht, wurde durch die von Gott gewährte Gnadenwelle aber nicht aufgehoben, sondern nur aufgeschoben.

Weder die Seher noch Mutter Maria haben mit ihren Weissagungen und Botschaften versagt, denn ohne diese Gnadenwelle, dieser außerordentlichen Liebesgunst von Gott, die nur er zu erweisen in der Lage ist, wäre all das Vorausgesagte auch zeitlich korrekt eingetreten. Aus medialen Kundgaben hoher Geistpersönlichkeiten ist bekannt, dass die Vorbereitungen in der geistigen Welt für die Durchführung des von Jesus Christus erstellten Heils- und Erlösungsplanes für die Menschheit zu der prophezeiten Zeitspanne abgeschlossen waren. Es fehlte allein das „Startzeichen".

Das für viele heute lebenden Menschen völlig Unvorstellbare und Unfassbare wird in Kürze der Titel eines Filmes sein. Steven Spielberg, der erfolgreiche amerikanische Regisseur, der ein feines Gespür für die Schwingungen des Zeitgeistes hat, plant einen Film zu diesem ernsthaften Thema. Der Titel dieses Films soll lauten: Das „Jüngste Gericht". Der „Zufall" kommt ihm bei der Erstellung des Drehbuches ein wenig zu Hilfe. Anfang November 2005 wurden bei Ausgrabungen in einem Gefängnis im Norden Israels die Üeberreste der möglicherweise ältesten Kirche der Welt gefunden. Das Gefängnis befindet sich bei Tel Megiddo, das im Neuen Testament als „Armageddon", dem Schauplatz der apokalyptischen Endzeitschlacht erwähnt wird. Vielleicht wird das Gefängnis für Dreharbeiten am Originalort vorübergehend geräumt.

Für den begnadeten Filmregisseur Spielberg ist das ernste Thema selbstverständlich Fiktion. Sehr wahrscheinlich auch für die vielen Menschen, die diesen Film allein schon aus Sensationslust

88

anschauen werden. Doch sie werden es persönlich erleben, wie aus der Fiktion Stück für Stück Realität werden wird bis zum bitteren Ende.

5. Massive Aufrüstung zum letzten großen Gefecht

Die weltweiten Rüstungsausgaben sind im Jahre 2004 auf 1,05 Billionen US-Dollar gestiegen. Davon entfielen alleine auf die USA knapp die Hälfte (488 Mrd.). Damit wurde fast wieder das Rekord-Niveau aus dem kalten Krieg erreicht. Auf dem Höhepunkt des Rüstungswettlaufs zwischen West und Ost 1987/1988 wurden nur sechs Prozent mehr Geld für militärische Zwecke ausgegeben als 2004. Mit einem Plus von 14,3 % stiegen die Militärausgaben am kräftigsten in Südasien, gefolgt von Nordafrika mit 12 % und Nordamerika mit 9,9 Prozent.

Russland führte 2004 die Rangliste der Rüstungsexporteure vor den USA, Frankreich und Deutschland an. Der russische Präsident Putin will im Jahre 2006 die Rüstungsausgaben im eigenen Land kräftig um 19 Milliarden Euro (+ 21,6 %) aufstocken. Allein die Hälfte davon will er für die Modernisierung der Atomwaffen ausgeben. War 2004 der Test einer neuen Interkontinentalrakete vom Typ RSM- 54 noch gescheitert, so verlief dieser ein Jahr später erfolgreich. Die neue Rakete wurde vom untergetauchten Atom-U-Boot Jekaterinburg aus der Barentsee abgefeuert. Etwa eine halbe Stunde später schlug die mit Atomsprengköpfen bestückbare ballistische Rakete auf dem Testgelände Kura auf der fernöstlichen Halbinsel Kamtschatka ein. Putin ließ es sich nicht nehmen, den Raketenstart von Bord des schweren atom-getriebenen Raketenkreuzers Pjotr Weliki zu beobachten.

Die USA haben im Jahre 2004 Waffen im Wert von 9,6 Mrd. US $ an Entwicklungsländer verkauft und liegen damit bei diesen Rüstungsgeschäften auf Platz 1 der Weltrangliste (Anteil 42 %), den sie nun seit 8 Jahren innehaben.

Besonders bedrohlich ist das Atomwaffenarsenal. Wohl gibt es den Atomwaffensperrvertrag (offizieller Name; Vertrag über die Nichtverbreitung von Kernwaffen - NPT), der am 1.7.1968 in Moskau unterzeichnet wurde und am 5. März 1970 in Kraft trat. Doch was ist dieses Abkommen, dem mittlerweile 188 Staaten beigetreten sind, wert? Relativ wenig, denn vertragsgemäß dürften nur die USA, China, Großbritannien, Frankreich und Russland als Nachfolger der Sowjetunion Atomwaffen besitzen. Weder Pakistan noch Indien, die faktisch über Kernwaffen verfügen, haben das Abkommen unterzeichnet. Der ebenso inoffizielle Atomstaat Nordkorea erklärte 2003 sogar seinen Austritt.

Es ist nicht auszuschließen, dass weitere Staaten im Besitz von Kernwaffen sind (Israel, Algerien). Selbst Brasiliens Militär stand 1990 angeblich kurz vor dem Bau einer Atombombe. Zwar hat sich Irans Präsident Mahmud Ahmadinedschad für eine atomwaffenfreie Welt und die Abschaffung aller Massenvernichtungswaffen ausgesprochen, doch geht von der Wiederinbetriebnahme der Nuklearanlage Isfahan eine große Gefahr aus. Der Iran will nicht nur an seinem Kernforschungsprogramm festhalten, sondern seine Atomtechnologie auch an andere islamische Länder weitergeben. Iranische Wissenschaftler, so Ahmadinedschad, hätten neue Erkenntnisse bei der Nuklearforschung gewonnen, die verbreitet werden könnten.

Nordkorea hat offensichtlich vor Wiederaufnahme der Sechs-Staaten-Gespräche über Nordkoreas Nuklearprojekt Ende Juli 2005 einen zur Atomwaffenproduktion geeigneten Reaktor in Betrieb genommen. Dies lassen jedenfalls die von einem US-Spionagesatelliten aufgenommenen Bilder von der Anlage Yonbyon vermuten. Ob der am 19. September 2005 von Nordkorea auf Drängen der USA, China, Japan, Russland und Südkorea in Peking erklärte Verzicht auf sein Atomwaffen- und Kernenergieprogramm von Dauer ist, darf bezweifelt werden. Die genannten Nationen wollen im Gegenzug auf der koreanischen Halbinsel eine atomwaffenfreie Zone einrichten, und Nordkorea in den Bereichen Energieversorgung, Handel und generell Investitionen unterstützen. Darüber hinaus garantieren die USA ihrerseits, keinen Angriff auf Nordkorea zu beabsichtigen und keine Atomwaffen in Südkorea zu stationieren. Die zukünftigen Inspektionen der internationalen Atomenergiebehörde (IAEO) werden zeigen, ob der eigensinnige Machthaber Kim Jong-il sein Atomprogramm auch wirklich aufgegeben hat. Unabhängig davon stellt Nordkorea ein nicht zu unterschätzendes Gefahrenpotential dar. Noch vor kurzem äußerte sich Nordkoreas Vize-Außenminister Kim Gye Gwan gegenüber dem US-Fernsehsender ABC: „Wir haben genügend Atombomben, um jeden US-Angriff abzuwehren, und unser Land ist dabei, noch weitere zu bauen".

Große Gefahr geht auch von den verfeindeten Atommächten Indien und Pakistan aus. Anfang August 2005 hat Pakistan erstmals einen atomwaffenfähigen Marschflugkörper getestet. Nach Angaben der Streitkräfte hat die Rakete vom Typ Babur eine Reichweite von 500 Kilometern. Obwohl zwischen beiden Nationen ein Abkommen zur gegenseitigen Vorabinformation über Raketentests bestand, erklärte Islamabad, das Nachbarland Indien sei nicht vorab informiert worden, weil sich dieses Abkommen nicht auf Marschflugkörper beziehe. Das Verhalten Pakistans kann mitnichten als vertrauensbildend im Friedensprozess zwischen den beiden Atommächten bezeichnet werden.

Viele weitere Nationen, wie zum Beispiel Japan und die Bundesrepublik Deutschland, verfügen über die erforderliche Technologie, um in kürzester Zeit die Massenvernichtungswaffe zu bauen. Sollte es den USA mit Hilfe der EU nicht gelingen, Iran atomwaffenfrei zu halten, so könnte dies einen regionalen Wettlauf um Atomwaffen auslösen. Die Türkei und Saudi-Arabien gehören zu den Staaten, die dann ebenfalls ihre eigenen Nuklearwaffen haben wollen. Ambitionen angemeldet hat vor kurzem aus Uebersee der Präsident von Venezuela, Hugo Chavez, der laut „Washington Post" dem Iran Nukleartechnologie für Atombomben abkaufen will.

Seit Hiroshima und Nagasaki am Ende des Zweiten Weltkrieges von zwei Atombomben zerstört worden waren, hatte sich Japan strikt gegen die Produktion, den Besitz oder die Stationierung von Atomwaffen in seinem Land ausgesprochen. Selbst ein Zwischenstopp nukleargetriebener U-Boote in Japan war für Atomgegner jahrzehntelang ein Grund für Proteste. In den vergangenen Jahren haben sowohl die Friedensbewegung als auch die Linke an Einfluss verloren. Nun werden die USA zum ersten Mal einen atomgetriebenen Flugzeugträger in Japan stationieren. Das neue Schiff soll den bislang in Japan stationierten Flugzeugträger Kitty Hawk ersetzen, der 2008 außer Betrieb genommen wird. Bei diesem Vorgang handelt es sich eindeutig um eine Abkehr von der völligen „Abstinenz" von Atomwaffen. Von der Duldung der Stationierung von Atomwaffen im eigenen Land bis zur Entwicklung eigener Atomwaffen aus Sicherheits- und Verteidigungsüberlegungen heraus ist der Weg dann eventuell nicht mehr allzu weit, wenn man bedenkt dass das völlige „Atomwaffen-Tabu" immerhin 60 Jahre (1945-2005) voller Überzeugung penibel aufrechterhalten wurde.

Selbst dann, wenn außer den USA und Russland kein einziges Land noch irgendwelche Anstrengungen zum Bau weiterer Atombomben unternehmen sollte, ist das derzeit noch bestehende

Atomwaffenarsenal gewaltig. Es ist geeignet, die Menschheit mehrfach zu vernichten. Diesen von Menschen fabrizierten Wahnsinn bezeichnet man technokratisch verniedlichend gerne als „Overkill-Kapazität", gerade so als bestünde in der Weltwirtschaft auf einem gewissen Sektor ein Überangebot. Vor der einseitigen Kündigung des ABM-Vertrages durch die USA versprachen sich der US-Präsident George W. Bush, der juristische aber nicht faktische Wahlsieger vom November 2000, und der russische Staatschef, Wladimir Putin, einst Geheimdienstagent in der 1990 untergegangenen DDR, am zwölften November 2001 anlässlich ihres vierten Gipfeltreffens in Washington gegenseitig, dieses heikle Thema anzugehen. Hierzu wollten sie die Zahl ihrer Atomsprengköpfe in den nächsten 10 Jahren stark verringern.

Das Ergebnis des Spitzentreffens der beiden mächtigsten Staatschefs der Welt war sehr ernüchternd. Bush kündigte zwar an, die Anzahl von damals 7.200 Atomsprengköpfen auf 1700 bis 2200 zu reduzieren (also deutlich unter die 1993 im START II – Vertrag bzw. der Rahmenvereinbarung von 1997 festgelegte Obergrenze von 2500 Gefechtsköpfen), doch folgte ihm Putin nicht. Er begrüßte zwar die amerikanische Entscheidung und versprach, dass sich seine Regierung „um eine angemessene Antwort bemühen wird". Konkrete Abrüstungszusagen machte Putin aber nicht, obwohl Moskau bereits früher eine Verringerung seiner Atomsprengköpfe auf 1500 angeboten hatte. So besitzt Russland heute noch circa 5800 Nuklearsprengköpfe. Beim START I - Vertrag, der im Jahre 1991 unterzeichnet wurde und 1994 in Kraft trat, verpflichteten sich die beiden Parteien, ihre strategischen Atomarsenale bis Ende 2001 auf knapp über 6000 „aktive" Nuklearsprengköpfe zu verringern.

Die US-Regierung hat angesichts ihrer Erfahrungen in den von ihr unter fadenscheinigen Gründen initiierten Kriegen in Afghanistan und dem Irak gar versucht, die Effizienz des Militärs durch die Entwicklung von „Mini-Nukes", atomaren Bunkerbrechern, entscheidend zu verbessern. Hierbei handelt es sich um einen nuklearen Sprengkopf, mit dem man Ziele tief unter der Erde treffen kann. Erst nachdem die National Academy of Sciences im April 2005 in einem Bericht an den Kongress erklärt hat, dass ein solcher Sprengkopf zwischen mehreren tausend und einer Million Menschen in den Tod reißen kann, stoppte das US-Repräsentantenhaus die vom Senat bereits gebilligte Finanzierung der hierzu erforderlichen Forschungsarbeiten.

Die Gegner dieses Programms befürchteten außerdem zu Recht,

dass mit einer solchen Entwicklung der weiteren Verbreitung von Atomwaffen in aller Welt Vorschub geleistet werden könnte.

Noch größeren Schrecken als die zunächst verworfene Entwicklung von atomaren bunkerbrechenden Waffen verbreitet jedoch die in Vorbereitung befindliche neue Nuklear-Doktrin der USA. Um Schurkenstaaten und Terroristen abzuschrecken, plant das US-Verteidigungsministerium atomare Erstschläge. Noch schlummert das 69 Seiten starke Papier vom März 2005 auf dem Schreibtisch von ex-Verteidigungsminister Donald Rumsfeld als Entwurf. Es empfiehlt einen präventiven Atomangriff auf Staaten oder Extremistengruppen, die einen Anschlag mit Massen-vernichtungswaffen auf die USA oder deren Verbündete planen. Auch Staaten, die versuchen, ABC-Waffen an militante Extremistengruppen weiterzugeben, gerieten nach dem Entwurf in das Nuklear-Visier des Pentagon. Die USA haben rund 30 Nationen mit Massenvernichtungswaffen auf ihrer Liste. Bekommt diese Doktrin grünes Licht, dürfte das Pentagon Atomwaffen in allen Regionen der Welt stationieren, in der ihr Einsatz eventuell in Frage kommt. Zieht man die fehlerhafte bzw. grob falsche Aufklärungsarbeit der US-Geheimdienste in Betracht, deren Erkenntnisse Grundlage für den Krieg der amerikanischen Truppen und ihrer Alliierten gegen den Irak am 20. März 2003 waren, dann läuft einem der kalte Schauer über den Rücken.

Der Entwurf geht aber noch über die genannten Präventivschläge hinaus. Der Einsatz von Kernwaffen soll nämlich auch beschlossen werden können, um konventionelle Kriege zu beenden. Würde also der schon heute hohe Blutzoll, den die USA seit Jahren in Afghanistan und im Irak bezahlen (schon mehr als 2000 GI`s haben dort ihr Leben gelassen), noch deutlich ansteigen und damit den neuen amerikanischen Präsidenten innenpolitisch unter starken Handlungszwang setzen, dann könnte aus dem heute noch fiktiven Horrorszenario sehr schnell bittere Realität mit unabsehbaren Folgen für den Weltfrieden werden.

So richtet sich angesichts der sich zuspitzenden Situation in der Atomwaffenfrage das Augenmerk hoffnungsvoll auf die zuständige Kontrollbehörde. Die Internationale Atomenergie-Organisation (IAEO), zuständig für die Einhaltung des Atomwaffensperrvertrag, ist angesichts der im Mai 2005 in New York gescheiterten Atomkonferenz in schwacher Position. Obwohl nach den Worten von Mohamed El Baradei, Chef der IAEO in Wien, die Gefahr eines Atomkrieges noch nie so groß war wie heute, haben sich die USA in der 7. Überprüfungskonferenz zum Sperrvertrag von bisherigen

Verpflichtungen zur Abrüstung (Artikel VI) distanziert. Die vollständige nukleare Abrüstung in der Welt, einst hehres Ziel des Vertrages, ist mit dem selbstsüchtigen Ausscheren der USA, der mit Abstand schlagkräftigsten Atommacht, zur Illusion geworden.

So werden in absehbarer Zeit 20 Länder die Produktionstechnologie für waffenfähiges Spaltmaterial beherrschen. Hinzu kommt ein internationaler Schwarzmarkt für Nuklearmaterial und die erklärte Absicht von Terroristen, sich Massenvernichtungswaffen zu beschaffen. Dazu gehören nicht nur atomare, sondern auch biologische und chemische Kampfstoffe. Allein ein bioterroristischer Angriff auf eine einzige Molkerei in den USA mit wenigen Gramm von dem tödlichen Gift Botulinum-Toxin - so das Ergebnis einer Studie der Stanford University - könnte hunderttausende Menschen vergiften.

Ähnliches gilt für Wasser, Luft und andere Lebensmittel.

An keinem Ort der Welt sollte es mehr atomare Explosionen geben. Das war und ist das Ziel des „umfassenden atomaren Teststoppabkommens", das die UN-Vollversammlung vor neun Jahren verabschiedet hat. Doch elf der 44 entscheidenden Atommächte hatten bis zu der Ueberprüfungskonferenz des Abkommens im September 2005 in New York den Vertrag noch immer nicht unterzeichnet. Im Vorfeld dieser Konferenz urteilte UN-Generalsekretär Kofi Annan:

„Das Abkommen steckt in einer Sackgasse fest". Der Termin war der US-Regierung nicht einmal mehr die Reisekosten wert. Im Plenum der Konferenz fehlte eine offizielle Delegation der USA. Die Führung der USA stellte klar, dass sie dem Abkommen, das einst auch von US-Präsident Bill Clinton als „gigantischer Schritt vorwärts" gewürdigt wurde, keine Bedeutung mehr beimisst. So ist das Abkommen noch immer nicht in Kraft, obwohl es bereits von 176 Staaten unterschrieben und von 125 ratifiziert wurde. Wirksam wird der Vertrag jedoch erst, wenn er auch von 44 namentlich aufgeführten Staaten mit nuklearer Kapazität ratifiziert wurde. Von diesen fehlen auch nach der Konferenz immer noch die elf Länder: USA , Israel, Ägypten, Kolumbien, China, Iran, Indonesien und Vietnam sowie die Nichtunterzeichnerstaaten Nordkorea, Indien und Pakistan.

Nachhaltige Erfolglosigkeit kennzeichnet auch die Genfer UN-Abrüstungskonferenz. Sie ist das einzige ständige multilaterale Gremium im Abrüstungsbereich. Seit 1997 versammeln sich dort

94

zweimal im Jahr 66 Länderdelegationen, um festzustellen, dass sie eigentlich nichts zu beraten und damit auch nichts zu beschließen haben. Auch in Genf sind die USA der größte Blockierer. So verlangen China und andere Staaten, Weltraumwaffen auf die Agenda zu nehmen. Die USA verweigern das, weil damit US-Rüstungsprojekte verhindert werden könnten. Stattdessen wollen sie über ein Produktionsverbot für kernwaffenfähiges Material sprechen. Darauf wollen sich andere aber nur einlassen, wenn auch über die nukleare Abrüstung der Atommächte verhandelt wird.

Wo steht also die Menschheit 64 Jahre nach Hiroshima ? Hat sie aus den verheerenden Folgen des ersten Atombombenabwurfs am 6.8.1945 mit ursprünglich 140.000 Toten gelernt? Offensichtlich nicht, denn Nordkorea droht mit dem Bau weiterer Atombomben, Pakistan experimentiert mit weitreichenden Trägerraketen, und der chinesische General Zhu Chenghu erklärt die Bereitschaft Chinas zu einem Atomkrieg gegen die USA, sollte sich Washington in einen Krieg um Taiwan einmischen. Die USA wiederum modifizieren ihre Verteidigungsdoktrin dahingehend, dass präventive atomare Erstschläge im Kampf gegen den Terrorismus möglich sein sollen, wie auch der Einsatz von Atombomben zur rascheren Beendigung eines konventionellen Krieges.

Alles in allem: Die Gefahr, dass es zu einem gewollten oder ungewollten Atomkrieg irgendwo auf der Welt mit völlig unkalkulierbaren Folgewirkungen kommt, wächst von Tag zu Tag.

Völlig in Vergessenheit geraten sind die einst hohen Ideale der Vergangenheit. Sie mussten den selbstsüchtigen Machtansprüchen der führenden Nationen weichen. So hatte das von Albert Einstein gegründete „Notstandskomitee der Atomforscher" das Ziel, das Atom bzw. die Kernspaltung zum Segen und nicht zum Ruin der Menschheit zu nutzen. Davon ließ sich auch der amerikanische Präsident Dwight D. Eisenhower in seiner Erklärung am 8.12.1953 vor den Vereinten Nationen leiten: "Die Vereinigten Staaten werden alles tun, damit der wundervolle menschliche Erfindergeist seine schöpferischen Kräfte nicht für das Töten, sondern für das Leben einsetzt."

Auch die „Mainauer Erklärung" vom 15. Juli 1955, die von 18, später sogar 52 Nobelpreisträgern unterzeichnet wurde , ist angesichts der vorherrschenden Faktenlage nichts anderes als ein frommer Wunsch: „Mit Freuden haben wir unser Leben in den Dienst der Wissenschaft gestellt. Sie ist, so glauben wir, ein Weg zu einem glücklicheren Leben der Menschen. Wir sehen mit Entsetzen, dass eben diese Wissenschaft der Menschheit Mittel in die Hand gibt, sich selbst zu vernichten ... Wir halten es für eine Selbsttäuschung, wenn Regierungen glauben sollten, sie könnten auf lange Zeit gerade durch die Angst vor diesen Waffen den Krieg vermeiden ... Alle Nationen müssen zu der Entscheidung kommen, freiwillig auf die Gewalt als letztes Mittel der Politik zu verzichten. Sind sie dazu nicht bereit, so werden sie aufhören zu existieren."

Das atomare Wettrüsten wurde dennoch forciert. Trotz vieler Abrüstungsinitiativen und der Friedensbewegung in Ost und West hat das Atomwaffenarsenal die Jahrtausendwende überdauert. Und längst läuft ein neues nukleares Wettrüsten. Weltweit gibt es immer noch 3.500 Atomsprengköpfe, die in höchster Alarmbereitschaft sind, also innerhalb eines sehr kurzen Zeitraumes zur Zündung gebracht werden können.

Am 31. August 2005 starb 96-jährig der britische Wissenschaftler und Friedensnobelpreisträger Joseph Rotblat in London. Er war als Physiker an der Entwicklung der ersten Atombombe beteiligt. 1944 verließ er das Projekt und wandte sich nach Kriegsende öffentlich gegen Kernwaffen. Er forschte an der Liverpool University und an der University of London. In den 1950er-Jahren gehörte er zu den Gründern der Pugwash-Bewegung, die sich für die Abschaffung aller Atomwaffen einsetzt. 1995 erhielten Rotblat und Pugwash den Friedensnobelpreis. Vor 50 Jahren veröffentlichte er zusammen mit dem britischen Mathematiker und Philosophen Bertrand Russel, mit Albert Einstein, und mit acht weiteren Forschern das sogenannte Russel-Einstein-Manifest.

Gerade auch Einstein förderte ja nach dem Zweiten Weltkrieg pazifistische Ideen. Er sah es als notwendig an, eine Weltregierung zu schaffen, um die kriegerischen Konflikte in den Griff zu bekommen. Das Manifest fordert denn auch die Regierungen der Welt auf „friedliche Mittel zur Beilegung der Konflikte zu finden". Kurz vor seinem Tod hat Rotblat noch einmal vor dem akuten Risiko eines Atomkrieges gewarnt und sagte u.a.: „Seit George W. Bush Präsident der USA ist, nimmt diese Gefahr wieder zu........ und wenn es uns gelingt, einen atomaren Holocaust in der Ära von US-Präsident Bush zu vermeiden, dann gibt es wieder Hoffnung."

Und weiter antwortete er der Berliner Zeitung, der er kurz vor seinem Tod dieses hier zitierte Interview gab, auf die Frage: „In welchem Maße haben der 11. September und der Irakkrieg die Sicherheitslage in der Welt verändert?"

Die Antwort von Rotblat darauf lautete:

„Der 11. September hat gezeigt, dass Gruppen wie Al Kaida über große finanzielle Ressourcen und eine ausgeklügelte Organisationsstruktur verfügen. Solange es massenhaft Arsenale mit Kernwaffen gibt, ist es nur eine Frage der Zeit bis solche terroristische Gruppen in den Besitz waffentauglichen Materials gelangen. Und sie werden nicht zögern diese Waffen einzusetzen - selbst wenn es Millionen von Menschen das Leben kosten könnte."

Mit Rotblat, dem gebürtigen Polen, starb der letzte noch lebende Unterzeichner des Russell-Einstein-Manifests von 1955. Es ist zu befürchten, dass mit ihm auch die grosse Hoffnung, dass nach Hiroshima nie wieder Atombomben zum tausendfachen Menschenmord eingesetzt werden, endgültig gestorben ist.

6. Drastischer Klimawandel, schwere Erdbeben und Vulkanausbrüche

Wissenschaftler gehen davon aus, dass es in fünf Jahren 50 Millionen Umweltflüchtlinge geben wird. Der Anstieg des Meeresspiegels, die Wüstenbildung, schwere Erdbeben und katastrophale wetterbedingte Fluten führen dazu, dass immer mehr Menschen ihre Heimat verlassen müssen.

Das bevölkerungsreichste Land der Welt, China, leidet schon heute unter einem gravierenden Wassermangel. Dürreperioden, Umweltverschmutzung und die rapide wachsende Wirtschaft haben in China zum größten Wassermangel in der Welt geführt. Im Durchschnitt steht jedem Chinesen nur ein Viertel der Wassermenge des weltweiten Pro-Kopf-Wertes zur Verfügung. Viele Flüsse in China sind stark verschmutzt und in vielen Gebieten im Süden führte eine monatelange Trockenheit zu Wassermangel. Letzterer ist aber nicht nur dem Klimawandel geschuldet, denn in den Städten Chinas gehen rund 20 % durch undichte Leitungen verloren. Wasser, unser aller Lebenselixier, wird in vielen Teilen der Welt zu einem existenzbedrohenden Mangel. Auch Afrikas Wasserspeicher sind in großer Gefahr. Die rund 200.000 kenianischen Fischer am zweitgrößten See der Welt, dem Viktoriasee, beklagen sowohl die schrumpfenden Fangmengen als auch die Tatsache, dass die gefangenen Fische immer kleiner werden. Nicht nur die Überfischung und Verseuchung sind die

Ursachen hierfür, sondern auch der stark fallende Wasserpegel.

Nach den beschwichtigenden Angaben des UN-Umweltprogramms Unep sank er in den vergangenen Jahren nur um einen Meter. Doch der bloße Augenschein und Aussagen der Anrainer und Fährleute deuten auf einen sehr viel drastischer sinkenden Pegel hin. Von bis zu drei Metern in nur acht Monaten reden die Fischer, die tagtäglich mit den negativen Auswirkungen zu kämpfen haben. Die Zerstörung der afrikanischen Süßwasserseen beschäftigte Ende Oktober 2005 die 11. Weltseenkonferenz in Kenias Hauptstadt Nairobi. Studien von Satellitenaufnahmen belegen das dramatische Ausmaß der Umweltzerstörung deutlich. Der Lake Songor im westafrikanischen Ghana schrumpft bedenklich, der Tschad-See hat in zehn Jahren 90 Prozent seiner Wasseroberfläche eingebüßt, das Sambesi-Flusssystem wird durch den in Mosambike errichteten Cabora-Basa-Staudamm in Mitleidenschaft gezogen, Niger hat in 20 Jahren mehr als 80 % seiner Feuchtgebiete eingebüßt. Vor allem Abholzung und Dürre bewirken sinkende Flusspegel und gefährden die Frischwasserzufuhr zu den rund 650 afrikanischen Seen, von denen Hunderte Millionen Menschen abhängen.

Die das Gleichgewicht der Natur empfindlich störende Abholzung ist sicher auch ein wichtiger Grund für die alarmierende Wassersituation auf dem schwarzen Kontinent. Die Dürren könnten eventuell abgemildert werden, wenn die Wälder dieser Welt nicht weiter schrumpfen würden. Eine UN-Studie zum Kahlschlag der Wälder verbreitet diesbezüglich aber wenig Zuversicht. Zwar ist die weltweite Waldfläche in den vergangenen fünf Jahren „nur" um 7,3 Millionen Hektar p.a. geschrumpft (1990-2000: 8,9 Millionen Hektar Nettoverlust), doch stellt dieser Raubbau noch immer eine große Gefahr für das ökologische Gleichgewicht dar.

Für jeden sechsten Menschen auf der Erde könnte in diesem Jahrhundert das Wasser knapp werden. Im Wissenschaftsmagazin Nature warnt ein Team um den Klimaforscher Tim Barnett von der Scripps Institution of Oceanography im kalifornischen La Jolla: "In einer wärmeren Welt fällt im Winter weniger Schnee, und der fängt dann schon am Beginn des Frühlings zu tauen an. Dieses abfließende Wasser werde den Flüssen besonders im Sommer und Herbst fehlen". Besonders gefährdet sei die asiatische Region, deren Ströme im Himalaya und im Hindukusch entspringen. Der indische Fluß Ganges zum Beispiel gewinne 70 % des Wassers im Sommer aus schmelzendem Gletschereis; bei anderen Flüssen der Region seien es 50 bis 60 Prozent. Weil die Gletscher seit

Jahrzehnten zurückgehen, könnte schon bald ein schwerer Wassermangel herrschen.

Das Eis in der Arktis schmilzt im Rekordtempo - und das schon im vierten Jahr in Folge. Im September 2005 habe das Eis im Nordpolgebiet nach Angaben des Nationalen Schnee- und Eis-Datenzentrums der USA ein neues Minimum erreicht. Das Zentrum weiter: „Wenn der derzeitige Schwund des Meereises anhält, könnte die Arktis bis zum Ende des Jahrhunderts im Sommer komplett eisfrei sein."

So ist zum Beispiel das Wasser in der Bucht bei Iqaluit, der Hauptstadt des kanadischen Arktis-Territoriums Nunavut, im November 2005 noch nicht gefroren. Noch vor zehn Jahren konnten die Inuit, die Ureinwohner der Arktis, bereits im Oktober „über das Wasser gehen". Das späte Zufrieren der Gewässer und auch die schlechte Qualität des Eises mitten im Winter sind untrügliche Zeichen eines heftigen Klimawandels. Die Erderwärmung gefährdet auch immer mehr die Haupt-einnahmequelle der Inuit. Viele der von ihnen gefangenen Robben haben kaum noch Haare auf ihrer Haut, weil sich das Eismeer immer stärker erwärmt. Für die Arktisbewohner ist aber die Qualität der Felle sehr wichtig, denn daraus fertigen sie Kleidung und Schuhe.

Abhilfe erwarten die Inuit von der Klimakonferenz der Vereinten Nationen Anfang Dezember 2006 in Montreal. Sie soll nicht nur die Umsetzung des nun gültigen Kyoto-Protokolls zum Klimaschutz fördern, sondern auch ein Signal für weitere Verhandlungen zur Senkung des Ausstosses von Treibhausgasen geben. „Nehmt euch des Problems an, damit wir die Welt nicht ruinieren" appelliert Meekitjuk Hanson an die Konferenz. Sie ist Commissioner of Nanuvut und als Vertreterin von Queen Elizabeth protokollarisch ranghöchste Repräsentantin Nunavuts.

Eine Studie aus dem Jahre 2004 hat die schlimmen Folgen des drastischen Klimawandels dargelegt. Demnach ist in den vergangenen 30 Jahren die jährliche durchschnittliche Eisfläche im Nordpolarraum um fast eine Million Quadratkilometer geschrumpft - das sind rund acht Prozent. Bis zum Jahr 2100 könnte das Eis um weitere zehn bis fünfzig Prozent zurückgehen. In Alaska und West-Kanada stieg die Wintertemperatur in den vergangenen 50 Jahren um drei bis vier Grad und könnte „bei einem mäßigen Emissions-Szenario" in den nächsten 100 Jahren um weitere vier bis sieben Grad ansteigen, heißt es in dem Bericht. Er spricht von verheerenden Folgen für Eisbären, Robben und für die Menschen der Arktis. Zu dieser Prognose kommen auch die Forscher des Hamburger Max-Planck-Instituts für Meteorologie. Die Hamburger haben in einer aufwendigen Computersimulation ermittelt, dass die Temperatur auf unserem Planeten im Durchschnitt um 2,5 bis 4 Grad Celsius von 1970 bis 2100 klettern wird. Der Klimaforscher Hartmut Graßl konstatiert: „Das ist der stärkste Klimawandel, der in den letzten Millionen Jahren auf der Erde im globalen Mittel aufgetreten ist." Die Hamburger Wetterexperten haben ihre Computer auf ein neues Modell programmiert und besonders die Wechselwirkung zwischen Luft und Meer erfasst. Wie immer bei solchen Simulationen lautet die Frage: Was passiert mit der Welt, wenn die Emissionen an Treibhausgasen aus Fabriken und Autos weiter so ansteigen wie bisher?

Die Antwort der Forscher: Neben der Erwärmung erwarten sie einen durchschnittlichen Anstieg des Meeresspiegels um 21 bis 28 Zentimeter bis zum Jahr 2100; in der Nordsee dürften es sogar 43 Zentimeter werden. Der Simulation zufolge gäbe es in Spanien längere Dürren, ganz Europa hätte heißere, trockenere Sommer sowie wärmere und feuchtere Winter. Extreme Wetterereignisse werden zunehmen: Hitzewellen, Winterorkane, Sturmfluten an den Küsten, Ueberschwemmungen im Binnenland. Vor allem die Landwirtschaft wird unter diesen Klimaveränderungen leiden, und auch die Forstwirtschaft wird in fast allen Teilen der Welt andere als bislang übliche Baumarten bewirtschaften müssen, sagte der Leiter des Projekts, Erich Roeckner.

Der errechnete minimale Temperaturanstieg von 2,5 Grad ist ein Alarmsignal, denn er gilt nur für das optimistischste Szenario, für eine Welt, die sich ideal verhält, Umweltschutz und die Entwicklung armer Länder unter einen Hut bekommt und den Treibhausgas-Ausstoß drastisch senkt. Für diesen Fall hatte der Weltklimarat IPCC in seinem Bericht von 2001 einen Temperaturanstieg von knapp zwei Grad errechnet..

Forscher um Govindasamy Bala vom kalifornischen Lawrence Livermore National Laboratory kommen in einer langfristigen Vorausschau zu folgendem Ergebnis: „Wenn die Menschheit fortfährt, alle vorhandenen Öl-, Gas- und Kohlevorräte zu verbrennen, könnte sich das Klima bis zum Jahr 2300 noch drastischer ändern: In dreihundert Jahren könnte es dann durchschnittlich 8 Grad Celsius wärmer sein als heute". Für Nordeuropa sagen die gleichen Forscher sogar eine Erwärmung von 20 Grad voraus. In Grönland könnten dann Mischwälder wie in gemäßigten Breiten gedeihen.Die Forscher benutzten ein Modell, in dem Klimaveränderungen und Veränderungen des Kohlenstoffkreislaufes gekoppelt simuliert werden. Landvegetation und Ozeane würden den Berechnungen zufolge etwas mehr als die Hälfte des ausgestoßenen Kohlendioxids (CO_2) aufnehmen. 45 Prozent verblieben aber in der Atmosphäre, wo die CO_2-Konzentration im Jahre 2300 viermal so hoch sein wird wie heute. Die stärksten Veränderungen sagen die Forscher für das 22. Jahrhundert voraus. Zwischen 2100 und 2200 würden - wenn alle fossilen Energieträger verfeuert sein werden - die Niederschläge stark zunehmen. Auch das Nordpolarmeer würde dann im Sommer eisfrei werden. Bei den Berechnungen habe man nicht versucht, die Veränderung zu dramatisieren, sagte Govindasamy Bala. Im Gegenteil: „In der Realität könnte es noch schlimmer kommen".

Schon heute ist die Realität besorgniserregend und alarmierend. Noch nie in der 155-jährigen Geschichte der Wetteraufzeichnung richteten tropische Wirbelstürme so umfangreiche Zerstörungen an wie in der Wirbelsturmsaison 2005. Zugleich hatten in keiner Saison zwischen Mai und Ende November jemals so viele - nämlich 24 Wirbelstürme - im tropischen Atlantik getobt, davon zwölf in Hurrikanstärke von mehr als 120 Kilometern pro Stunde.

Die Aufmerksamkeit für die Wirbelstürme kam mit „Katrina". Große Teile von New Orleans setzte der Hurrikan unter Wasser, in den US-Bundesstaaten Louisiana und Mississippi starben mehr als 1000 Menschen. Der Hurrikan „Stan" zerstörte einen Monat später durch Erdrutsche, Üeberschwemmungen und Muren zahlreiche Dörfer in Salvador und Guatemala. Dabei starben vermutlich mehr als 1500 Menschen. Auch die Stärke der Wirbelstürme erreichte Rekordwerte. Noch nie beobachteten Meteorologen über dem Atlantik einen Hurrikan mit einem niedrigeren Luftdruck: Im Auge von „Wilma" sank er am 19. Oktober 2005 auf 882 Hektopascal. Der Sog ins Innere von Wilma erzeugte Windgeschwindigkeiten von mehr als 280 Stundenkilometern. Leicht abgeschwächt richtete Wilma am 21. Oktober nacheinander in Mexiko, Kuba und Florida große Schäden an.

Das hohe Vernichtungspotential beziehen die Hurrikane aus den sehr heißen und trockenen Luftmassen aus dem Sahara- und Sahelgebiet sowie dem warmen Atlantikwasser. Es gilt als gesicherte Erkenntnis, dass sich die tropischen Ozeane in den vergangenen 50 Jahren um 0,5 Grad Celsius erwärmt haben. Mehr als die Hälfte dieses Anstiegs wird von Wissenschaftlern dem Treibhauseffekt zugeschrieben. Eine Entwarnung ist nicht in Sicht.

Durch die Entwaldung Afrikas rücken die Wüsten weiter vor, so dass noch länger heiße Luft vom afrikanischen Kontinent auf den Ozean einströmen kann. Diese heiße Luft, die über den Ozean strömt, nimmt dabei enorme Mengen verdampfender Feuchtigkeit auf. Unter diesen Bedingungen verstärken sich die Zentren tiefen Luftdrucks, unter anderem auch infolge der Erdrotation.

Die Tiefdruckkreisel bewegen sich dann auf der von der atmosphärischen Zirkulation bestimmten Zugbahn Richtung Westen. Auf ihrem Weg übers Meer nehmen sie dann immer mehr Luftfeuchtigkeit und Wärme auf und gewinnen so immer mehr Energie, je näher sie Amerika kommen. Im Gefolge der Hurrikane richten dann die sintflutartigen Regenfälle verheerende Verwüstungen an. Ganze Dörfer und Städte werden häufig nicht nur überschwemmt, sondern förmlich weggespült. Tausende Häuser werden zerstört, Menschen werden verschüttet, irren als Obdachlose umher, viele sterben. Die eigentlichen Probleme der Üeberlebenden beginnen erst dann, wenn das Wasser abgelaufen ist. In landwirtschaftlichen Gebieten ist in aller Regel die Haupternte verloren, und die Aussaat für die nächste kann nicht sofort erfolgen. Viele Menschen verlieren ihre Jobs, denn die Fabrikgebäude, in denen sie ihrer Arbeit nachgingen, gibt es nicht mehr. Den Üeberlebenden fehlt es häufig an Wasser und Nahrung, Krankheiten und Seuchen setzen ihnen erheblich zu. Die häufig völlig zerstörte Infrastruktur, Straßen, Brücken, Bahnhöfe, Bahnschienen, Flughäfen, etc. kann dann nur durch massive Hilfe von außen wieder aufgebaut werden.

Immer heftiger werden auch die Tornados, die in letzter Zeit Amerika heimsuchen. Sie reißen immer häufiger Menschen in den Tod und hinterlassen eine Schneise der Verwüstung. Diese speziell in den USA beheimateten, regional begrenzten Wirbelstürme reißen Gebäude wie Kartenhäuser um, decken Dächer ab und drücken Tausende von Fensterscheiben ein. Neben vielen Toten und schwerverletzten Menschen werden auch die durch Tornados angerichteten Schäden zunehmend größer.

Auf der anderen Seite der Welt richten die tropischen Wirbelstürme, die dort Taifune heißen, ebenfalls immense Schäden an. So verwüstete der stärkste Taifun seit mehr als 30 Jahren im Herbst 2005 große Teile von Südchina. „Damrey" fegte mit Windgeschwindigkeiten bis zu 200 km pro Stunde über die südchinesische Insel Hainan hinweg, um sich schließlich in Vietnam langsam abzuschwächen. Er forderte in China, den Philippinen, und Vietnam über 70 Todesopfer. Der wirtschaftliche

Schaden wurde auf 1,2 Mrd. US $ geschätzt.

Der Taifun „Longwang" (Drachenkönig) verursachte in Ostchina u.a. einen gewaltigen Erdrutsch, bei dem über 80 Menschen ums Leben kamen. Einem Bericht der Nachrichtenagentur Xinhua zufolge sind in China durch Erdrutsche und Überschwemmungen im Jahre 2005 über 1300 Menschen ums Leben gekommen. 201 Millionen seien insgesamt von den vielen Naturkatastrophen betroffen gewesen, wobei Schäden von geschätzten 14 Milliarden Euro entstanden seien.

Es sind aber nicht nur die vielen heftigen Wirbelstürme, die die Menschen in den betroffenen Regionen das Fürchten lehren, sondern es ist auch das zu beobachtende Phänomen der Wetterextreme: Extrem viel Regen in sehr kurzer Zeit in der einen Region, und kein Regen für sehr lange Zeit in einer anderen Region der Welt.

Die Flut in Mittelamerika und Südmexiko Anfang Oktober 2005 ist ein gutes Beispiel für zu viel Regen in einer außerordentlich kurzen Zeitspanne. Sintflutartige Regenfälle zerstörten im südlichen mexikanischen Bundesstaat Chiapas und in Guatemala ganze Landstriche und Ortschaften. Allein in Veracruz wurden 12 Millionen Hektar landwirtschaftliche Fläche stark beschädigt. In Guatemala wurden zwei Dörfer mit rund 1400 Menschen von einer Schlammlawine in die Tiefe gerissen und verschüttet. Insgesamt starben bei dieser „Mini-Sintflut" über 2000 Menschen.

Schwere Unwetter fast zur gleichen Zeit in Süditalien. Die schweren Regenfälle, die stärksten seit 100 Jahren, führten zu starken Überschwemmungen, Brückeneinstürzen und Zug-entgleisungen aufgrund von unterspülten Gleisen und Erdrutschen.

Verheerende Dürre dagegen im Herbst 2005 im Süden Afrikas. 10,7 Millionen Menschen in Malawi, Simbabwe, Sambia, Lesotho und Swasiland leiden unter dieser Dürre besonders hart, weil sie im vierten Jahr in Folge auftritt. Selbst bis zu 14 Meter tiefe Brunnen trocknen aus. Eine von vielen Folgen für die betroffene Bevölkerung ist ein enormer Preisanstieg für Grundnahrungsmittel. Aus Geldmangel sterben daher viele Menschen einen grausamen Hungertod.

Auch im Amazonasdelta bleibt der langersehnte Regen aus. Dort herrscht die schlimmste Dürre seit 50 Jahren. Die Nebenflüsse des Amazonas wirken im Herbst 2005 eher wie Schlammpfützen.

Solche apokalyptisch anmutende Bilder kannte man bislang nur aus der afrikanischen Sahelzone oder dem brasilianischen Nordosten: Getrockneter, aufgerissener Schlamm, aus dem ein paar magere Grashalme sprießen, Tausende toter Fische und gestrandete Schiffe bestimmen das Bild. Beim Amazonas handelt es sich aber offenkundig nicht um eine Wüstenregion, sondern um den größten Strom und das bedeutsamste Süßwasserreservoir der Erde. Vielerorts ist über dem Regenwald Brasiliens bis hinein nach Kolumbien, Peru und Ecuador seit Wochen kein Niederschlag mehr gefallen, die Becken der Nebenflüsse sind zum Teil fast leer. Der Rio Solimoes führt bei der brasilianisches Grenzstadt Tabatinga statt wie in guten Zeiten 12,30 Meter derzeit bloß 57 Zentimeter, der Rio Madeiro bei Porto Velho statt 12,95 nur 1,83 Meter.

Umweltexperten sehen als Ursache für diese Dürre, die für die betroffenen Menschen katastrophale Folgen hat, in der Abholzung und Brandrodung des Dschungels. Ohne Wald kein Regen, lautet deren plausible Begründung. Wo die Lunge des Globus nicht atmet, da bilden sich auch keine Wolken, also regnet es auch nicht.

Andere Forscher führen diese Klimaanomalie auf die globale Erwärmung zurück. Der ungewöhnlich warme Atlantik verursacht einerseits die monströsen Wirbelstürme, verhindere aber andererseits jegliche Wolkenbildung über dem Amazonas.

Was die Abholzung des Regenwaldes anbelangt, so versuchte die brasilianische Umweltministerin die Öffentlichkeit mit der Aussage zu beschwichtigen, dass zuletzt nur halb so viel Bäume illegal gefällt oder abgebrannt worden seien als im Jahr zuvor. Zwischen 2003 und 2004 waren es aber rekordverdächtige 19.000 Quadratkilometer. Die Feuerwehren in den Dürregebieten in aller Welt gehen extrem schwierigen Zeiten entgegen. Es wird dort noch häufiger riesige Waldbrände geben, die sich zu wahren Feuersbrünsten entwickeln werden. Bereits in den letzten Jahren haben bei Waldbränden in Kalifornien, Australien, Portugal, Südfrankreich, und anderswo viele Menschen nicht nur ihr ganzes Hab und Gut, sondern auch ihre Gesundheit oder gar ihr Leben verloren.

Die durch Naturkatastrophen verursachten Schäden werden immer gewaltiger. Allein im Jahre 2004 sind dabei etwa 250.000 Menschen ums Leben gekommen. Laut dem Anfang Oktober 2005 veröffentlichten Welt-Katastrophenbericht starben allein rund 220.000 Menschen durch die Tsunami-Katastrophe im Indischen Ozean im Dezember 2004.

Von 1995 bis 2004 wurden vom Brüsseler Zentrum für Katastrophenforschung knapp 6000 Naturkatastrophen gezählt, bei denen 900.000 Menschen ums Leben kamen. Im Jahrzehnt davor (1985 - 1994) gab es mit 650.000 Todesopfern deutlich weniger. Aus der vorgelegten verheerenden Zehn-Jahres-Bilanz geht hervor, dass Asien mit 700.000 Toten am schlimmsten betroffen war. In Europa starben in dieser Zeitspanne immerhin auch 65.000 Menschen. Die meisten waren es 2003 als eine lang anhaltende Hitzewelle fast 30000 Menschen das Leben kostete.

Allein die Wirbelstürme der Saison 2005 haben die Industrieproduktion in den USA stark belastet. Nach Angaben der US-Notenbank ist sie im September 2005 saisonbereinigt im Vergleich zum Vormonat um 1,3 % gefallen. Dies war der stärkste Rückgang seit 1982. Experten haben prognostiziert, dass bei einer globalen Erwärmung um 1 Grad Celsius bis 2050 Schäden von bis zu 214 Billionen Dollar (fast das fünfzehnfache des jährlichen Bruttosozialprodukts der USA) durch Stürme, Überflutungen und Trockenheit entstehen werden.

Diese astronomisch hohe Schadensziffer enthält jedoch noch nicht die Schäden, die durch zukünftige Erdbeben und den wieder auflebenden und sich verstärkenden Vulkanismus entstehen werden.

Die Zukunftsangst der Menschen in allen Zeitzonen unserer Erde wird auch durch Erdbeben gesteigert werden, die bedenklich an Häufigkeit und Stärke zunehmen. Die enormen Schäden der Tsunamikatastrophe vom Dezember 2004 in Indonesien wurden von einem Seebeben mindestens der Stärke 9,0 verursacht. Dieses Beben im Indischen Ozean, das den Tsunami auslöste, war das schwerste in vierzig Jahren. Die beiden Kontinentalplatten, die vor der Insel Sumatra aufeinander stoßen, hatten sich auf einer Länge von 1200 Kilometern gegeneinander verschoben.

Bereits 10 Monate später rückte das furchtbare Erdbeben in Pakistan in den Blickpunkt der mitfühlenden Menschen in aller Welt. Das Epizentrum dieses Erdbebens mit einer Stärke von 7,6 auf der Richterskala lag im pakistanischen Teil Kaschmirs. Viele Dörfer und selbst kleine Städte sind von der Landkarte verschwunden. Über mehr als 40 Nachbeben richteten weitere Schäden an. Bei diesen stärksten Erdstößen in dieser Region seit 100 Jahren starben nach offiziellen Angaben über 73.000

Menschen, 65.000 wurden schwer verletzt. Das von Seismologen nicht unerwartete Beben verwüstete eine Fläche von 300 bis 400 Quadratkilometer, d.h. die gesamte Infrastruktur in diesem Gebiet wurde zerstört. Ende November 2005 sind immer noch über 800.000 Menschen obdachlos und wissen nicht, wie sie den strengen Winter im Himalaja überleben sollen. Pakistans Präsident Pervez Musharraf bezifferte die Kosten für den Wiederaufbau auf 5 Milliarden US-Dollar. Die Internationale Geberkonferenz, die sechs Wochen nach dem Beben am 19. November 2005 in Islamabad stattfand, endete mit einer Finanzhilfe in Höhe von 5,827 Milliarden US-$ seitens der internationalen Gemeinschaft, so dass die Menschen in Kaschmir Hoffnung schöpfen können.

Die Erde bebt auch immer häufiger in Japan, in Peru, im Westen der Türkei (Ägäisküste), in Sizilien (rund um den Vulkan Ätna) und an unzähligen anderen Orten. Auch Länder, die man bislang nicht zu den erdbebengefährdeten Zonen zählte, wie z.B. Deutschland, bleiben nicht länger von den Erderschütterungen verschont.

Liegen die vielen Beben bei einer Stärke unter fünf und halten sich die Personen- und Sachschäden daher in Grenzen, so nimmt der Bürger solche Nachrichten kaum noch wahr, solange die Erde nicht gerade in seiner Nähe bebt. Selbst bei einem Erdbeben der Stärke 6,2 wie z. B. in der japanischen Region Kanto, in der auch Tokio liegt, geht man in der sehr erdbebengefährdeten japanischen Hauptstadt schnell wieder zur Tagesordnung über: Die automatisch gestoppten Atomreaktoren werden nach dem Beben ebenso selbstverständlich wieder in Betrieb genommen wie die Hochgeschwindigkeitszüge. Wenn irgendwann in der Zukunft aber Tokio direkt von Erdstößen der Magnitude 9,5 oder mehr erschüttert werden wird, dann nehmen die Schäden apokalyptisches Ausmaß an. Der amerikanische Seher Edgar Cayce hat derart gewaltige Beben, insbesondere auch für San Franzisko, Los Angeles und New York, vorausgesehen.

Erdbeben dieser Stärke hat es in der Menschheitsgeschichte schon gegeben. 1960 erschütterten Erdstöße der Stärke 9,5 den Süden von Chile, Tsunamis zerstörten die Küsten von Hawaii und Japan. An der Grenze zwischen Nazca-Platte und Südamerikanischer Platte hatte sich entsprechend Energie für dieses außergewöhnlich starke Beben aufgebaut. Im dünn besiedelten südlichen Chile kamen dennoch mehr als 2.000 Menschen ums Leben. Das Beben von 1575, von dem auch die spanischen Konquistadoren berichteten, war in etwa so stark wie das von 1960. Weil zwei weitere Beben an fast gleicher Stelle in den Jahren 1737 und 1837 weniger stark waren, geht ein internationales Seismologenteam um

Marco Cisternas von der Päpstlichen Katholischen Universität im chilenischen Valparaiso aufgrund von Untersuchungen davon aus, das solche Großbeben nur alle drei bis vier Jahrhunderte stattfinden. Die Forscher fanden nämlich Hinweise auf insgesamt acht starke Beben in den letzten zweitausend Jahren, jeweils im Abstand von 300 bis 400 Jahren.

Diese Erkenntnis, dass Großbeben im Takt der Jahrhunderte stattfinden, mag für eine eng begrenzte Region stimmen. Ihr wohnt jedoch keine generelle Aussagekraft inne. Im Jahre 1647, also nur 72 Jahre nach dem vorletzten Großbeben, wurde nur 1.000 km nördlich die Hauptstadt Santiago von einem Erdbeben zerstört.

In die Annalen ging auch das Erdbeben von Lissabon im Jahre 1755 ein. Das Beben am 1. November, am Feiertag Allerheiligen, verlief in drei Wellen, deren Stärke zwischen 8,5 und 8,8 auf der Richter-Skala geschätzt wird. Diesen Erdstößen, die jeweils mehrere Minuten andauerten, folgten eine halbe Stunde später in kurzen Abständen drei große Flutwellen von jeweils sieben Metern Höhe. Kaum waren die Wassermassen abgelaufen, brachen überall im Stadtgebiet Brände aus, die erst nach sechs Tagen vollständig gelöscht werden konnten. Das Beben wurde durch einen Zusammenstoss der afrikanischen mit der europäischen Erdplatte ausgelöst, deren Bruchlinie etwa 200 Kilometer in west-südwestlicher Richtung vom Kap Sao Vincente verläuft. Über 100.000 Tote in der zu über zwei Dritteln zerstörten damaligen Metropole (275.000 Einwohner) waren zu beklagen. Zeitgenössische Berichte über dieses große Unheil aus heiterem Himmel waren überschrieben mit dem Titel: „Als ob der jüngste Tag gekommen sei". Ein ähnlich starkes Beben in China im Jahre 1976 kostete gar 250.000 Menschen das Leben. Hohen Blutzoll forderte auch das Beben im iranischen Bam Ende des Jahres 2003. Den Amerikanern ins Gedächtnis eingebrannt ist das Mega-Beben in San Franzisko im Jahre 1906, dem 1908 in der Straße von Messina ein weiteres folgte.

Auch wenn man alle dokumentierten Erdbeben der letzten Jahrtausende untersuchte, so ließe sich doch keine Gesetz-mäßigkeit erkennen, aus der man belastbare Vorhersagen ableiten könnte, um zukünftig zumindest Menschenleben retten zu können. So steht der zivilisierte, technologisch hochgerüstete, wissen-schaftsgläubige Mensch auch im Jahre 2009 weiterhin den Naturgewalten ohnmächtig gegenüber.

Weithin unbemerkt erwachen auch die Vulkane im Feuergürtel der

Erde wieder zu neuem Leben. Asche, kochendes Wasser, autogroße Gesteinsbrocken und Magma stieß Anfang Oktober 2005 der Vulkan Santa Ana aus. Dieser Vulkan ist der größte der 23 Vulkane El Salvadors. Zuletzt brach der auch Ilamatepec genannte 2381 Meter hohe Vulkan, der rund 70 Kilometer von der Hauptstadt San Salvador entfernt liegt, im Jahr 1904 aus.

Dieser Vulkanausbruch ist nur einer von vielen in den letzten Jahren. Weder die Wissenschaftler noch die stets auf Sensationsmeldungen bedachten Medien schenken diesen Naturereignissen besondere Aufmerksamkeit. Da die Gebiete rund um die Vulkane in der Regel relativ dünn besiedelt sind, sind auch die Schäden eher moderat. Die nahewohnenden Menschen kann man fast immer rechtzeitig evakuieren, so dass lediglich die Abenteurer-Touristen ein Problem für die örtlichen Sicherheitskräfte darstellen, weil sie das „Naturschauspiel" ganz von der Nähe aus betrachten wollen. Ab und an muss vorübergehend ein Flugplatz geschlossen werden, weil die extreme Rauchentwicklung (die Rauchwolken steigen bis zu 20 km hoch) den Flugbetrieb behindert.

Zwei Beispiele aus der Vergangenheit verdeutlichen aber, dass Vulkanausbrüche sehr wohl eine große Gefahr für Leib und Leben darstellen und auch katastrophale materielle Schäden verursachen können. Der Ausbruch des Vesuvs im Jahre 66 n. Chr. zerstörte Pompeji und weitere angrenzende Gemeinden. Beim Ausbruch des Krakatau im Jahre 1883 kamen 40.000 Menschen ums Leben.

Viel entscheidender für die Zukunft ist jedoch zu erkennen, welche wahre Ursachen die Wiederbelebung und zu erwartende Intensivierung des Vulkanismus hat. Es sind insbesondere zwei Vulkane, der Mont Pelee auf Martinique und der Vesuv in Italien, die in Weissagungen eine eminent wichtige Rolle spielen. So hat der Schwede Johansson präzise den Vulkanausbruch des Mont Pelee im Jahr 1902 vorausgesehen. Das wäre eigentlich ohne größere Bedeutung, wenn nicht Edgar Cayce, dessen Vorhersagen durch eine erstaunliche Treffsicherheit bestechen, prophezeit hätte, dass die Endphase der Umwälzungen, gemeint sind damit die epochalen geologischen Veränderungen, erwartet werden kann, wenn eine gesteigerte Tätigkeit des Vesuvs oder des Mont Pelee auf Martinique zu beobachten ist.

Mit dem „Killer"- Argument „Klimawandel, Erdbeben und Vulkanismus gab es zu allen Zeiten der Erd- und Menschheitsgeschichte", könnte man den sich vor unser aller

Augen vollziehenden „Klimasturz" als „Business as usual" ad acta legen und wieder zur gewohnten Tagesordnung übergehen: Wohlstand und Reichtum grenzenlos mehren. Doch nicht alle Menschen verschließen ihre Augen vor der Realität. Besonders Wissenschaftler zeigen sich sehr besorgt über die rasant verlaufende Klimaveränderung.

Gleichwohl ist unter den Experten umstritten, ob die zweifelsfrei erwiesene globale Erwärmung langfristig betrachtet nicht doch nur vorübergehend ist. Die einen sehen eine neue Eiszeit kommen, bei der halb Europa unter einem dicken Eispanzer erstarren würde, die anderen just das Gegenteil, Palmen und Südfrüchte am deutschen Rhein. Unklar ist vor allem, ob der hohe Ausstoß von Kohlendioxid für den Temperaturanstieg verantwortlich gemacht werden kann, der die Eispanzer an Nord- und Südpol schmelzen lässt. Für die verantwortungsbewussten Umweltpolitiker jedoch war klar, dass die massiven Emissionen der Industrienationen langfristig zu Klimaproblemen führen würde.

Nach jahrelangen Diskussionen trat dann endlich am 16. Februar 2005 das Kyto-Abkommen in Kraft, das die „Treibhausgase" (Kohlendioxid, Methan, Distickstoffoxid, Halogenierte Kohlenwasserstoffe und Schwefelhexafluorid) deutlich begrenzen soll. Diesem nun völkerrechtlich verbindlichen Vertrag sind jedoch weder die USA, die mit 25 % Anteil am globalen Kohlendioxid-Ausstoß mit Abstand an der Weltspitze liegen, noch China, das den USA mit knapp 14 % folgt, beigetreten. An der CO_2 - Front wird es also so bald keine Entwarnung geben. Wissenschaftlich betrachtet ist die Reduzierung des Kohlendioxid-Ausstoßes ohnehin nicht die Lösung für die globale Erwärmung, denn Berechnungen zeigen, dass der Temperaturanstieg bis zum Jahr 2100 um nicht einmal 0,1 Grad geringer ausfiele, wenn sich alle Staaten an die Vorgaben des Abkommens hielten. Wenn also der drastische Klimawandel nicht „hausgemacht" ist, also nicht von Menschenhand verursacht wird, was sind dann die wahren Gründe für die schmelzenden Polkappen und Gletscher in den Alpen und anderen Hochgebirgen, das wachsende Ozonloch, die vielen verheerenden Wirbelstürme, die katastrophalen Verwüstungen durch Erdbeben und Tsunamis, die sich mehrenden Dürren hier und die immer heftiger werdenden Regenfälle mit massiven Überflutungen dort, die zahlreichen schwächeren Erdbeben an allen Ecken und Enden dieser Welt, und der wieder zum Leben erwachende Vulkanismus? Naht nun in der Tat der allseits beschworene Untergang unserer Erde?

Der Bestsellerautor Michael Crichton kommt in seinem Roman

„Welt in Angst" zu der erstaunlichen Schlussfolgerung, dass solche Untergangsszenarien völlig ungerechtfertigt seien. Crichton, Harvard-Abschluß in Medizin, Dozent für Anthropologie in Cambridge und Autor von „Jurassic Park", versucht im vierzigseitigen Anhang seines Buches zu beweisen, dass der Treibhauseffekt nicht nachzuweisen sei. Den Untergang dagegen beschwört der deutsche Autor Frank Schätzing. In seinem Thriller „Der Schwarm" sterben ein paar Millionen Menschen bei einem 30-Meter-Tsunami, der Nordeuropa trifft. Schätzing vertritt die Meinung, dass die Menschen die Furcht vor der Katastrophe brauchen, genau so wie keine Religion ohne Weltenende auskomme. Und so bald die Menschen aufhören, an Gott zu glauben, suchen sie sich ein neues Untergangsszenario, so Schätzing in einem Interview mit dem deutschen Magazin „Der Stern".

Aus den zahlreichen wissenschaftlichen Studien und Prognosen, die sich zum Teil in wesentlichen Punkten widersprechen, lässt sich ebenso wenig wie aus den Privatmeinungen der beiden genannten Erfolgsautoren eine schlüssige Antwort auf die Frage finden: Was hat sie nur, unsere gute Mutter Erde?

In unserer hochspezialisierten Welt, die mit allen möglichen Informationen überflutet wird, gibt es keinen Menschen, der in der Lage wäre, die Welt in ihrem heutigen Zustand als Ganzes zu erklären oder zumindest den Menschen die groben Zusammenhänge ihres Planeten begreiflich zu machen. Schon gar nicht wäre ein Mensch in der Lage, die höchstwahrscheinlichen nächsten Schritte in der Evolution von Mensch und Erde zu skizzieren. Eine richtige Antwort auf diese für die Menschheit existenzielle Frage kann also nur von höherer Warte, dem geistigen Bereich, kommen. Die geistwissenschaftliche Antwort, vermittelt durch mehrere mediale Kundgaben, bestätigt denn auch, dass wir in der letzten Phase der Endzeit leben:

„Die Erde ist in ihrem Inneren bereits großen Veränderungen unterworfen. Ihr könnt das an den Erdbeben, Erschütterungen, Stürmen und Wetterveränderungen bemerken. Der Erdkern wird dadurch, dass es eine Achsenveränderung geben wird, auf eine solche vorbereitet, denn die Erdkruste außerhalb des Wassers wird abgeändert werden müssen. Der Winkel zur Umlaufbahn um die Sonne wird nach der Wende ein geänderter sein. Die Sonnenkräfte werden stärker und intensiver auf die Erde einstrahlen und so eine mehr geistig-fluidale Vegetation hervorrufen. Das ganze Geschehen auf der Erde wird sich in anderen Schwingungen bewegen. Liebe Freunde, das wird noch lange Zeitumläufe in Anspruch nehmen, der Grundstein dazu wird jedoch in der jetzt kommenden Wandlung gelegt werden“.

Kapitel III

DER ZEITLOSE SCHÖPFER

1. Die Logik bedingt eine erste Ursache

Auf der Suche nach der ersten Ursache allen Seins führt der Lösungsweg zwangsläufig - dem universell gültigen Gesetz von Ursache und Wirkung folgend - zum Schöpfer. Eine simple Antwort wie: „Im Anfang war der Wasserstoff" - so der griffige Titel eines Buches von Professor Hoimar v. Ditfurth - kann einen kritischen, auf Wissen und Verstehen begierigen Geist nicht befriedigen. Selbst der britische Professor Stephen W. Hawking, Physiker und Mathematiker an der Universität Cambridge, konzediert: „Das Modell eines expandierenden Universums schließt einen Schöpfer nicht aus, grenzt aber den Zeitpunkt ein, da er sein Werk verrichtet haben könnte".

Hawkings Konzession ist zwar voller Skepsis gegenüber einem Schöpfergott, doch stellt sie einen hellen Lichtpunkt im sonst so dunklen Gedankengewölbe der mehrheitlich atheistisch geprägten Wissenschaftler dar. Es ist schon erstaunlich, wie viele intelligente, rein fachlich über alle Zweifel erhabene Natur- und Geisteswissenschaftler, Astronomen, Astrophysiker, Kosmologen und Anthropologen sich mit der „Big Bang" - Theorie bezüglich des Anfangs des Universums zufrieden geben.

Der im August 2001 im Alter von 86 Jahren verstorbene britische Astronom und Science-fiction Autor Fred Hoyle, der die Bezeichnung „Big Bang" (Urknall) für eine Theorie über die Entstehung des Weltalls prägte, hatte zwar im wissenschaftlichen Lager keine hohe Akzeptanz, doch bezüglich der Wortschöpfung ging er in die Annalen der Wissenschaft ein.

Die Theorie des Urknalls über die Entstehung des Kosmos wurde 1948 von dem sowjetischen Physiker George Gamov veröffentlicht. Demnach war vor rund 13 Milliarden Jahren (der amerikanische Professor Tipling behauptet 20 Milliarden) alle Masse und Energie des Universums auf einen winzigen Punkt konzentriert. In einem seiner Aufsätze, in dem er die Richtigkeit von Gamovs Theorie bezweifelte, wurde Hoyle zum Schöpfer des Begriffs „Big Bang".

Sprechen Physiker vom Beginn des Universums, so meinen sie

das materiell sichtbare Universum. Darüber hinausgehende metaphysische Sicht- und Betrachtungsweisen sind in den naturwissenschaftlichen Disziplinen streng verpönt. Transzendente Gedanken werden kategorisch dem Bereich der Esoterik zugewiesen, die sich der wissenschaftlichen Beweisbarkeit entzieht. Selbst allgemein philosophische oder religiöse Betrachtungen dieser Problematik können sehr schnell zur Diskreditierung eines Wissenschaftskollegen führen, der sich auf solch unsicheres Territorium wagt.

Noch erschreckender ist aber die große Schar jener Wissenschaftler, die eine "erste Ursache" hartnäckig abstreiten, ja sogar vehement leugnen, obwohl es der Wissenschaft bis heute nicht gelungen ist, Leben zu erklären. Auch sucht sie immer noch vergeblich nach einer einzigen, einfachen (genialen) Theorie, die das gesamte Universum plausibel und widerspruchsfrei erklärt. Die Physik beschreibt das Universum anhand zweier grundlegender Teiltheorien, der Allgemeinen Relativitätstheorie und der Quantenmechanik.

Die Allgemeine Relativitätstheorie beschreibt die Schwerkraft und den Aufbau des Universums im Großen, das heißt in der Größenordnung von ein paar Kilometern bis hin zu 1 000 000 000 000 000 000 000 000 Kilometern, der Größe des beobachtbaren Universums.

Die Quantenmechanik dagegen beschäftigt sich mit Erscheinungen in Bereichen von außerordentlich geringer Ausdehnung wie etwa einem millionstel millionstel Zentimeter. Diese beiden Theorien sind nach ganz einhelliger Meinung aller profilierten Forscher und Wissenschaftler, die ihr ganzes Leben der Suche nach der „Weltformel" gewidmet haben, aber nicht miteinander in Einklang zu bringen. Auch die jüngst propagierte „String-Theorie" ist letztendlich auch nichts anderes als eine „Krücke", mit der ihre glühenden Verfechter wie mit einer Stange im Nebel nach der wirklichen Lösung stochern.

Implizit steckt in der Hauptanstrengung der heutigen Physik, die Suche nach einer neuen Theorie, die beide Teiltheorien zu einer einzigen, widerspruchsfreien Gesamttheorie vereint, das Anerkenntnis des ansonsten den „irrationalen" Esoterikern zugeschriebenen Glaubenssatzes: Makrokosmos ist gleich Mikrokosmos und umgekehrt. Anders ausgedrückt: Das Große findet sich im Kleinen, und das Kleine im Großen wieder, und im Universum hängt grundsätzlich alles von allem ab bzw. alles hängt mit allem und jeder mit jedem zusammen.

Weshalb sich so viele Wissenschaftler angesichts des dargestellten Erkenntnisstandes strikt weigern, die Existenz einer „höheren Instanz" zumindest theoretisch zuzulassen, kann nur mit deren eingeengten Realitätstunnel erklärt werden. Sie haben sich offensichtlich dem Credo verschworen: Was nicht sein darf, das kann nicht sein. In Ihrem materiellen Weltbild ist nur das existent, was sicht-, mess-, greif-, zähl- und wägbar ist. So wird der „Beweisführer", der durch den Verstand des Menschen in Aktion gesetzt wird, alle Anstrengungen unternehmen, um exakt das zu beweisen, was der „Denker" mit seinem messerscharfen Wissenschaftlerverstand denkt: Es gibt keinen Gott, denn wir können ihn mit unseren wissenschaftlichen Prinzipien, die uns heilig geworden sind, nicht nachweisen, d.h. nicht positiv beweisen.

Dieses Denk- und Verhaltensmuster ist die Krux der Wissenschaft. Sie macht diese für uns Menschen so höchst bedeutsame Rechnung ohne den Wirt. Sie zieht ihre Schlussfolgerungen und Erkenntnisse allein aus der KRAFT (Elektrizität, Magnetismus, Elektromagnetismus, Gravitation, Zentripetal- und Zentrifugalkraft) und dem STOFF (Materie in all ihren vielfältigen Erscheinungsformen).

Den GEIST aber, der weder sicht- noch messbar ist, den allerwichtigsten Teil des **schöpferischen Dreiklangs GEIST, KRAFT, STOFF**, bezieht die Physik in ihre intensiven und höchst kostspieligen Untersuchungen und Forschungen nicht ein, sondern schließt ihn explizit aus.

Wenn die Wissenschaft mangels „Vernunftdenken" als Erkenntnisquelle bei der Suche nach der Wurzel allen Seins und sämtlichen materiellen Erscheinungsformen ausfällt, stellt sich dem Wissbegierigen die Frage, wo er fündig werden kann. Etwa bei den Theologen, oder, was natürlich sehr nahe liegt, bei den Philosophen? Haben die chinesischen Philosophen den Stein des Weisen gefunden, oder etwa die Sumerer, die alten Äegypter, Griechen, die Römer? Ist es darüber hinaus vielleicht auch sinnvoll, die deutschen Philosophen wie Fichte, Feuerbach, Hegel, Kant, Nietzsche und Schopenhauer zu Wort kommen zu lassen? Ist es bei dieser schwierigen und mühsamen Suche eventuell sogar ratsam, zunächst herauszufinden, wen oder was der einfache Mann auf der Straße für die erste Ursache hält?

2. Der liebe Gott des einfachen Menschen

„Grüß Gott!" lautet die landesübliche Grußformel noch heute im überwiegend katholischen deutschen Bundesland Bayern. Der Norddeutsche, speziell der Brandenburger, ist darüber sehr erstaunt, wie sich die Gottesidee über einen so langen Zeitraum in der Alltagssprache hat halten können. Wird er von einem Bayern so gegrüßt, entgegnet er süffisant mit spöttischem Unterton: „Jut, dann grüßen Sie ihn mal schön von mir, wenn Sie ihn das nächste Mal treffen". Hierzu muss man wissen, dass im Bundesland Brandenburg 80 % der Schulkinder keiner Konfession angehören, weswegen es dort auch keinen klassischen Religionsunterricht, sondern an dessen Stelle das Pflichtfach LER = Lebensgestaltung, Ethik, Religion, gibt.

Dieses vermeintlich banale Beispiel zum Verhältnis des heutigen modernen Menschen zu Gott zeigt die große Unsicherheit in der Einstellung zu Glaubens- und Religionsfragen im Allgemeinen und zu Gott im Besonderen. Sieht man von den wenigen ernsthaft praktizierenden Christen, gleich ob Katholiken oder Protestanten, ab, so ist festzustellen, dass Gott im gesellschaftlichen Leben auch in Deutschland schon seit Jahrzehnten auf dem Rückzug ist. Je mehr sich die Deutschen aus den Trümmern des Zweiten Weltkrieges erhoben haben, sich die schwierigen Notzeiten nach und nach in Zeiten des allgemeinen Wohlstands verwandelt haben, wurde Gott allmählich in den Hintergrund gedrängt. Der Mensch setzte immer mehr auf seine konkrete Tatkraft, Zielstrebigkeit und Beharrlichkeit als auf eine vagen Gott.

Heute, im hedonistischen Spaß- und Erlebniszeitalter, lässt ihn die Mehrheit der Bürger „einen guten Mann" sein, und lebt ihr ungezügeltes pluralistisches „Vollgas-Leben". „Gott ! Wer ist das, und was tut er für mich?" ist eine nicht ungewöhnliche Reaktion von Menschen in diesen Tagen.

Im Bewusstsein des Normalverbrauchers ist nur noch ein winziges, dürftig eingerichtetes Stübchen für Gott übriggeblieben. In der Zeit seiner frühen Kindheit war es noch ein großes komfortabel ausgestattetes Wohnzimmer, in dem sich das pralle Leben abspielte. Dort wurde sein Gottesbild durch seine Eltern, Großeltern und ältere Geschwistern geprägt. Das frühkindliche Gottesbild wurde dann in der Schule im Rahmen des Pflichtfaches Religion ergänzt und abgerundet.

Haften geblieben aus den vollmundigen Erzählungen und

pädagogischen Unterrichtungen sind in aller Regel die Weihnachtsgeschichte (Geburt unseres Erlösers Jesus Christus), sein Bewirken von Wundern (z.b. bei der Hochzeit von Kanaan), sein Tod am Kreuz (Karfreitag) und seine Auferstehung von den Toten (Ostersonntag). Auch die Niederkunft des heiligen Geistes auf die Apostel an Pfingsten ist noch so manchem in Erinnerung. Da diese Ereignisse mit Ausnahme der von Jesus bewirkten Wunder noch heute Anlass für ausgedehnte Feiertage sind, die sich bestens für Kurzurlaube oder Freizeitaktivitäten eignen, werden sie der Mehrheit der Christen auch weiterhin in Erinnerung bleiben und an ihre Sprösslinge überliefert werden.

Für die religiösen Menschen gibt es aber auch noch die heiligen Sakramente der Taufe, Kommunion, Firmung, Ehe und letzten Ölung. Bis auf letztere bieten diese Sakramente dem heutigen Christen einen höchst willkommenen Anlass, wieder einmal richtig im Familien- und Freundeskreis zu feiern und sich zu beschenken.

Und dann ist da noch diese ominöse Sache mit der Erbsünde, mit der wir Menschen angeblich alle geboren sein sollen, und das Jüngste Gericht, das Strafgericht des zürnenden Gottes, ob all der schlimmen Sünden und Entgleisungen, die von uns Menschen begangen worden sind. An diesem Tag, dem Tag des Herrn, da sollen die bösen von den guten Geistern geschieden werden. Nach der Bibel sollen an jenem Tag auch alle Toten auferstehen und ewig leben. Der heutige „Durchschnittschrist" hält die Erbsünde für eine Mär, während er die Geschichte mit dem Jüngsten Gericht nicht für ganz abwegig hält. Er denkt aber, dass dies nicht zu seinen Lebzeiten stattfinden wird, so dass auch diese Thematik für ihn nicht weiter von Belang ist.

In der landläufigen Meinung ist Gott der, der alles gemacht hat, die Natur, das Licht, das Feuer, den Wind, das Wetter, die Luft, das Wasser, die Erde, die Tiere, die Pflanzen und die Mineralien, und, als Krönung der ganzen Natur, den Menschen. Dieser Mensch kann die Natur nicht nur über seine fünf materiellen Sinne wahrnehmen und genießen, sondern darüber hinaus noch denken und fühlen. Und Gott ist der, der sowohl alles am Leben erhält als auch über Leben und Tod entscheidet. Man kann ihn zwar nicht sehen, hören und spüren, aber irgendwie ist da eine höhere Macht, der wir Menschen nicht gewachsen zu sein scheinen. Gott, das ist für viele die Verkörperung des Guten. Er wohnt im Himmel, in den brave und fromme Menschen nach ihrem leiblichen Tode kommen. Weniger gute müssen zur Besserung und Bewährung ins Fegefeuer, während die Bösen zum Teufel in die Hölle wandern, um im lodernden Feuer für ihre auf Erden begangenen Sünden schmoren zu müssen. Für die meisten „oberflächlich" gläubigen Menschen ist Gott zunächst der „liebe Gott". Dieses Bild, das der gemeine Mensch von Gott hat, verführt ihn aber auch sehr häufig dazu, mit ihm zu hadern. Sollte nicht Gott die große Not und das schlimme Leid, die Kriege und Bürgerkriege, die verheerenden Naturkatastrophen, die Seuchen, die Terroranschläge und alles andere Ungemach auf unserer Erde verhindern, wo er doch angeblich so allmächtig, allwissend, allliebend und allgegenwärtig sein soll? Sollte er nicht über jeden einzelnen Menschen mit Argusaugen wachen, dass ihm nichts Schlimmes widerfährt, dass er einem hilft, wenn man in Not ist, ? Schnell fühlt sich ein Mensch von Gott im Stich gelassen, wenn ihm das Leben höchst Unangenehmes beschert, wie z. B. eine unheilbare Krankheit, der frühe Tod eines geliebten nahen Angehörigen, eine finanzielle Katastrophe, die Trennung vom Partner, die Entlassung aus einem guten Job - was auch immer - und er von Gott keinerlei Hilfe erfährt.

Ich würde ja liebend gerne ernsthaft an Gott glauben, wenn er sich erkenntlich und nützlich zeigte, wenn ich ihn dringend brauche, denken diese Menschen im insgeheimen. Kommt aber „von oben", von Gott oder seinen Boten keinerlei Hilfe, so fühlt sich der Mensch alleingelassen und hegt recht schnell Zweifel an seinem persönlichen Gottesglauben. Er fragt sich dann: Gibt es denn überhaupt einen Gott, und falls ja, ist er wirklich „der liebe Gott" wofür ihn so viele Menschen halten? Ohne es zu wissen, sind viele Menschen Anhänger und Vertreter des Pantheismus (Allgottlehre). Er bezeichnet die philosophische Anschauung, wonach Gott das Leben des ganzen Weltalls selbst sei. Bereits Baruch de Spinoza, ein niederländischer Philosoph (1632 - 1677) formulierte: „Je mehr Einzeldinge wir erkennen, um so mehr erkennen wir Gott, dessen Substanz alles Sein ausmacht". Seine These bzw. Aussage ist falsch, denn Gott ist nicht materiell.

Gott ist immateriell, er ist Geist. Gottes Doppeleigenschaft ist Liebe. Da Gott nie geschaffen wurde - er ist das Alpha und das Omega - also der Anfang und das Ende - ist er ewig. Damit ist er auch nicht wandelbar.

Nur das Geschaffene, gleich ob geistig oder materiell, ist wandelbar. Daraus folgt, dass sich Gott nicht in Materie verwandeln kann, was u.a. auch bedeutet, dass er nie wie einst Jesus Christus, auf die Erde oder einen anderen Planeten einverleibt werden kann.

Wie wandelbar die geschaffene Materie ist, erlebt der Mensch hautnah tagtäglich. Die ganze Natur um ihn herum verwandelt sich - wenn auch nur im Zeitraffer wahrnehmbar - sekündlich. Auch der geschaffene Mensch als Teil der materiellen Natur unterliegt der permanenten Veränderung und Fortbildung.

Gott, das ist der Motor, der Beleber des ganzen Universums. Der Beweger aber, die veränderliche Kraft bzw. Energie ist nicht Gott, sondern sein eingeborener Sohn Jesus Christus, Gottes erste geistige Schaffung oder Schöpfung. Jesus Christus vereint zwar als eingeborenes (also nicht in Zweiartigkeit geborenes) Geistwesen als Einziges in Gottes Schöpfung die Fähigkeit von Zeugen und Gebären in einer Persönlichkeit bzw. Individualität, doch ist er als vom ewigen unwandelbaren Gott Geschaffener wandelbar.

Bereits hier wird deutlich, dass nach dem ewigen Gesetz der Abstammung und Verwandlung immer nur Ähnliches aber nie Gleiches geschaffen werden kann.

Jesus Christus, das von Gott ausgesprochene Wort, kann man auch als die „Seele" Gottes bezeichnen. Weder der Beleber noch der Beweger, also weder der unwandelbare Gott noch der veränder- oder wandelbare eingeborene Sohn Gottes leben und „wohnen" in der materiellen Schöpfung. Gott und Gottessohn, die Geistpersönlichkeiten sind - aufgrund seiner Wandelbarkeit konnte aber Jesus Christus im menschlichen Kleide auf der Erde erscheinen – manifestieren sich nicht in den vielfältigen Erscheinungsformen der Materie (STOFF), sondern benutzen sie für ihre Aktivitäten: **BELEBEN und BEWEGEN**. Sie beleben und bewegen alle geistigen, halbmateriellen und materiellen Schaffungen oder Schöpfungen, also alle Lebewesen, den Stoff, die Materie, die ganze Natur, das gesamte Universum!

All diese geistwissenschaftlichen Grundlagen sind dem einfachen Menschen ebenso wenig bekannt wie das Urprinzip Gottes, nämlich dass er „Drei in Eins" ist: Geist, Kraft, Urlicht. Das Urlicht ist die stoffliche Äußerungsform Gottes. Gottes Urlicht ist der Keim für den Stoff, die uns Menschen geläufige Materie. Alles im All folgt diesem schöpferischen unzertrennlichen Dreiklang. So auch der Mensch, der aus Geist, Seele und Körper besteht. So ist auch die „Einheit" Mensch relativ zu Gott „Drei in Eins". Die Seele ist nichts anderes als die Krafthülle des Geistes, des Gottesfunkens, den jeder einzelne Mensch in sich hat. Der Körper schließlich ist der Stoff oder die Materie. Letztere ist die durch den Abfall der Geistwesen - auch wir Menschen sind Geistwesen - von der

Schöpfung durch viele Verwandlungen verdichtete, tief-schwingende Odkraft (verdichtete Energie).

Jedes von Gott geschaffene Geistwesen - Gott als Geist schafft oder schöpft ausschließlich Geistiges - äußert sich durch die Kraft (Energie) und den Stoff. **Die Attribute eines jeden Gottesgeschöpfes sind Intelligenz, Liebe (Dualliebe) und freier Wille.**

Verwirrt durch die unklaren Begriffsbestimmungen der christlichen Religion hat der Normalsterbliche in aller Regel nur eine sehr vage Vorstellung von Gott. Es ist vor allem das Dreifaltigkeitsprinzip der Kirche, das selbst Theologen nicht richtig verstehen, und damit auch ihren „Schäfchen" nicht ausreichend verständlich machen können.

Ein schlichter Mensch stellt sich die Frage: Wer ist denn nun der richtige Gott?

Ist „Gott-Gott" nun der einzige Allmächtige, und der „Gott-Sohn", also Jesus Christus, nur sein „Zuarbeiter" mit beschränkten Machtbefugnissen? Und welche Rolle hat in diesem göttlichen Trio der Heilige Geist? Sind es denn drei Götter, an die ich glauben soll?

Die terminologische wie auch inhaltliche Verwirrung ist der Kirche zuzuschreiben. In der ganzen voluminösen Bibel gibt es nur zwei Worte, die Gott beschreiben. Dazu gehört der Satz aus dem Johannesevangelium: „Gott ist Geist". Daneben gibt es nur noch eine zweite Aussage, nämlich „Gott ist Liebe". Geist heißt in der Bibel so viel wie „Atem" oder „Wind". So sagt Jesus im Johannesevangelium zu dem jüdischen Schriftgelehrten, der ihn besuchte: „Der Geist weht, wo er will, du hörst sein Sausen wohl, aber du weißt nicht, woher er kommt oder wohin er geht". Diese Aussage von Jesus Christus besagt nichts anderes als dass alles in der Schöpfung von Gottes Geist durchdrungen, das heißt, belebt ist.

Und Liebe, das ist der imaginäre „Klebstoff", der alles und jedes im Universum miteinander verbindet, die hochenergetische Kraft, die die Welt im Innersten und auch im Äußeren zusammenhält.

Das Problem des Dreifaltigkeitsprinzips besteht hauptsächlich darin, dass der biblische Gott in der Formel „Im Namen des Vaters, des Sohnes und des Heiligen Geistes" zur Person wird. Jesus

Christus redet im Neuen Testament Gott, den uns von allen Seiten umgebenden Geist, deshalb als Vater an, um dem Volk deutlich zu machen, dass nicht er, der Messias, selbst Gott sei, sondern der direkte Abkömmling dieses Geistes. Und als solcher sei er innigst und untrennbar mit ihm verbunden: „Der Vater und ich sind eins", sagte Jesus, um klarzustellen, dass sie eine Einheit sind, verbunden durch den Geist, der vom Vater ausgeht, und von ihm, dem Sohn empfangen und an alle Geistwesen, also auch verkörperten Geistwesen wie uns Menschen, weitergegeben wird. So ist der Schöpfer des gesamten materiellen Universums nicht der unwandelbare Gottvater, sondern der wandel- und veränderbare Sohn, Jesus Christus. Konsequenterweise weist Jesus die Menschen auch darauf hin, dass ihr Weg zu Gottvater nur über ihn führt. Und umgekehrt kommt der Geist Gottes, der göttliche Atem, der alles belebt, nicht von sondern über Jesus Christus in die materielle Welt.

Das ewige oder unendlich gültige **Äehnlichkeitsgesetz**, das sowohl für die geistige als auch die materielle Schöpfung Gültigkeit hat, besagt, dass ein Wesen nur etwas ihm Ähnliches schaffen kann. So konnte Gott als vollkommener Geist - wir Menschen wurden lediglich als reine, aber nicht vollkommene Geistwesen erschaffen - nur ein ihm ähnliches Wesen, ein Geistwesen, nämlich Jesus Christus, erschaffen. Damit wird auch klar, dass Gott als Schöpfer des materiellen Universums ausfällt. Das Ähnlichkeitsgesetz gilt ebenfalls in der gesamten Materie, so auch auf unserem Planeten Erde. Ein Mensch kann nur einen Menschen, nicht aber ein Tier oder eine Pflanze zeugen.

Der Heilige Geist schließlich, der dritte Teil der göttlichen Dreifaltigkeit ist die schöpferische Auswirkung von Geist (Gott) und Kraft (Jesus Christus), nämlich die Tat, oder besser, die Werke und Schöpfungen. Der Heilige Geist ist die Summe aller je von Gottvater und Gottsohn geschaffenen Geistwesen, die ihren persönlichen Vollkommenheitsgrad erreicht haben. Letzteren erreichen wir Menschen als reine, aber nicht vollkommene Geistwesen dadurch, dass wir den in uns gelegten Keim zur Erlangung unseres individuellen Vollkommenheitsgrades nach und nach entwickeln.

Wenn die Erstlinge der 1. Schöpfungsperiode ihren persönlichen Vollkommenheitsgrad erreicht haben, dann sind sie gottähnlich, aber nicht gottgleich geworden. Wir Menschen oder Paradiesgeister (Geistwesen der 2. Schöpfungsperiode) müssen unseren geistigen Eltern, den nie gefallenen Erstlingen ähnlich, aber nicht gleich werden, um unseren persönlichen Vollkommenheitsgrad zu erreichen.

Voraussetzung zur Erreichung dieses ultimativen Zieles aller geschaffenen Geistwesen und Menschen ist jedoch, dass sie nach dem Gesetz „Sühne durch eigene Arbeit" hierzu eine Reihe von schwierigen Hindernissen überwinden und mehrere Potenzierungen durchlaufen müssen, bevor sie ihren tiefen Abfall von der Schöpfung wettgemacht haben. Ist der Ausgangspunkt der geistigen Geburt als reines Geistwesen durch harte Arbeit an sich selbst nach sehr langer Zeit erreicht, dann kann endlich die ursprünglich vorgesehene Entwicklung vom reinen zum vollkommenen Geist beginnen. Das mit der geistigen Geburt bestimmte persönliche Entwicklungsziel ist für jedes geistige Wesen in einer ganz persönlichen Entwicklungszahl festgelegt. In Ermangelung des oben dargelegten geistwissenschaftlichen Wissens, und der Unmöglichkeit, dem Phänomen Geist mit menschlichen physikalischen Erkenntnissen beizukommen, ist es nicht weiter verwunderlich, dass unsere Gesellschaft nicht nur voll von Pantheisten, sondern auch reich an Agnostikern ist. Der seit dem Zeitalter der Aufklärung rationalistisch geprägte und damit stark wissenschaftsgläubige Mensch bestreitet zwar nicht rundheraus die Existenz Gottes, wohl aber seine Erkennbarkeit. Aus rein verstandesbezogenem Denken, dem alleinigen Agieren aus dem Intellekt heraus, betrachtet er es sogar als intellektuell unredlich, Gott als Ursache der Existenz dieser Welt und unseres menschlichen Daseins zu betrachten. Weil die Menschen also nicht positiv wissen, ob Gott existiert oder nicht, bezeichnen sie sich wie die grosse Mehrheit der Naturwissenschaftler als Menschen, die nicht an Gott glauben.

Sie halten es mit dem französischen Philosophen Voltaire (1694-1778), der gesagt hat: „Gott und ich begrüßen uns, aber wir sprechen nicht miteinander". Voltaire war Anhänger des Deismus, einer während der Zeit der Aufklärung verbreiteten Form der philosophischen Gotteslehre. Demnach hat Gott zwar die Welt perfekt erschaffen, aber er greift danach nicht mehr in die Natur oder die Geschichte ein. Der Deismus wollte mit dieser Auffassung Wunderglaube und Offenbarungswahrheiten zurückweisen, weil dort ein übernatürliches Wirken Gottes vorausgesetzt wird, das die Naturgesetze überschreitet.

Auch diese Lehre ist aus geistwissenschaftlicher Sicht nur teilweise richtig. Sie ist insoweit richtig als sie die Existenz Gottes anerkennt und das übernatürliche Wirken Gottes in der Welt ausschließt. Die

Welt und die Natur haben tatsächlich ihre notwendigen und unwandelbaren Gesetze von Gott, und zwar in der rechten Ordnung, dergleichen Gesetze hat auch der Mensch seiner Form und seinem leiblichen Wesen nach. Will der Mensch sich wider diese Ordnung auflehnen und die Welt umgestalten, so wird er darum nicht von einem zornigen Gott gestraft, sondern von der „beleidigten", strengen und fixierten Gottesordnung in den Dingen selbst, die so sein müssen, wie sie sind. Es ist eben nur so, dass wir Menschen die ewigen und endlichen (nur im materiellen Universum gültigen) Gesetze Gottes nicht bzw. nur teilweise kennen.

Wenn also auf unserer Erde sogenannte „Wunder" geschehen, so hat nicht Gott eingegriffen und diese unerklärliche Tat vollbracht, sondern es liegt ganz einfach daran, dass wir nicht alle in der Materie wirkenden Naturgesetze, die solche Phänomene verursachen, kennen. Selbst der Vatikan in Rom folgt noch im 21. Jahrhundert in seiner Praxis der Heiligsprechung von Personen diesem falschen Denken, in dem das nachweisliche Bewirken von Wundern der seelig oder heilig zu sprechenden Person vorausgesetzt wird.

Der Deismus unterliegt jedoch einem fatalen Irrtum in seiner These, dass sich Gott nach dem einmaligen „genialen" Wurf der materiellen Schöpfung zurückgezogen hat. Wie bereits betont, wirken Gott und Gottessohn, Geist und Kraft, über die permanente Belebung und Bewegung in den materiellen Welten und bewirken damit genau das, was wir Menschen Evolution oder Fortbildung nennen. Grundfalsch ist auch die Ansicht, dass Gott nicht durch Offenbarungswahrheiten in unserer Welt wirkt.

Allein schon die mediale Durchgabe des Schöpfungsberichtes „GEIST, KRAFT, STOFF" , durch Gottes Boten, der im nächsten Kapitel dieses Buches abgehandelt wird, ist bereits ein schlagender Gegenbeweis. Wenn auch physikalisch nicht beweisbar, so ist die geistige Influenzierung des Menschen durch einen persönlichen Schutzgeist und einen leitenden persönlichen Schutzgeist ein wahrer Fakt. Jeder beseelte Mensch auf der Erde hat diese Schutzgeister ständig um sich. Während der persönliche Schutzgeist für die körperliche Unversehrtheit zuständig ist, kümmert sich der leitende persönliche Schutzgeist um das geistig-seelische Wohlbefinden des Menschen bzw. seiner zielgerichteten Höherentwicklung.

Trotz aller sonstigen Wissenschaftsgläubigkeit des heutigen

122

Palästinenser nennen als Muslime ihren Gott Allah.

Indien mit dem Hinduismus als Hauptreligion hat viele Götter hinter sich im Streit mit Pakistan um Kaschmir. Dem Hauptgott Vischnu assistieren so mächtige Atavare wie Schiva, Krishna und Rama bei der Erfüllung der patriotischen Aufgaben.

In Nordirland stehen sich der katholische Gott und der protestantische Gott seit Jahrhunderten unversöhnlich gegenüber. Gäbe es für jedes Land, jede Religion und jede Glaubensgemeinschaft tatsächlich einen Gott, so wären wir alle Zeugen eines gigantischen Götterkampfes. Da aber ein Gott in der Vorstellung der Menschen als unbesiegbar gilt, existierten ewiger Streit und Krieg nicht nur auf Erden, sondern auch in den Himmeln, in denen die Götter bekanntlich Ihren Sitz haben.

Liest man die ersten Zeilen der bayerischen Nationalhymne, so entsteht leicht der Eindruck, der „liebe Gott", der in Bayern symbolisiert als Kruzifix in jedem Klassenzimmer aller Schulen hängt, hätte zumindest sein festes Feriendomizil im weißblauen Freistaat:

„Gott mit Dir, du Land der Bayern, deutsche Erde, Vaterland!
Über deinen weiten Gauen ruhe deine Segenshand!"

Diese Hymne genießt, wie auch die deutsche Nationalhymne, den Schutz des deutschen Strafgesetzbuches. Das bedeutet: Jegliche Verunglimpfung ist strafbar! Das hört der liebe Gott, sollte er in erster Linie ein Bayer sein, sicherlich gerne.

Das Verhältnis von Gott und Staat ist nicht unproblematisch. Schon im 17. Jahrhundert erkannte Thomas Hobbes die Ambivalenz des Staates, die er sehr elegant definitorisch auflöste. Da der Mensch des Menschen Wolf sei, sei ein starker Staat als Ausweg aus dem ständigen Krieg aller gegen alle unumgänglich. Den Staat nannte er Leviathan, nach dem alttestamentarischen Ungeheuer, das Gott in Urzeiten besiegen musste. Der Staat müsse mächtig, unberechenbar und schrecklich sein, um das Gewaltmonopol zu bewahren, und gleichzeitig sei er göttlich, weil er Frieden und Luxus schaffe.

Die Theorie von Hobbes wurde mittlerweile von der Empirie falsifiziert. Es gibt in keinem Land auf der Welt einen göttlichen inneren Frieden. Diese traurige Feststellung gilt sogar dann, wenn man den Vatikan in Rom als eigenständiges Land betrachtet. Wohl gibt es Luxus, aber eben nicht für die Masse, sondern nur für eine privilegierte Oberschicht im Materialismus, dem „Geldadel". Es ist nicht zuletzt auch das krasse Wohlstandsgefälle, das den inneren Frieden in der Gesellschaft verhindert.

Berufen, den äußeren Frieden in der Welt sicherzustellen, fühlen sich nicht erst seit dem 11. September 2001 die USA. Ihre globale Friedensmission hat mit dem Glauben der Gründerväter zu tun: „Amerika wird besser sein als die Alte Welt, als das „jammervolle Europa", sagte William Penn bei der Gründung des Quäkerstaates Pennsylvania 1681. Und auch John Locke, der englische Philosoph, der mit den Quäkern und den anderen religiösen Reformern - die in Amerika Zuflucht gesucht hatten – sympathisierte, rief mystisch aus: Am Anfang war die ganze Welt Amerika.

Für damalige Zeitgenossen, vor allem für die Intellektuellen im vorrevolutionären Frankreich, bedeutete dies: „Amerika ist das Paradies".

Amerikas Geschichte ist ohne seine Religionsgeschichte nicht zu verstehen. Nirgendwo in der Welt hat der Schweizer Reformator Calvin so tiefe Spuren hinterlassen wie in Amerika. Seine Lehre von der göttlichen Vorbestimmung, die sich Gottes Auserwählte dennoch durch tätiges Bemühen verdienen mussten, war wie geschaffen für die Pioniere in der Neuen Welt. Aber auch alle anderen Reformatoren hatten bei Jenen, für die die Neue Welt trotz aller Gefahren, Mühen und Plagen der Garten Eden war, Anklang gefunden. Die USA sind aus der Reformation entstanden wie der Kapitalismus. Amerika war ein ungeheuerliches Experimentierfeld. Alles schien nebeneinander möglich zu sein. Und so lässt sich bis heute die Doppelgesichtigkeit Amerikas erklären: Religiöse Demut und weltliche Machtentfaltung; zügelloser Kapitalismus und persönliches Verantwortungsgefühl für die vom amerikanischen Traum Vernachlässigten; bigottes Eifertum und rationale Aufklärung; religiöser Fundamentalismus und strenge Trennung von Staat und Kirche.

So postulierten Männer wie Thomas Jefferson und Benjamin Franklin in der amerikanischen Unabhängigkeitserklärung 1776 die „Freiheit der Religionsausübung" als „natürliches und unveräußerliches" Menschenrecht. Da mit den Einwanderern aus allen Herren Länder Puritaner, Calvinisten, Lutheraner, Katholiken, Juden und Anhänger vieler anderer Glaubensgemeinschaften eine bunte Religionsvielfalt „importiert" wurde, konnte die Idee des amerikanischen Establishments einer einzigen und wahren Kirche für die gesamte Gesellschaft nicht realisiert werden. Zu groß waren die Unterschiede in den dogmatisch angewandten Glaubens-bekenntnissen und zu klein die Toleranz zwischen den Mitgliedern der verschiedenen Kirchen und Religions-gemeinschaften. Letztere drohten in der Mitte des 18. Jahrhunderts ihren Anhang zu verlieren. Die Menschen, verunsichert durch die rasante technologische Entwicklung, die allerorten zu sozialen Turbulenzen führte, verlangten wieder nach Glauben, nach Spiritualität und Gemeinschaft.

So entstand Ende des 19. Jahrhunderts der Evangelismus, das Erwachen, die Wiederbelebung des Glaubens. Der Anstoß zum ersten „Great Awakening" kam aus Europa, vom englischen Methodistengründer Wesley und den deutschen Pietisten Spener, Francke und Zinzendorf. Entscheidend für den Glauben war nun allein die Bibel. Jeder konnte seine Seele retten und seine Wiedergeburt im Glauben finden, wenn er ihren Lehren folgte und sich von seinen Sünden reinigte. So verwischten die Evangelisten die theologischen Unterschiede zwischen den vielen Konfessionen, die es inzwischen gab, und schufen ein einfaches christliches Bekenntnis, das sich im Namen der Amerikanischen Revolution auch gegen die organisierten Kirchen wandte und bei der Einigung der Nation half. Amerika brauche keine Staatskirche, riefen die Evangelisten, es sei „Gottes Nation".

Viele Evangelisten glaubten, dass Amerika die Menschheit in das Reich Gottes führen könne. Wenn es für seine Vervollkommnung und seinen Wohlstand sorge, sei es bestimmt, die Welt zu erlösen.

Der evangelische Protestantismus war zu einer Volksreligion geworden, natürlich primär unter den Menschen mit weißer Hautfarbe, den „White Anglosaxonian Protestants" Er wurde mit Demokratie und Patriotismus identifiziert und galt als einigende Kraft, denn er war klassenlos.

In den letzten Jahrzehnten ist es um den Evangelismus oder „revivalism" wie er im Amerikanischen heißt, stiller geworden, sieht man einmal vom „Maschinengewehr Gottes", dem weltberühmten Prediger Billy Graham, ab. Christliche Fundamentalisten, eine lautstarke Minderheit, geben nun in den Medien und in der Politik den Ton an, obwohl die große Masse noch immer einer der traditionellen Glaubensgemeinschaften angehört. „Joe Sixpack", das amerikanische Äquivalent des deutschen „Ottonormal-verbrauchers" stört sich nicht daran, wenn die Nationalflagge „Stars

& Stripes" neben dem Altar hängt. Der Patriotismus ist immer noch ein Teil des Glaubensbekenntnisses der Amerikaner und ein Grund ihrer Stärke. Im „Gedächtnis des Volkes" ist heute noch eine deutliche Spur des Glaubens vorhanden, dass es Amerikas Bestimmung sei, die Welt zu erlösen.

Diese geschichtliche Entwicklung der USA, die auch eine religionsgeschichtliche Entwicklung ist, macht das heutige Agieren der amerikanischen Regierung nach den Terroranschlägen vom 11. September 2001 auf die Achillessehnen des als unbezwingbar geltenden Riesens USA verständlicher. Dieser Nimbus der stolzen Gottesnation wurde mit der Vernichtung ihrer wirtschaftlichen und militärischen Machtsymbole, den Zwillingstürmen des World Trade Centers in New York und dem Pentagon in Washington,durch ein paar Terroristen in wenigen Minuten zerstört.

Die Terminologie der ursprünglich vom Präsidenten George W. Bush angekündigten Vergeltungs- und Friedenssicherungsaktionen „internationaler Kreuzzug gegen den Terrorismus" und „unendliche Gerechtigkeit" spiegelt die tiefe Verwurzelung auch des obersten Repräsentanten der USA mit dem christlichen Glauben und den Zielen des Evangelismus perfekt wider.

Mit dem 11. September begann auch eine neue Welle des „revivalism", die Wiederbelebung des Eides auf die amerikanische Flagge. Seit November 2001 hängt in jedem Klassenraum aller amerikanischen Schulen eine kleine amerikanische Fahne über der Tafel. Darunter steht der Spruch: „Ich schwöre die Treue zur Fahne der Vereinigten Staaten von Amerika und zur Republik, für die sie steht. Eine Nation unter Gott, unteilbar, in Freiheit und Gerechtigkeit für alle".

4. Der personale Gott der Theologie und der Religion

Uralt ist die Frage, ob Religion letztlich nur Opium für das Volk oder eine ernstzunehmende Angelegenheit im grenzwissenschaftlichen Bereich ist. Religion wird häufig mit Glauben oder Glaubensrichtung gleichgesetzt, was auch nicht falsch ist, denn die verschiedenen Weltreligionen stehen für unterschiedliche Sichtweisen von Gott, der Welt und des Menschen. Glauben, so sagt der Volksmund so schön, heißt „Nicht Wissen", was bedeutet, dass das, woran der einzelne Mensch glaubt, nicht mit den wissenschaftlich anerkannten Methoden bewiesen werden kann. Der Gläubige empfindet gleichwohl das, woran er im Sinne seiner Religion glaubt, als Wissen, als sogenanntes „Inneres Wissen", dem er einen großen Wahrheitsgehalt zubilligt.

Der überzeugte Atheist ist insofern auch ein „Gläubiger". Er glaubt nämlich, ganz genau zu wissen, dass es keinen Gott gibt, obwohl er im wissenschaftlichen Sinne nicht beweisen kann, dass Gott nicht existiert.

Gläubige und Ungläubige zeigen somit die gleichen Symptome. Sie können das, wovon sie überzeugt sind und fest daran glauben, nicht rational beweisen. Doch die Mehrheit der über 6 Milliarden Menschen glauben an einen irgendwie gearteten Gott, sind sie doch fast alle bereits in ihrer frühen Kindheit durch Elternhaus, Schule und Kirche diesbezüglich geprägt worden. Dabei wird Gott gerne personifiziert, wobei seltsamerweise davon ausgegangen wird, dass er männlichen Geschlechts sei. Vielleicht liegt es an der heute noch primär patriarchalischen Gesellschaft und der damit verbundenen Assoziation mit dem von Hause aus „schwachen Geschlecht" der Frau, der man offensichtlich so einen „großen Wurf" wie das Universum schlechthin nicht zutraut, ein Weltall mit Milliarden von Sternen und Planeten mit perfekt funktionierenden Naturgesetzen und intelligenten Menschen.

Dass Gott, sollte er denn eine Person sein, beide Geschlechter in sich vereinen könnte, also androgyn ist, wird nicht in Betracht gezogen. So entsteht beim Kind ein Bild von Gott, unser aller Vater, das unserem Menschenbilde gleicht: Ein gütig dreinschauender, vollbärtiger, älterer weißhaariger Mann, der auf einem goldenen Thron im Himmel sitzt und streng, aber gerecht und weise über all seine Menschenkinder auf Erden wacht. Er ist zugleich aber auch ein zürnender, strafender Gott, der die „Bösen" hart bestraft, oder gar in das Fegefeuer oder die Hölle verdammt, während er die „Guten" lobt und fördert, so dass sie nach ihrem Ableben auf der Erde zu ihm in den Himmel kommen.

Dieses triviale Gottesbild hat sich durch die frühe Prägung hartnäckig im Hinterkopf vieler Menschen festgesetzt. Es wird allzuhäufig von Eltern, Großeltern, Tanten und Onkeln ihren Kindern, Enkeln, Nichten und Neffen gegenüber „aktiviert",wenn sie sich in einem akuten Erklärungsnotstand befinden. So lebte dieses plakative Gottesbild fort von Generation zu Generation, bis zur heutigen materialistischen Zeit, in der Glaubensfragen und

Gottesglauben nur noch ein Schattendasein fristen. Erst wenn das Bewußtsein der Menschen reif genug sein wird für die wahre Erkenntnis, dass Gott Geist ist, und dieser unteilbar und unpersönlich ist, können die nachfolgenden Generationen durch entsprechende Erziehung und Unterrichtung das rechte „Gottesbild" erfahren. Der Mensch der Zukunft, der auf der nächsten Stufe der Evolution als „homo spiritualis" auf der „neuen", geologisch stark umgestalteten Erde leben wird, wird sich hauptsächlich seiner seelischen Entwicklung widmen und alles tun für die „Rück-bindung" an Gott, für die „Re-ligio", im wahren Sinne des Wortes.

Nach dem ersten der heiligen zehn Gebote ist es dem Menschen nicht strikt verboten, sich über Gott ein Bild zu machen oder eine Vorstellung zu entwickeln, denn das 1. Gebot ist eine Sollvorschrift:

„Du sollst Dir kein Bildnis noch irgendein Gleichnis machen, weder des, das oben im Himmel, noch des, das unten auf Erden, oder des, das im Wasser unter der Erde ist".

Des Menschen Fähigkeit, sich Gott vorzustellen, ist in der Tat sehr begrenzt. Wie soll sich der unvollkommene, der dreidimensionalen Sinneswelt verhaftete Mensch denn Unendlichkeit, Ewigkeit, Allwissenheit, Allgegenwärtigkeit und all die anderen Eigenschaften der Superlative, die Gott nicht nur von der Kirche zugeschrieben werden, vorstellen. Gott ist doch unsichtbar, immateriell, nicht fühl-, greif-, riech-, hör- und messbar. Alles Denken, Grübeln und Nachsinnen im Geiste führt zu keiner plausiblen Erkenntnis, sondern eher zu kühnen Mutmaßungen und wirren Hypothesen, nebulösen Theorien und eventuell sogar zu Zweifeln an der Existenz Gottes.

Der Grund liegt ganz einfach darin, dass sich dem **Unvollkommenen, also dem Menschen, das Erkennen des Vollkommenen (Gott) allein schon aus dem Gesetz der Logik verschließt.**

Calvin, der Reformator aus Genf, hat dies mit spärlichen vier lateinischen Worten, sehr treffend zum Ausdruck gebracht: „Finitum non capax infiniti" - **Das Endliche ist nicht fähig des Unendlichen!**

Das hinderte aber auch den heiligen Augustinus, einen der schärfsten Denker und folgerichtigsten Analytiker der Welt, eine verständliche, für jeden Menschen nachvollziehbare Erklärung von

Gott und seinen Eigenschaften zu finden. Sein Motiv war unbestritten edel, aber er war eben auch nur ein Mensch, den die Dichte der Materie daran hinderte, Licht ins Dunkel zu bringen. Zwar war er sehr gottgläubig, hochbegabt und sehr intelligent, aber eben auch ein Mensch, für den die auf der Erde vorherrschenden Lebens-u. Entwicklungsmöglichkeiten galten ,wie sie ausnahmslos für uns alle gelten. Er quälte sich mit den Problemen um die Geheimnisse von Schöpfer, Schöpfung und Evolution lange Zeit herum, ohne eine befriedigende Lösung gefunden zu haben. Sein Geist mühte sich oft Tage und Nächte mit diesen schwierigen Fragestellungen ab, aber er konnte dies alles nicht klar sehen und erkennen.

Da entschloss er sich, an einen Meeresstrand in die Einsamkeit zu gehen, um in der Zurückgezogenheit, beim Anblick des Naturgeschehens um sich herum, Kraft von den Geistwesen, die in der Natur wirken, für seine Erkenntnisse zu erhalten. Als er eines Morgens am Ufer entlangging, erblickte er einen kleinen Jungen, welcher unermüdlich mit Hilfe eines kleinen Eimerchens Wasser aus dem Meer in eine Sandgrube am Strand goss. Augustinus betrachtete interessiert dieses muntere Knäblein, wie es eifrig das Gefäß anfüllte und in die Sandgrube goss. Nicht mehr imstande, seine eigenen Gedanken auf Gott auszurichten, entschloss sich Augustinus nach längerem Betrachten, mit dem Knaben zu reden. Augustinus fragte sinngemäß den Knaben: Was machst du denn da? Der Knabe antwortete: " Ich will das Wasser des Meeres in diese Grube schütten". Da erhellte sich sein Geist und er sagte: „Das ist doch eine Unmöglichkeit!" Darauf der Knabe: „Eine ebensolche Unmöglichkeit ist es, wenn du Gott und all seine Eigenschaften mit deinem eigenen Verstandesdenken erforschen willst".

Augustinus begriff nicht gleich den Inhalt dieser Worte. Als er den Dialog mit dem Knaben fortsetzen wollte, war dieser verschwunden. Aus einer nachfolgenden geistigen Inspiration heraus war ihm plötzlich klar, dass der Knabe ein Bote Gottes gewesen sein musste, welcher ihn lehrte, das für ihn Unmögliche nicht mit herkömmlichen rationalen Mitteln erfassen zu können.

Die Frage „Wie sollen wir Menschen uns Gott vorstellen" beschäftigt seit Menschengedenken gerade auch die Experten, die Theologen. Sie liefern zwar eine Menge Antworten, mehr oder weniger verständlich, doch stehen diese häufig unter dem Einfluss der jeweiligen Kirche, der sie persönlich nahe stehen.

Welchen Auftrag aber haben denn die Kirchen, die Gralshüter der Religionen, im heutigen Zeitalter noch? Religionen sind in ihrer ursprünglichen Aufgabenstellung Glaubensgemeinschaften, die den Menschen helfen sollen, den Weg zu Gott, von dem sie einst durch Hochmut, Ungehorsam oder Sinnlichkeit abgefallen sind, zurückzufinden. Keine Religion kann Gott, den Ursprung allen Seins, für sich allein beanspruchen. Hält man sich vor Augen, dass sich im Namen Gottes Religionen bekämpfen, entstehen große Zweifel an der Wahrhaftigkeit der Religionen bzw. der sie repräsentierenden Kirchen. Die Geschichte der Religionskriege ist lang und blutig. Unvergessen sind die mittelalterlichen Kreuzzüge ins Heilige Land und unverdrossen kämpfen noch heute die Katholiken gegen die Protestanten in Nordirland.

Wenn religiöse Gruppen um mehr Macht und Einflussnahme streiten mit dem Ziel, den Rest der andersgläubigen Menschheit in ihrem kirchendogmatischen Sinne zu bekehren, dann geht es ihnen ganz offensichtlich nicht vorwiegend darum, dem Menschen auf der enorm schwierigen Suche nach seinem innersten Wesen und seiner entwicklungsorientierten Aufgabenstellung in seinem jetzigen Leben auf der Erde zu helfen. Wenn Religionen und ihre Kirchen die Kräfte des rationalen Verstandes und der Macht einsetzen und nicht mehr mit dem Herzen denken und handeln, wie Jesus Christus einst gelehrt hat, dann tragen sie entscheidend dazu bei, dass sich die Menschen von der göttlichen Wahrheit eher entfernen als ihr zu nähern. Die Kirchen müssten sich der Worte von Jesus Christus besinnen: „Bleibet in mir, und ich bleibe in euch, damit ihr viel Frucht bringt, denn ohne mich könnt ihr nichts tun".

Ein Hauptanliegen der beiden wichtigsten Religionen (Christentum und Islam repräsentieren nahezu 50 % der Weltbevölkerung) ist die Lehre von den letzten Dingen, die Eschatologie. Letztere behandelt die für alle Menschen interessanten Fragen: Gibt es ein Leben nach dem Tod? Wie sieht dieses Leben aus? Wie wird sich Gott, so es ein Leben nach dem Tod gibt, um uns in diesem zukünftigen immateriellen Leben kümmern?

Im Fokus steht dabei die vom heutigen Christentum negierte Lehre von der Reinkarnation, auch Wiederverkörperung oder Wieder-fleischwerdung genannt. Es gibt mehrere Passagen in den Evangelien des Neuen Testaments, die deutlich belegen, dass die Reinkarnation im Urchristentum eine Selbstverständlichkeit war. Bei Matthäus 16, 13-14, fragt Jesus seine Jünger: „Wer sagen die Leute, dass des Menschensohn sei?" Und sie sagten: „Einige meinen, dass du Johannes der Täufer seist; einige Elias; andere, Jeremias oder einer der Propheten". Auch Jesus Christus anerkennt im Verlauf des Gesprächs ganz selbstverständlich den Gedanken der Reinkarnation.

Hinzu kommt, dass die wichtigsten frühen Kirchenväter ebenfalls von der Reinkarnationslehre ausgingen. Der heilige Clemens von Alexandria, Gregor von Nyssa, Origenes, der heilige Hieronymus und auch Augustinus sind hier zu nennen. Aus Origenes Feder stammen die folgenden eindeutigen Zeilen:

„Die Seele, welche von Natur aus immateriell und unsichtbar ist, kann in der materiellen Welt nicht existieren, ohne einen Körper zu haben, welcher der Natur der Umgebung angepasst ist; dementsprechend legt sie zu gegebener Zeit den Körper ab, den sie bis dahin brauchte, der aber dem veränderten Zustand nicht mehr entspricht, und tauscht ihn gegen einen anderen ein".

Erst im Jahre 553 beendete das Konzil von Konstantinopel die christliche Tradition der Reinkarnationslehre. Kaiser Justinian setzte gegen den Willen des Papstes und der kirchlichen Autoritäten den Bann gegen die bis dahin verbreitete Lehre von der Vorexistenz der Seele durch: „Wer eine fabulöse Präexistenz der Seele und eine monströse Restauration lehrt, der sei verflucht".

Es bestehen wenig Zweifel, dass die Bibeltexte anschließend entsprechend revidiert und dem neuen kaiserlichen Dogma angepasst wurden. Die wenigen verbliebenen Hinweise, wie die aus dem Matthäusevangelium zitierten, dürften lediglich übersehen worden sein. Darauf lassen auch die später entdeckten, und deshalb unautorisierten, aber auch ungesäuberten Evangelien schließen, in denen sich verschiedene Hinweise auf den christlichen Reinkarnationsglauben finden. In den großen östlichen Religionen ist die Reinkarnationslehre nicht nur akzeptiert, sondern Kernstück des Glaubens. Die Veden als Basis des Hinduismus bauen ausdrücklich auf der Reinkarnation auf. Nach Buddhistischer Philosophie befinden sich alle Wesen im Rade der Wiedergeburt. Ihr Ziel ist es, dieses Rad zu verlassen und damit Befreiung vom Zwang der Wiedergeburt zu erlangen.

Selbst wenn die Lehre von der Wiederverkörperung heute in den christlichen Religionen keine Rolle mehr spielt, ist das Weiterleben der Seele nach dem Tode auch von offizieller Seite unbestritten. Die Position der deutschen Bischofskonferenz hierzu ist klar: "Wir sind sicher, dass die menschliche Seele nach dem Tod weiterexistiert, ob als Mensch ...... muss erst noch erforscht werden". Ueber den göttlichen Geist, den Gottesfunken im Menschen schweigt sich die römisch katholische Kirche beharrlich aus.

Geist wird nur Gott zugebilligt, nicht aber dem Menschen. Der Mensch besteht aus Sicht der Kirche also nur aus zwei „Bausteinen" oder „Elementen", der nach dem Tod des Menschen weiterlebenden Seele und dem Körper, der wieder zu „Staub" wird.

Wer Schlussfolgerungen alleine aus der Kraft (Seele) und dem Körper (Materie oder Stoff) zieht, kommt zwangsläufig zu einem unvollständigen und falschen Weltbild, zu einer völlig falschen Erkenntnis. Ohne den Geist, den Beleber, den ewigen Energiespender für alles Existierende und Lebendige, gäbe es Nichts. Also auch keine Materie, denn diese ist aus geist-wissenschaftlicher Sicht nichts anderes als hochverdichtete Odkraft = Energie.

So ist Albert Einstein nicht aufgrund seines messerscharfen Verstandes auf die Allgemeine Relativitätstheorie gekommen, denn wie er selbst eingeräumt hat, half ihm eine geistige Inspiration bei der Entdeckung seiner Äquivalenztheorie, die belegt, dass die Masse oder Materie hochverdichtete Energie ist.

Die Rechnung ohne den Geist, der EINS im schöpferischen Dreiklang, führt zu keinem vernünftigen, richtigen Ergebnis. Mag man der Wissenschaft noch nachsehen, dass „ihr Gott" die strenge Kausalität allen Geschehens in der Materie ist, so müssten gerade die christlichen Religion und Kirchen, in deren Glaubensgrundlagen unübersehbar Kernelemente der hermetischen Philosophie eingeflossen sind, den im Menschen waltenden Geist erkennen und akzeptieren.

In dem allen Christen geläufigen Gebet des Herrn, dem „Vater Unser", das eine Anrede und sieben Bitten enthält und mit dem Beschluss endet „Denn dein ist das Reich und die Kraft und die Herrlichkeit, in Ewigkeit, Amen", klingt in der dritten Bitte „Dein Wille geschehe, wie im Himmel so auf Erden" das hermetische „wie oben so unten" direkt an. Das die Esoterik kennzeichnende Analogiedenken, wie z.B. auch Mikrokosmos = Makrokosmos findet also auch in der Religion ihren Niederschlag.

So kann die Religion in diesem Sinne getrost dem Bereich der irdischen Grenzwissenschaften zugeordnet werden. Die Esoterik ist der Religion doch weit überlegen, denn sie anerkennt Gott als Schöpfer des Lebensprinzips und damit als Motor des Alls und Grundlage jeglichen Lebens.

5. Der Omegapunkt-Gott der Physik

In der Einleitung seines Buches „Kritik der reinen Vernunft" erklärte der deutsche Philosoph Immanuel Kant, die drei grundlegenden Probleme der Metaphysik seien von der Wissenschaft nie und nimmer zu lösen: Gott, Freiheit und Unsterblichkeit.

Es ist zwingend davon auszugehen, dass Kant damit solange recht behalten wird bis die Evolution die Erde und ihre Menschheit im physikalischen Sinne in eine höhere Schwingungsfrequenz, und - geistig betrachtet - in eine höhere Bewusstseinsebene versetzt hat. Erst dann werden die Menschen allmählich in der Lage sein, den einen oder anderen der vielen Schleier, die die metaphysischen Geheimnisse bedecken , etwas lüften zu können. Auch wird der „neue Mensch" auf der „neuen Erde" etwas mehr von den göttlichen ewigen Gesetzen und den endlichen, die materielle Schöpfung betreffenden Gesetze, erkennen und begreifen können.

Aber auch nach der bevorstehenden Potenzierung, die die Erde samt Menschheit auf die nächste Evolutionsstufe heben wird, haben unsere Nachfahren noch mit den Widrigkeiten der Materie zu tun. Der Planet Erde, der im Zuge der Potenzierung einen zweiten Mond gebären wird, befindet sich dann ja noch immer im Bereich der 7. Weltstufe, der tiefsten Depotenz im gesamten Universum. Die Erkenntnisfähigkeit der neuen Menschengeneration wird jedoch eine deutliche Steigerung erfahren. Entsprechend der neuen Evolutionsstufe wird der Nachfolger des homo sapiens, der homo spiritualis, vergeistigter und weniger materiell orientiert sein.

Die Evolution ist ein sehr langwieriger Entwicklungsprozess. Er betrifft sowohl die geistige Welt als auch die materielle Schöpfung. Sie begann mit dem Fall der Geister der 1. Schöpfungsperiode und wird erst nach Äonen von Jahren nach dem göttlichen Gesetz der Einswerdung mit der Apotheose enden. Wenn alle je geschaffenen Geistwesen ihren persönlichen Vollkommenheitsgrad erreicht haben, dann ist auch das materielle Universum verschwunden und Zeit existiert nicht mehr. Dann sind alle eins mit Gott. Die uns allen bekannte Evolutionstheorie mit dem Vorstreiter Charles Darwin betrifft im Vergleich zur vorgenannten Gesamtschau lediglich die Entwicklung aller Lebewesen aus niederen, primitiven Organismen auf unserem Planeten.

Zur sicherlich großen Überraschung aller Naturwissenschaftler trat im Jahre 1994 der amerikanische Astrophysiker und Kosmologe Professor Frank J. Tipler, mit seinem Buch „Die Physik der Unsterblichkeit - Moderne Kosmologie, Gott und die Auferstehung der Toten" (Der Titel der amerikanischen Originalausgabe lautet: „The physics of Immortality") an die Öffentlichkeit. Tiplers 600-Seiten-Buch, prall gefüllt mit kühnen Argumenten für die vorgegebene physikalische Beweisbarkeit von Gott und der Auferstehung der Toten, befriedigt im streng vom Text getrennten physikalischen mathematischen Teil natürlich die formalen Kriterien eines wissenschaftlichen Buches und damit auch die Anforderungen seiner Wissenschaftskollegen.

Offensichtlich immer noch vom Hochmut eines Atheisten geprägt - er selbst gibt an, er sei zu Beginn seiner Laufbahn als Kosmologe überzeugter Atheist gewesen - betont er ausdrücklich, dass es sich bei seiner Omegapunkt-Theorie einschließlich der Auferstehungstheorie um reine Physik handele. Seine Theorie beinhalte nichts Uebernatürliches, weshalb er nirgends auf den Glauben Bezug genommen habe. Tipler ist der festen Überzeugung, dass die gleichzeitige Entdeckung des „Auferstehungsmechanismus" durch ihn, den Informatiker Hans Moravec und den Philosophen Robert Nozick zwingend den Schluss nahe lege, dass „ewiges Leben als Physik" eine Idee ist, für die die Zeit einfach reif sei.

Die Schlüsselbegriffe der jüdisch-christlich-islamischen Tradition, also Begriffe der monotheistischen Religionen, seien zu wissenschaftlichen Begriffen geworden. Vom Standpunkt der Physik sei Theologie nichts anderes als physikalische Kosmologie, die von der Annahme ausgeht, dass Leben als Ganzes unsterblich sei.

Der Titel des Buches überraschte auch insofern, als er suggerierte, dass da ein renommierter Astrophysiker, der früher mit Stephen Hawking und Roger Penrose zusammengearbeitet hatte, vor den Augen der Weltöffentlichkeit ins Lager der Gottgläubigen wechselt. Weit gefehlt. Aus geistwissenschaftlicher Sicht kann man den Prämissen seiner Omegapunkt-Theorie nicht zustimmen, und als Folge davon, dem mathematischen Ergebnis seiner Theorie, dem Omegapunkt, ebenso wenig. Seine Physik zeigt nämlich, dass eine Person (Sie/Er) - womit er Gott meint - in der letzten Zukunft eine

„punktähnliche" Struktur haben wird, die er den Omegapunkt nennt.

Wohl kann man die Annahme der Theologie, Tiplers Ausgangspunkt, dass das Leben als Ganzes unsterblich sei, voll unterstreichen und bejahen, jedoch ist die Art und Weise der Beweisführung unter Logikgesichtspunkten höchst bedenklich und fragwürdig. Sie erinnert an einen Richter, der einen Urteilsspruch „aus dem Bauch heraus" nach seinem subjektiven Gerechtigkeitsempfinden gefällt hat, und hinterher bei der schriftlichen Urteilsbegründung allergrößte Mühe hat, sie mit den rechtlichen Grundlagen und der zum Thema ergangenen Rechtsprechung in Übereinklang zu bringen. Dabei muss er krampfhaft und künstlich die einzelnen Glieder der Sub-sumptionskette biegen und uminterpretieren, damit am Ende ein revisionssicheres Urteil steht.

Gott wird von Prof. Tipler definiert als der Herrscher des zukünftigen Reiches. Er bietet für diese These keinen geringeren Zeugen als den Theologen und Missionar Doktor Albert Schweitzer auf, der den Schnittpunkt mit der Geburt von Gottes Sohn, Jesus Christus, sieht. Jesus hätte seiner Meinung nach dieses Bild von Gott gezeichnet, d.h. dass er Gottes Seinsweise als Macht über die Zukunft auffasste. Auch der deutsche Theologe Wohlfahrt Pannenberg habe erkannt, dass die alttestamentarische Sichtweise von Gottes Seinsweise als statisch und unveränderlich nicht länger aufrechtzuerhalten sei. Vielmehr gelte: "Jesus verstand Gottes Anspruch auf die Welt ausschließlich als den Anspruch seiner kommenden Herrschaft".

Diese Theorie ist höchst fragwürdig, da sie impliziert, dass bis zum Zeitpunkt der Geburt von Jesus Christus Gott noch nicht ist. Die verwegene Theorie löst das Problem also nur für die Zukunft, beantwortet aber nicht die Frage nach der ersten Ursache allen Seins. Unklar bei Tiplers Theorem bleibt die Frage, wer die Geistwesen und das materielle Universum geschaffen und alle Lebewesen einschließlich der Menschen bis Christi Geburt am Leben erhalten hat. Auch verbirgt sich hinter Tiplers Ansatz die Möglichkeit, dass das Universum samt seiner Bewohner durch Zufall entstanden ist.

Viele Menschen mögen ja an Zufall „glauben", doch ist es aber ganz entschieden so, dass wir Vorgänge, die wir uns rational nicht erklären können, gerne Zufall nennen. Dabei sind uns Menschen lediglich die Ursachen, die tieferliegenden Gründe für ein Ereignis, inhaltlich wie zeitlich, unbekannt. Der „Erklärungsnotstand" fußt somit auf mangelndem Wissen und unzureichender Erkenntnisfähigkeit. Die Geschichte der Menschheit zeigt doch überdeutlich, dass das, was im Mittelalter von unaufgeklärten Menschen noch als Wunder (übernatürliches Ereignis) bezeichnet wurde, heute mit einer naturwissenschaftlich begründeten Gesetzmäßigkeit einfach erklärt und verstanden werden kann. Es dürfte auch jedem geistig normal entwickelten Menschen klar sein, dass die fraglichen Naturgesetzlichkeiten bereits galten und gewirkt haben, bevor sie von unseren Forschern und Wissenschaftlern „entdeckt" und dechiffriert wurden.

Daraus folgt, dass Tiplers in die Zukunft gewandte Definition von Gottes Sein und Gottes Herrschaft keine Probleme löst, sondern nur viele neue Fragen aufwirft, die zu beantworten wir Menschen ebenfalls nicht in der Lage sind. Die höchst zweifelhafte und unlogische Prämisse von Tipler muss, auch wenn man wissenschaftlich nicht beweisen kann, dass sie objektiv falsch und unwahr ist, insbesondere aus geistwissenschaftlicher Sicht, verworfen werden. Die Geistwissenschaft ist, wie bereits an anderer Stelle in diesem Buch ausgeführt, nicht mit den irdischen Geisteswissenschaften zu verwechseln. Sie repräsentiert das weitergehende Wissen, das uns Menschen von hochentwickelten Geistpersönlichkeiten aus dem Jenseits zum Zwecke unserer Aufklärung und Höherentwicklung mittels menschlicher Medien zur Verfügung gestellt wurde.

Bezogen auf Tiplers Theorie bedeutet das, dass man sie zwar als scharfsinniger und klardenkender Mensch nach den Gesetzen der Logik anzweifeln, aber nicht absolut verwerfen darf. Ein jeder Mensch tut gut daran, die Begrenztheit des menschlichen Verstandes und der Vernunft zu diesem Zeitpunkt und auch zu diesem elementaren Thema zu akzeptieren. Nur das höherwertige geistige Wissen zur Genesis aus dem Jenseits, kundgetan durch Gottes Boten, verschafft hier Klarheit, Wahrheit und Einfachheit. Der Astrophysiker Professor Tipler, ist eben nur ein Mensch wie wir alle. So „wohnen" in ihm wie in uns allen, zwei „Persönlichkeiten" oder zwei „Agenten": Der „Denker" und der „Beweisführer". Der Beweisführer im Menschen wird emsig tätig, um das vom Denker Gedachte zu belegen, zu untermauern, und, im Idealfall, der wissenschaftsgläubigen Menschheit sogar wissenschaftlich zu beweisen, sollte der betroffene Mensch wie Tipler ein Wissenschaftler sein.

Leider tritt in diesem uns Menschen eigenen zwiespältigen, leicht schizoiden Prozess häufig das Phänomen der selektiven

138

Wahrnehmung auf. So auch bei Prof. Tipler. Im alten Judentum wird „sein Beweisführer" fündig. Er führt für seine Hauptprämisse, die Zukunftsorientierung von Gottes Sein und Gottes Herrschaft, folgendes an: „Einige Gelehrte behaupten, schon in den ersten Anfängen des Judentums habe man Gott vorrangig als zukünftiges Sein betrachtet. Als Gott aus dem brennenden Dornbusch zu Moses sprach, fragte Moses ihn nach seinem Namen. Die hebräische Antwort Gottes lautet: „Ehyeh Asher Ahyeh". Im Hebräischen ist ehyeh das Futur des Verbs haya, das „sein" bedeutet. Also ist Gottes Antwort zu übersetzen: „ICH WERDE SEIN, DER ICH SEIN WERDE.... So sollst du zu den Israeliten sagen: „ICH WERDE SEIN, der hat mich zu euch gesandt".

Da auch der deutsch-jüdische Philosoph Ernst Bloch und der katholische Schweizer Theologe Hans Küng bestätigen, dass dies die richtige Übersetzung ist, und auch betonen, dass der Gott Mose als „End- und Omega-Gott" aufzufassen ist, handelt es sich bei Tiplers Omegapunkt-Gott eindeutig um einen Gott, der vor allem am Ende der Zeit existiert.

Eine Debatte darüber, ob diese Übersetzung nun richtig oder falsch ist, würde eventuell die genannten Theologen sowie Linguisten, Geschichtsforscher und -schreiber ungerechtfertigter Weise ins schlechte Licht rücken. Sie soll deswegen an dieser Stelle auch unterbleiben. Fakt bleibt, dass dem universellen Prinzip „Keine Wirkung ohne Ursache" stets Rechnung getragen werden muss.

Die erste Ursache für unsere Existenz kann nur Gott sein. Gott, der keinen Namen hat, und sich selbst an anderer Stelle als: „ICH BIN, DER ICH BIN" und „ ICH BIN DAS ALPHA UND DAS OMEGA" beschreibt.

So ist er ursächlich für den Beginn der geistigen Schöpfung. Erst durch den Abfall der (geistigen) Erstlinge der 1. Schöpfungsperiode begann der graduelle Übergang in die Materie. Das war der Urbeginn des materiellen Universums. Dieser tatsächliche Anbeginn der materiellen Schaffung oder Schöpfung, die nur zustande kam, weil die als reine, aber nicht vollkommen geschaffenen Erstlinge ihren freien Willen missbräuchlich gegen ihren vollkommenen Schöpfer eingesetzt hatten, hat also nichts mit einem bewussten Schöpfungsakt von Gott zu tun. Die materielle Schöpfung ist einzig und allein das Ergebnis des Fehlverhaltens von Gottes eigenen Geschöpfen, die er allesamt mit den Attributen Intelligenz (Vernunft), Liebe (Dualliebe) und Freier Wille ausgestattet hatte. Anstelle sich - wie vorgesehen - von reinen zu vollkommenen gottähnlichen Geistwesen zu entwickeln, haben es einige vorgezogen - allen voran Luzifer, der Lichtträger - sich gegen das Entwicklungsgesetz Gottes zu stellen.

Da der „stoffliche" Ausdruck Gottes in Urlicht besteht, das den Keim zum Stoff in sich trägt, ist der graduelle Übergang von Geist zu Materie im Licht zu finden. Ueberall in der Schöpfung, geistig wie materiell, gilt das Gesetz der Abstammung und Verwandlung. So ist das Licht auf unserer Erde, durch viele Depotenzen gebrochen, relativ zum Urlicht Gottes, nur noch ein äußerst matter Abglanz, Licht vom Licht vom Licht vom Licht... Die irdischen Wissenschaftler dagegen bezeichnen den Beginn der Schöpfung, womit sie einzig und allein die materielle Schöpfung meinen, als den Urknall oder „Big Bang". Er markiert den Anfangspunkt des physikalischen Universums. Der „Bang Big" ist aus Sicht der Wissenschaft das Gegenteil, das Ende der Schöpfung, womit dann auch die ursprünglich mit der materiellen Schöpfung in Gang gesetzte Evolution endet.

Geistig betrachtet bedeutet Anfang die Schaffung des Lebensprinzips, Jesus Christus und die Erstlinge durch Gott. Ende dagegen ist nicht die Implosion des materiellen Universums, von der die Kosmologen ausgehen, sondern die Einswerdung aller je geschaffenen Geistwesen mit Gott, auch der gefallenen Erstlingsgeister (also einschließlich des Luzifers oder Satans), in dem sie alle ihren persönlichen Vollkommenheitsgrad erreicht und damit als Heiliger Geist Teil der Göttlichen Dreifaltigkeit geworden sind.

Die materielle Schöpfung, der uns Menschen sichtbare Teil des Universums, wird dann verschwunden sein. Himmel und Erde, so wie wir heute beide betrachten können, existieren dann nicht mehr. All dies wird Äonenen von Jahren dauern, wobei der Umkehrprozess mit der nun anstehenden Potenzierung der Erde eingeleitet werden wird. Der dann beginnende Ver-geistigungsprozess, der sämtliche Materie ebenso erfassen wird wie die Mischwesen zwischen Geist und Materie (Menschen), bedeutet auch die Umkehrung der Evolution in die graduelle Involution. Es wird also kein plötzliches Ereignis, der Kollaps des materiellen Universums stattfinden, so wie es die Astrophysiker unisono vorhersagen, sondern die Involution wird ebenso graduell und stufenweise verlaufen wie die Evolution: Schritt für Schritt, mit Übergangs- und Überlappungsphasen. Ebensowenig wie die Evolution wird auch die Involution keine Sprünge machen. Sie wird keinen Schritt auslassen und auch keine Involutionsstufe überspringen.

Tiplers Anliegen als Physiker ist durchaus verständlich und nachvollziehbar. Er will mit seiner Theorie, wie es das Ziel aller Naturwissenschaften ist, die Gesamtheit der Realität erfassen. Hierzu gehören die von ihm untersuchten Fragen: Wie wird sich das physikalische Universum in der Zukunft entwickeln? Wie wird der Endzustand im Kosmos aussehen? Wird sich Leben bis zu diesem Endzustand fortsetzen oder ist die Auslöschung allen Lebens unvermeidlich?

Prof. Tipler behauptet zu Recht, dass die Naturwissenschaftsdisziplin Physik so lange nicht als vollständig gelten kann, wie diese Fragen nicht beantwortet sind. Bislang beschäftigte sich diese Wissenschaft primär damit, herauszufinden, wie das Universum heute beschaffen ist und wie es in der Vergangenheit ausgesehen hat. Das materielle Universum existiert nach Tiplers Berechnungen seit zwanzig Milliarden Jahren. Stephen Hawking geht dagegen von rund 13 Milliarden Jahren aus. Diese Abweichung ist jedoch relativ unbedeutend, denn nach Tipler wird das Universum noch mindestens 100 Milliarden Jahre, wahrscheinlich aber noch sehr viel länger, bestehen. Diese Prognose basiert auf der Annahme, dass die physikalischen Gesetze, so wie sie derzeit von den Physikern verstanden werden, richtig sind. Hätte also Tipler recht, so läge nahezu die Gesamtheit des Raums und der Zeit in der Zukunft. Für genau diese Zukunft, die nächsten 80 Milliarden Jahre oder mehr hat er seine Theorie mit dem zukünftigen Gott, dem Omegapunkt-Gott, entwickelt.

Da aus geistiger Sicht die Mission von Jesus Christus mit seiner irdischen Geburt als Menschensohn als 1. Potenzierung bzw. als Initiierung des Vergeistigungsprozesses gilt, klingt in einer Übergangsphase (Fischezeitalter) die bisherige Evolution langsam aus und geht mit der noch nie in der gesamten Erdgeschichte erlebten massiven Umgestaltung allmählich in die Involution über. Tiplers Omegapunkt-Gott wäre somit nur zuständig für die Zeit der Involution, in der sich Geist, Kraft und Stoff (Materie) nach und nach zum Ursprung „rück-entwickeln". Ob der Involutionsprozess nun 80 Milliarden betragen wird oder nicht, ist weder für uns derzeit lebende Menschen von existenziellem Belang noch tangiert es Gott, der von Anbeginn war und immer sein wird. Die Zeit ist für Gott ohnehin völlig irrelevant, denn für ihn gilt keine Zeit. Er ist auch die oberste „Sowohl-als-Auch-Instanz": Er strömt Lebenskraft und Energie aus und holt diese sogleich auch wieder zu sich zurück. Er ist „Zeuger" und „Gebärer" in Einem, er unterliegt nicht, wie wir Menschen, der Dualität, der Zweiartigkeit. Nur seine allererste geistige Schaffung, in Menschenworten sein erstgeborener Sohn, nämlich Jesus Christus, der ihm von all seinen Schaffungen (Erstlingen) am nächsten steht, vereint dieses Prinzip in sich, denn er ist das einzige eingeborene Geistwesen in der gesamten Schöpfung.

Die dargestellten unterschiedlichen Sichtweisen über die erste Ursache allen Seins stehen sich vermutlich gar nicht so unversöhnlich gegenüber, wie es dem Leser zunächst erscheinen mag. Stellt man nämlich eine Analogie her zwischen Tiplers Omegapunkt-Gott, und dem „Alphapunkt-Gott" von Hawking und vielen anderen, der ab dem Urknall die materielle Schöpfung und die Evolution vorantreibt, dann schließt sich der Kreis von Alpha bis Omega ganz harmonisch und elegant. Der gesamte Entwicklungs- und Rückentwicklungsprozess von Evolution und Involution, sämtliches Geschehen zwischen Big Bang und Bang Big, liegt dann übersichtlich und nachvollziehbar, wissenschaftlich beschrieben und begründet, klar vor uns.

Diese Sichtweise ist allerdings viel zu schön, um wahr zu sein. Wir hätten es dann nämlich mit zwei Schöpfergöttern zu tun. Den medialen Durchgaben aus der Geisterwelt Gottes haben wir es zu verdanken, dass wir Menschen mit absoluter Sicherheit davon ausgehen können, dass es nur einen ewigen, unwandelbaren Gott gibt. Dieser EINE ist sowohl der Gott der Vergangenheit als auch der Gott der Zukunft. Er verfügt sowohl über die Fähigkeiten des Alphapunkt- als auch des Omegapunktgottes, denn er ist eine ewige, unveränderliche und unzertrennbare EINHEIT.

Wenn Professor Tipler und alle Anhänger und Verfechter seiner Theorie dann auch noch tolerieren würden, dass der als Person, ER oder SIE, bezeichnete Omegapunktgott keine Person, sondern reiner GEIST ist, und dass sein „Geschlecht" nicht männlich oder weiblich ist, sondern dass der wahre einzige Gott beide Eigenschaften in höchster Potenz in sich vereint, dann wäre die Angelegenheit zur Zufriedenheit aller Eingott-Gläubigen gelöst.

6. Der metaphysische Gott der Philosophen und Weisen

Der Versuch einer Definition Gottes bliebe unvollständig, zöge man die Sichtweise der Dichter und Denker, der Philosophen und

Weisen nicht mit in den Analyseprozess ein. Diese geistige Elite ist doch nachgerade prädestiniert, das Phänomen Gott denkerisch zu durchdringen. Philosophen sind ja allgemein definiert als Freunde der Weisheit, nach ursprünglicher Klarheit und Wahrheit forschende Denkerpersönlichkeiten, die nach dem letzten Sinn fragen, alles in Frage stellen, und sich an keine spezifischen Lebensumstände und gesellschaftsübliche Konzessionen gebunden fühlen.

Weise sind demnach „fertige" Philosophen, die eine klare und wahre Antwort auf metaphysische Fragen gefunden haben.

Vielen Lesern sind die philosophischen Standpunkte der „großen Geister" der deutschen Literaturgeschichte : Kant, Hegel, Fichte, Schelling, Leibniz, Nietzsche, Herder, Lessing, Goethe, Rilke, Hesse, Heine und Schopenhauer in der Quintessenz bekannt, so dass es nicht zielführend wäre, sie hier im Detail zu besprechen. Eine Gemeinsamkeit dieser Dichter und Denker muss allerdings hier erwähnt werden. Sie waren allesamt überzeugte Anhänger des Reinkarnationsgedankens.

Im Gegensatz zu den monokausal denkenden Wissenschaftlern bevorzugen die Philosophen den grenzwissenschaftlichen, geistig-spirituellen Ansatz, wobei sie die Erkenntnisse der Naturwissenschaften durchaus voll in ihre Überlegungen, Denkansätze, Hypothesen und Überzeugungen miteinbeziehen.

Während Wissenschaftler das ewige kosmische Licht ganz offiziell zum teils harmlos-lächerlichen, teils unheimlich-bedrohlichen Unsinn erklären, sprechen Sokrates und Platon von „Idee", Kant von „Ding an sich", Schopenhauer nennt es „Wille", Goethe bezeichnet es als „Natur", bei Richard Wagner, dem Komponisten, ist es der „Weltatem" und bei Hebbel trägt es den Namen „Geist des Weltalls". Nicht-Wissenschaftler und Nicht-Philosophen, also die Laien - aus Sicht der Wissenschaftler die „Dummen" - und derer gibt es sehr viele auf der Welt -, sprechen ganz einfach von „Gott" oder „Himmel".

Von hohem aufklärerischen Gehalt ist das „Buch der vierundzwanzig Philosophen" von Hermes Trismegistos, das sich mit der Frage „Was ist Gott?" auseinandersetzt. Dort heißt es: „Prolog Vierundzwanzig Philosophen waren versammelt. Nur ein Problem blieb ihnen offen: Was ist Gott?

Da beschlossen sie nach gemeinsamer Beratung, sich Bedenkzeit

zu lassen und einen Termin festzusetzen, noch einmal zusammen-
zukommen. Dann sollte jeder seine These über Gott vorlegen, und
zwar in der Form einer Definition. Aus den verschiedenen
Definitionen wollten sie etwas Gewisses über Gott ermitteln und mit
allgemeiner Zustimmung festsetzen.

Die vierundzwanzig Definitionen

Gott, das ist die Monade, die eine Monade erzeugt und sie als
einen einzigen Gluthauch auf sich zurückbeugt
Gott, das ist die unendliche Kugel, deren Mittelpunkt überall und
deren Umfang nirgends ist
Gott, das ist das, was ganz ist in jedem seiner Teile
Gott, das ist der Geist, der ein Wort erzeugt und dabei ganz bei
sich bleibt
Gott, das ist das, worüber hinaus Besseres nicht gedacht
werden kann
Gott, das ist das, im Vergleich zu dem jedes Wesen nur eine
Eigenschaft und jede Eigenschaft nichts ist
Gott, das ist der Grund ohne Grund, der Prozess ohne Veränder-
ung, das Ziel ohne Ziel
Gott, das ist die Liebe, die sich desto mehr verbirgt, je mehr wir
sie festhalten
Gott, das ist das, dem allein alles gegenwärtig ist, was irgendeiner
Zeit gehört
Gott, das ist das, dessen Können nicht gezählt, dessen Sein nicht
abgeschlossen, dessen Gutsein nicht begrenzt wird
Gott, das ist das, was jenseits des Seins steht, allein mit sich im
Überfluss, sich genügend
Gott, das ist das, dessen Willen seiner gottbewirkenden Macht
und Weisheit gleichkommt
Gott, das ist die Ewigkeit, die in sich tätig ist, ohne Aufteilung
und ohne Eigenschaft
Gott, das ist der Gegensatz zum Nichts vermittels des Seins
Gott, das ist das, dessen Weg zur Gestalt die Wahrheit und
dessen Weg zur Einheit das Gutsein ist
Gott, das ist das einzige Wesen, das, seines Vorrangs wegen,
Wörter nicht bezeichnen und das, der Unähnlichkeit wegen,
auch Geistwesen nicht erkennen
Gott, das ist die einzige Selbsterkenntnis, die kein Prädikat
duldet
Gott, das ist die Kugel, die so viele Umfänge wie Punkte hat
Gott, das ist das Immerbewegende, das unbewegt bleibt
Gott, das ist das einzige Wesen, das von seinem Intellekt lebt
Gott, das ist die Finsternis in der Seele, die zurückbleibt nach

allem Licht

Gott, das ist das, aus dem alles ist, was ist, ohne dass er aufgeteilt würde, durch den es ist, ohne dass er sich verändern würde, in dem es ist, ohne dass er sich mit ihm vermischen würde

Gott, das ist das was der Geist allein im Nichtwissen weiß

Gott, das ist das Licht, das ohne Brechung leuchtet. Es kommt herüber. Aber in den Dingen ist es nur als Gottförmigkeit."

Der obige Text wurde aus dem Lateinischen von Kurt Flasch übertragen (veröffentlicht und kommentiert im Feuilleton der F.A.Z. vom 17.5.1997). Flasch schreibt dazu:

„Dieser wuchtige Text ist eines der wichtigsten Dokumente der europäischen Theosophie. Er nimmt spekulativ-imaginativ die Kosmologie der Moderne vorweg. Der Text wurde im Mittelalter Hermes zugesprochen, zwar nicht einheitlich, aber Hermes der Dreimalgrößte galt als der erste Weise. Von Hermes, sagte man, hätten sowohl Moses wie Platon ihre Weisheit empfangen. Er war der Repräsentant der uralten Menschheitsüberlieferung. Und von dieser sagte man, sie gehe auf die Belehrungen zurück, die Adam von Gott selbst erhalten habe".

Flasch ist aber der Meinung, dass die historische Forschung diesen Hermes Trismegistos entmythologisiert hätte. Er sei lediglich eine literarische Fiktion, mit deren Hilfe man neoplatonisierende Texte der Spätantike in die gottnahe Vorzeit zurückdatierte.

Dieser Ansicht kann unter keinen Umständen zugestimmt werden, denn es handelt sich bei Hermes, dem Dreimalgrößten, um eine Person, die tatsächlich gelebt hat. Er gilt als der Begründer der hermetischen Philosophie und hat u.a. die Versiegelung der ägyptischen Cheopspyramide vorgenommen.

Flaschs Einschätzung dagegen, dass es sich bei dem Buch der vierundzwanzig Philosophen nicht um die ursprünglichen hermetischen Schriften handelt, ist zutreffend. Die zu Worte kommenden Philosophen sind keine Theologen im Sinne der Offenbarungsausleger. Sie berufen sich auf keine Autorität und ihre Gottesbegriffe sind im Grundbestand nicht christlich. Die Definitionen waren aber für viele christliche Denker verwertbar und sind es auch heute noch.

Um das Buch ranken sich viele Spekulationen. So meinen die Einen, dass der Text möglicherweise aus dem Griechischen übersetzt worden sei, während andere es für eine Kompilation griechischer, arabischer und christlicher Thesen halten, die in der zweiten Hlfte des 12. Jahrhunderts geschaffen wurde. Nach Ansicht der französischen Herausgeberin ist die Schrift in Alexandria im dritten Jahrhundert entstanden und enthält Fragmente der verloren gegangenen Schrift des Aristoteles „Über die Philosophie". Wichtiger jedoch und völlig unumstritten, so Flasch weiter, sei seine außergewöhnliche Rezeptionsgeschichte, auf die Dietrich Mahnke schon vor sechzig Jahren verwiesen hätte, nachdem Heinrich Denifle den Text entdeckt hatte, den er allerdings für ein „nichtssagendes Stück" hielt. Das kurze Buch hat Meister Eckhart, Nikolaus von Kues, Giordano Bruno und Leibniz beeinflusst. Das Bild von der unendlichen Kugel fand den Weg in die Literatur, die Kosmologie und Philosophie der Moderne.

Die abstrakten Definitionen reizen auch heute noch zum tieferen Nachdenken. So ist von großem Interesse, herauszufinden, welche geometrische Form das materielle Universum hat. Ist es wirklich eine Kugel, oder hat es nicht eher die Grundform eines Kegels? (Pyramiden, Obeliske, Lichtkegel könnten der irdische Ausdruck sein). Selbst unsere Kosmologen und Astrophysiker haben auf diese Frage bis heute noch keine abschließende überzeugende Antwort gefunden. Sie tendieren aber wohl mehrheitlich zur Form einer Kugel, einer unendlichen Kugel!

Wie dem auch sei, da wir Menschen uns die Dimension „unendlich" einfach nicht vorstellen und sie damit weder mathematisch noch geometrisch darstellen können - die Infinitesimalrechnung löst diese Unmöglichkeit keineswegs - finden wir mit unserem derzeitigen Erkenntnishorizont bzw. geistigen Bewusstseinsebene darauf keine Antwort.

So erging es auch den 24 Philosophen, die zusammengekommen waren, um aus den verschiedenen Definitionen etwas Gewisses über Gott zu ermitteln und mit allgemeiner Zustimmung festzusetzen oder festzulegen. Das haben sie offensichtlich nicht geschafft. Entweder konnten sie keine zufriedenstellende Übereinstimmung finden, oder aber wollte der wahre Verfasser mit den „vierundzwanzig Teilwahrheiten" oder göttlichen Eigenschaften insbesondere die Komplexität und Kompliziertheit bzw. die völlige Unmöglichkeit einer kurzen, präzisen und plausiblen, für Menschen verständliche Definition, aufzeigen.

Mit Hermes Trismegistos (der „Dreimalgrößte", der griechische Name des ägyptischen Gottes Toth) kommt man einer zutreffenden

Definition Gottes schon einen ganz entscheidenden Schritt näher. Er sagt über sich selbst: „Darum heiße ich Hermes, der Dreimalgrößte, denn ich besitze die drei Teile der Weisheit des Weltalls".

Und diese drei Teile sind der Mikrokosmos, der Kosmos des Lebens in allen möglichen Formen und Arten und der Makrokosmos.

Ging Aristoteles noch davon aus, dass der Mensch der Mikrokosmos sei, so wissen wir heute dank der erfolgreichen Anstrengungen der Wissenschaft, dass es die drei Welten tatsächlich gibt. Die Welt der Quanten, Photonen, Elektronen, Atome und Moleküle ist mikrokosmisch, nur über das Mikroskop zu sehen. Die Welt des Alls, der Galaxien, Galaxiehaufen, Sonnensysteme, Sonne, Planeten und Monde ist makrokosmisch. Die Welt des Lebens, der Steine, Pflanzen, Tiere und Menschen sind der dritte Teil des Weltalls.

Ob nun das Buch der 24 Philosophen von Hermes selbst stammt, oder ob sein ursprüngliches Gedankengut, sein Wissen und seine Erkenntnisse mittelbar in die 24 Definitionen eingeflossen sind, ist weniger entscheidend. Was zählt , ist die in den Definitionsversuchen zum Ausdruck gekommene Weisheit.

Auch wird der aufmerksame Leser bemerkt haben, dass es sich bei Hermes Trismegistos nur um Jesus Christus in einer früheren Inkarnation handeln kann. Außer dem eingeborenen Sohn Gottes verfügt kein Geistwesen in der gesamten Schöpfung über jene Fähigkeiten, die Hermes zugeschrieben werden, bzw. die er explizit für sich in Anspruch genommen hat.

7. Der einzige wahre Gott

.Die Mehrzahl der gläubigen Menschen orientiert sich an der Heiligen Schrift. Sie enthält sowohl das Alte Testament oder das Gesetz und die Propheten, als auch das Neue Testament oder das Evangelium von Jesus Christus, der vor 2000 Jahren auf unsere Erde inkarniert wurde, um das Gesetz und die Weissagungen der Propheten zu erfüllen.

Der alttestamentarische Schöpfungsbericht von Mose stellt eine zentrale Informationsquelle für jene Menschen dar, die wissen wollen, wie das Universum, unsere Galaxie, unser Sonnensystem, unsere Erde, die Mineralien-, Pflanzen- und Tierwelt und vor allem aber der Mensch entstanden ist.

In Genesis 1 heißt es unter anderem: „Und weiter sprach Gott: „Lasset uns den Menschen machen als unser Abbild, uns ähnlich". Dieser überlieferte Wortlaut, entweder von Üebersetzern stammend oder Resultat bewusst vorgenommener Veränderungen oder Anpassungen von interessierter Stelle, hat zu manchem Irrtum geführt. Das „Lasset uns", die Pluralformulierung, führt zwangsläufig zu der Annahme, dass nicht ein Schöpfer, sondern mehrere - sprachlogisch also mindestens zwei - vorhanden gewesen sein müssen. Also vielleicht doch zwei Götter - denken Sie an den Alphapunkt- und Omegapunkt-Gott der Physik - oder gar eine ganze Schar von Göttern, die sich die Herkulesaufgabe der Schöpfung teilten?

Nein, keineswegs! Es ist offensichtlich, dass die Übersetzer Anhänger der Lehre des dreieinigen Gottes gewesen sein müssen. Es gibt mit absoluter Sicherheit nur einen Gott, einen Schöpfer, wie die geistige Durchgabe des wahren Schöpfungsberichtes zeigen wird.

Das generelle Problem des alttestamentarischen Schöpfungs-berichts besteht darin, dass eine dem damaligen Bildungsstand der Bevölkerung entsprechende Sprachebene zur Verdeutlichung des geistig höchst anspruchsvollen Schöpfungsherganges benutzt wurde. Man darf deshalb den Schöpfungsbericht nicht wörtlich, sondern nur im übertragenen Sinne auffassen und auslegen. So führt die Aussage „Lasset uns den Menschen machen als unser Abbild, uns ähnlich" leicht zu einem Missverständnis. Wie bereits an anderer Stelle ausgeführt, sind wir Menschen Gott nur insofern ähnlich als wir ebenfalls Drei in Eins (Geist, Seele, Körper) sind. Wir Menschen sind jedoch nicht vollkommen wie Gott und können, auch wenn wir unseren individuellen Vollkommenheitsgrad erreicht haben, nicht gottgleich sondern nur gottähnlich werden. Während Gott nach dem ewig gültigen Ähnlichkeitsgesetz, das auch Auswirkungen bis in die endlichen Gesetze (Naturgesetze) hat, nur Geistwesen schaffen kann, gilt für die Menschen dieses Gesetz ebenso, d.h. Menschen können nur Ähnliches, also Menschen, aber nichts anderes zeugen.

Infolgedessen müsste es richtig heißen: „Und Gott schuf Geistwesen", nämlich die Erstlinge in der 1. Schöpfungsperiode.

Erst im weiteren Verlauf des Schöpfungsprozesses, der aus dem nächsten Kapitel ersichtlich sein wird, sind wir Menschen als Paradies- oder Embriogeister in der 2. Schöpfungsperiode nicht direkt von Gott, sondern von den nicht gefallenen Erstlingen geschaffen worden. Die von der Schöpfung durch den Verstoß gegen die Grundgebote der Liebe, Vernunft und des freien Willens abgefallenen Erstlinge bekamen von Fallstufe zu Fallstufe immer dichtere Hüllen. So auch die gefallenen Embriogeister, wir Menschen. Da wir in der tiefsten Stufe der Depotenz im Universum auf der Erde leben, mussten wir einen grobstofflichen Körper anziehen, um in der tiefschwingenden Materie leben zu können.

Im Schöpfungsbericht Mose müsste es konsequenterweise auch „mir ähnlich" heißen, denn es gibt ja nur den einen wahrhaftigen Gott. Wir Menschen sind auch nicht direkt Gott ähnlich, sondern nur unseren geistigen Eltern, den nicht gefallenen Erstlingen. Unser Geist, der Gottesfunke in uns, ist also nicht direkt Licht von Seinem Lichte, sondern Licht vom Licht vom Licht, da wir von den Erstlingen abstammen.

So können wir Menschen nie die gleichen Eigenschaften wie Gott erreichen. Über den Gottesfunken haben wir zwar alle Attribute Gottes (Intelligenz, Liebe, Freier Wille) in uns, aber eben nicht in vollkommenem Zustand. Vielmehr muss der Mensch, der ja nichts anderes als ein verkörpertes Geistwesen ist, seinen persönlichen, ihm von Gott zugedachten Vollkommenheitsgrad erst durch harte Arbeit an sich selbst, durch eine Entwicklung der in ihn als Keim gelegten Anlagen, erreichen. Daher ist Gott allein die Vollkommenheit, und wir, seine indirekten Geschöpfe, müssen uns zur individuellen Vollkommenheit entwickeln.

Auch der Wortlaut „und Gott erschuf den Menschen, als Mann und Frau erschuf er sie" bedarf der geistwissenschaftlichen Auslegung. Diese Aussage bezieht sich nämlich noch nicht auf die irdischen Menschen. Gott hat mit Ausnahme von Jesus Christus die Erstlinge als Duale geschaffen. Diese nicht von der Schöpfung abgefallenen Erstlinge wiederum sind unsere geistige Eltern. Wir Menschen wurden von ihnen als geistige Duale geschaffen. Erst durch unseren Verstoß gegen die schöpferischen Grundgebote wurden wir von unserem Dual getrennt. Aus dem gebenden (zeugenden) Prinzip wurde so der Mann, und aus dem nehmenden (gebärenden) Prinzip wurde die Frau.

Dem heutigen geistig höher entwickelten Menschen erscheint der oben dargestellte tatsächliche Schöpfungshergang bestimmt einleuchtender und nachvollziehbarer als die wie ein Märchen anmutende Schilderung, wonach Gott aus einem Klumpen Lehm den Menschen formte und diesem seinen Odem einhauchte, so dass das von ihm Geformte fortan als lebender Mensch (Adam) im Paradies existierte.

Um die Ursachen und die Zusammenhänge unseres menschlichen Seins kennen zu lernen und auch zu verstehen, bedarf es der Klarheit und auch der Gewissheit über den Schöpfer und die Schöpfung samt ihrer Evolution von Materie und Lebewesen.

So sehr die Menschen sich auch bemühen mögen, sie können diese Gewissheit nirgends auf Erden finden, denn der menschliche, durch die tiefe Depotenz getrübte Geist , ist zu dieser Erkenntnis nicht fähig.

Das gewünschte Wissen erlangen wir aus dem Schöpfungsbericht, der von dem Medium Adelma Vay aus den höchsten Sphären bzw. geistigen Bewusstseinsebenen aus dem Jenseits 1869 in 36 Tagen schreibmedial empfangen worden ist. Dieser Bericht wurde in dem Buch, GEIST, KRAFT, STOFF veröffentlicht. Der Inhalt des 275 - seitigen Buches enthält die vollständige Schöpfungsgeschichte. Das Buch erschien in Lechners Hofbuchhandlung in Wien im Frühjahr 1870 und war rasch vergriffen.

Der Respekt des Autors vor den Erklärungen der hohen Geistper-sönlichkeiten gebietet es, den wichtigen Teil des Uranfangs unkommentiert im Originaltext als krönendem Abschluss dieses für das Gesamtverständnis extrem wichtigen Kapitels wiederzugeben:

Der Uranfang

„Am Anfang war das Wort, und das Wort war in Gott. Alles ist durch dasselbe gemacht worden, was gemacht worden ist" - so der Apostel Johannes. „Im Anfang war Gott"; Gott war der Anfang", so das Alte Testament.

Wie mächtig klingen diese Worte: „Gott war der Anfang", d.h. Gott war alles. Im Anfang war das Wort, d. h. es war Etwas, ein Begriff, eine Idee, ein belebendes Prinzip - ein Wort! Und wer war dieses Wort? Christus, der eingeborene Sohn, war das ausgesprochene Wort Gottes! So waren Gott und das Wort eins und alles ist durch

150

dasselbe Wort gemacht worden. So sagt uns der erleuchtete Apostel, dass Gott ist und von Anfang an schuf. Doch wie er ist, von welcher Wesenheit, und wie, durch welche Kräfte er schuf, das sagt er nicht.

Wohl aber nennt ihn Christus, „einen Geist", indem er sagt: **„Gott ist ein Geist".** Also ist Gott der Anfang und ein Geist, der tätig ist und schafft. Wenn er der Schöpfer alles dessen ist, was wir sehen, so muss er die höchste Intelligenz, die größte Liebe, der stärkste Wille, das denkbar Vorzüglichste sein, denn nur diese Eigenschaften sind schöpfungsfähig und bringen ein logisches Ganzes zusammen. Ja, er muss absolut und unwandelbar in sich selbst sein, denn nur so kann er der Mittelpunkt und Motor des Alls, der Schöpfer der unabänderlichen Naturgesetze sein. Er muss von allem, was da ist, in sich haben, und zwar in höchster Potenz vereint, denn nur so kann er alles schaffen.

O Menschen! Gott! Gott!

Er ist - er lebt und schafft durch seine unabänderlichen Naturgesetze die, ihm relativ ähnlich, das All leiten und erhalten. Alles folgt diesen Gesetzen: Ihr, die Pflanzen, das Tier, der Sand am Meer! Er ist inmitten dessen der unabänderliche absolute Gott und Schöpfer, alles in sich fassend, und Licht, Leben, Bewegung aus sich herausgebend!

Je mehr wir euch in eurer armen Erdensprache über seine Weisheit sagen können, desto ergriffener sollt ihr sein über seine unendliche Erhabenheit! Er ist so groß und unfassbar, dass ihn die reinsten und höchsten Geister kaum fassen. Gott fasst alles in konzentriert geistigem Maße in sich - folglich ist er Geist, Kraft und Licht; letzteres ist ein konzentrierter, vergeistigter Stoff in höchster Potenz.

Wir können also ebenso sagen: Gott ist Geist, Kraft und Stoff, denn das Urlicht ist der erste Funke und Keim zum Stoff. Richtiger heißt es: Geist, Kraft und Urlicht, da ihr mit Stoff mit euren Sinnen Greif- und Fühlbares meint, und das Urlicht eben dieses in der höchsten Potenz ist.

Gottes stofflicher Ausdruck ist Urlicht. Alle Intelligenz äußert sich durch etwas, um Effekte hervorzubringen, so äußert sich Gott durch Vibration als Kraft und durch Urlicht als Stoff; diese seine Eigenschaften sind ebenso ewig wie sein Geist, da sie immer und ewig unzertrennbar eins sind mit ihm. Ein Geist ohne

Äußerungsgaben oder Organ - obzwar Organ ein zu menschlicher Ausdruck ist - ist aber wie eine Kraft ohne Stoff, daher nichts und unwirksam.

Das geistige Prinzip, Gott, fasst die höchste Potenz, höchste Vernunft und Intelligenz in sich, sowie die höchste Kraft, die in seinem unumschränkten Willen und seinen Vibrationen liegt, und die höchste Potenz des Stoffes, die das Urlicht ist.

Aus diesen dreien - Geist, Kraft, Urlicht - geht alles in Verdichtungen und Verwandlungen, welche man Schöpfungen nennt, hervor.

Vom kleinsten Stäubchen bis zum höchsten Geiste ist in ihren Wirkungen alles Geist, Kraft und Stoff, die eins sind. Kraft und Stoff allein, ohne Geist, wären tot, da dieser der Beleber ist. Kraft und Stoff sind jedoch dem Geiste zu seinem Wirken und Schaffen ebenso nötig, wie er ihnen zur Belebung.

Geist ohne Kraft und Stoff wäre untätig und unfähig; Kraft und Stoff ohne Geist wären leblos, tot; doch alle drei in eins vereint, sind Leben, Schaffung!

Also sind diese drei in allem Dasein eins und nicht zu trennen und erscheinen nicht nur bei Gott, sondern überall, in allem als Dreiheit; im Wurm wie im Menschen, im Molekül wie im schönsten Werk, denn alles ist zu Gott relativ, eine Dreiheit, die einzig und allein absolut und positiv ist.

Dass diese drei so logisch durch unabänderliche Gesetze alles Dasein bilden, ist die Wirkung der einen höchsten Potenz dieser Drei, die Wirkung des absoluten Gottes. Die Naturgesetze sind unabänderlich, weil Gott, ihr Urheber, die Unwandelbarkeit ist. Sie kennen keine Wunder, da sie diese nicht brauchen, nur dem kurzsichtigen Menschen erscheint das Unbekannte als Wunder, weil er die Ursache nicht sieht. Die Wissenschaft der Naturgesetze ist für den Forscher ein unbegrenztes Feld, was ein Mann der Wissenschaft auch einsieht.

Diese Gesetze jedoch sind nicht auf willkürliche Kraft und auf Stoff allein beschränkt, wie es einige Wissenschaftler in der Unfähigkeit, sie anders zu beweisen, euch glauben machen wollen. Gerade die Wissenschaft sollte sich keine Grenzen ziehen, besonders was das Leugnen Gottes und des geistigen Prinzips anlangt. Das Lernen ist unendlich! Es ist unlogisch, Gott zu leugnen, denn gerade die

Wissenschaft erfährt es täglich, dass sie den Grund, die Wahrheit und Ursache alles Daseins nicht weiß; dass Zeit und Forschung Hypothesen umstürzen und frühere Wunder als Gesetze erklären können.

Das, was euch als Willkür Gottes erscheint, sind Folgen der euch unbekannten Gesetze. Ihr lasst euch willkürlich durch Kraft und Stoff leiten, statt nach den wichtigen, euch noch ganz unbekannten geistigen Gesetzen zu forschen.

Der Zweck unserer Arbeit ist, euch durch Logik den Beweis der höchsten Intelligenz, also Gottes, zu geben.

Noch einiges über das Urlicht, das wir Ursolarität, den Mittelpunkt des Alls nennen und um das sich das All bewegt.

Das Urlicht hat keine Drehung, es wirkt durch Vibrationen, ebenso wie Gott unwandelbar ist und durch seines Geistes unfassbare Kraft wirkt und allgegenwärtig ist. Das Urlicht ist ebenso allgegenwärtig wie Gott. Während aber Gott geistig unwandelbar allgegenwärtig ist, ist es das Urlicht in Verwandlungen. Da Gott unendlich ist, dehnt er auch sein Urlicht unendlich aus. Gott ist also nicht nur geistig durch seinen Willen und durch seine Liebe relativ in allem gegenwärtig, sondern auch stofflich, durch das Urlicht und dessen Verwandlungen und Verdichtungen. Gott ist die Ewigkeit. Er kennt keine Zeit, nur die Gesetze, durch welche er das All regiert.

Gottes Schaffen ist ebenso ewig wie er selbst; trotz dieses ewigen Schaffens ist keine Überfüllung im All (Gesetz der Einswerdung).

Das Schaffen und Entstehen der Dinge würde nur mit Gott aufhören, und da er ohne Ende ist, ist dieses auch endlos. Weil die Menschen dieses ewige Schaffen und neue Entstehen mit dem ewigen Fortleben aller Schöpfungen nicht vereinbaren können, so wollen sie das ewige Fortleben leugnen. Dies ist sehr unwissenschaftlich gehandelt; so entstanden allerlei falsche ·Theorien und Philosophien.

Zu Ende diese Kapitels wiederholen wir: Im Anfang war Gott, seine Kraft und sein Urlicht. Wir wollen hiermit beweisen, dass das All einen intelligenten Anfang gehabt hat, und dass dieser Anfang etwas ganz Vollkommenes, der Inbegriff von Geist, Kraft und Stoff, sein musste.

Ohne Ur-Intelligenz ist kein logisches Gesetz, kein All denkbar. Geist, Kraft und Urlicht sind die Erzeuger des Alls. Doch was erzeugten sie? Wohin war der Lebenskeim gelegt?

Es strömt alles aus Gott und strebt ihm zu. Hier gehen wir zum Vergleich Gottes und des Anfanges, zur Zahl 1, über.

So wie es eine Urquelle gibt, aus der alles strömt, gibt es eine Urzahl, aus welcher alle andern in geordnetem Gesetz hervorgehen.

Diese Ur- oder Grundzahl ist 1; ebenso wie du niemals richtig denken und schließen wirst, wenn du nicht bei Gott beginnst, wirst du auch nicht ordentlich rechnen, wenn du nicht bei der Grundzahl 1 beginnst. Ohne Gott und ohne die Grundzahl 1 gibt es keine gründliche Wissenschaft, keinen Anfang!

Die sinnlichen Gegenstände sind die Vermehrungen der Grundzahl und gehören zu ihr. Diejenigen, die nur nach dem Sinnlichen und Greifbaren schließen, müssen bei den Grenzen dieser Sinnenwelt ohne Aufschluss stehen bleiben, sie kommen niemals auf unabänderlichen festen Grund, da sie nicht aus der Einheit, sondern aus der Vielheit schließen; es ist so, als wolltest du eine Rechnung bei ihrem Ende anfangen".

Kapitel IV

BEGINN DER ZEIT: DIE MATERIELLE SCHÖPFUNG

1. Das Lebensprinzip und die Erstlinge Gottes

Wie aus dem geistwissenschaftlichen Schöpfungsbericht hervorgeht, ist „Alles" durch dasselbe gemacht worden. Dieses Alles ist das All, welches vor der Schöpfung ein unbelebter „Urstoff" war. Dieses bis dahin leb- und kraftlose All, ein Nichts, das in der Zahlenlehre durch eine 0 (Null) dargestellt wird, erweckte Gott zum Leben. So wurde aus der Nichtzahl 0 durch die Urzahl 1 die vollkommene 10. Der bis zur Schöpfung untätige Urstoff bestand aus unfähigen, starren leblosen Molekülchen oder Stoffatomen. Gott weckte bzw. befähigte durch seinen Geist, seine Vibrationskraft (Erzeugungskraft,schöpferische Kraftschwingungen, Schwingungsenergie) und sein Urlicht (Beginn und die Vergeistigung allen Stoffes - Urstoff ist genau genommen ein zu materieller Ausdruck) diesen toten Stoff zum Leben. Letzterer wurde durch den Empfang des Geistes, der Kraft und des Urlichts Gottes zur Gebärerin des Lebensprinzips.

Das Urlicht Gottes durchströmte mit seinen Vibrationen den toten Stoff, welcher nun ein belebtes Meer von Lichtmolekülen wurde. Das Lebensprinzip des Alls war nun geboren. Gott konnte nach seinem Äehnlichkeitsgesetz nichts Gleiches, also etwa einen „zweiten Gott", sondern nur ihm Ähnliches schaffen. Die Schaffung des Lebensprinzips war der erste entscheidende Schritt in der Schöpfung, die in dieser Initialphase noch nicht materieller Natur war. Ein Zeitpunkt für dieses grandiose Ereignis ist nicht bekannt. Im Schöpfungsbericht heißt es hierzu: „Ewigkeiten waren abgelaufen, aus welchen Gott hervorstrahlte".

Dieser erste „Zeugungsakt" war, und das gilt auch für alle weiteren in der gesamten Schöpfung bis in den heutigen Tag hinein, dreifacher Natur: **Aus Gottes Geist wurde das Lebensprinzip des Alls, Gottes Vibrationskraft wurde in der Durchströmung des toten Stoffes zur Attraktionskraft, und sein Urlicht wurde zu Odlicht.** Eine Schaffung wird stets durch 3 hervorgebracht, die eine 1 (ein Ganzes) bilden, welche wieder 3 Faktoren in sich trägt. So brachte Gott (Geist, Kraft, Urlicht) das belebte All hervor, welches wieder 3, das Lebensprinzip, Attraktionskraft und Odlicht in sich hatte. Da **Gott die höchste Potenz von Geist, Kraft, Stoff**

155

verkörpert, ist die erste Schaffung zwar auch wieder Geist, Kraft, Stoff, aber zu Gott relativ. Man könnte deshalb auch von der ersten Depotenz sprechen. Dieser allererste Schöpfungsvorgang zeigt sehr deutlich die Wirkungsweise des **ewigen Gesetzes der Abstammung und Verwandlung.**

Mit dem ersten Schöpfungsakt Gottes beginnt zugleich die Zweiartigkeit oder Dualität. Hier das geistige Prinzip Gottes und dort das Lebensprinzip des Alls; hier die Vibrationskraft und dort die Attraktionskraft (Empfängniskraft, Hingabe, Gebären); hier das Urlicht und dort das Odlicht.

Das erste ist der Erzeuger, also Gott, das zweite die Gebärerin oder Empfängerin, das All. Diese Zweiartigkeit teilte sich dem All mit, das nun eine erzeugende und eine gebärende Kraft, ein geistiges und ein Lebensprinzip, ein Ur- und ein Odlicht in sich hatte. Über diesem zweiartigen All aber steht der unwandelbare absolute Gott, der Schöpfer, der durch die „Befruchtung" des Alls nichts an seinen Ursprungsqualitäten verloren hat.

Die 1 (Gott) und die 2 (das belebte All) harrten nun der Erfüllung des Dritten, der individuellen Schöpfung. Aus den Doppelwirkungen; Geist Gottes - Lebensprinzip des Alls, das auch ein geistiges Prinzip ist; Vibrationskraft - Attraktionskraft; Urlicht - Odlicht bildeten sich belebte Geister, eine Rotation (Spiralbewegung, Drehung) und ein Fluid. Das geistige Lebensprinzip enthielt Intelligenz, Freier Wille und Liebe, die Kraft war vibrierend, attraktiv, rotierend, und der Stoff war Urlicht, Odlicht, Fluid. Aus der vorstehenden dreifachen Drei entstanden Geister, die man die Erstlinge des Geistes Gottes nennt.

Die Erfüllung der 1 (Gott) und der 2 (Lebensprinzip) musste eine der 1 = Gott entsprechende Drei sein, und dies waren die Erstlinge, die Gott, mit Einkleidung des Urlichtfunkens durch Christus, schuf.

Aus der Formulierung „mit Einkleidung des Urlichtfunkens durch Christus" werden zwei Dinge sehr klar: Erstens ist Jesus Christus nach Gott der zweithöchste Geist im Universum, denn das Urlicht Gottes ist nur über ihn, den eingeborenen Sohn Gottes, an die Erstlinge gelangt. Und zweitens wird damit belegt, dass Gott und das Wort eins sind und dass alles durch dasselbe von Gott ausgesprochene Wort, Christus, gemacht worden ist.

Mit der Geburt der Erstlinge wurde der Kreis einer vollkommenen Schöpfung durch Rotation geschlossen: Gott, Christus, das

156

Lebensprinzip des Alls, und die Erstlinge seines Geistes. Gott war nun nicht mehr allein, das All war erfüllt von ihm, von seiner Kraft und seinem Urlicht, und er war umgeben von ihm ähnlichen, intelligenten, freien Wesen. Alles war Harmonie, Dreiklang!

Die Erstlinge, durch Zweiartigkeit geboren, teilten sich in zweiartige Geistwesen (Dualgeister). Die einen waren durch Vibrationskraft und Licht gebender Natur, die anderen durch Attraktionskraft und Odlicht empfangender Natur. Beide Geistwesen zusammen wiesen eine Rotationsbewegung auf und brachten so ein Fluid hervor. Dieses Fluid ist das „stoffliche" Ergebnis aus der Vereinigung von Urlicht (mit Beteiligung von Christus) und Odlicht. Dieses „getrübte" Urlicht Gottes ist der Baustoff für die Gestalt eines Wesens, das je nach Entwicklungsstufe aus Licht oder Materie ist. Unser menschlicher materieller Körper ist aus einem solchen Fluid, erzeugt von unseren geistigen Eltern, den Erstlingen Gottes, hervorgegangen.

Festzuhalten aus diesem für das Verständnis des weiteren Schöpfungsverlaufes eminent wichtigen Abschnitts ist: **Nichts ist absolut oder eine Einheit, nur Gott. Aus ihm aber strömt relativer Dualismus.**

Die Schaffung und das Entstehen der Erstlingsgeister war eine logische Folge Gottes und der Schöpfung. Sie absorbierte aber nicht das ganze All und Lebensprinzip. Die Erstlinge waren eine geistige und intelligente Folge Gottes und des Lebensprinzipes, eine fluidische Folge des Urlichts und des Odlichtes, und eine kräftemäßige Folge der Vibration und Attraktion, der Rotation. Wie Gott sollten sie tätig sein, erzeugen, empfangen und gebären, d. h. in den Gesetzen arbeiten. Sie sollten intelligente Zeugen Gottes sein.

Mit den Erstlingen kam die dritte Kraft, d.h. die Verbindung der Vibration und der Attraktion in einer Spiralbewegung. Das Fluid oder die „stoffliche Hülle" der Erstgeborenen entstand als Assimilation oder Vereinigung von Urlicht und Odlicht. Aus den neuen Kräfte- und Stoffverhältnissen ergab sich eine rotierende bildende Bewegung, aus der fluidische Tröpfchen entstanden, die Agglomerationen (Anhäufungen, Zusammenfügungen) bildeten. Die Aufgabe der Erstlinge bestand darin, dieser rotierenden Bewegung zu folgen, in der Agglomeration und Bildung der fluidischen Tröpfchen geistig und fluidisch zu arbeiten und sich damit selbst zu vervollkommnen.

Gottes Erstlinge hatten drei Gesetze zu befolgen:

Das Gesetz der Vernunft, Gott anzuerkennen, Zeugen seines Daseins zu sein; hierzu hatten sie Intelligenz erhalten; das Dualgesetz, welches der Geist zum Geiste einzuhalten hat; hierzu hatten sie die Eigenschaft der Liebe erhalten. Das Gesetz zum rechten Gebrauch der Gabe des freien Willens; sie sollten der rotierenden bildenden Kraft folgen und Gott anerkennen. Alles in allem sollten sie Gott begreifen und erfassen lernen, um durch intelligente Arbeit mit ihm eins zu werden, denn durch ihre Intelligenz hatten sie die Mittel zu dieser Fortbildung. In den Erstlingen lag, wie bereits erwähnt, die Zweiartigkeit, d.h. ein gebendes Prinzip = Vibrationskraft, Urlicht von Gott aus, und ein empfangendes Prinzip = Attraktionskraft und Odlicht aus dem All. Während das **gebende Prinzip Geist** ist, ist das **empfangende die Belebungskraft**. Beide Prinzipien lagen in diesem einen Geist, der deshalb **Dualgeist** genannt wird. Das bedeutet zwei Leben in einem Leben, zwei Kräfte in einer Kraft, zwei Stoffe in einem Stoff. Die Erstlinge oder Dualgeister sollten diese ihre Zweiartigkeit in Eins erhalten. Hierzu hatten sie die Liebe von Gott erhalten.

Der rotierenden bildenden Kraft zu folgen hieß: Nicht willkürlich stehen bleiben, sondern fortwährend arbeiten, der Bildung der fluidischen Tröpfchen und Agglomerationen nachgehen und mitrotieren durch Wille und Tat. Hierzu erhielten die Erstlinge den freien Willen, da ein mechanischer Wille für eine so hohe Intelligenz und Begabung unlogisch und das Folgen kein Verdienst gewesen wäre.

So bewegte sich das All Millionen von Jahrtausenden (aus Erdensicht) in einer der Doppelkraft folgenden Bewegung. Es entstand ein herrliches All, von Gott erfüllt, worin sich die fluidischen Tröpfchen zu Agglomerationen und die Erstlinge in Gruppen bildeten, alles um Gott im All. Alles war Harmonie und Einheit! Die Intelligenz der Erstlinge nahm zu, die Einheit ihrer Liebe wurde durch die Zweiartigkeit ihres Wesens nicht gestört, und ihr freier Wille bewegte sich im Gesetz der Rotation und der Drehung in einer Spiralbewegung.

2. Hochmut der Erstlinge führt zum Fall

Im freien Willen der bildungs- und fortschrittsfähigen Erstlinge aber lag Gefahr und Prüfung. Um noch vorzüglichere Wesen zu werden,

158

mussten sie geprüft werden. Diese Prüfung lag in ihnen selbst, in ihrem freien Willen. Für die Befolgung der drei Gesetze hatten sie drei geistige Gaben erhalten, die sie zu intelligenten und denkenden Wesen machten. In der Intelligenz lag die Möglichkeit einer geistigen Fortbildung sowie eines geistigen Widerstandes. Die Intelligenz war als geschaffene zweite Intelligenz wandelbar, also nicht absolut wie die Urintelligenz Gottes. Als individuelle Geistwesen, Abkömmlinge von Gott und dessen Schöpfung, des belebten Alls, war ihr Zweck Fortbildung und Vervollkommnung. Wir Menschen nennen solche reinen, aber nicht vollkommenen Geister, Engel. Den gefallenen Engel Lucifer, nennen wir Teufel oder Satan. Im Alten Testament wird der Teufel als der ursprünglich vorzüglichste, Gott zunächst stehende Engel bezeichnet (Lucifer = Lichtträger). In dessen Geist schlich sich der Hochmut ein, was ihn zu einem Dämon machte.

Der Hochmut, Gott gleich zu werden, schlich sich aber auch bei anderen Erstlingen ein. Sie wollten wie Gott ein alleiniges Ich sein und selbst schaffen. Sie sahen ja nichts Geringeres unter sich, sie waren das Vorzüglichste der Schöpfung, nur Gott stand in seiner Unwandelbarkeit, in seiner Einheit unvergleichbar vor ihnen. Sie waren sein Abglanz und sollten seinen Gesetzen folgen. So entstand inmitten der Vorzüglichkeit der Engel ein Extrem, der Hochmut, die direkte Aspiration = das Bestreben, Gott gleich zu werden. Das Dritte in der Schöpfung (2. Depotenz) wollte die Eins (Urpotenz) sein.

Der erste Fehltritt einiger Erstlingsgeister lag in einer Ueberreizung ihrer Intelligenz, ihres Denkens, in dem sie Gott gleichen wollten. Die zweite Gesetzesübertretung lag im Heraustreten aus dem Dualleben, um allein schaffen zu können. Statt ihre Ausströmung oder Fluide der bildenden rotierenden Bewegung hinzugeben, hielten sie dieselben zurück, konzentrierten ihre Kraft in sich und wollten wie Gott aus sich selbst heraus absolut schaffen. Dies war ein grober Verstoß gegen das Gesetz der Dualliebe. Das die Dualgeister einende, fluidische Band wurde durch diese Ueberanstrengung und den Ueberreiz gesprengt, so dass die zweiartigen Duale nun zwei einzelne Geister wurden: Ein gebender und ein empfangender Geist.

Aus dem Widerstand der Dualgeister gegen die rotierende Kraft entwickelte sich eine Repulsion (Abstoßung), d.h. ihre Attraktions- und Vibrationskraft wurde repulsiv und ihr Fluid wurde statt magnetisch-attraktiv (anziehend) elektrisch repulsiv (abstoßend). Sie bewegten sich nun repulsiv und elektrisch in fortwährenden

Reibungen gegen die Rotation und gegen das magnetische Fluid. Sie sprühten Funken in die fluidischen Tröpfchen, die hierdurch gesprengt wurden und so ebenfalls aus ihrer Zweiartigkeit zu einzelnen, gebenden und empfangenden Molekülchen wurden. Die gegen das Gesetz Gottes verstoßenden Geister, die „Gegensatzgeister", konnten nur die Zweiartigkeit stören und derotieren, d.h. die vorgegebene Schwingung verändern. Vernichten konnten sie jedoch nichts, und die unwandelbare Eins konnten sie ebenfalls nicht attackieren.

Nicht alle Erstlingsgeister folgten diesem Gegensatz und dieser Derotierung. Viele blieben Gott und sich selbst treu. Nun begann der Kampf von gegensätzlichem Geist, Kraft, Stoff gegen den gesetzlichen Geist, Kraft, Stoff. Da sich die Gegensatz-Geister aus dem Dual in einzelne Geister teilten, waren sie in ihrer Zahl mehr als die gesetzlichen Dualgeister. Sie waren aber Brüche, in sich selbst uneins und daher in ihrer Kraft geringer. Gott ließ den Gegensatz zu, weil er seinen Erstlingen freien Willen gegeben hatte. Er ließ es zu bis zum Ende ihrer Kräfte, bis das Chaos, das sie angerichtet hatten, so groß war, dass sie sich in dem Gewirr nicht mehr auskannten. Gott ließ es zu, bis ihre Kräfte, durch den Anprall gegen die Unwandelbarkeit abgestumpft, ermattet und erstarrt waren; bis ihre fluidische Veränderung derart war, dass sie zu einem verdichteten kompakten Fluid (verdunkeltes Licht) wurden, wobei dieses stoffähnlicher wurde und ihre Bewegungen hinderte.

Nach dem Gesetzesbruch vieler Erstlinge stellte sich die Situation wie folgt dar:

Gott strahlt wie seit Ewigkeiten weiter unwandelbar über Alles. Gottes treue Erstlinge sind um ihn versammelt und weisen den Anprall der Gegensatzgeister zurück. Neben den gesetzlichen Dualgeistern gibt es im belebten All nun auch ungesetzliche, getrennte Dualgeister, die Gegensatzgeister. Neben der gesetzlichen rotierenden Kraft, welche die Vibration und Attraktion in sich schließt, gibt es nun auch die gegensätzliche Repulsionskraft. Neben dem gesetzlichen durchsichtigen magnetischen Fluid, das Ur- und Odlicht in sich schließt, gibt es nun das gegensätzliche elektrische Fluid, welches undurchsichtig, also stoffähnlich ist.

Der Gegensatz ist die Entartung der Gesetze, Entartung des Guten, Disharmonie der Harmonie, der Ursprung alles Bösen, aller

160

Sünde. Er kann als Bruchteil nichts schaffen, denn er ist von seinem Dual getrennt, und hat nur die einzelne Repulsionskraft und das einzelne elektrische Fluid. Als die Gegensatzgeister völlig ermattet, verwirrt und orientierungslos waren, sprach Gott das Wort der Gnade! Was sich durch eigene Schuld selbstwillig entartet hatte, wollte Gott nicht vernichten, sondern gnädig und logisch in ein Versöhnungsgesetz einbinden. Der Gegensatz sollte sich, selbst arbeitend, reinigen und damit potenzieren. **Mit dem Versöhnungsgesetz schloss Gott den Gegensatz in das Potenzierungs- oder Einswerdungsgesetz** ein. Der Fall der Erstlinge war eine Depotenz des Guten, das sich wieder potenzieren sollte.

Die Einbindung der gefallenen Erstlinge in das Versöhnungsgesetz ist von entscheidender Bedeutung für alle heutigen Lebewesen. Ohne diese Gnade Gottes in dieser relativ frühen Phase der Schöpfung gäbe es uns Menschen nicht und auch keine Tiere und Pflanzen.

Um das Chaos zu ordnen, musste eine versöhnende Kraft, ein assimilierendes Fluid kommen. Dieses kam aus Gott und seiner ewigen Liebe und aus den treuen Erstlingen. Letztere hatten sich das magnetische Fluid in seiner Ur-Reinheit und ihre Kräfte in ihrer Urkraft erhalten. Dadurch sind auch viele der magnetischen Tröpfchen und Agglomerationen erhalten geblieben, die unversehrt inmitten des Chaos rotierten. Durch diese Rotation wurden sie im Laufe der Jahrtausende Behälter des reinsten Fluids, Ursonnen. Von ihnen aus erhielten die treuen Erstlinge nach Anordnung Gottes und seiner Gesetze Missionen zur Entwirrung des Chaos.

In der gesamten Entwicklungszeit dieser Ursonnen, die noch nichts mit den uns Menschen geläufigen materiellen Sonnen zu tun haben, blieb Gott, die Eins, die alleinige Einheit und die einigen Dualgeister Herr über die Bruchteile. Die Eins beherrschte also weiterhin den Multiplikator Zwei, der vom Gegensatz ausgeht. Durch die Entartung wirkte der Gegensatz als Verdichter oder Vermehrer sowohl der Kräfte als auch des Fluids (Lichts).
Die treuen Erstlinge bestanden die großen Prüfungen, in dem sie dem permanenten Anprall des Gegensatzes widerstanden. Dabei nahm ihre Intelligenz, ihre Kraft und ihre fluidische Reinheit kontinuierlich so zu, das sie Gott ähnlicher wurden. Somit standen die gesetzlichen Dualgeister in ihrer Intelligenz hoch über den Gegensatz-Geistern, deren Intelligenz abgestumpft und entartet war.

Für die gesetzliche Dreikraft, Vibration, Attraktion und Rotation war die gegensätzliche Repulsion (Anprall und Widerstand) kein Hindernis. Auch blieben Urlicht, Odlicht, Magnetismus der Erstlinge die reinsten Fluide, lichterfüllt und leicht beweglich. Das elektrische Fluid der Gegensatzgeister dagegen war undurchsichtig und schwer beweglich. Im Versöhnungsgesetz musste konsequenterweise die Depotenz der Gegensatzgeister wieder potenziert werden. Deshalb zog das Gesetz den Gegensatz mit aller Macht zur Potenzierung an, und zwar gegen die hell leuchtenden, reinen fluidischen Sonnen. So wurde der Gegensatz in seinem Fluid, mit seiner Repulsionskraft, an die Erstlinge, an die Ur-Sonnen und an die Rotationskraft gefesselt, so dass nichts verloren ging. Die Ursonnen drehten sich einfach rotierend und zogen das elektrische Fluid an. Dieses jedoch, repulsiv, sich damit selbst eine Drehung gebend, bewegte sich so zweifach um die Ur-Sonnen.

Aus dieser Rotation (dem Abstoßen und Anziehen) wurde das Gegensatz-Fluid in Tröpfchen oder Kügelchen geteilt. Diese waren die Keime für die später entstehenden Welten.

Das Versöhnungsgesetz war also eine polarische oder Gegensatzanziehung, indem das Gesetz den Gegensatz potenzierend anzog.

Hierin liegen drei Aktionen:

Das Anziehen des Guten (gesetzestreue Erstlinge)

Das Abstossen des Bösen (gesetzwidrige abgefallene Erstlinge)

Die versöhnende neue Bildung und Bewegung. Diese Bewegung war für den Gegensatz doppelt, und zwar um sich selbst und um die Ur-Sonnen

3. Die Entstehung von fluidalen Lichtwelten

Die erste Weltstufe

Nun beginnt das Werk der Versöhnung. Der **Gegensatz, der Vermehrung und Verdichtung bewirkte**, war jetzt im Gesetz eingeschlossen, um durch dasselbe potenziert zu werden. Ziel des Gesetzes ist die Vergeistigung und die Einswerdung. Um die erstarrten und todähnlich entarteten Geister zur Reue und zur Erkenntnis zu führen, bedurfte es eines erweckenden Lebens.

162

Die „stoffliche" Hülle der Gegensatzgeister, das Gegensatz-Fluid oder Elektrizität und deren Kraft, die Repulsion, wurden mit den gefallenen Erstlingen in die Neubildung eingeschlossen. Für uns Menschen ist es an dieser Stelle des Schöpfungsverlaufes enorm wichtig, wahrzunehmen, dass Magnetismus und Elektrizität, die wir auf unserer materiellen Erde ausschließlich als Kräfte wahrnehmen, im Ursprung die „stofflichen" Äußerungsformen von Geistwesen sind. Magnetismus ist das bei den gesetzestreuen Erstlingen entstandene Fluid (Licht) aus der Vereinigung vom Urlicht Gottes und dem Odlicht des belebten Alls. Elektrizität dagegen ist das Fluid (gebrochene oder verdunkelte Licht) der Gegensatz-Geister, der gefallenen Erstlinge.

Die standhaften und durch ihre Entwicklung gottähnlich gewordenen Erstlinge wurden nun zu Messiassen (Heilsbringer, Erlöser) der Neubildung. Mit ihrer gewachsenen Intelligenz, Kraft und Fluid verantworteten sie fortan die Ausbildung der Weltkeime, die durch die polarische Anziehung der Gegensatzgeister durch die Ursonnen entstanden waren. Die Ursonnen rotierten einfach um das sich nicht drehende, aber vibrierende Urlicht. Sie waren erfüllt von Attraktions- und Vibrationskraft, d.h. von Empfangs- und Erzeugungskraft, die sie an die Weltkeime weitergaben, die ihrerseits daraus Embrios bildeten. Diese wuchsen und bildeten sich durch die zweifache Rotation aus.

Der Prozess der Weltenbildung wurde durch die Messiasse intelligent geleitet. Die Embriowelten enthielten eine polarische Kraft, ein gegensätzliches Abstossen und ein gesetzliches Anziehen, eine Repulsionskraft und eine Attraktionskraft, ein elektrisches und ein magnetisches Fluid. Dies geschah durch die Mitteilung der Ursonnen an die Weltkeime, denn das Gesetz hatte sich nach dem Fall vieler Erstlinge aus dem Gegensatz entwirrt, so dass dieser aus dem Gesetz ausgeschieden und als Entartung ausgeboren worden war.

Die durch das Versöhnungsgesetz ausgeschiedenen Weltkeime wurden durch ein fluidisches Band, die Herausgeburt, an die Ursonnen gebunden. Über dieses fluidische Band erhielten die Weltkeime von den Ursonnen Belebung und Wärme sowie Ausbildung und Wachstum zu Embriowelten. Das Ursonnenlicht strömte auf die Embriowelten ein und erhellte sie. Das solarische (eigene) Licht wurde in den Embriowelten ein tellurisches (empfangenes) Licht. Das Odlicht strömte aus den Ursonnen auf die Verdichtung der Embriowelten, es strömte filternd und durchdringend auf diese Verdichtung ein und bildete eine

Atmosphäre (Lichthülle). Das magnetische Fluid der Ursonnen assimilierte sich durch das Band der Herausgeburt mit dem elektrischen Fluid der Embriowelten, wodurch diese von elektromagnetischem Fluid erfüllt wurden.

Dies alles setzte sich durch die den Embriowelten innewohnende Repulsionskraft in Polen fest, d. h. es polarisierte sich. Die Embriowelten waren eiförmig und boten das Bild eines weichen Eies in der Henne, ohne Schale. Das magnetisch-elektrische Fluid bildete das Eiweiß. Die halb durchsichtigen, spitzen eiförmigen Embriowelten wurden durch das Ursonnenlicht erleuchtet und erwärmt, erhielten durch das Odlicht eine eigene Atmosphäre und wurden durch das magnetische Fluid zweiartig befruchtet.

Festzuhalten aus der Bildung der Embriowelten, die sich repulsiv um sich selbst und einfach rotierend um die Ursonnen drehten, sind drei Fakten:

Da die Embriowelten in ihrer Finsternis das Ursonnenlicht empfingen, wurde dasselbe in ihnen ein tellurisches (empfanges) Licht. Indem das Odlicht in die Verdichtung der Embriowelten filtrierend einströmte, entzündete sich diese Verdichtung und strömte als expansive eigene Atmosphäre aus. Das magnetische Fluid der Ursonnen verwandelte auf diese Weise das elektrische Fluid der Embriowelten in ein elektromagnetisches, sich polarisierendes Fluid. Die Laufbahn oder Ellipse der Embriowelten richtete sich nach der Rotation der Ursonnen, welche um das Urlicht Gottes rotierten.

Das tellurische Licht der Embriowelten war vom Ursonnenlicht, ihre Atmosphäre vom Odlicht und ihr Fluid (Hülle), das die „Schwere des Körpers" ausmacht, vom Fluid der Ursonnen abhängig. Ihr Licht war schwächer, ihre Atmosphäre dichter, ihr Körper schwerer, ihre Bewegung vielfacher als die der Ursonnen.

Die 2. Weltstufe

Der Fall der Erstlinge hatte das ganze All in Gesetz und Gegensatz geteilt, so auch das Lebensprinzip, das ein geistiges Prinzip ist, weil es direkt von Gott abstammt. Es gab also nun ein **gesetzliches** und ein **gegensätzliches Lebensprinzip**. Das erstere blieb ein gesetzliches moralisches Element, während das gegensätzliche durch die Repulsion und Verdichtung ein motorisches Element wurde, das im elektrischen Fluid lag. Die

164

motorische Bewegung des gegensätzlichen Lebensprinzips war jedoch nicht motorisch belebt, sondern durch die Verdichtung motorisch latent betäubt, also gehemmt.

Im Chaos der Kräfteverwirrung und fluidischen Verdichtung - verursacht durch den Fall der Erstlinge - wurde die motorische Belebung also gehemmt und paralysiert. Durch die gesetzliche motorische Belebung und die fortrotierende Kraft und das magnetische Fluid wurde jedoch das latente motorische Element in den Embriowelten wieder geweckt. Das regungslose, scheinbar tote Lebensprinzip wurde also mit der Heranbildung der Welten zu neuer Tätigkeit, nämlich zur Versöhnung und Neubildung, geweckt.

Das gegensätzliche Lebensprinzip, welches latent in seiner Erstarrung lag, wurde wieder erzeugend und empfangend, also ein motorisches Lebensprinzip. Durch die Zweiartigkeit des Lebensprinzips in dem elektro-magnetischen Fluid bildeten sich mikrokosmisch kleine Organismen, die **Lichttierchen**. Obwohl diese Organismen noch viel kleiner sind als die uns Menschen bekannten Monaden oder Strahlentierchen, sind sie doch belebte Atome, die sich in dem elektro-magnetischen Fluid bewegen. Das Fluid war von diesen Organismen ganz durchwebt und belebt. Die Organismen dieser lebenden Atome sind rein fluidischer Natur, durch das Urlicht und Odlicht, also durch Zweiartigkeit, geboren. Sie wurden deshalb auch selbst zweiartig: attraktiv und repulsiv, magnetisch und elektrisch, einander gebärend und verzehrend.

Dies war der erste Schritt zu den **Verwandlungen aus der Abstammung.**

So wurde das Lebensprinzip, welches stets mechanisch der regierenden Kraft (Rotation oder Repulsion) und dem Stoff (Magnetismus, Elektrizität), beides motorisch belebend, folgt, in mikrokosmische Organismen, in Lichttierchen oder organische Lichtatome verwandelt, welche den Embriowelten und ihrem fluidischen Zustand adäquat waren. So banden Gott und die Messiasse in der Neubildung die Embriowelten durch ein Naturgesetz an das Lebensprinzip. Dieses Gesetz heißt: **Ähnliches bringt Ähnliches hervor!**

In diesem Gesetz gibt es keine Sprünge. Alles reiht sich Glied an Glied im unumstößlichen Naturgesetz der Verwandlungen und Abstammungen. Dieses Gesetz kommt auch zwischen dem Lebensprinzip des Alls und den aus dem Versöhnungsgesetz hervorgegangenen Embriowelten zur Anwendung. Das

Lebensprinzip ist das motorische (geistige) Element, die Embriowelten sind Kraft und Stoff. Es sind diese Drei (Geist, Kraft, Stoff), die eine Wirkung (Lichttierchen) hervorbringen. Diese Drei, voneinander untrennbar, gehen im Naturgesetz Schritt für Schritt voran.

Die Lichttierchen sind die Embrionalbewohner der Embriowelten. Das Belebungsprinzip folgt dem Naturgesetz mechanisch. Das geistige Prinzip, d.h. die gefallenen Erstlinge, blieben latent schlummernd, todähnlich in elektrisches Fluid gehüllt. Sie mussten durch ein gleiches, geistiges Prinzip geweckt werden. Die Weckung des Lebensprinzips riss sie aber nicht aus ihrem latenten Zustand heraus, sie blieben paralysierte Geister.

Alle aus dem Versöhnungsgesetz resultierenden Schaffungen oder Schöpfungen sind relativ. Folglich nahm das Naturgesetz diesen Inhalt an: Äehnliches schafft Äehnliches, niemals ganz Gleiches, d.h. es schafft in Verwandlungen. Die Lichttierchen folgten in ihrer Entwicklung mechanisch dem Naturgesetz. Dieses ging aus dem Urgesetz der Drei, aus Gott, Kraft, Urlicht hervor und war die Folge der Messiasse, die sich gesetzestreu verhalten hatten, und die Folge der Versöhnung. So ist auch das Naturgesetz eine Folge der Drei. Es bringt immer Verwandlungen, die wiederum Fortbildungen zur Folge haben.

Bei der Entstehung der 2. Weltstufe sind folgende Fakten besonders beachtenswert:

Das erwachende motorische Lebensprinzip ist ebenfalls zweiartig

Das Naturgesetz, welches das Lebensprinzip an die Embriowelten bindet, schafft immer in Verwandlungen

Die entstehenden zweiartigen Lichttierchen, die einander gebären und verzehren, sind die ersten Bewohner der Embrionalwelten. Sie folgen mechanisch dem Naturgesetz und seinen Verwandlungen, worin sie ihre Fortbildung finden.

Im weiteren Schöpfungsverlauf wird hauptsächlich vom Naturgesetz, vom Lebensprinzip und den Abstammungen die Rede sein. Dabei sollte jedoch immer beachtet werden, dass die Neubildung eine Auswirkung von Gottes Gnade und Versöhnung und das **Naturgesetz die versöhnende Kraft** ist. Auch soll nicht in Vergessenheit geraten, dass die Messiasse durch all ihre vorzüglichen Eigenschaften der Fortbildung der Welten und des Lebensprinzips vorstanden, und dass sie geistig, kräftemäßig und fluidisch die Stützen des Alls blieben.

Die 3. Weltstufe

Bei der Weltenbildung darf nicht übersehen werden, dass die Neubildung eine Verwandlung aus den Ursonnen ist, die von den gesetzestreuen Erstlingen geschaffen wurden. Die Verwandlung ist dreifacher Natur: Ein motorische (geistige) im Lebensprinzip, eine kräftemäßige in der Bewegung, eine fluidische (stoffliche) in der Schwere und Dichte.

Über zig Jahrtausende wurde alles aus dem unwandelbaren Gott, der sich verwandelnden Urkraft und der durch sie ebenfalls verwandelnden, motorisch belebten Fluide, bewegt. Dies war auch eine Verwandlung, denn die **Verwandlung und die Abstammung sind Duale**, d. h. sie sind unzertrennlich und schaffen zusammen ein Neues. Zwischen den einzelnen Stufen der Weltenbildung vergingen jeweils viele Jahrtausende, in welchen diese Verwandlungen aus Geist, Kraft, Stoff ihre Schaffungen oder Schöpfungen hervorbrachten.

Die Verwandlung geschieht minütlich, sekündlich, sie ist eine mikrokosmisch ewige Bewegung, die die großen Tatsachen der Schöpfung hervorbringt. Die Embriowelten der 2. Weltstufe wurden motorisch durch die organischen Lichtatome belebt. Diese Lichttierchen existierten in elektro-magnetischem Eiweißfluid, worin sie sich bewegten, absorbierten und neu gebaren. Das war das innere Leben, die innere Kraft der Embriowelten, die Arbeit oder die Wirkung von innen nach außen. Die Wirkung von außen nach innen dagegen sind das Ur-Sonnenlicht, das Odlicht, das magnetische Fluid und die Rotationskraft. Die eigene Wirkung der Embriowelten besteht in der ihnen innewohnenden Repulsion, dem tellurischen Licht, der Atmosphäre und dem elektrischen Fluid.

Diese inneren und äußeren Eindrücke begegneten einander in den Embriowelten und wurden in denselben zerrüttelt, zu einem gleichen elektro-magnetischen Fluid verarbeitet, embrionales Eiweiß genannt. Durch das andauernde Rütteln, durch Rotieren und Repulsion, sowie durch die Zweiartigkeit des Fluids begann sich dieses embrionale Eiweiß zu sondern. Während dieser Sonderung verdoppelte sich die Repulsionskraft und konzentrierte sich mehr im Zentrum des Eies. Aus dieser Kräftekonzentration in der Mitte des Eies entstand die Zentrifugal-Kraft, die das elektromagnetische Fluid immer mehr teilte und sonderte, bis es sich polarisch in die Spitzen der Embriowelten setzte, und zwar in die eine Spitze mehr elektrisch, in die andere mehr magnetisch.

Dieses Zerrütteln oder Teilen ging von der Mitte aus, in der sich der Keim der Embriowelt zu einem Mittelpunkt oder Dotter zusammensetzte, und zwar zu einem elektro-magnetischen Mittelpunkt, der Zentrifugal-Kraft (von innen nach außen wirkende Schleuderkraft) ausstrahlte. Dieses Gebilde ähnelte einem Ei noch vor dem Prozess der Schalenbildung. Es bildete sich also ein Dotter oder Mittelpunkt und zwei ungleiche Eiweiß-Spitzen. Die Mehrheit des Magnetismus fühlte sich durch die ihm ähnliche äußere Einwirkung des Ursonnen-Lichts nach oben gezogen. Dieser Pol war flach. Die Mehrheit der Elektrizität dagegen senkte sich nach unten und bildete einen spitzeren Pol mit einem langen elektro-magnetischen Strahl. So entstanden der flache magnetisch-elektrische Nordpol und der spitze elektrisch-magnetische Südpol. Im Mittelpunkt (Dotter) blieb ein Mutterstock aus ursprünglichem Elektromagnetismus, der fortwährend durch die Zentrifugalkraft arbeitete und seiner Embriowelt eine Expansion oder Ausdehnung gab, so dass dieselbe auch in der Breite runder wurde.

Das Rütteln und Zerteilen ging ständig weiter, während die Rotation als äußere Kraft den Embriowelten Bildung und Bewegung gab. Die Embriowelten hatten also eine dreifache Bewegung: **Repulsion, Zentrifugal-Kraft und Rotation**: 1. Abstoßung, 2. Kraft aus dem Mittelpunkt, 3. Drehung. Die erste Verwandlung der Embriowelten bestand darin, dass sie aus ihrem ursprünglich fluidisch durchsichtigen Eiweißzustand in 3 geteilt wurde, nämlich in den Mittelpunkt und in die zwei Spitzen. War früher die ganze Embriowelt gleichmäßig von einem elektromagnetischen Fluid erfüllt, so war sie nun durch die Zerteilung und Verwandlung des Fluids dreifach verschieden: Das minder Schwere und Dichte ging in den magnetischen Nordpol, das Schwerere und Dichtere in den elektrischen Südpol. Gleichzeitig mit der inneren Verwandlung der Embriowelten verwandelte sich auch deren fluidische Außendecke in ein organisches Zellen-gewebe, welches die feine weiße Haut des noch weichen Eies darstellt.

Die Embriowelten erhielten eine Drehung und Expansion, die vom Mittelpunkt aus nach allen Seiten hin ging, so dass die Eiförmigkeit globusartiger wurde, einen langen Strahl von Elektromagnetismus nach sich ziehend. So war aus der Embriowelt ein Komet entstanden, der sich in dreifacher Schnelligkeit um die Ursonnen

168

bewegte. Die Expansion bedeutet das innere Wachsen des Weltkörpers. Die Verwandlung der Embriowelten in Kometen dagegen ist ein Üebergang, was an der Unausgebildetheit und Ungleichheit des Kometenkörpers zu erkennen ist. Hierin wird auch die Arbeit des Lebensprinzips ersichtlich, das mit der allgemeinen Verwandlung und Fortbildung im Gleichschritt geht.

Nach dem Gesetz der Abstammung und Verwandlung wurden auch die Lichttierchen zerteilt und verwandelt. Sie wurden in den Fluiden der Embriowelten zellisiert. Dies geschah durch die allgemeine Verwandlung des kollektiv-magnetischen Fluids, die zweiartigen Lichteindrücke und durch die Verwandlung der Repulsion in Zentrifugal-Kraft. Die Organismen, die früher im ganzen Fluid als gleichartige Lichttierchen lebten, wurden jetzt aus diesem allgemeinen Mutterleben, aus dieser Abstammung, in ein organisches einzelnes Zellenleben verwandelt. Die Lichttierchen wurden Zellentierchen und die Lichtatome Zellen, und zwar zweiartige Zellen. Gegen den Südpol zu kristallisierte dieses organische Zellenleben und bildete in seinem fluidischen Gewebe spitze Zellen. Der Mutterstock der organischen Lichtatome blieb aber im Mittelpunkt oder Dotter der Welt. Seine Verwandlung, die Zellentierchen, bildeten in ihrem Zellengewebe die fluidische feine Hülle der Kometen. Sie verzellten sich den inneren und äußeren Eindrücken gemäß und bildeten so den Ansatz zu einer Rinde, eine verzellte weiche Hülle um den Kometen.

Dieses organische Zellengewebe gab der Welt Zusammenhalt und Konzentration. Die Brechung der Lichtstrahlen an dieser Hülle erwärmte die Embriowelt und gab ihr verwandeltes Leben. Wichtige Merkmale bei der Verwandlung der Embriowelten in Kometen sind: Die innere Arbeit dieser Welten besteht in der Repulsionskraft, die sich zur Zentrifugalkraft steigert. Letztere bewirkt durch das Zerrütteln und Polarisieren die Bildung der ungleichen Pole (magnetisch-elektrischer Nordpol, elektrisch-magnetischer Südpol). Die innere Expansion führt zu Dehnung und Wachstum der Embriowelt.

Die Zellentierchen, hervorgegangen aus den Lichttierchen, legen ein Zellengewebe um die Embriowelt, die nun ein Komet ist. Das in die organisch-lebenden Zellen einfallende Licht bringt ein weiteres, verwandeltes Licht. Der Lichtstrahl aus dem elektrisch-magnetischen Südpol, den der Komet nach sich zieht, ist gelb. Der magnetisch-elektrische flache Nordpol dagegen leuchtet matt blau.

Die Kometen rotieren in dreifach rascherer Bewegung um die

Ursonnen. Zur Erinnerung: **Gott vibriert, die Ursonnen rotieren einfach um Gottes Urlicht, die Embriowelten rotieren doppelt, um sich selbst und um die Ursonnen.**

Die 4. Weltstufe

Die Kometen sind mikrokosmische fluidale Welten, die aus dem Embrionalzustand in die Kindheit treten, d.h. sie sind in einem Übergang, in einer Verwandlung, begriffen.

Die Urlichtstrahlen brachen in das Zellengewebe ein, und die Zellentierchen fühlten diese als erwärmenden Magnetismus. Da die Kometen zwei ungleiche Pole und einen Mittelpunkt hatten, trat hierdurch ein Temperatur-Unterschied ein. Der Sitz der Wärme befand sich im elektro-magnetischen Mittelpunkt, der als Mutterstock gleich geblieben und von Lichttierchen belebt war. Der flache magnetisch-elektrische Pol war angenehm kühl, der spitze elektro-magnetische widrig-lau. Die über den ganzen Kometen eingewebten und zellisierten Zellentierchen fühlten den Temperaturwechsel mit, und zwar im Norden angenehm kühl, im Süden widrig lau, im Mittelpunkt heiß. Das Licht strahlte verschiedenartig auf das nun breitere Ei, und die dreifach raschere Bewegung produzierte verschiedene Lichteindrücke. Diese hatten ebenfalls eine Einwirkung auf die Licht- und Zellentierchen. Die Lichttierchen wurden durch die rascher rotierende wechselnde Lichteinwirkung in ihrer Abstammung verwandelt, und zwar molekulös, d. h. noch atomischer, woraus eine eigene Molekularkraft und Molekularbewegung entstand, durch welche sich diese Lichttierchen, vom Mittelpunkt aus, über die ganze Kometenwelt hin zerstreuten.

Das Urlicht strahlte durch das tellurische Licht auf diese Lichttierchen ein, es durchdrang sie vibrierend und zog sie attraktiv an sich. Die dreifach raschere Bewegung und diese veränderten Lichteindrücke wirkten auf diese Lichttierchen derart ein, dass sie in atomische Molekülchen zersetzt wurden, die eine eigene Anziehungs- und Molekularkraft unter sich entwickelten und die sich in der Rotation des Kometen-Körpers über denselben verteilten. Durch das Urlicht angezogen, wurden sie in das Zellengewebe eingepflanzt.

Die aus den Lichttierchen verwandelten Molekülchen waren der Lebenssamen, der über den ganzen Kometenkörper gestreut und in dessen Zellengewebe verpflanzt wurde. Lebenssamen deshalb,

170

weil diese molekulösen Atome, in den Zellen eingeschlossen, dort Wurzel fassten, als Verwandlung der molekulös gewordenen Lichttierchen in den Zellen keimten und als neues Leben heraus sprossten.

Das Fluid, das die Pole der Kometenwelt bildete, war eiweißartig und von den Zellentierchen umnetzt. In diesem netzartigen Fluid befand sich der Lebenssame als lebender Keim eingeschlossen, der, wurzelfassend in den Zellen, aus denselben als organisches Pflanzenleben herauswuchs. Dies war die **Urbildung des Pflanzenlebens auf diesen Kindwelten oder Kometen.**

Aufgrund der unterschiedlichen Temperaturen, Bewegungen und Lichteindrücke waren auch die Pflanzen in ihrer Erscheinung dreiartig. Der Mittelpunkt streute den Lebenssamen aus sich heraus. Der magnetische Nordpol nahm ihn attraktiv in langsamer, gedehnter Bewegung an; der elektrische Südpol hingegen erhaschte ihn in rascher, repulsiver Bewegung. So kam es, dass der eine Same, der aus einem Stock und einem Becken kam, jedoch verschiedenartiger Wärme, Lichteinwirkung und Bewegung ausgesetzt war, aus den ihn empfangenden Zellen als verschiedene Pflanzen herauswuchs.

Das entstandene Pflanzenleben ist ein zweiartiges, ein empfangendes und gebendes, organisches Leben. Die Einströmung der erzeugenden Kraft in die empfangende bringt eine Eins hervor. Indem sich die Lichttierchen mit den Zellentierchen durch den Lebenssamen vermählten, entspross daraus ein organisches Pflanzenleben.

Die Abstammung dieser Pflanzen wurzelt also in der Vermählung zweier organischer Atom-Arten in einer Zelle, in einem Stoff. Die Pflanzen waren fluidischer Natur, da sich das ganze Leben in dieser Entwicklungsphase in einem Fluid bewegt. Aus der Entwicklung der 4. Stufe der Weltenbildung ist folgendes festzuhalten:

Das Erwachen der Pflanzenwelt ist das erste Herauswachsen aus dem Fluid.

Zur Erinnerung:

Unter Fluid versteht man die Baustoffe der Gestalt eines Wesens, die je nach Entwicklungsstufe aus Licht oder Materie sind. Das

Fluid in der ersten Entwicklungsstufe ist die Vereinigung von Urlicht (Gott) und Odlicht (zweites Licht, die Schöpfung durch das Urlicht, das belebte All) .

Das Entstehen der Pflanzenwelt zeigt deutlich das Gesetz der Verwandlung. Aus einer Abstammung entsteht die naturgesetzliche Pfropfung, die Dreiartigkeit, die in der Eins liegt.

5. Weltstufe

Die Entwicklung oder Erziehung dieser Kinderwelten bzw. Kometen unter der Leitung der Messiasse ging Stufe um Stufe weiter. Das betraf nicht nur die Entwicklung der Kräfte und des Fluids, sondern selbstverständlich auch des Belebungsprinzipes, denn zu Schaffungen oder Schöpfungen sind immer Geist, Kraft und Stoff im Zusammenwirken nötig.

Das Lebensprinzip verwandelte sich in der 4. Stufe in die Formen fluidischer Pflanzen, die sich in der dreifachen Bewegung und dreifachen Natur entwickelten. Mit der Pflanzenwelt kam es zu einer großen Verwandlung der allgemeinen Fluide, da diese Pflanzen von aussaugender, herauswachsender Natur waren. Das Zellengewebe zog die Fluide in sich und bildete Auswüchse, die sich in Pflanzenformen über die Oberfläche des Weltkörpers legten.

Man muss sich bei diesen Verwandlungsprozessen immer vor Augen halten, dass diese über einen sehr langen Zeitraum von unzähligen Jahrtausenden stattgefunden haben. Das Herauswachsen der Fluide in die Pflanzenwelt, dieses Üebertragen des Zellenlebens an die Oberfläche, zog eine Absonderung nach sich, so dass sich die Fluide in zwei Arten teilten, in ein stärkeartiges molekulöses Fluid und ein flüssigeres, durchsichtigeres Fluid. Die Teilung der Fluide trug naturgemäß die Folgen von Verwandlungen in sich, und war die Verwandlung des schon Vorhandenen, nämlich des Lebenssamens der Zellentierchen in die Pflanzenwelt.

Der Mittelpunkt mit seinem Mutterstock (Dotter) blieb derselbe und strömte Wärme, Bewegung und Lebenssamen aus. Diese Tätigkeit hatte eine veränderte Körperbewegung aus dem Mittelpunkt hervorgerufen und eine andere Achsendrehung. Diese Drehung war zu Beginn der Fluidabsonderung dieselbe. Ihre Änderung kam

172

langsam, gradativ (schrittweises, stufenloses Voranschreiten bzw. Verändern), mit der sich immer mehr und mehr entwickelnden Fluidabsonderung. An Stellen, an denen sich die fluidischen Pflanzen am dichtesten eingebürgert hatten, sondierten sich, durch die äußeren Licht-, Atmosphäre- und Wärme-Eindrücke unterstützt, die schleimigen, stärkeartigen, Eiweiß enthaltenden Fluidteile von den wässrigen, dünneren ab. Dies ist der Augenblick, wo vergleichsweise das Ei in der Henne den festen Eiweißstoff ausbildet und wo sich ein bläulicher, dünnerer Teil aus demselben ausscheidet. Ersterer wird in späteren Bildungen zur Schale, der zweite zum Eiklar, welches um den Dotter liegt.

Die fluidische Absonderung brachte in den Welten ein verschiedenes Gebären der Zellentiere, ein verschiedenes Aufkeimen und Ausbrüten des Lebenssamens mit sich, so dass nach dem Abstammungsgesetz neue Pfropfungen und Verwandlungen stattfanden. Der Lebenssame wurde zugleich in das stoffartige und in das flüssige Fluid gelegt und keimte so verschieden auf. Im ersteren bildete der Lebenssame dichte, stoffartige Elemente, da er, nach der Art seiner Mutter, gröbere und dichtere Formen gewann und zu riesigen Pflanzen emporwuchs, in welchen das Zellenleben und die Zellentierchen ebenfalls verändert und vergrößert wurden. Diejenigen Samen, die im flüssigen Teil, der auch zellenartig war, aufkeimten, schwammen als Laich herum und entwickelten durch den Elektro-Magnetismus des Fluids und durch ihre eigene Molekularkraft den Galvanismus. Das wässrige Fluid wurde von Millionen dieser galvanischen Organismen, die durchsichtig sind, belebt. Es war ein Gewimmel und Leben, ein fortwährendes Verzehren und Gebären, so dass dieses immerwährende sekündliche Wechseln nach dem Gesetz der Abstammung in diesem Wechsel neue Arten hervorbrachte. Diese mikrokosmischen Verwandschaften vermehrten sich so, da sich die Arten tausendfach erneuerten, pfropften und veränderten und aus einem Lebenssamen Millionen verschiedener mikrokosmischer, galvanischer Organismen und Infusionstierchen (einzellige Wimperntierchen) entstanden, die in diesen wässrigen Fluiden lebten. Dieses Fluid ist noch nicht flüssiges Wasser. Von den geistigen Verfassern des Schöpfungsberichts wird es „Wasserstock", das festere Eiweißfluid „Materiestock" genannt.

Im Materiestock wurzelten „Riesenpflanzen", die durch den Licht- und Wärmeeinfluß Farben annahmen. Diese Pflanzen hatten organisches Leben, da sie das Zellenleben in sich trugen. Sie trieben Blüte, Frucht und Samen mittels des Eiweißstoffes, der in den Zellen liegt und des Dotterstoffes, der in den Zellentierchen ist.

Das Abfallen und Abwerfen des Samens dieser Pflanzen brachte dem Ursprünglichen Ähnliches und doch Verschiedenartiges hervor. So mehrten sich auch hier die Pflanzen in Millionen Arten; groß und klein, Blüte, Frucht und Samen bringend. Durch die Bewegung der Atmosphäre und durch die Rotation - Wind bzw. Luftzug - wurden diese Samen über die ganze Welt getrieben, so dass derselbe Same an verschiedenen Orten, unter verschiedenen Einflüssen aufkeimend, auch verschiedenartige Verwandlungen oder Pflanzen hervorbrachte.

Ebenso erlebte der Wasserstock durch die aus der Mitte kommende Bewegung, durch die Bewegung des Körpers und durch den äußeren Druck der Rotation einen Fall, eine Strömung, so dass Mischungen von einem Fluid in das andere stattfanden: Mischungen von Ei zu Ei, wodurch sich die Arten wandelten. So entstand ein sich tausendfach verwandelndes, sich entwickelndes organisches Pflanzenleben und ein tierisches Infusorien-Leben.

Die Kometen verloren durch die fluidischen Absonderungen allmählich ihren elektrischen Strahl am Südpol, so dass sich das elektrische Fluid durch die Absonderungen zusammenzog und polarisierte. Die Kindwelten traten nun in die Entwicklungsjahre.

Der magnetische Nordpol wurde durch die fluidischen Absonderungen spitzer und runder, die Mitte breiter und dichter, und der Süden wurde schwerer, elektrischer, kompakter. Da nun die Schwere hauptsächlich in der Spitze lag, entwickelte sich gradativ, mit der fluidischen Absonderung gleichen Schrittes gehend, eine ungleichmäßige Bewegung; statt des Drehens nun ein Rollen, welches zur Entwicklung des Körpers, zu einer Phase der Ausbildung gehört. Diese rollende Bewegung ist der Bewegung des Mondes gleich und ist die Folge der Absonderungen der Fluide, sowie des Einschrumpfens oder Zusammenziehens des fluidischen elektrischen Strahles in den Südpol, wodurch der Körper, ungleich schwerer werdend, aus dem Drehen in ein Rollen verfällt. Dies alles geschieht unter dem Einfluß des Urlichtes, der Attraktion zur Muttersonne und der äußeren Rotationskraft.

Die 6. Weltstufe

Durch das Rollen der Welt war die eine Seite derselben kalt, und die andere heiß. Die Kälte auf der Seite, die der Muttersonne abgewandt war, erstarrte und kristallisierte die Fluide des Materie- und Wasserstockes dort, wo das Ursonnenlicht nicht erwärmend eindringen konnte.

Durch dieses Kristallisieren und Erstarren wurden die Fluide schwerer und konzentrierter. In dem sonnenzugewandten Teil der Welt dagegen evaporierten sich die Fluide, d.h. sie dampften Stoffe aus, was die Materie leichter machte; es war ein Aushauchen und Aufsaugen. Das Kristallisieren hingegen war ein „Insichkonzentrieren". Durch diese zweiartige Stoffveränderung sollten die ungleichen Schwereverhältnisse des Körpers ausgeglichen werden. Diese Ungleichheit der Schwere hob sich langsam nach und nach mit der einhergehenden Stoffänderung auf. Damit hörte auch die ungleiche rollende Bewegung auf und ging in ein einmaliges Drehen um die Achse und in ein ruhiges Rotieren um die Muttersonne über.

Das gleichmäßige Rotieren und das Aufheben der ungleichen Polschwere geschah also gleichzeitig. Eine große Verwandlung trat auch in der Pflanzen- und Tierwelt ein, da die Fluide im Norden kristallisierten und fester wurden und die im Süden verdampften. Das mit der Drehung des Körpers gleichmäßige Eindringen des Ursonnenlichts und der Wärme sollte die Unterschiede ausgleichen, indem es auf die eine Hälfte der Welt zerschmelzend und erwärmend, auf die andere Hälfte abkühlend und aufsaugend einwirkte.

An dieser Stelle des Entwicklungsprozesses erklären die geistigen Verfasser des Schöpfungsberichtes, dass es ihnen unmöglich sei, alle Infusionen, mikrokosmischen Organismen und alle Pflanzengattungen zu nennen, die durch die sich verwandelnde Bewegung und die unterschiedlichsten Licht- und Wärme-Eindrücke neu entstanden.

Das Grundprinzip des verschieden Vorhandenen ist jedoch eindeutig: Es liegt in der **Abstammung aus Einem, das immer zweiartig hervorgeht**. Die Abstammung liegt in der Zelle. Die Eins oder die Grundtypen bleiben immer Mutter und Vater. So blieben inmitten dieser unzähligen Verwandlungen die Licht- und Zellentierchen der Moleküle kräftiger Lebenssame, mit den galvanischen Organismen und den Zellenpflanzen als Grundtypen.

Es vereinten sich mehrere mikrokosmische Organismen in einen großen Organismus, der sich, durch die äußeren Eindrücke begünstigt, im Großen ausbildete.

Ein Agglomerat mehrerer galvanischer Organismen, in die

größeren, durch die Hitze ausgedehnten Zellen gelegt, ergaben große Amphibien (im Wasser lebende Kriechtiere), also größere Tiere, die durch mikrokosmische Organismen zusammengestellt und durch Eier-Agglomerationen geboren wurden. Die Agglomeration (Anhäufung, Zusammenfügung) mehrerer Eier, in eine Fluid-Kapsel oder Zelle gelegt, durch die äußeren Eindrücke ausgebrütet, bildete zuerst Zwillingsorgane und im Laufe der Abstammung einen größeren Organismus. Die größeren Amphibien lebten im Wasserstock, dessen dichtere Teile sie verzehrten. Ihr Organismus war durchsichtig und weich.

Durch die ungleiche rollende Bewegung waren die Verhältnisse der Welten sehr verschieden. In den Kristallen des kälteren Teiles wurden die Zellentierchen zu Kristalltierchen verwandelt, die, in der Kälte erstarrt, durch die langsam wiederkehrende Wärme belebt wurden. Während im kalten Teil die Zellen und Kristalltierchen mehr nach innen konzentrierend arbeiteten, wurden im warmen Teil die Zellen gedehnt und alles an die Oberfläche getrieben. Die durch die rollende Bewegung im kalten Teil erstarrenden Pflanzen, welche fluidischer Natur waren und im Materiestock wurzelten, wurden in ihrer Kristallisierung zu Riesenkristallen oder Gletschern.

Im Mittelpunkt der Welt war der Keim oder Dotter gleich geblieben und spielte, da nun die Bewegung der Welten wieder eine gleichmäßige war, die Rolle der Ausgleichung, des Vermittelns zwischen Kalt und Warm.

Wenn die Lebensbedingungen zur Entfaltung einer Art aufhörten, d.h. sich in andere Bedingungen umwandelten, so wandelten sich parallel dazu auch die Arten. Im heißen Weltteil, wo das Pflanzenleben im Materiestock riesig und tropisch herauswuchs, entstanden mit diesem zugleich, durch die Eieragglomerationen und Ausbrütungen, große Pflanzenfresser in der Form von Riesenzellentieren. Mit der Abkühlung der Hitze kam es zum Absterben der Riesengewächse und zum Verpuppen der Riesenpflanzenfresser. Im kalten Teil zog das erwärmende Licht das Lebensprinzip und seine Elemente aus der Kristallisierung oder Erstarrung heraus, und es bildeten sich durch Agglomerationen wieder kosmische Organismen und die Samen eierlegender Wassertiere.

Aus den mikrokosmischen Organismen entfaltete sich allerlei Gewürm, Amphibien und Pflanzenfresser, und aus den schmelzenden Kristallen Wassertiere und Fische. All dies entstand aus Ei- und Samenänderung, welche, in verschiedene Fluide

176

gelegt, durch äußere Eindrücke verschiedenartig ausgebrütet wurden.

Es ist das Lebensprinzip, das alles belebt, bildet und verwandelt. Die gleiche Bewegung der Welt brachte einen Temperatur-Ausgleich, so dass der Nordpol wieder angenehm kühl und der Südpol widrig-lau wurde. Die Hitze war aus ihrem dampfenden Zustand abgekühlt, die Kälte war aus ihrem kristallenen Zustand erwärmt geschmolzen. Durch die Rotierung und Bewegung begegneten sich diese relativen Temperaturen in ihren Fluiden und bildeten um den Gürtel des Dotters der Welt den Ansatz zur Rinde. Es ist so, wie wenn man ein heißes Fluid in ein kaltes hineingießt, was ein zweiartiges Ineinanderströmen ist. Dieser Rindenansatz um den Weltkörper bildete eine poröse Zellenhaut, durch welche die Fluide herausdampften und herausschwitzten. Ausgleichend auf all dieses schienen die Muttersonne, das Ur- und das Odlicht. Sie wickelten sie in eine eigene Atmosphäre und bewegten es durch den Druck der Rotation.

Für uns Menschen befindet sich der Entwicklungsprozess, den man auch Evolution nennen kann, an einer sehr interessanten Stelle. Denn nun entstehen der **Kohlenstoff, der Stickstoff und der Wasserstoff in ihren höchsten Potenzen.**

Der Materiestock im heißen Weltteil, welcher Riesenpflanzen trieb, war in fortwährendem Ausdampfen, in atmosphärischen Entzündungen und Verbrennungen begriffen, aus welchen der Urkohlenstoff entstand. Es kam zu Bildungen von Urkohlelagern, welche sich schichtenweise nach Verkohlung der Riesenpflanzen in den Materiestock legten. Man darf sich das Verbrennen aber nicht als Feuer und Flamme vorstellen, sondern es war eine Luftentzündung, ein atmosphärisches Feuer, also ein Verkohlen der Pflanzen und ihrer Verzehrer. In diese warmen Kohlelager verpuppten sich die Pflanzenfresser. Diese Kohlenlager waren leicht aufeinandergelegt und wurden nur langsam durch die sich entwickelnde Achsumdrehung, also durch den äußeren Druck der Rotation, in den Materiestock eingepresst. Durch dieses Einpressen jedoch wurden Kohlenstoffatome wie ein dichter Regen, in der drehenden Bewegung durch die Luft zirkulierend, über alle Teile der Welt ergossen. Der Kohlenstoff absorbierte sich in den Wasserstock des schmelzenden, warm werdenden kalten Weltteiles. Die verkohlten Pflanzen wurden also im warmen Materiestock eingepresst und bildeten mit der Abkühlung Kohlenlager. Im kalten Teil waren die Kristalle oder Zellenlager geschmolzene Urlager. Indem die harten Kristallbildungen erwärmt und weicher wurden, kam der Kohlenstoff durch die Luftzirkulation als atomischer Kohlenregen keimkräftig hinzu und pflanzte ein Pflanzenleben in die weich gewordenen Kristalle oder Lager.

Während der Wasserstock im wärmeren Teil suppig und dicklich war, war er im kalten Teil der Welt durch das Frieren und Kristallisieren reiner und filtriert. Diese zweierlei Wasser vermischten sich nun auch durch die Strömungen und Bewegungen der Welt und vermengten zugleich ihre Samen und Eier. Die Welten hatten nach all diesen bedeutsamen Verwandlungen nun warme Kohlenlager, erwärmte Kristalle, Stoffvermengungen, Samenverpflanzungen, Wasserstock- und Eiervermengungen in den Strömungen der Luft und der Fluide. All dies begegnete sich im Mittelpunkt der erwachsen werdenden Welt, d. h. in ihrer **chemischen Mutterküche**.

4. Halbmaterielle Welten und die 7. Weltstufe

Nachdem in der sechsten Weltstufe der Kohlenstoff, Stickstoff und Wasserstoff in ihren höchsten Potenzen entstanden waren, bildeten sich die Welten kontinuierlich weiter fort. Die Schilderung der Entstehung der fluidischen Welten in Stufen, die quasi die **„geistige Blaupause"** für die späteren materiellen Welten waren, ist angesichts der vorherrschenden mikrokosmischen Bewegung insofern nicht ganz korrekt. Zur Verdeutlichung der markanten „Meilensteine" im steten Entwicklungsprozess bietet sich jedoch die Darstellung in Weltstufen zum besseren Verständnis an.

Im Lauf vieler Jahrtausende wirkten sich die Kräfte aus, die Absonderungen lagerten sich ab, und schließlich waren aus den Embriowelten fertige Welten, halbmaterielle Welten geworden. Es waren warme, verkohlte Lager, die sich auskühlten. Erwärmte Kristalle, die durch Samenverpflanzung und Kohlenstaubregen, den die Luftzirkulation ihnen zubrachte, bewachsen und befruchtet wurden. Den Hüllen in den Kohlenlagern entkrochen, durch äußere Verhältnisse ausgebrütet, fliegende Halbvögel und Halbwürmer. Aus den vielen kleinen Puppen kamen kleine Schmetterlinge, aus den größeren große, samtartige, feinbefiederte, schmiegsame Vogelarten, ohne harte Schnäbel oder Krallen, da die Verhältnisse dieser halbmateriellen Welten es nicht erforderten.

Die Welten hatten nun einen Grad von Ordnung und Ausbildung

von fluidischer Reife erreicht, die das Erwachen der Gegensatzgeister aus ihrem lethargischen Zustand zur Folge hatten.

Die schweren Fluide, welche früher (nach dem Fall) ihren Geist gedrückt hatten, waren nun durch die Absonderung potenziert, somit der Druck gehoben worden und die Gegensatzgeister, die Urheber des Chaos und des Kampfes „im Himmel", im belebten All, erwachten! Das von ihnen angerichtete Chaos war durch die Ausbildung von neuen herrlichen Schöpfungen, den halb-materiellen Welten, beseitigt worden. Es herrschten Ruhe, Licht, Ordnung und Wärme um sie, ihre Fluide entspannten sich und ihre Geister erwachten aus dem latenten (latent: ruhend tätig, unbewusste Entwicklungsphase bei Geistwesen) Zustand. Das Lebensprinzip, welches in seinen organischen Bildungen den Gegensatz mit dem Gesetz vereint hatte, war nun zur Bildung größerer Organismen geschritten. Es entfalteten sich Vogelarten, Amphibien, Wassertiere, Bäume, Pflanzenarten; sie bewuchsen die Kristallberge. Der Wasserstock klärte sich, und der Materiestock festigte sich durch Ablagerungen. Das alles muss man sich aber halbmateriell und in vielen Farben spielend vorstellen.

In diesem Zustand der Welten sollten die Gegensatzgeister zur Besinnung und zur Bewunderung Gottes gelangen; sie sollten die aufopfernde Liebe der Messiasse, ihrer Brüdergeister, erkennen. Alles sollte sie zur Reue und Folgsamkeit stimmen.

Die höchste Intelligenz war in allem bemerkbar, die Hand der Liebe und Versöhnung überall fühlbar. Die Messiasse kamen in diese fertigen Welten, sie belehrten und bekehrten die Gegensatz-Geister. Es war ein geistiges Leben. Der geistige Unterricht erfolgte durch das Liebeswort der Messiasse. Zur fluidischen Reinigung der Gegensatzgeister mussten diese Reue und Erkenntnis haben, sie besaßen hierzu freien Willen und freie Wahl.

Die Natur war versöhnt, nun sollten auch sie dieser Versöhnung folgen. Die Reue wurde dem Gegensatz als Mittel zur Umkehr vorgelegt; sie sollten ihren Willen dem Gesetz beugen und mitrotierend der Weiterentwicklung folgen. Der Bruch oder Fall hatte ein Gesetz notwendig gemacht. Diesem Gesetz sollten sie nun folgen. Sie sollten die fluidische Verdichtung, die Hülle, welche Ihren Geist umkleidete - den Nervengeist - nicht wie bisher zu elektrischen Verdichtungen und Derotationen (Handeln gegen die Schöpfungsordnung) gebrauchen, sondern ihren Geist dem Gesetz beugen und mitrotieren, wodurch ihr Nervengeist gereinigt würde.

179

Auch die erwachten Gegensatzgeister verkörperten mit ihrer Hülle oder Nervengeist das schöpferische Grundprinzip: Geist, Kraft, Stoff oder Geist, Nerven, Fluid. Der Geist ist der Motor, welcher belebt, die Nerven sind die Kraft, welche bewegt, das Fluid ist der Stoff, in welchem sich die Belebung und Bewegung äußert. Deshalb sind Nerven und Fluid stets der Ausdruck der Individualität oder des Geistes, dem sie ähnlich sind.

Die Messiasse sind Geist - Attraktion - Magnetismus, sie sind Lichtgestalten. Die Gegensatzgeister hingegen haben einen verdichteten elektrischen Nervengeist. Die Messiasse konnten chemisch auch derbere Fluide an sich ziehen und mussten dies in der Ausübung ihrer Missionen von den Ursonnen in die halbmateriellen Welten auch tun. In ihre Heimat zurückgekehrt, zersetzte sich diese Verdichtung wieder chemisch und die Messiasse befanden sich wieder in ihrem Urmagnetismus.

Die Gegensatzgeister dagegen konnten unmöglich höher gehen, ohne zuvor ihren intelligenten Geist zu ändern. Ohne Änderung des Geistes hat dieser aber keine Kraft über höhere vergeistigte Fluide. Der Geist als Motor kann nur ihm gleiche oder unter ihm stehende Fluide beleben und bewegen, aber nie über ihm stehende, da **die höhere Kraft der Potenz die mindere Kraft der Depotenz aufhebt.** Der Gegensatz war ja exakt durch solche Kraftversuche ursprünglich entstanden. Die Gegensatzgeister waren nach dem Fall in verdichtetem, elektrischen Fluid erstarrt. Diese Erstarrung erlosch mit dem Elektromagnetismus, dem Reinigen und Absondern der Fluide in den entstehenden halbmateriellen Welten, wobei sich mikrokosmische Organismen und Zellentierchen in allen Fluiden entwickelten - was eben dieselben absonderte.

Die Gegensatzgeister befanden sich beim Erwachen deshalb auch in organischem und zellisierten Fluid, welches die Kraft und Belebung dieser Geister ist. Halbmateriell geworden, erwachten diese Geister in halbmateriellen Welten. Sie belebten um sich ein Fluid, das zellenhaltig war, und bewegten es nach ihrem Willen durch Nerven oder Kraft. Die Natur und das Gesetz verliehen also den Gegensatzgeistern in der allgemeinen Verwandlung statt ihres erstarrenden Fluids, das sie bewusstlos gemacht hatte, ein belebtes bewegliches Fluid - Nervengeist oder Perisprit genannt.

Sie sollten nun mittels ihres freien Willens sich in Gehorsam dem Gesetz zuwenden, mitrotieren und es nicht überschreiten. Um ihren freien Willen ausüben zu können, mussten sie auch Freiheit geniessen. Deshalb wurden sie frei gemacht. Um sich intelligent zu bessern, musste ihnen der freie Wille wieder gegeben werden. Beispiel und Belehrung erhielten sie durch die sich aufopfernden Messiasse, die aus ihren Lichtwelten, sich chemisch dichter kleidend (was ihnen ein großes Opfer war) zu den Gegensatzgeister kamen und sie ermahnten. So hatten die gefallenen Erstlinge das große Bild von Gottes Gnade vor sich, was ihre Geister geneigt stimmen sollte.

Die Situation ähnelte den Verhältnissen vor dem Fall der Geister. Auch jetzt war alles Harmonie. Der Gegensatz war durch das Naturgesetz eingeschlossen, bildete kein Chaos, sondern folgte mitrotierend dem Gesetz.

Die um sie herrschende Harmonie sollte sie harmonisch, die Gnade Gottes versöhnlich und die Liebe ihrer Brüder liebevoll stimmen. Sie sollten freiwillig dem Gesetz folgen und so wieder eins werden mit sich, mit ihren nicht gefallenen Brüdern und mit Gott. Statt den Weg des Gesetzes einzuschlagen, entstand aber ein großer Zwiespalt zwischen ihnen, sie wurden unter sich selbst uneins. Einige ergriffen reumütig den Weg des Gesetzes; andere jedoch blieben halsstarrig und hochmütig, wurden noch ergrimmter und verdoppelten den Gegensatz in ihrem Geist-Kraft-Fluid. Wo sie nur konnten, wirkten sie gegensätzlich elektrisch und repulsiv. Sie zogen verdichtende Fluide an sich und gebrauchten sie zum Kampf gegen das Gesetz. Dieser Kampf wurde mit vollem Bewusstsein, ja mit Ingrimm gegen Gott und die Messiasse geführt. Sie wollten eine Hierarchie des Gegensatzes gegen das Gesetz, ein Reich Beelzebubs (eigentlich „Herr der Fliegen", Bezeichnung für den Teufel im Neuen Testament) gegen das Reich Gottes gründen.

Gott, die Allmacht, ließ das Naturgesetz walten, gegen das der Ingrimm des Gegensatzes nur ein Anprall war. Gott kann sich nicht erzürnen, denn er ist in seinen Eigenschaften, also auch in seiner Liebe unwandelbar; deshalb zerstörte er auch die aus ihm gekommenen gefallenen Erstlinge nicht. Auch bei diesem zweiten Fall ließ er das bestehende Naturgesetz ruhig walten - und das Gesetz schied sie aus.

Es fand also ein zweiter Bruch, ein zweiter Fall, eine zweite Trennung statt. Sie zog diesmal aber kein Chaos, sondern eine Ausscheidung nach sich. Das in den Welten waltende Naturgesetz schied den Gegensatz aus dem Gesetz aus.

Die Gegensatz-Geister äußerten ihre Unbußfertigkeit durch ihr

Stemmen gegen die Bewegung. Sie hatten mittels ihres Nervengeistes einen Kreis von Kraft und Fluid um sich, den sie zur eigenen Verdichtung und zur Verdichtung der Zellentierchen, die in ihrem Fluid lag, verwendeten. Die Verdichtung geschah durch die Entwicklung von elektrischer Mitteilung durch die Vermehrung und Verdichtung der Zellentierchen und ging durch alle Fluide in die Atmosphäre der halbmateriellen Welten über. Dies verursachte in den noch warmen Lagern und Kristallen atmosphärische Entzündungen und vulkanische Explosionen.

Das Gesetz, das in regelmäßiger Rotation und regelmäßig magnetisch-elektrischer Entwicklung vorwärts ging, schied das ungesetzliche, verdichtete elektrische Fluid mit den Gegensatz-Geistern in Form von Feuerreifen aus. Diese Ausscheidung war naturgesetzlich, denn das Naturgesetz leidet nichts Naturwidriges in sich, sondert scheidet es gesetzlich aus.

Die Feuerreifen verloren sich aber nicht im All. Die Fluide fanden vielmehr einen Halt an der geistigen Unsterblichkeit und Unzerstörbarkeit der Gegensatzgeister, und an ihren Mutterwelten, an welche sie attraktiv gebunden und durch das Gesetz der Gravitation (Schwerkraft, Anziehungskraft) verbunden blieben.

Bewundert Gottes Größe und Unwandelbarkeit, dass er den Gegensatz durch das Gesetz erhielt! So befand sich der ausgeschiedene Gegensatz, fluidisch und atomisch in Molekülchen geteilt, um seine Mutterwelten rotierend.

Der erneute Fall war ein zweimal größerer als der erste. Es war ein Fall von Geist - Kraft - Fluid, ein Fall der Geister, der Welten und der Kräfte. Beim ersten Fall verloren die Geister ihr Selbstbewusstsein, beim zweiten Fall jedoch behielten sie dasselbe. Beim ersten Fall entstand ein fluidisches Chaos, ein Kräftegewirr, beim zweiten Fall jedoch schieden die Welten Feuerreifen aus, und nachher herrschte wieder die frühere Ruhe und Harmonie in ihnen.

Diese Welten wurden nun zu Muttersonnen, da sie ihre Ausscheidung, die Feuerreifen, als Weltkeime um sich rotierend fanden. So sind diese Welten Sonnen zweiter Klasse zu nennen. Diejenigen Gegensatzgeister, die sich reuig zur Umkehr bereiteten, blieben in den Sonnen zweiter Klasse, der Kampf hatte sie erprobt und gereinigt; sie waren um eine Stufe in der Erkenntnis gestiegen und bereit, dem Gesetz zu folgen. Das Verlorene schien ihnen doppelt teuer, doppelt wert.

Die Reue und Erkenntnis machten sie zu Büßern, welche ihrer ursprünglichen Einheit zustrebten. Die gereinigten Fluide waren ihnen als Nervengeist und Mittel zur Umkehr gegeben. Durch dasselbe Mittel also bekehrten sich und fehlten viele!

Der zweite Fall war bedeutender als der erste, denn nun behielten die Geister ihre Besinnung; ja, ihre gegensätzliche Intelligenz war sogar ausgebildet worden; sie waren das, was wir auf Erden einen **Dämon** nennen. Ebenso vollkommen wie die Messiasse im Guten und im Gesetz, waren sie es im Bösen und im Gegensatz. Sie wollten stürzen, überlisten und das Gesetz bezwingen.

Unwandelbar in seinen Eigenschaften und unbezwingbar in seiner Kraft stand ihnen Gott gegenüber - ebenso das Gesetz und die Messiasse - unantastbar in ihrer Reinheit. Der Gegensatz konnte nun nicht mehr latent im Naturgesetz liegen und mechanisch geführt (belebt) werden, sondern er wurde gesetzlich und geistig gezwungen, er wurde in Ketten gelegt.

Gott sann auf ein versöhnendes Glied zwischen dem Gegensatz und dem Gesetz und ließ das Naturgesetz an einem versöhnenden Fluid zwischen beiden arbeiten. Es musste ein intelligentes, versöhnendes, freies Fluid kommen, das den Messiassen entsprach.

5. Die Entstehung der Embrio- oder Paradiesgeister

Da der Bruch doppelt war, musste auch die Versöhnung doppelt sein. Die Feuerreifen, die durch die Sonnen 2. Klasse abgeworfen wurden und die Gegensatzgeister enthielten, befanden sich nach ihrem Abfall in molekulösem Zustand, sich um ihre Mutterwelten drehend. In dritter Verdichtung empfingen sie das Urlicht durch die 2. Sonnen. Selbst tellurisch, erhielten sie tellurisches Licht (das bereits verdichtete Urlicht der 2. Sonnen ist empfangenes und kein eigenes Licht). Dieses schon zweimal gebrochene Urlicht entsprach den Stoffen der abgeworfenen Feuerreifen.

Die Gegensatzgeister konnten gegen das Naturgesetz nichts ausrichten, sondern mussten sich ihm fügen. Die Bildung dieser Feuerreifen zu Welten ging durch dieselben Gesetze, in denselben Stufen vor sich, wie die der zuvor beschriebenen Embriowelten, nur alles in verdichteterem, materiellerem Maße.

Aus dem molekulösem Zustand entwickelten sich Embrio-Keime zu neuen Welten. Diese Keime wurden elektrisch in spiralförmiger Bewegung aus den Reifen gelöst und hingen anfangs als Satelliten, die sich nach und nach ausbildeten, um die Welten. Sie standen zu ihrer Mutterwelt in Planeten-Beziehung und empfingen tellurisch das Licht der 2. Sonnen, welches ihnen Solarität war.

Die Weltkeime und Embrios entwickelten sich nicht alle zugleich. Unter dem äußeren Druck der Rotation gab es spiralkreisförmige Abstufungen. Es gab also einige, die sich rasch im Eizustand drehend bewegten; andere mit langem, elektrischen Lichtreif rotierend, wieder andere, die das Üebergewicht der Ausbildung in sich hatten und einfach rollten; andere kamen bereits aus der Übergangsstufe heraus und rotierten gesetzlich. Die Weltkeime konnten nicht auf einmal gleichzeitig ihre Ausbildung aus den Feuerreifen finden, denn alles musste im Gliede (der Reihe nach) unter dem Druck der Rotation im Lauf des Spiralkreises vor sich gehen.

So wurden die Gegensatzgeister-Moleküle im Spiralkreislauf zu Keimen und ausgeschieden; in der Fortsetzung des Spiralkreislaufes wurden sie dann zu Eiern, diese im selben Lauf zu Kometen, dann zu einfach rollenden Welten, endlich zu gesetzlich rotierenden Sonnen.

Diese zuletzt ausgebildeten Welten schieden durch den Einfluss des Gegensatzes, der vulkanische Revolutionen hervorruft, auch Feuerreifen aus, die sich nach dem Gesetz ausbildeten und Satelliten oder Begleiter dieser Welten wurden.

Die Welten, die sich zuerst aus den Feuerreifen bildeten, sind Sonnen 3. Klasse. Mit dem 2. Bruch in der Schöpfung und dem daraus resultierenden Abwerfen von Feuerreifen, entfaltete sich ein endloses Leben, eine fortwährende Weltenbildung. Eins löste das andere im Spiralkreis ab. Das fortwährende Abwerfen und Ausscheiden war die Folge des immer arbeitenden Gegensatzes, der in seinem Widersinn die Grenzen des Alls und der Gesetze übersteigen wollte. Wo er nur konnte, trat er durch Sträubungen und Stockungen der Kräfte, durch elektrische und vulkanische Explosionen hindernd in den Weg. So kamen Zusammenstöße durch Kräftestockung im Spiralkreis vor, die aus den zerschellten Welten Molekülatome machten. Da das Naturgesetz aber fort und fort arbeitete, konnte nichts verloren gehen oder endgültig zerstört werden. So wurden auch diese Atome, sich drehend und neu

184

agglomerierend, wieder zu Welten herangebildet. Diese mit mikrokosmischem Leben erfüllten Atome drehten sich um die Welten (Sonnen) , Planeten und Satelliten.

Mit der materiellen Weltenbildung wird der Schöpfungsverlauf für den irdischen Menschen transparenter und verständlicher. Die Fortbildungen nach dem Gesetz der Abstammung und Verwandlung vom unbeweglichen vibrierenden Urlicht Gottes bis zu den 3. Sonnen zeigen folgenden Werdegang:

Aus dem Urlicht entstehen die Ursonnen. Die Kinder der Ursonnen sind die 2. Sonnen, aus welchen der zweite Fall, der doppelte Bruch, geschah. Die ausgestossenen Kinder der 2. Sonnen (die bewusst erneut gegen das Gesetz verstoßenden, bereits gefallenen Erstlinge) bilden den Ausgangspunkt für die 3. Sonnen, die wiederum ihre Planeten mit Satelliten entwickelten. Zwischen all diesen entstehenden und fertigen Sonnen und Welten zirkulierten die Weltatome, die sich als molekülkräftige Flocken in den Sonnensystemen der 3. Sonnen rotierend bewegten.

Während das Urlicht Gottes unbeweglich ist, rotieren die Ursonnen oder die 1. Sonnen der Erstlinge Gottes einfach um das Urlicht. Dies ist der erste Spiralkreis.

Die 2. Sonnen rotieren mit eigener Achsumdrehung um die Ursonnen, mit diesen also dreifach um das Urlicht . Dies ist der dritte Spiralkreis. Die 3. Sonnen rotieren mit eigener Achsumdrehung um die 2. Sonnen, mit diesen um die Ursonnen und um das Urlicht. Dies ist der fünfte Spiralkreis. Die Kinder und die Abfälle der 3. Sonnen schließlich drehen sich ebenfalls um sich und um ihre Mutterwelten, diese wiederum um die 3. Sonnen, und so fort im oben geschilderten Spiralkreislauf.

Die Vermehrung bedeutet dabei immer Entfernung von Gott und seinem vibrierenden Urlicht.

Wie bereits erwähnt, verursachte der 2. Fall kein Chaos, brachte keine Zerstörung mit sich, sondern Verdichtung und Vermehrung, über welchen der unwandelbare große Gott und sein Gesetz leitend, bildend und versöhnend standen.

Die Gegensatz-Geister aber folgten immer den dichtesten Fluiden. Indem sich aus den Feuerreifen Solaritäten (Sonnen) bildeten, wurden diese als reinere Fluide von den ärgsten Gegensatz-

Geistern verlassen, und von den minder bösen bewohnt. Der geistige Einfluss des Gegensatzes wirkte sich auf die Entwicklung des Lebensprinzips aus. Dies geschah mechanisch und unter den fluidischen Eindrücken entstanden in den Welten gröbster Verdichtung verschiedene Pflanzen- und Tierentwicklungen. Durch den geistigen und fluidischen Einfluss des Gegensatzes waren es giftige Pflanzen und wilde Tiere.

Die embrionale Entwicklung der Welten aus den Feuerreifen nahm den gesetzlichen ordentlichen Gang wie die der 2. Sonnen. Nur waren hier von Anfang an die Fluide dichter, die Zellentierchen größer und die Lichttierchen verdichteter. Alles war im Ursprung, in der Einheit dasselbe, aber in der Vielheit, in der Erscheinung, verschieden. Es waren also in den Welten, die sich aus den Feuerreifen bildeten, alle Anfangskeime, Atome und Moleküle von Anfang an dichter; späterhin alle Bildungen und Kohlenlager materieller und die Kohlenregen, Kristallschmelzungen, Überflutungen und Vermengungen stofflicher.

Die Abstände von Hitze und Kälte waren größer, und die Ausgleiche wegen der Hindernisse der Gegensatzgeister schwerer. Besonders die Tierentwicklung war in ihrer Erscheinung sehr verschieden von der früheren. Denn in den Gegensatz-Geistern war eine Sinnlichkeit entwickelt worden, die sich den Tierorganismen, die vom Lebensprinzip belebt waren, mitteilte. Die Gegensatz-Geister hatten Intelligenz und Bewusstsein, sie waren ein bewusster und überlegter Gegensatz; sie wollten aus sich schaffen und sich vermehren. Sie befanden sich jedoch allein in ihren Unterwelten (Welten, die zu den 3. Sonnen gehören).

Diese Geister waren in sich selbst uneins; aber in der Erinnerung an das Austreten aus ihrem Dual trachteten sie nun, ihren sinnlichen Gefühlen, d.h. der Entartung der geistigen Dual-Liebe folgend, nach einer Nervengeist-Vereinigung. Sie dachten, auf diese Weise selbst schöpferisch tätig sein zu können. Die Entartung der geistigen Dual-Liebe drückte sich in sinnlichen Gefühlen aus, die in der Anziehung der Nervengeist-Fluide ihren Ausdruck suchten. Auf diese Art bildeten sich die Geister in ihrer Hülle sinnliche Formen. Da sich jedoch kein geistiges Prinzip fand, welches außer den Gegensatzgeistern diesem Fluid adäquat gewesen wäre, blieben die Gegensatzgeister ohne intelligente Erfüllung.

Das Lebensprinzip jedoch, welches, durch die Welten rotierend, alle Fluide derselben im Naturgesetz belebte, belebte auch diese sinnlich erzeugten Fluide der Gegensatz-Geister.

Daraus entstanden dieser Sinnlichkeit entsprechend Tiere. Die Sinnlichkeit ist ein expansives, vermehrendes Gefühl, das alle Moleküle und Zellentierchen der Fluide, die die Gegensatzgeister in ihrer sinnlichen Nervengeistannäherung erzeugten hatten, erfüllte. Das rotierende Lebensprinzip nun, welches das Mikrokosmische in einem großen Organismus vereint, belebte naturgesetzlich in diesen Fluiden sinnliche Tiere, was das Zeugen durch körperliche Berührung und das Gebären von lebendigen Jungen aus der ihnen innewohnenden, vom Gesetz angeerbten Sinnlichkeit zur Folge hatte. Die gegenseitige fluidische Berührung der Gegensatz-Geister in ihrem Nervengeist erzeugte nicht neues Leben, sondern neue Verwandlung. Sie entwickelte einen elektrischen Eiweißstoff, molekulös, zellenartig belebt, welcher mikrokosmisches Leben, das sich in einem größeren Organismus agglomerierte und eine mechanisch lebende Gestalt, ein Tier, hervorbrachte.

Diese Tiere vermehrten sich dann durch Sinnlichkeit in allerlei Abstammungen.

Dieses Gebären des sinnlichen Getiers aus den Fluiden der Gegensatz-Geister - nur durch das Lebensprinzip belebt - war einzig und allein eine Folge des Naturgesetzes! Alles bringt Ähnliches und Relatives hervor! So mussten die Fluide der Gegensatz-Geister, nach ihrer Belebung durch das Lebensprinzip, diesen ähnlich und relativ sein, was Form und Eigenschaften anbelangt.

Hieraus lassen sich die vielen verschiedenen Bilder der griechischen Mythologie erklären, welche die Menschengeister aus alten Erinnerungen schöpften. Hier wurzelt auch die Sage vom schöpferischen bösen Gott, im Gegensatz vom guten.

Die Gegensatz-Geister fanden aber keine Befriedigung in der Art der Belebung und Entwicklung ihres nervengeistigen Ausflusses und Agglomerates, und sie ergrimmten über ihre Machtlosigkeit, nichts geistig Intelligentes schaffen zu können. Die Tiere, welche ihrer Sinnlichkeit und ihren Fluiden, durch das rotierende Lebensprinzip belebt, entwuchsen, waren wild, unzähmbar und böse, sie waren die Spiegelung ihrer eigenen Eigenschaften, so dass die Gegensatz-Geister diese verfolgten und zu vernichten trachteten.

Zur Deutlichmachung des großen Unterschiedes zwischen Ober-

und Unterwelten, bietet sich hier ein Vergleich der 2. und 3. Sonnen an. In den 2. Sonnen gibt es schöne Pflanzen und Vögel, weiche, duftige Lager und helle Kristallgewässer. Die Bewohner dort sind die reuigen, sich bekehrenden Geister. In den 3. Sonnen gibt es ein materielles, sinnliches Leben, welches sich in den Planeten ihres Systems noch verdichtet und Giftpflanzen, harte Lager, trübe Gewässer sowie sinnliche Tiere hervorbringt. Die Bewohner sind die unbußfertigen Gegensatzgeister.

Das Leben in den 3. Sonnen war jedoch weniger sinnlich und materiell als auf ihren Planeten und Satelliten. Denn diejenigen Gegensatz-Geister, welche durch nervengeistige Berührung sinnlich waren und Sinnlichkeit erzeugten, befanden sich hauptsächlich in den Planeten, die Licht, Nahrung und Wärme von den 3. Sonnen erhielten. Die Gegensatzgeister, die in Geist-Kraft-Stoff weniger sinnlich und materiell waren, wurden deshalb Solaritäten.

Die Verwandlungen der Arten geschahen zuerst durch Ei-agglomerationen und Ausbrütungen; während das Erzeugen von Jungen aus einem dichten Fluid entstand, das geistige Sinnlichkeit und dessen Agglomerationen erzeugte.

Zwischen den Ober- und Unterwelten bestand also eine große Kluft. Hier ein herrliches geistiges Leben und dort ein sinnliches vermehrendes Trachten. Dies Kluft zwischen diesen Welten sollte durch ein versöhnendes Glied ausgeglichen werden.

In dieser versöhnenden Fortbildung verdient die Weiterentwicklung der Welten und des Lebensprinzips besondere Aufmerksamkeit. Das Lebensprinzip wurde als mechanisch folgende, belebende Kraft durch das Naturgesetz in den sogenannten Unterwelten noch stofflicher und noch materieller einverleibt. Es war als solches eine Individualität, eine aus Gott kommende, rotierende und alles Vorhandene im Naturgesetz belebende Belebungskraft. Es ist die aus Gott kommende Erzeugungs-Kraft, welche die Mutter Natur, sie befruchtend, belebt.

Indem das Lebensprinzip in den Unterwelten - den Gegensatz mit dem Gesetz versöhnend - Einverleibungen annahm und sinnliche Organe belebte, wurde es selbst an und für sich nicht sinnlich; das sinnliche Prinzip blieben die sinnlichen Geister. Indem also das Lebensprinzip, durch seine Belebung, die sinnlichen organischen Fluide agglomerierte und aus denselben Tiere gebar, wurde es an und für sich in seiner Individualität als Lebensprinzip nicht selbst

188

sinnlich, es blieb, mechanisch dem Naturgesetz folgend, in seiner Rotation alles gesetzlich belebend.

Lebensprinzip, Kraft und Fluid können nur einheitlich schaffen. Eins bedingt das andere. Das Lebensprinzip hat, indem es aus Gott strömt, seine gesetzliche Rotation, seinen gesetzlichen Bildungs- und Belebungsweg durch drei Reiche, durch das Erd-, Pflanzen- und Tierreich, wonach es ein vergeistigtes Lebensprinzip wird, welches an Kraft und Bewusstsein gewann. Es bleibt während all seiner Rotationen und Belebungen ein mechanisch folgendes Prinzip, eins mit dem Gesetz. Doch gewinnt es im Laufe der Rotation an Kraft und Bewusstsein, welches sich in einem instinktiven, seelischen, aber immer noch mechanischen Leben, äußert.

Das fortwährende Bilden, Rotieren und Beleben bildet die Individualität des Lebensprinzips in ein seelisches Prinzip aus.

Die Gegensatz-Geister, auch Dämonen genannt, die ja selbst schaffen wollten, sahen aus ihren verdichtetsten, organischen, sinnlichen Fluiden, die durch das rotierende Lebensprinzip belebt wurden, lebendige Jungtiere hervorkommen. Da die Fluide organisch und zellenartig von Sinnlichkeit durchdrungen waren, schlossen sich hier Moleküle des elektrisch-magnetischen Eiweißes in die Zellen ein, welches sinnlich Embrional-Organismen und Agglomerationen derselben hervorbrachte, was lebendige Junge zur Folge hatte. Die fluidische Embrional-Entwicklung kam aus dem Nervengeist der Dämonen und wurde durch das alles belebende Lebensprinzip belebt. So kamen aus den Dämonen Stoff und Eigenschaft der Tiere, aus dem Belebungsprinzip Belebung derselben, in Form von lebendigen Jungen, die zu wilden, verheerenden, grimmigen Gegensatz-Tieren heran- wuchsen. Diese Tiere hatten mittels ihres organischen Entstehens die Eigenschaften der Dämonen angezogen.

Dies war das Leben auf den Planeten und Satelliten, die sich ebenso wie die Atome um ihre Mutterwelten, die 3. Sonnen, im System drehten. Die Dämonen fühlten sich unsterblich und suchten eine Befriedigung ihrer gegensätzlichen und sinnlichen Gefühle in der elektrischen Berührung und Verdichtung ihres Nervengeistes. Sie kannten weder Tod noch Einverleibung, sie waren gesetzlos. Nach ihrem 1. Fall wurden sie todähnlich und dadurch fluidisch reiner. Nun aber verdichteten sie mit Bewusstsein und Vorsatz ihren Nervengeist, den sie ohne Tod verwandelten, d. h. verdichteten.

Die Sonnen 3. Klasse wirkten durch ihre höhere Potenz von Licht, Wärme, Magnetismus und Zentripetalkraft solarisch auf ihre Planeten. Auch diese 3. Sonnen waren von Gegensatz-Geistern belebt, die aber nicht als Dämonen bezeichnet werden, da sie nicht den ganzen Grad der Entartung erreicht hatten. Sie befanden sich deshalb gesetzlich als mindere Gegensatz-Geister in minderem Gegensatz-Fluid in den 3. Sonnen.

Aus der bisherigen Darstellung wird deutlich, dass reiner Magnetismus nur im Urlicht und in den 1. Sonnen ist. Schon der erste Fall verdichtete den Magnetismus zu Elektrizität, und je tiefer die Gegensatz-Geister fielen, desto vorherrschender wurde letztere. Oder anders ausgedrückt: Je tiefer die Depotenz = Abstand von Gott, je stärker ist die Elektrizität, und um so geringer der Magnetismus. Auch wird an dieser Stelle so manchem Leser klar, dass der Zeitpunkt des 1. Falls der Erstlinge den **Urbeginn der Entstehung des materiellen Universums** markiert.

Elektrizität und Magnetismus äußern Kräfte, und zwar Repulsion und Attraktion. Das Zusammenwirken dieser beiden Kräfte wird Elektromagnetismus genannt. Er arbeitet in Polaritäten, die von den 2. Sonnen an bis in die Unterwelten in Verdichtungen herrschen. In den Unterwelten wirkt hauptsächlich Elektromagnetismus, d. h. mehr Elektrizität als Magnetismus.

Der Elektromagnetismus lag als Fluid gallertartig, durch Zellen verbunden, im Nervengeist der Dämonen: im Eiweiß mehr elektrisch, in den Zellen mehr magnetisch. Je dichter der Nervengeist wurde, desto mehr verwandelte sich der Magnetismus in Elektrizität. Diese elektrisch-magnetische Gallerte lag - mit ihrer Zweiartigkeit, mit ihrer Attraktion und Repulsion polarisch wirkend - nicht nur in den Nervengeistern, sondern in allem Erdreich, in allen Pflanzen und Organismen. Diese Gallerte durchdrang das Erdreich in den Zellen, wie ein Netz alles zusammenhaltend.

Ebenso hatten die Pflanzen ihre elektrisch-magnetische Gallerte (elastisch steife Masse aus eingedickten Pflanzensäften), die ihre Fasern, Nerven und Zellen zusammenhielt; ebenso hatten die Tiere dieselbe in ihrem Nervensystem.

Diese Gallerte, die dem Erdreich als Dunst entstieg, bildete über demselben einen elektrisch-magnetischen Äther oder eine Luftschicht, die durch die Solarität angezogen wurde und in ihrer Verwandlung elektrische Licht- und Äthererscheinungen

190

verursachte.

Bevor das versöhnende Glied zwischen den Dämonen und Messiassen, der Mensch, beschrieben wird, soll festgehalten werden, was im Laufe der Jahrtausende aus den gefallen Erstlingen geworden ist. Sie teilen sich in drei Kategorien:

Die intelligenten und sinnlichen Gegensatz-Geister, die Dämonen, bilden die Unterwelten mit giftigen Pflanzen und wilden Tieren aus.

Die nicht so tief gesunkenen Gegensatz-Geister bessern sich in den 3. Sonnen, die aber auch schon zu den Unterwelten zählen.

Diejenigen Gegensatz-Geister, die nach dem 1. Fall reuig den Weg der Besserung angetreten hatten, waren im Laufe der Jahrtausende zu ihrer ursprünglichen Reinheit zurückgekehrt und wurden - der Rotation folgend - in ihrer Versöhnung mit dem Gesetz wieder reuige Dualgeister, die kleinere Missionen erhielten. Sie waren durch ihre Vergeistigung und Einswerdung in die ersten Sonnen, die Ursonnen, heimgekehrt.

Die 2. Sonnen waren nun von Bewohnern frei und warteten als Paradiese (Garten Gottes, Himmel, Ort der Seligkeit) auf das versöhnende Glied.

Zwei Aktionen beschreiben kurz und prägnant die Kernelemente des bisherigen Schöpfungsverlaufes:

1. Fall und Vermehrung in den Unterwelten; Versöhnung und Einswerdung in der Oberwelt, dem Urlicht Gottes zu. Da die Dämonen sich gegen Gott stellten, mussten sie in krassem Gegensatz zu ihm sein. Indem sie schaffen wollten, waren sie die Urheber der Sinnlichkeit in der Natur, welche lebendige Junge gebar. Sie waren die Vertreter alles Materiellen, Repulsiven und Widergesetzlichen, welches das bildende Naturgesetz in eine versöhnende Fortbildung verwandelte, da Gott, das Urprinzip der Liebe, nichts zerstört.

Das versöhnende Glied zwischen den Dämonen und den Messiassen musste dreiartig versöhnend wirken können, und zwar als ein intelligentes, in Kraft und Stoff vereintes, geistiges, sich selbstbewusstes Versöhnungsprinzip. Dieses versöhnende Glied hat seinen Ursprung in Gott, dem geistigen Prinzip, das aus ihm strömt, und im seelisch ausgebildeten Lebensprinzip. Diese zwei

Prinzipien, in ein Fluid gekleidet, bringen ein neues Ganzes, und zwar Embrio-Geister (Menschen) hervor.

Das ursprünglich von Gott geschaffene Lebensprinzip (das belebte All) hatte in seinem Bildungsgang, d. h. in seiner Rotation an Kraft und Bewusstsein gewonnen und sich zu einem seelischen, instinktiven, immer dem Gesetz mechanisch folgenden Prinzip, gewandelt. Je kräftiger und seiner selbst bewusster das Lebensprinzip war, desto potenzierter wurde es auch, d. h. desto mehr näherte es sich dem geistigen, aus Gott strömenden Prinzip.

Der Höhepunkt seiner Potenz führte sein Einschmelzen und Einswerden mit dem göttlichen geistigen Prinzip herbei, woraus Embriogeister geboren wurden. Das Belebungsprinzip wurde, als es in der einsmachenden Rotationsbewegung - immer belebend und arbeitend - seine höchste Potenz erreichte, von den Unterwelten in die 2. Sonnen, von dort in die Ursonnen und so gradativ an das Urlicht gezogen, wo es sich mit dem geistigen, aus Gott strömenden Prinzip vereinte und als Neuschaffung die Embriogeister hervorbrachte, so wie einst die Erstlinge Gottes.

Je bewusster und kräftiger das Lebensprinzip war, je mehr es seelischer Natur wurde, desto höher stieg es in der Potenz, bis es in das einsmachende Urlicht einströmte und von dort als neue Schaffung hervorkam.

Millionen Embriogeister wurden aus dieser Verschmelzung geboren. Durch den Strahl der göttlichen Vibration erzeugt, erhielten sie durch die Rotation Bildung und Form. Als geistige Embrios wurden sie mittels der Vibrationskraft aus dem Urlicht erzeugt und mittels der Assimiliationskraft (Empfängniskraft) aus dem einsgewordenen Seelenprinzip geboren. Sie kamen durch die Rotation in die Ursonnen, wo diese geistigen Embrios von den Messiassen unterrichtet wurden und zu vollkommenen Dualgeistern heranwachsen sollten. Sie erhielten ebenfalls drei geistige Gaben: Die Intelligenz, die Dualliebe und den freien Willen. Die Embriogeister erwachten in den Ursonnen aus dem Embrionalzustand zu selbstbewussten Dualgeistern, die sich aber noch in der Kindheit befanden. Im Laufe ihrer Bildung und Entwicklung wurden sie durch die bildende bewegende Rotation und durch die sie unterrichtenden Messiasse in die zweiten Sonnen oder Paradiese geführt, da diese Welten in ihrer gesetzlichen, fluidischen Ausbildung den Embriogeistern adäquat waren.

Es handelte sich also um eine dreifache Bewegung, die ein

192

Ganzes hervorbrachte: Nach der Einswerdung des Lebensprinzips im Urlicht wurden durch die erste Bewegung, Vibration und Assimiliation geistige Embrios geboren. Diese geistigen Embrios wurden von der Rotation erfasst und in die Ursonnen gebracht, wo sie zu Dualgeistern herangebildet wurden. Die Messiasse führten sie aus den Ursonnen in die Paradiese (Sonnen 2. Klasse), wo sie in vollster Jugendkraft als entwickelte Dualgeister ihr Leben in selbständiger Fortbildung beginnen sollten. Als Dualgeister waren sie mit Intelligenz, freiem Willen und Liebe begabt, deren Hülle oder Nervengeist ganz mit dem Zustand der Paradiese übereinstimmte.

Wichtig zu beachten ist: Im Entstehen dieser Embrio-Geister und im Entstehen der Erstlinge Gottes ist ein Unterschied. Die Embrio-Geister entstanden nicht im Nahverhältnis, nicht so direkt aus Gott, wie die Erstlinge entstanden waren. Der Gegensatz kam inzwischen zu seiner Ausbildung und Mißbildung. **Die Embrio-Geister waren das versöhnende Glied, die Ausfüllung der Kluft zwischen den Erstlingen und den Dämonen.** Die Embriogeister waren aus dem Lebensprinzip, welches schon alle Phasen der Natur, des Gegensatzes, der Versöhnung, der Depotenz und Potenz durchgemacht hatte und aus Gottes Ausströmung geboren worden. Die Erstlinge hingegen waren Kinder des reinsten Lichts: „Licht von meinem Lichte".

Die Erstlinge waren Gott ähnlich, während die Embriogeister den Messiassen ähnlich waren, deren Vollkommenheit das Ziel war, das sie erreichen sollten. Diese Embriogeister erhielten dieselben geistigen Gaben und Mittel der Fortbildung wie die Erstlinge. Und dasselbe Dualgesetz verband sie in eins. Ihrer seelischen Natur sowie der fluidischen Beschaffenheit ihres Nervengeistes nach waren sie vom Ursprung der Erstlinge verschieden. Sie erhielten Bildung und Form, dem Gesetz ihrer Geburt nach, in den 1. Sonnen, während die Erstlinge dieselbe im Urlicht erhielten. Die Embriogeister hatten bei ihrem Erwachen im Bewusstsein schon die Kenntnis, dass ein Gegensatz da sei, und eine Versuchung zu überwinden wäre. Sie erwachten ihrer seelischer Natur nach als Bewohner der Paradiese, mit dem Bewusstsein eines Verbotes. Das Erwachen bzw. die Einverleibung, was hier gleichbedeutend ist , dieser Geister in den 2. Sonnen geschah nach dem Gesetz der Rotation, Drehung und Bildung - nach dem Naturgesetz, welches aus Gott, der Unwandelbarkeit, kommt.

Ebenso wie das Lebensprinzip durch die bildende assimilierende Rotation alles belebte, d.h. sich belebend der Kraft und den Stoffen assimilierte, ebenso kamen diese Geister, durch die Rotation geleitet, als geistiges intelligentes Prinzip der Belebung in diese 2. Sonnen, und zwar unter Formen, die ihren Erzeugern ähnlich und den Paradiesen adäquat waren. Diese Geister also waren den Messiassen geistig ähnlich und fluidisch ihrem Nervengeist - d.h. den Welten, die sie fassten - adäquat. Die Messiasse waren die Mittler ihres Einverleibens in die Paradiese.

Hier bietet sich ein kleiner Vergleich mit dem Paradies des Mose an: Adam erwacht, Gott haucht ihm den Geist ein, sein Körper ist aus der Erde gemacht. Die Parabel des Mose lautet in der richtigen Übersetzung also: Die Embrio-Geister erwachen geistig durch Gott, fluidisch (stofflich) in den Fluiden der Welten, aus dem Lebensprinzip. Adam ist das Bild des Dualgeistes. Eva wurde aus seinem Innersten genommen, sie bildet, gleichsam als sein Dual aus ihm heraustretend, doch eine Einheit mit ihm. So auch die Dualgeister, die in der fluidischen Form im Nervengeist zwei und in der Wurzel eins sind. Wie ein Dreieck, welches durch die vereinende Basis eins ist und durch den Bruch zwei Einzelne. Man denkt sich - um im Bild des Dreiecks zu bleiben - die zwei Schenkel rechts und links als Geister, und die Basis als das sie einsmachende, verbindende, fluidische Band der Dual-Liebe. Ist dieses zerrissen, so sind die Duale getrennt.

Die Embriogeister hatten das Bewusstsein des Daseins des Gegensatzes, in welchem das Verbot lag. Dieses ist bildlich der Baum der Erkenntnis. Engel kamen zu ihnen, d. h. die bekehrten Geister waren ihnen als Schutzgeister beigegeben, sie erfüllten hierdurch kleine Missionen. Es waren weder böse Tiere noch giftige Pflanzen in diesen 2. Sonnen, wo ein ewiger Frühling herrscht. Ihre Bewohner kannten weder Tod noch Sünde. Der Weg zur Vervollkommnung stand ihnen offen. So lebten sie, sich mit der Rotation (gesetzliche Schwingung in der Schöpfungs-Ordnung, Fortbildung, Entwicklung im Plan Gottes) fortbildend, dreifach begabt, als vereinte Dualgeister.

Inmitten dieser friedlichen Natur gewahrten und sahen sie den Gegensatz, indem sie die Unterwelten erblickten. Dort lag das Verbot, dies war die verbotene Frucht (der Apfel des Alten Testaments)!

Ebenso wie sie den Blick nach den Messiassen und den Oberwelten hatten, ebenso hatten sie auch den Blick in die Unterwelten, mit dem Bewusstsein des Verbotes.

194

Sie erhielten Licht, Leben, Unterricht von oben, während die Versuchung von unten kam. Hier steht nun das die Kluft ausfüllende Glied, die freien, individuellen Geister, bildungs- und fortschrittsfähig, zwischen den Messiassen und dem Gegensatz, durch die Schutzgeister gut geleitet, den Gegensatz als Verbot kennend.

Ohne Intelligenz und freien Willen gibt es keine individuelle und geistige Fortbildung; naturgesetzlich hatten sie die Gaben ihrem Entstehen nach erhalten.

6. Der Fall der Embrio- oder Paradiesgeister

Die Embriogeister waren aus der Kindheit in die reife Jugend übergegangen ohne zu fehlen; ihre Geister befanden sich in voller Entwicklung. Gehorsam rotierten sie mit dem Gesetz und gingen mit ihren Welten einer herrlichen Fortbildung entgegen.

Sie hatten den Blick nach oben und auch den Blick in die Unterwelten, deren versöhnendes Glied sie sein sollten. Sie standen zwischen Gott und dem Gegensatz im All. Der Ausdruck der Dual-Liebe lag in ihnen selbst. Zwei Geister, von einem Fluid umgeben, in dieser geistigen Liebe und Umarmung geeint, sollten sie die Eltern oder vielmehr die fluidischen Bekleider neu entstehender Embriogeister sein. Dies sollten sie werden, es war ihre Mission, die bildende Rotation sollte sie dem zuführen. Aber dann trat der Einfluss des Gegensatzes hindernd dazwischen.

Das Erscheinen der reinen Embrio-Geister erfüllte die Dämonen mit Ingrimm; sie hatten die Ohnmacht ihres Widerstandes gegen das Naturgesetz, ihre Schöpfungsunfähigkeit, einsehen gelernt. Das Entstehen der Geister beschämte sie und erfüllte sie mit Neid, da ihre Mißbildung gegen die vollkommene Bildung dieser Geister abstach.

Da sie nun nicht persönlich in die 2. Sonnen eindringen konnten - das herrschende Naturgesetz und die reinen Fluide derselben standen als unübersteigbare Schranken entgegen - taten sie mittels ihres freien Willens, ihrer Gegensatz-Intelligenz, ihrer einschmeichelnden Sinnlichkeit (sinnlich: zunächst sinnenhaft, auf Hören, Sehen, usw. bezogen, aber auch im Sinne von triebhaft, sexuell, begierlich), was sie nur konnten, um zuerst die Neugierde der Geister zu wecken und dann in ihnen die Begierde nach dem

Verkosten des Gegensatzes wachzurufen. Die Dämonen entwickelten bis an die Grenze ihres Reiches, d. h. der Unterwelten, elektrische Feuerfunken und Farbenspiele, da sie wussten, dass der Blick der jungen Geister auf ihren Welten ruhte. Dies erweckte die Neugierde nach dem Verbotenen!

Inmitten des elektrischen Lichtes befanden sich die Dämonen als belebendes Prinzip dieser Fluide, die explodierend und erschütternd in den Raum gesendet wurden. Das Erscheinen des Gegensatzes und der Dämonen mit ihrem elektrischen, phosphoreszierenden Nervengeist war den Geistern neu. Ein Teil der Embriogeister fand diese Formen ekelhaft, übelriechend, unangenehm und schloss sich fest an die Schutzgeister an; sie hielten mit aller Kraft an der Solidarität ihrer Welt fest. In anderen Geistern jedoch war die Neugierde rege, sie fanden Gefallen an diesen Formen, stemmten sich gegen die bildende Rotation und schwangen sich aus ihrem Kreise in die Räume, dem Gegensatz zu. Dies verursachte einen dreifachen Abfall aus den 2. Sonnen: Geistig, kräftemäßig und fluidisch; ein Abwerfen von Feuerreifen, die sich, je nachdem sie abgeworfen wurden, um die 3. Sonnen legten, oder durch deren Zentripetalkraft angezogen, im Gleichgewicht gehalten wurden.

Dies ist der erste Fall der Embriogeister. Die ganz reinen Dualgeister bleiben in ihren Paradiesen (2. Sonnen) während die anderen nach dem Abwerfen der Feuerreifen fortrotierten. Diese Geister fielen als Duale ab, ihr erster Fall war Ungehorsam. Dem folgte nun der zweite Fall: die Sinnlichkeit.

Durch den Abfall dem Gegensatz näher gekommen, entwickelten nun die Dämonen aus ihren Nervengeistern auf die Dualgeister gerichtete sinnliche Regungen. Der empfangende Teil des Duals verkostete zuerst diese verbotene Frucht in unvergeistigter Berührung mit den Gegensatz-Geistern. Diese Berührung wirkte wie ein elektrischer Schlag zerstörend auf die Duale ein und teilte sich auch dem gebenden Teil mit. Die Folge: getrennte Duale und zweiartige, sinnliche Geister, die in sich selbst uneins waren.

So wie sich der Magnetismus in Elektrizität verwandelt, so verwandelt sich dieser reine fluidische Nervengeist in einen sinnlichen dichten Geist..

Nicht nur Sinnlichkeit, sondern auch Hochmut zogen die Geister durch den Gegensatz an, denn sie wollten selbst schaffen, selbst zeugen und Gott übertreffen.

196

Hier fand eine Trennung der fallenden Geister statt. Sie teilten sich in sinnliche, ungehorsame Geister, die, erschreckt durch die Folgen der Trennung, sich aus den anderen tierisch-sinnlichen Geistern, aus ihren elektrischen Fluiden, aus ihrer Repulsionskraft in bessere Fluide absonderten und der regelmäßigen Rotation mechanisch, willenlos, betäubt und erschreckt folgten. Das Heraustreten dieser minder gefallenen Geister aus den anderen Tiefgefallenen brachte ein Ausscheiden von Geist-Kraft-Stoff aus den Feuerreifen mit sich und war Folge einer 4. solarischen Bildung, die der 3. Sonnenbildung ähnlich war.

Durch diese Handlung, die in naturgesetzlicher Rotation vor sich ging, fielen die Atome und Moleküle, welche die sich heranbildenden 4.Sonnen aus den Feuerreifen ausschieden, tiefer in den Raum der Unterwelten mit ihrem sinnlichen, geistigen Prinzip. Diese Ausscheidung fand sich an die Mutterwelten, d.h. die 4. Sonnen, die sie eben ausgeschieden hatten, zentripetal kräftig angezogen.

Durch ihr Fallen in den Raum der Unterwelten verursachten diese Ausscheidungen Kohäsionen (zerstörende Begegnungen, Zersplitterungen). Das Entstehen der 4. Sonnen brachte einen Ausgleich, eine Ausfüllung des Raumes, denn durch die atomischen Kohäsionen in den Unterwelten hatte es eine Überfüllung gegeben, die sich wieder solarisch konzentrierte.

Der Abfall der Geister war ein dreiartiger. Er war dem ersten Fall ähnlich, brachte aber nur in den Unterwelten chaotische Erschütterungen; denn die Planeten, Welt-Atome und Satelliten begegneten den Molekülen und Atomen der Ausscheidungen während der vollkommenen Ausbildung ihrer Mutterwelten, der 4. Sonnen, in erschütternden Kohäsionen. Die tiefgefallenen sinnlichen Geister erstarrten betäubt inmitten dieser Kohäsionen. Die Dämonen, gegen Gottes Gesetz machtlos, sahen sich durch die Kohäsionen willenlos hin- und hergestoßen, aber durch das Naturgesetz gebunden.

Die Entwirrung dieses unterweltlichen Chaos, das durch die Vermehrung, Verdichtung und Überfüllung, durch den Abfall der Geister und der Feuerreifen entstanden war, geschah durch eine 5. solarische Bildung. Die 4. Sonnen drehen sich nun um die 3. Sonnen, und die 5. Sonnen, die sich aus der chaotischen Kohäsion bildeten, drehen sich um die 4. Sonnen.

Die Gegensatz-Geister, welche die 3. Sonnen bewohnten, befanden sich zwischen den ganz sinnlichen und halb sinnlichen, zwischen hochmütigen und ungehorsamen Geistern. So war zwischen den gefallenen Erstlingen, die früher in den 3. Sonnen waren, und den gefallenen Embrio-Geistern kein Unterschied mehr. Sie alle heißen fortan „gefallene Geister"- mit Ausnahme der Dämonen (höchste Potenz des Gegensatzes).

In den 3. Sonnen befanden sich also standhafte, büßende Geister als solarische geistige Kraft. Sie zogen solarisch, geistig, fluidisch diejenigen Embriogeister an sich, die durch Ungehorsam, durch Dualtrennung halbsinnlich gefehlt hatten. Die sinnlichen, nicht hochmütigen, getrennten Dual-Geister zogen sich selbst solarisch an und aus dem Kreis der tief gesunkenen hochmütigen Geister heraus. Diese sinnlichen Geister kamen in die 4. Sonnen, so dass die ganz dem Gegensatz anheimgefallenen Geister im Chaos der Kohäsionen todähnlich betäubt lagen. Letztere sind in einem todähnlichen, die Geister in den 4. Sonnen in einem gebundenen Zustand des Halbschlafes. Die Geister in den 3. Sonnen sind erschreckte büßende Geister.

Dieser geistige Fall war durch schädliche Neugierde angeregt und durch Ungehorsam ausgeführt worden. Er brachte geistige Entartung, Kraft-Derotierung, Stoff-Verdichtung und Dualtrennung.

Für uns Menschen, die wir solche gefallene Geister sind, bedeutet dies, dass fast jeder Mensch der Erde schon mit selbstverschuldeter geistiger Sünde behaftet zur Welt kommt. Die sogenannte „Erbsünde" ist insofern falsch, denn die Sünde haben wir nicht etwa von unseren geistigen Eltern geerbt, sondern wir haben sie selbst als Embriogeist in fluidalem Zustand begangen.

Die Schöpfungsgeschichte des Mose kann weder wissenschaftlich richtig noch theologisch gerecht sein, wenn man sie auf die Erde allein begrenzt. Sie ist vielmehr ein Bildentwurf des großen Ganzen.

Im Alten Testament heißt es:

„Im Anfang schuf Gott Himmel und Erde. Die Erde war wüst und leer, und es war finster auf der Tiefe. Der Geist Gottes schwebte auf dem Wasser; und Gott sprach: Es werde Licht - und es ward Licht. Und Gott sah, dass das Licht gut war. Da schied Gott das Licht von der Finsternis und nannte das Licht Tag und die Finsternis Nacht. Dies war der erste Tag."

Man darf sich nicht durch die Terminologie des alttestamentarischen Schöpfungsberichtes verwirren lassen, sondern muss angesichts des wahren Schöpfungsverlaufes auf den Geist der Worte schauen.

Sinnbildlich ist mit dem ersten Tag die 1. Schöpfung Gottes gemeint, die Weckung des Alls. **Gott, Himmel, die wüste Erde und die finstere Tiefe sind: Gott, sein Urlicht, und die tote Materie.**

Gott sprach: Es werde Licht - und das All ward belebt; aus dem Urlicht entstand Odlicht, worunter Tag und Nacht gemeint sind. Gottes Geist schwebte auf dem Wasser heißt, dass Gott Urlicht ist. Moses sagt ganz richtig, dass das Wort Gottes: Es werde Licht!" - zwei Folgen hatte, Tag und Nacht, Weckung der toten Materie und ein belebtes All, das Odlicht und das Urlicht.

2.Tag: Und Gott sprach: „Es werde eine Feste zwischen den Wassern, es sei ein Unterschied zwischen den Wassern. Da machte Gott die Feste und schied das Wasser unter der Feste von den Wassern ober der Feste und Gott nannte die Feste Himmel."

Sinnbildlich bedeutet dies: Die Feste ist das Urlicht. Die Wasser sind das belebte All, welches das Urlicht umgab. Hier die Bildung der fluidischen Tröpfchen. Der Fall der Messiasse - und Gott schied das Wasser unter der Feste, den Gegensatz, von den Wassern ober der Feste, dem Gesetz.

3. Tag: Und Gott sprach: „Es sammle sich das Wasser unter dem Himmel an besonderen Orten, dass man das Trockene sehe." Das ist die Bildung der Ursonnen. Der 3. Tag ist hier die Bildung der Sonnen, die Absonderung der fluidischen Substanzen, die Abkühlungen. Moses erwähnt den Fall der Messiasse nicht speziell, er nimmt es jedoch später in der Erwähnung des versuchenden Dämons im Paradies als ein schon vorhandenes Faktum an.

4. Tag: Am 4. Tag erschafft Gott allerlei Sterne, die Sonne, und setzt Tage und Jahre ein. Dieses ist der Lauf der regelmäßigen Rotation der Sonnen. Diese Stelle aus dem 1. Buch Mose führte zu vielen Irrtümern. Da sich die Welten nicht alle gleich schnell und auf einmal entwickelten, gab es in dieser Periode große Lichter und kleine Lichter, d.h. allerlei in Entwicklung begriffene Welten.

5. Tag: Am 5. Tag, heißt es, schuf Gott die Tiere des Wassers und die Vögel. Diese sind die großen Amphibien, Pflanzenfresser und Vögel, wie im Schöpfungsablauf dieses Kapitels beschrieben.

6. Tag: Am 6. Tag schuf Gott die lebendigen Tiere und den Menschen. Dieses Schaffen ist die Fortbildung des Lebensprinzips in der Abstammung und das Erwachen der Embriogeister (Menschen) in den Paradiesen (2. Sonnen).

Es heißt ferner, dass Gott den Menschen aus einem Erdenkloss machte und ihm den lebendigen Odem einhauchte. Die Embriogeister waren wahrhaftig aus Gottes Odem zu einem lebendigen geistigen Prinzip gemacht und mit den Fluiden ihrer Welten in fluidischen Nervengeist gekleidet. Anders ausgedrückt: Durch das Verschmelzen des Lebensprinzips, das vorher alle Depotenzen über das Erd-, Pflanzen- und Tierreich durchlaufen und sich dadurch potenziert hatte, mit dem Urlicht Gottes, wurde aus dem mechanischen Lebensprinzip das seelische Lebensprinzip, das den Menschen kennzeichnet. Der Erdenkloss darf also nicht bildlich als Stück „Knetmasse" verstanden werden, das von Gott zu einem Menschen geformt worden wäre.

Das Herausnehmen Evas aus Adam fasst den Dualbegriff in sich. Der lange Schlaf Adams vor der Erschaffung Evas ist der Prozess der innigen Dualvereinigung, den die Geister in den Ursonnen durchmachten. Sein Erwachen und Erblicken der Gefährtin ist das Dualbewusstsein der Geister, das Bewusstsein der Zwei in Eins. So kann die Schöpfungsgeschichte des Mose nur als ein Entwurf der Schaffung überhaupt bis zum allgemeinen Sündenfall angesehen werden. Seine Worte sind Urwahrheit, göttliche Inspiration, wenn sie auf das große Ganze sinnbildlich angewendet werden.

Gott warnte die Geister vor dem Baum der Erkenntnis, d.h. vor dem Gegensatz, den sie im Paradies, das heißt im All, sahen. Die Stimme der Cherubim und Erzengel war ihnen hörbar, sie warnten die Geister vor der Berührung und Annäherung des Gegensatzes, da ihnen dieses den Tod, d.h. die Betäubung und Einverleibungen, bringen würde.

Das Eingeschlossensein im Garten des Paradieses ist das Eingeschlossensein in den Naturgesetzen, welche sie nicht übertreten sollten. Der empfangende Teil der Dualgeister fehlte zuerst, indem er durch nervengeistige Berührung des Gegensatzes die verbotene Frucht kostete. Er teilte sich dem gebenden Dual mit, der so den

200

Gegensatz ebenfalls in elektrischer Mitteilung empfing. Das Empfangen des Gegensatzes jedoch trennte die Duale. Es entstand dadurch eine nervengeistige Äenderung, die Ausbildung sinnlicher Formen.

Adam und Eva begannen sich zu schämen, da sie diese Formen als Nacktheit erkannten, weshalb sie sich in noch dichtere Fluide einzuhüllen suchten; dies ist bildlich ausgedrückt ein Einhüllen in Feigenblätter. Adam und Eva wurden hierauf aus dem Paradies durch den Engel vertrieben, d.h. die reinen Geister konzentrierten sich in den 2. Sonnen, alles Gegensätzliche ausscheidend.

Die hierauf folgende Verdammung der Schlange, das Urteil über Adam und Eva, ist als eine tiefe allegorische Wahrheit zu verstehen. Die Schlange, „die Dämonen", hatten nämlich ihr Gewissen hundertfach durch den Fall der Geister beladen. Sie sollten von nun an in den niedersten, materiellsten Welten sein. Es sollte eine Feindschaft zwischen dem Dämon und dem Weibe entstehen, welches ihm den Kopf zertreten würde, d.h. deren spezielle Mission es ist, den Gegensatz in der Sinnlichkeit zu besiegen.

Die ewige Versuchung der Sinnlichkeit umgibt den empfangenden Teil des Duals, das Weib; und gerade sie soll die Sinnlichkeit besiegen, den Gegensatz vernichten, und erst durch sie der gebende Teil des Duals, der Mann.

7. Die Entstehung unseres Sonnensystems, der Erde und ihrer Bewohner

Durch den Fall der Embriogeister, der den dritten Bruch in der Schöpfung markiert, entstand wie bei den beiden vorange-gangenen Brüchen ein Chaos, das nun entwirrt werden musste. Die dreiartig gefallenen Geister wurden dreiartig, also geistig, kräftemäßig und stofflich verteilt: die minder gegensätzlichen aus Ungehorsam und der hieraus folgenden Dualtrennung kamen in die 3. Sonnen. Um diese rotierten die abgeworfenen Feuerreifen als Ringe, die durch die Zentripetalkraft der Sonnen in der Spiral-Bewegung gehalten wurden, bis sich die solarischen Keime derselben durch die Kraft des geistigen Prinzips und die Rotation aus den molekulösen Feuerreifen absonderten und die 4. Sonnen bildeten.

Ein Teil der ungehorsamen Geister, die mit den Feuerreifen aus ihren 2. Sonnen (Paradiesen) ausgeschieden wurden und im Kreis der 3. Sonnen lagen, fühlten Reue und Schrecken. Sie gaben nach und wurden mit ihren Fluiden in die 4. Sonnen eingeschlossen, da sie ihnen adäquate Welten waren. Dieses gab den 3. Sonnen eine Expansion = Ausdehnung, so dass sie an Solarität und Zentripetalkraft zunahmen, wodurch Kraftzunahme und fluidische Magnetismusmehrung, das Ausscheiden und attraktive Herausziehen der magnetisch-elektrischen besseren Fluide und der minder sinnlichen Geister aus den Feuerreifen in solarische Elemente stattfanden. Durch die Rotationskraft unterstützt, wurde dieses Solarisieren der Atome naturgesetzlich bewirkt. Es war dies das Ausscheiden von solarischen Keimen und Atomen, die sich zu 4. Sonnen heranbildeten und um die 3. Sonnen rotierten.

Die Heranbildung dieser solarischen Elemente ging gradativ durch alle schon genannten Bildungsgrade des Atoms, des Keims, des Eis, des Kometen, der rollenden und drehenden Welt, in verschieden gradierten Ellipsen. So entstehen nun aus den Atomen der Feuerreifen im Lauf der Rotation und Bewegung von Millionen Jahren vierte Sonnen, die um die dritten rotierten. So zogen die 3. Sonnen aus den Feuerreifen solarische Elemente an, die sich in der Spiralbewegung durch die Rotation vom Atom zu kleineren 4. Sonnen ausbildeten.

Die sinnlichen Geister lagen als gelähmtes, halbschlafendes, sinnlich-geistiges Prinzip während der Bildung dieser 4. Sonnen in ihren Stoffen. Durch das Heranbilden der 4. Sonnen fand eine Ausscheidung aus den übrigen Prinzipien Geist-Kraft-Stoff statt, so dass die sinnlichen hochmütigen Geister in ihren Stoffen kohäsionskräftig tiefer fielen, und zwar in den Ellipsen der Planeten, diese atomisierend und molekularisierend. Sie begegneten den Planeten der Unterwelten in ihrem Ausscheidungsfall, was Kohäsionen (zerstörende Begegnungen) verursachte. Das ging alles gesetzlich vor sich, so dass es ein „naturgesetzliches Chaos" genannt wird: nämlich eine natürliche Folge des Falles, der Ausscheidung von Gegensatzgeist,- kraft und -stoff. Der Fall geschieht durch die Schwere und geht abwärts, im Gegensatz zur Vergeistigung, die aufwärts geht.

Die Kohäsionen waren Folgen der Sinnlichkeit und des Falles. Die sinnlichen und hochmütigen Geister lagen todähnlich in diesen Stoffen , und die Dämonen waren in ihren eigenen Ketten der Unfähigkeit dem Gesetz gegenüber gefangen.

Die Solarität und Zentripetal-Kraft der 4. Sonnen begann ebenfalls ihr Werk und wirkte solarisch, konzentrierend und attraktiv auf das unterweltliche Chaos ein. Es sammelten sich abermals die solarischen Keime und Elemente aus diesen atomisierten Fluiden heraus in eine 5. solarische Bildung, in ein 5. Sonnensystem, welches abermals nach Erlangung seiner Solarität und vollen Zentripetalkraft aus den materiellen Atomen und Keimen das Solarisch-Attraktive heraussuchte und ein 6. solarisches Element um sich rotierend sammelte.

Diese 6. Sonnen sind die kleinsten, schwersten und materiellsten Sonnenwelten, die ihr Planetensystem oder ein sich bildendes 7. Sonnen-Element um sich haben.

Unter diesen Tausenden von 6. Sonnen befindet sich unsere Erdensonne, und unter diesen Millionen solarischer Keime befindet sich unsere Erde.

Im sinnlichen geistigen Prinzip und dessen Kraft und Stoff befinden sich allerlei Abstufungen und Schattierungen, die durch die Rotation, durch die solarische Kraft spiral- oder stufenweise ausgebildet werden, bis zur Sonnenbildung. In diesen Heranbildungen befinden sich Atome, Keime, Eiwelten, rollende und drehende Welten, die sich alle fortbildend als angehende Solaritäten bewegen und die nach erlangter solarischer zentripetalkräftiger Stufe, Feuerreifen abwerfend, sich nach und nach ein eigenes System gründen.

Die Bildung aller dieser Millionen Welten ging den gesetzlichen Gang von Geist, Kraft und Stoff, die als dreiartige Eins alles ihnen relativ, im Gesetz der Abstammung und Verwandlung, heranbildeten. Nirgends Willkür, alles gesetzlich aus Gott kommend, durch sein dreiartiges Gesetz herangebildet.

So folgen die Verwandlungen des Anfangs, Glied für Glied durch Geist, Kraft und Stoff; nichts ohne dieses heilige Drei. Diese göttlichen Prinzipien erfahren im gesamten Schöpfungsverlauf keinerlei Äenderung. Ihre Aktion ist die Verwandlung, die Bildung in Relativitäten (der Abstammung Ähnliches). Die Prinzipien Geist, Kraft und Stoff sind in sich selbst ein untrennbares Gesetz. Gott steht hoch über allen Angriffen des Gegensatzes, der dreimal die Feste (das Urlicht Gottes, den Himmel) erschüttern wollte. Er wurde dreimal untätig gemacht und in das Gesetz eingeschlossen. Gott ließ dreimal Gnade und Versöhnung walten.

Der Gegensatz stand wie ein Bruch dem Ganzen, Geist - Kraft -

Stoff, gegenüber, welches ruhig weiterbildend und rotierend den Gegensatz in gesetzliche Verwandlungen, in Polaritäten, in das Naturgesetz einschloss. Die Geister der 3. Sonnen erwachten nach und nach aus ihrer Lethargie. Mit der zurückkehrenden Lebenskraft kam ihnen das Bewußtsein ihres Fehlers, ihres Austrittes aus dem Paradies, ihres neuen mühsamen Weges. Die Welten, in welchen sie sich befanden, waren ihnen im Vergleich zum Paradies qualvoll .

In den 5. und 6. Sonnenkreisen sonderten sich alle sinnlichen Elemente mit den tiefgesunkensten Geistern in Planeten und Satelliten ab. Jedes Sonnensystem enthält in seiner Belebung und Bildung eine eigene Stufenleiter von verschiedenen Verwandlungen und Unterschieden in Geist - Kraft - Stoff. Diese drei arbeiten im Mikrokosmos, im Kleinsten, sowie im Makrokosmos, im Größten. Überall ist das geistige Prinzip das bestimmende, es bewegt nämlich die Kraft je nach der Potenz des geistigen Prinzips oder des Motors, und es bildet die Dichtigkeit des Stoffes nach demselben aus.

Fortwährende Verwandlungen wurden Gesetz für die Tiefgefallenen, während Gleichheit das Gesetz der Reinen ist.

Die Verwandlungen von Geist, Kraft und Stoff gehen gleichen Schrittes; alles geschieht gradativ in einem Takte.

Die geistige Verwandlung liegt im Geist selbst und dadurch in den Erscheinungen des Lebensprinzips, in der Bewegung der Kraft und der Dichte des Stoffs.

Die stoffliche Verwandlung liegt für die Geister in ihrer Hülle oder dem Nervengeist, in den Körpern der Tiere, in den Pflanzen, in der Dichte der Erde und Stoffe.

Die Verwandlung der Kraft liegt in den Eigenschaften der Geister, der Ekliptik und in der Rotation der Welten.

Die Verwandlungen von Geist - Kraft - Stoff in den 3. Sonnen sind wie folgt:

Hier ist das geistige Prinzip ungehorsam, dualisch-uneins, in der Kraft repulsiv, im Stoff verdichtet elektrisch. Durch den Ungehorsam dualisch getrennt, liegt die Begierde nach Sinnlichkeit in den Geistern dieser Stufe. Die Eigenschaften, welche das geistige Prinzip ausdrückt, finden eine entsprechende Form; erstens in der Verkörperung der Geister, zweitens in allen

Verkörperungen des Lebensprinzips. So war in diesen Welten überall Begierde, aber keine Sinnlichkeit.

Die Begierde sollte getötet, besser gesagt, vergeistigt werden. Da die Dualgeister geteilt waren, und zwar in ein empfangendes und gebendes Prinzip, so war alles in dieser Welt geteilt. Erdreich, Pflanzen, Tiere waren erfüllt von einem geteilten, empfangenden und gebenden Prinzip. Die Nervengeister hatten sich in den Fluiden dieser Welten verkörpert, d.h. ausdrücklichere Formen angenommen.

Indem die Geister latent in den Fluiden dieser Welten lagen, zog das geistige Prinzip durch die Rotationskraft lebende Zellen und Eiweiß-Organismen an sich, die sich immer mehr ausbildeten und diese Geister verkörperten. Erwachend waren sie sich dieser Verkörperung bewusst, so wie sie auch die Erinnerung ihrer Vergangenheit und ihres Fehlers hatten.

Ein Rotationsgang enthält stets einen Turnus (gesetzlicher Entwicklungsabschnitt) von Verwandlungen in sich - bis zur vollkommensten geistigen Stufe. Diese Geister der 3. Sonnen traten nun mit ihren Welten den gesetzlichen Turnus von Verwandlungen an. Dieser Turnus von Verwandlungen lag im Stoffwechsel; der Stoffwechsel in den Verwandlungen des Körpers, denen die Geister anheimfielen. Sie waren sich dessen vollkommen bewusst, und bewusst folgten sie diesem Turnus, diesem Stoffwechsel, aus welchem sie sich wie ein Schmetterling aus der Puppe entpuppten.

Die ungehorsam gebliebenen, nicht mit dem Turnus rotierenden Geister wurden als individuelle Fälle mit ihren individuellen Nervengeistern und Fluiden durch das Gesetz der Ausscheidung in einen tieferen Kreis, in eine depotenziertere Welt, gebracht.

Die dem Turnus gefolgten, sich bessernden Geister, kamen nach dem Gesetz der einsmachenden Anziehung alles Vergeistigten in potenziertere Welten. Aus der relativen Bewegung der 3. Sonnen um das Urlicht (sie drehen sich um sich selbst, um die 2. Sonnen, diese wiederum um die Ursonnen, die sich einfach um das unbewegte Urlicht drehen) ist ersichtlich, dass ein Rotationsturnus ein sehr langes Leben bedeutete und eine lange Bildung durchmachte, in welcher die Geister Zeit hatten, alle Begierden abzulegen und der dualischen Einheit zuzustreben.

Der Verkehr dieser Geister der dritten Sonnen (den ersten Sonnen der Unterwelt) mit den höheren Geistern geschah unmittelbar, d. h. ihre Körper hinderten sie nicht, die höheren Geister zu sehen und ihre Sprache zu verstehen. Sonst jedoch war ihnen der Blick in die anderen Welten verschlossen. Die Versuchung lag in ihnen selbst, sie sollten sich geistig intelligent ausbilden und die Erkenntnis Gottes sollte sie zu ihrer ursprünglichen Reinheit zurückführen.

Nach denselben Prinzipien und Gesetzen, nur in sinnlich verdichtetem Maße, bildeten sich Geist - Kraft - Stoff in den 4. Sonnen aus. Auch dort lagen die gefallenen Geister als sinnlich latentes Prinzip in den sich solarisch ausbildenden, dichteren Stoffen dieser Welten. Nach Belebung der 4. Sonnen durch zweiartige Pflanzen und Tiere erwachten auch diese Geister aus ihrem Schlaf. Da aber alles materieller und organisch gröber war, zog dieses sinnlich geistige Prinzip mittels seines Nervengeistes auch größere organische Keimstoffe an sich, was den Geistern stoffliche Körper gab. Sinnlich in Form und Ausdruck, doch immer noch nicht das, was wir Menschen sinnlich heißen. Sie waren relativ sinnlich gegenüber dem, was sie früher waren.

Die Anziehung der Körper oder die Verkörperung der Geister geschieht immer durch dasselbe Gesetz der geistigen und nervengeistigen Anziehung der in den Welten liegenden Zellen und organischen Eiweiß-Keimstoffe, welche sich durch die Rotation in Formen bildet. Da diese 4. Sonnen eine eigene vervielfachte Achsenumdrehung oder vervielfachte Rotation hatten, so war der ganze Verwandlungsturnus ein rascherer und auch vielfacherer. Die Bewohner dieser Welten starben oder verwandelten sich nicht durch den sinnlichen Tod, noch wurden sie sinnlich geboren, da ihre Sinnlichkeit nicht die der Erden-Menschen ist. Sie hatten die dunkle Erinnerung ihrer Fehler und lagen schlummernd und verpuppt im Üebergang, in der Verwandlung eines Körpers aus einem Lebensturnus in den andern (Lebensturnus: So viele Verkörperungen des Menschen, die notwendig sind, um sich zu potenzieren).

Wenn ein Turnus sich zu Ende neigte, so neigte sich auch der Körper seiner Verpuppung oder Verwandlung zu, aus welcher dann der Geist in einem verwandelten Körper dem frischen Lebensturnus zuging. In diesen Welten geschehen alle Vermehrungen und Verwandlungen durch das Ei und durch Verpuppungen. Die Verpuppung der Geister ist eine chemische Umwandlung des Körpers; in dieser Zeit schlummert der Geist latent. Seine Umgebung ist ihm in der fluidischen Verpuppung und im Prozess stofflicher, chemischer Verwandlung jedoch sichtbar. Hierin liegt die größte Prüfung und das tiefste Leiden dieser Geister. Ihr Verkehr mit den höheren Geistern geschieht nicht unmittelbar, sondern mittelbar durch deren Missionen und ihr zeitweises Erscheinen auf diesen Welten; dann durch ihre eigene geistige Ausbildung, durch die Vervollkommnung ihrer Eigenschaften, z.B. durch Ausbildung der geistigen Liebe, des geistigen Blickes, des geistigen Gehörs und Gefühls, was sie dann selbst gegenüber ihren Brüdern zu Vermittlern oder zu höheren Geistern macht. Diese geistigen Gaben auszubilden und dadurch die in ihnen sinnlich gewordenen Eigenschaften aufzuheben, ist der Zweck ihrer Verkörperung. Diese Geister sollen Vernunft, Intelligenz und Liebe durch die Mittel, die ihnen Gott gab, in sich ausbilden. Indem die Geister der bildenden Rotation und dem Gesetz folgen, vergeistigen und potenzieren sie sich und kommen den höheren Stufen näher; das Nichtfolgen, das Derotieren (die vorgegebene Schwingung verändern), bringt sie jedoch geistig und fluidisch durch das Gesetz der Ausscheidung aller ungleichen Elemente in die tieferen Welten oder in die Depotenz.

In den 5. Sonnen brachten Geist - Kraft - Stoff ihre Bildungen durch den abgesonderten Geist - Kraft - Stoff der 3. und 4. Sonnen hervor. Folglich entstanden hier alle Schöpfungen in doppelt depotenzierten Verwandlungen. Das geistige Prinzip der 5. Sonnen enthielt Ungehorsam, Hochmut und Sinnlichkeit. Der Fall dieser Geister war deshalb ein dreifacher.

Auch aus diesen 5. Sonnen fand eine solarische Absonderung, eine Zentrifugal-Abstoßung und dann wieder eine Zentripetal-Anziehung und eine Fortbildung statt. Die 5. Sonnen sind Übergangswelten zu den ganz sinnlichen 6. Sonnen und zu den halbsinnlichen 4. Sonnen. Zwischen den 6. und 4. Sonnenkreisen stehend, sind die 5. Sonnen versöhnende, verbindende Ueber-gangswelten. Hier erfolgt der Übergang vom geistigen zum tierischen Bewohner der Welten. Vom Ei zum lebendigen Jungen, von der Verpuppung zur schmerzlichen Geburt. Da es in der Entwicklung keine Sprünge gibt, muss ein gradativer Übergang existieren. Er liegt im 5. Sonnenkreis. Die Sonnen in diesem Kreis sind als Übergangswelten erfüllt von Abstammungs-Übergängen der Erd-, Pflanzen- und Tier-Bewohner. Alles Dasein, alle Organismen, alle Kräfte und Stoffe sind hier im Wechsel begriffen.

Die Bewohner zwischen Sinnlichkeit und geistigem Wesen, halb in geistiger, halb in sinnlicher äußerer Form sind mit halb geistigen und halb sinnlichen Organen oder Ausdruckswerkzeugen begabt. Da die sinnlichen, hochmütigen Geister während ihres Falles, wie einst die Dämonen, selbst schaffen wollten, gebrauchten sie dieselben nervengeistigen fluidischen Mittel dazu und es entstanden ebenfalls sinnliche Organe daraus, die sich als Körper um die gefallenen Geister legten, so dass sie, durch perispritische oder nervengeistige Berührung sich selbst verdichtend, auf diese Weise einen sinnlichen, organisch belebten Körper um sich entstehen sahen. In todähnlichen Schlaf verfallend, wurden sie durch die Rotationsbewegung inmitten ihres sinnlichen organischen Körpers erweckt, durch den sie sich nun geistig äußerten. Sie erwachten also verkörpert, so wie das Lebensprinzip in Verkörperungen und Verwandlungen lebt und sich bewegt. Nur dass jene sich dieser Verkörperungen bewusst sind und dass diese ihrer selbst unbewusst mechanisch leben. Diese sinnlichen Geister zogen die durch sie verdichteten Fluide, welche zellenartig organisch belebt waren, an sich und erhielten dadurch mit Hilfe der bildenden Rotation sinnlich organische Verkörperungen.

Die Bewohner dieser 5. Sonnen sollten ihre geistige Gaben der Intelligenz, der Vernunft und der Liebe, die so entartet waren, wieder gesetzlich umändern. Sie waren aber doch um einen Grad dem Gesetz näher als die durch sie ausgeschiedenen Geister der 6. Sonnen. Hatte nun ihre Verkörperung eine Verzweigung des Geistigen und Sinnlichen, so waren auch alle Pflanzenarten und alle Tierrassen ebenfalls verzweigt verteilt. Übergangs-Tierpflanzen, Übergangs- Vogelgewürm und Fische vom Kriechenden zum Gehenden, Fliegenden; Übergangs-Vierfüßler zu Zweifüßern, in Fliegende und Gehende. Diese Welten sind erfüllt von Üebergangslagern und Keimen in ihren Flüssigkeiten und in ihren Erdlagern.

Dieses allgemeine Übergangsleben ist die Folge der schließenden Spiralbewegung, der Ellipse oder Bewegung der Stufen. Alle Sonnenkreise sind, mit den Ursonnen verglichen, relative Solaritäten. Doch da sie alle ihre Welten und Kinder um sich und aus sich geboren haben, nennt man sie depotenzierte Solaritäten.

Die vervielfachte Bewegung bringt einen rascheren Lebensturnus, Stoffwechsel und Verwandeln in den 5. Sonnen mit sich. Die Bewohner dieser Welten erhalten nur schwer die Lehre und den Unterricht der höheren Geister, welche in mühsamen und kurzen Missionen die 5. Sonnen besuchen. Schmerzen, Leiden, Mühseligkeiten für Bewohner und Tiere dieser Welten sind im Keimen und Entstehen. Die Intelligenz, die Vernunft, der Gottbegriff und der Begriff ihrer selbstverschuldeten geistigen Sünde sind halb ausgebildet, da ihr Geist den Druck sinnlicher Organe fühlt; ihr normaler Zustand ist das, was wir auf der Erde somnambulen (benommenen, schlafwandlerischen) Zustand nennen. Dieser ist ein Üebergangszustand der geistigen und sinnlichen Eigenschaften, durch welchen Zustand die Bewohner der 5. Sonnen für ihre Individualität große Pein leiden. Sie wollen sich entweder sinnlich betäuben oder geistig überheben.

Dieser Üebergangs-Zustand ist die größte Probe ihres Hochmuts, da sie durch ihn ihre niedere Stufe und ihren tiefen Fall demütigend fühlen. Sie sehen höhere Geister um sich, ohne sie erreichen zu können. Ebenso sehen sie den Andrang der noch niedrigeren Geister um sich, den sie geistig und physisch schwer empfinden.

Das geduldige Ertragen dieses peinigenden Doppelzustandes ist ihre Sühne und Buße. Geistige Überhebungen und Überschätzungen sowie gewaltsame sinnliche Übertritte stürzen sie in tiefere Welten durch den Tod, d.h. durch einen latenten Zustand des Geistes, der - in tiefere Welten einverleibt - dort als Mensch sein Selbstbewusstsein wiedererlangt.

Die 6. Sonnen sind die kleinsten und verdichtetsten, deren Rotation die vervielfachteste ist. Sie haben ihre Solarität aus dem schon dreifach abgesonderten Gegensatz durch Zentripetal-Kraft an sich gezogen. So bildeten sich die solarischen Keime zu Sonnen aus und wurden die Ernährer der Welten ihres Systems. Unter diesen 6. Sonnen befindet sich auch unsere Sonne, die viele Schwestern hat. Sonnen derselben Rotation und derselben Verdichtung; sie hat Schwester-Sonnen aller Grade im Atom-, im Keim-, im Embrio-, im Ei-, im Kometen-, im rollenden und drehenden Stadium. Sie hat Halbschwestern, das sind Sonnen, die sich in einem Übergangsstadium befinden; ja, sie hat auch in den anderen Sonnensystemen eine weit ausgebreitete Verwandtschaft, Neffen und Nichten aller Grade und hat auch selbst Kinder aller Phasen und Entwicklungsstufen.

So kann man in unserem Sonnensystem den Makrokosmos im Mikrokosmos erblicken, d.h. das ganze Große in diesem Kleinsten, worin sich alles Vorhandene im Relativen und Kleinen wiederfindet. Umgekehrt stellt unser Sonnensystem den Mikrokosmos im Makrokosmos dar, das Kleine im ganz Großen. Dieses Kleine, welches uns Menschen alles zu sein dünkt!

Mit den 6. Sonnen und ihren Welten, die zur 7. Weltstufe zählen, ist der Schöpfungsverlauf zum Abschluss bzw. zur Ruhe gekommen. Bezogen auf die Schöpfungsgeschichte Mose bedeutet dies sinnbildlich den 7. Tag, den Ruhetag. Wir Menschen leben also in der tiefsten Depotenz des Alls. Aber auch wir rotieren als geistiges (seelisches) Prinzip mit unserer Welt (Erde) mit und folgen durch viele Verkörperungen dem gesetzlichen Lebensturnus, bis wir uns potenziert und das Rad der Wiedergeburt auf der Erde für immer verlassen haben.

Gott ist in den Welten der 6. Sonnen, und damit auch auf unserem Planeten Erde, geistig gegenwärtig durch seine Allgegenwart, das Urlicht, der „stoffliche" Ausdruck Gottes ist es durch seine Depotenzen (mehrfach gebrochenes Licht), die Kraft ist es durch Vervielfachung. In diesem System befinden sich, wie in allen andern, alle Stadien der Weltenbildung: Atome, Keime, Eiwelten, Kometen, rollende Welten und sich solarisch ausbildende Planeten.

In diesen verschiedenen Welten-Stadien, Belebungs-Ellipsen und Dichte-Unterschieden lebt und bildet sich alles. Dies alles ist durch Geist - Kraft - Stoff belebt, bewegt und gebildet. Die meisten Potenzen des 6. Sonnenkreises - die Fülle der Kraft dieses Systems - befinden sich oben in den Sonnen, welche im Prozess ihrer solarischen Ausbildung selbst Feuerreifen abwarfen und so die Überfüllung des Molekulösen und Keimenden ihres Systems und ihres Kreises ordneten und agglomerierten.

Durch die solarische Ausbildung sind die besseren Geister dieser tiefen Stufe, ist der reinere Magnetismus und die größere Wärme und Attraktionskraft derselben in den 6. Sonnen konzentriert. Es bildeten sich zuerst die Sonnen aus und durch die letzte Reinigungsphase des Abwerfens von Feuerreifen dann gradativ die Welten ihres Systems.

Das Erwachen des todähnlichen, geistigen, sinnlichen Prinzips erfolgt nach dem stets gleichen Prinzip, nämlich in den Fluiden oder Stoffen der ihnen adäquaten Welten. Diese sinnlichen und hochmütigen Geister erwachten inmitten der Materie, nachdem sie latent in ihrer Ausbildung gelegen waren. Sie erwachten mit den diesen Welten adäquaten Körpern oder Organismen, welche sie zum sinnlichen Leben befähigten.

Das Erwachen der entartetsten Geister geschah in dichteren und materielleren Körpern als alle bis jetzt beschriebenen Verkörperungen. Ihre Verkörperung entstand durch die motorische Anziehung der in den Welten ausgebildeten Organismen, welche durch die geistige Entartung, durch ihren Drang nach sinnlicher Befriedigung tiermenschlich wurden, und erst nach langen

210

Läuterungen des Geistes, durch vielfache Verwandlungen der Körper in den Abstammungen sich menschlich bildeten.

In allen Welten ist das Entstehen der Organismen durch dieselben Gesetze geleitet: Es entsteht zuerst die massenhafte Verkörperung der Geister als Folge ihres geistigen Falles in den vorhandenen Organismen und Stoffen und nimmt dann ihren selbständigen individuellen Vermehrungsweg.

Diesen materiellen Verkörperungen entsprach die ganze Natur dieser Welten des 6. Kreises; die Entwicklung derselben war von Anfang an materiell. Im Prinzip bleibt sich die Bildungsart immer gleich, wenn auch in den Verwandlungen depotenziert, materiell und derber.

Auf diese Art befanden sich die so tief gefallenen Geister zwischen derben, materiellen Geburtsorganen, denen sie nach dem Gesetz der Abstammung organisch und stofflich ähnlich wurden; sie behielten ihr geistiges individuelles Prinzip bei, bildeten einen Übergang, ein Glied zwischen Tier und Mensch und werden „Tiermenschen" genannt. So tief gefallene Geister konnten nach dem Gesetz von Geist-Kraft-Stoff, welches nie Sprünge oder Ausnahmen macht, sondern immer gerecht und ähnlich schafft, keine andere erste Verkörperung haben.

Im Laufe der Rotationen und des Turnus potenzierten oder reinigten sich die zuerst ausgebildeten Welten dieses 6. Kreises. Doch ist überall, in allen Planeten, wo die tiefgefallenen Geister an der Grenze des Gegensatzes angekommen waren, die tiermenschliche Einverleibung die erste.

Diesen Geistern ist natürlich alle Besinnung auf ihre Vergangenheit während der Verkörperung entschwunden. Sie erleiden die Pein des Todeskampfes und einer geistigen Betäubung vor der Verkörperung; das Weib gebiert unter Schmerzen, ihr Lebensturnus ist ein kurzer, aber vervielfältigter und die Verkörperungen sind permanent, bis der Geist wieder einen Grad an Intelligenz, Vernunft und gutem Willem erreicht hat.

Die Trennung der Duale ist in diesen Welten eine totale. Doch da sie durch das Gesetz geistig verbunden sind, müssen sie sich gesetzlich nach vielen Verkörperungen, nach dem Erwachen und Verlangen der geistigen Liebe wiederfinden.

Durch Hochmut geblendet, durch Sinnlichkeit betäubt, verlernten diese Geister den Gottesbegriff und schufen sich denselben je nach ihrer geistigen Stufe. Der Verkehr mit höheren Geistern wäre hier ganz abgebrochen, wenn nicht Gottes Erstlinge, sich selbst aufopfernd, göttliche Missionen in diesem 6. Kreise ausgeführt hätten. Diese Missionen sind aber immer nur sehr kurz und finden in großen Zwischenräumen statt. Es erhalten auch weniger belastete Geister - als letzte Reinigung oder Buße - Aufgaben in diesen Welten.

Indem Geister der 4. und 5. Sonnen gruppenweise Einverleibungen in diesen Welten erhalten, dienen sie den Tieferstehenden als Beispiel und erfüllen zivilisatorische, bildende Aufgaben. Der Verkehr mit höheren Geistern geht nur mittelbar - durch Verkörperungen oder durch Medien - vor sich.

Dies ist das Totalbild des ganzen 6. Systems in all seinen Abstufungen, worunter sich, wie bereits erwähnt, auch unsere Erde befindet.

Das 6. System markiert die Grenze des Gegensatzes, die letzte Depotenz im letzten Spiralkreis. Die Spiralbewegung geht nun in den inneren Kreisen wieder potenzierend hinauf zum Ausgangspunkt.

So wie Geist-Kraft-Stoff die Depotenz im Zahlengesetz (Anhang zum medial vermittelten Schöpfungsbericht) leiteten, ebenso müssen sie die Potenz in demselben leiten. Die bisherige Darstellung zeigt die Abstammung des Tiermenschen vom Paradiesgeiste (Embriogeiste) Glied für Glied durch den Fall abwärts. Nun gilt es, die Rückkehr vom Tiermenschen zu seiner ursprünglichen Abstammung als Paradiesgeist Glied für Glied aufwärts zu betrachten und zu verfolgen.

Läge im Tiermenschen nicht der geistige Kern zum hohen Geiste, wäre er nicht das Produkt der Entartung, so könnte er nicht naturgesetzlich die Stufe eines hohen Geistes erlangen; seine geistige Abstammung macht ihn bildungsfähig, unterscheidet ihn vom Tiere und hilft ihm, stufenweise fortzuschreiten und seine Paradiesstufe wieder zu erreichen.

Läge im Tiermenschen nicht der geistige individuelle Keim, so gäbe es keine vorwärtsschreitende Verwandlung, keine vorwärtsgehende Abstammung; es wäre ein fortwährendes Retrogradieren (kontinuierliches Rückbilden). Da aber das geistige Prinzip, die individuellen Geister, scharenweise vorwärts gehen und zwischen

212

Kraft und Stoff das bestimmende motorische (belebende) Element sind, ergibt sich nach dem Gesetz der einsmachenden Anziehung die Abstammung vom Tiermenschen aufwärts bis zum gebildeten wohlgeformten Menschen.

Anmerkung des Autors:

Angesichts der großen Bedeutung dieses aufklärerischen Schöpfungsberichtes - per menschlichem Medium von höchsten Geistpersönlichkeiten übermittelt - unter dem Titel GEIST, KRAFT, STOFF, war eine korrekte unverfälschte Wiedergabe zwingend erforderlich.

Der Text in diesem vierten Kapitel wurde deshalb nur an einigen Stellen redaktionell überarbeitet und um Begriffserklärungen ergänzt, wodurch keinerlei Sinnentstellung des Originalinhalts bewirkt wurde. Zur leichteren Lesbarkeit und Verständlichkeit wurden lediglich die mathematischen Darstellungen nach dem Zahlengesetz, die den verbalen Text logisch untermauern, weggelassen.

Dem geneigten Leser wird zur Vertiefung das im Literaturverzeichnis genannte Buch „Geist, Kraft, Stoff" empfohlen.

- - - - - -

„Zwei Dinge erfüllt das Gemüt mit immer neuer und zunehmender Bewunderung und Ehrfurcht, je öfter und anhaltender sich das Nachdenken damit beschäftigt; der bestirnte Himmel über mir und das moralische Gesetz in mir.

Ich sehe sie vor mir und verknüpfe sie unmittelbar mit dem Bewusstsein meiner Existenz."

Immanuel Kant

Kapitel V

UMKEHR DER ZEIT: DIE VERGEISTIGUNG ALLER MATERIE

1. Friedliche Ko-existenz zwischen Evolution und Kreationismus

In den USA tobt im Herbst 2005 ein erbitterter Streit darüber, ob die Erde durch Gott oder den Urknall entstanden ist. Die christlich-fundamentalistischen Kreationisten in Amerika wollen die Evolutionslehre durch die biblische Schöpfungsgeschichte ersetzen.

Nach einer Umfrage des US-Fernsehsenders CBS befürworten mittlerweile 65 Prozent der Amerikaner, „Creationism" neben der Evolutionslehre an Schulen zu unterrichten. Bestärkt wurden sie von ihrem ehemaligen Präsidenten, George W. Bush, dem selbst ernannten wiedergeborenen Christen, der im August 2005 zum ersten Mal direkt sagte:

„Beide Theorien sollten unterrichtet werden, ... damit die Menschen verstehen, worum es in dieser Debatte geht.

So hat im Bundesstaat Kansas die Schulbehörde im November 2005 beschlossen, evolutionskritische Theorien in den Lehrplan aufzunehmen und den Begriff Wissenschaft um überirdische Faktoren zu erweitern. Im Kreis Dover in Pennsylvania wird seit einem Jahr „Intelligent Design" unterrichtet. Dies ist eine Theorie, die besagt, dass die Erde derart komplex sei, dass sie von einem höheren Wesen geschaffen worden sein müsse, nicht unbedingt von Gott, aber von einem „übernatürlichen intelligenten Designer". Das dortige Landgericht verbot jedoch die Propagierung der Design-Theorie an Schulen wegen Verstoßes gegen die Verfassung, die eine strikte Trennung von Staat und Religion vorsieht.

Das neue Biologiebuch in den Schulen von Cobb County im Bundesstaat Georgia versetzte das Blut überzeugter Kreationisten in Wallung. Auf Seite 194 mussten die Schüler und Lehrer darin lesen: Nicht Gott habe die Erde geschaffen, sondern der Urknall sei Ausgangspunkt allen Lebens gewesen. Nicht vor exakt 5765 Jahren sei dies alles passiert, sondern vor Milliarden Jahren. Auch sei der Grand Canyon nicht durch die Sintflut entstanden.

Aufgrund der massiven Proteste der Eltern sah sich die Schulbehörde gezwungen, die Biologiebücher der Schüler mit einem deutlich sichtbaren Aufkleber zu versehen mit der Aufschrift: „Dieses Buch enthält Material über Evolution. Evolution ist nur eine Theorie, keine Tatsache. Das Material sollte sorgfältig studiert und kritisch hinterfragt werden."

Wie der wahre Schöpfungsbericht in Kapitel IV in beeindruckender klarer und logischer Darstellung der tatsächlichen Begebenheiten und Geschehnisse aufzeigt, bestehen zwischen der Evolutionstheorie und der biblischen Schöpfungsgeschichte scheinbar unüberwindbare Widersprüche.

Die einzigartige Tierwelt des Galapagos-Archipels vor der Küste Ecuadors im Pazifischen Ozean hatte Charles Darwin entscheidende Anstöße zur Formulierung der wissenschaftlichen Evolutionsgesetze gegeben. Darwin, der Protagonist der Evolutionstheorie, wird von hoher geistiger Warte in vielen seiner Beobachtungen und Schlussfolgerungen bestätigt, denn alle materiellen Lebewesen entwickeln sich in der Tat aus niederen, primitiven Organismen. Die stammesgeschichtliche Entwicklung der Lebewesen von niederen zu höheren Formen auf unserer Erde im Zuge einer allmählich fortschreitenden Entwicklung ist ja nichts anderes als der Vollzug zweier geistiger Gesetze:

Das Gesetz der Abstammung und der Verwandlung

Das Gesetz der einsmachenden Anziehung alles Vergeistigten, was letztendlich in der Vergeistigung aller Materie kulminiert

Charles Darwin, der von 1809 bis 1882 lebte, nahm als erster Forscher an, dass die verschiedenen Arten durch natürliche Auslese zufälliger Varianten entstanden. Seine „Survival of the Fittest" - Theorie der "Besten -Auslese" - ist nur insofern unrichtig, als sie von „zufälligen" Prozessen und Varianten ausgeht. Wie der Schöpfungsbericht aber unmissverständlich zeigt, folgt die Evolution strikt dem Naturgesetz, das keine Zufälle kennt.

Zur wissenschaftlich begründeten Evolutionstheorie zählt neben den bedeutsamen Erkenntnissen Darwins, die in seinem Werk „Die Entstehung der Arten" ihren Niederschlag gefunden haben, auch die von Kosmologen und Astrophysikern formulierte Urknalltheorie. Aus geistwissenschaftlicher Sicht aber gab es weder einen Urknall noch stammt der Mensch vom Affen ab. Ursächlich für diese beiden ganz großen Irrtümer ist das materialistische Weltbild unserer Forscher und Wissenschaftler. Sie negieren allesamt die Tatsache, dass es ein Gesetz über der Materie, nämlich den Geist, Gott, gibt.

Der geistige Schöpfungsbericht in Kapitel IV schildert ausführlich die gradative Entstehung der Materie aus Gottes Urlicht (erstes Licht) und dessen Schöpfung, dem Odlicht (zweites Licht). Durch den Abfall der Erstlinge (entstanden aus der Vereinigung von Urlicht und Odlicht) wird deren Licht (drittes Licht oder reiner Magnetismus) durch die Abstoßung elektrisch. Dies ist der Urbeginn der Materie, die sich nach zwei weiteren Brüchen und versöhnenden Fortbildungen in der Schöpfung naturgesetzlich weiterentwickelt hat bis zu dem Zustand, in dem wir heute unsere Erde, unser Sonnensystem, ja das ganze materielle Universum und seine Bewohner kennen und erleben.

Auch der Affe in Afrika hat sich nicht über Jahrtausende oder Jahrmillionen Schritt für Schritt zum Denker und Philosophen, dem heutigen Homo sapiens gemausert. Tiere sind lediglich mechanisch-seelisch belebt, haben also kein Bewusstsein und auch nicht die geistigen Gaben des geistig-seelisch belebten Menschen. So nimmt es kein Wunder, dass unsere Evolutionsbiologen bei der Fortentwicklung des Primaten zum Menschen vom **„missing link"**, dem fehlenden Verbindungsglied in der Entwicklungskette sprechen. Dies zu Recht, denn es gibt kein verbindendes Üebergangsglied zwischen dem Affen und dem späteren Menschen. Die erste Verkörperung bzw. Einverleibung der völlig entarteten Geister (ungehorsam, sinnlich, hochmütig) konnte naturgesetzlich nur die des Tiermenschen sein. Über lange Zeiträume und unzählige Verkörperungen potenzierten sich diese entarteten Geister und legten nach und nach die Zwittereigenschaft ab und entwickelten sich zu einem Menschen heutiger Prägung. Der Mensch ist die einzige Spezies, die über Sprache verfügt. Die Sprache ist das Ausdrucksmittel des Geistes, ebenso wie das logische Denken (Vernunft, Intelligenz). Auch die Liebe und der freie Willen heben den Menschen deutlich von den Tieren ab, die, falls hochentwickelt, häufig den Anschein erwecken, als verfügten sie ebenfalls über eine geistig belebte Seele und individuelles Bewusstsein. Es sind dies aber nur hoch entwickelte Instinkte.

Die Bibelgläubigen haben den atheistischen Wissenschaftlern gegenüber einen großen Vorteil: Sie glauben an Gott! Leider nehmen sie das 1. Buch Mose im Alten Testament - die Genesis, die Schöpfungsgegeschichte, wörtlich und lehnen andere Theorien kategorisch ab. Sie glauben, dass das Universum, die Welt, das Leben und der Mensch genau so entstanden sind, wie es dort geschrieben steht. Vom lieben Gott vor rund 6000 Jahren in nur sechs Tagen erschaffen. Auch Adam und Eva sind demnach physisch aus dem Paradies vertrieben worden. Das mag alles sehr naiv und kindlich klingen, ist es aber in der Tat nicht, denn über 40 % aller US-Amerikaner glauben das tatsächlich.

Sinnstiftende Aufklärung brachte deshalb der geistige Schöpfungsbericht. Darin wird auch klar zur Genesis von Moses Bezug genommen, indem die sinnbildliche Bedeutung plausibel und nachvollziehbar dargestellt wird. Hierbei werden viele Erkenntnisse unserer Wissenschaftler von hoher geistiger Warte als richtig bestätigt. Das Universum ist fraglos viele Milliarden Jahre alt, ebenso unsere jüngere Erde.

Beide Theorien haben in ihrem Kern Urwahrheiten, sind aber eben unvollständig. Die Bibelgläubigen müssten sich damit abfinden, dass Gott nicht eine liebe Person ist, die Himmel, Erde und den Menschen in sechs Tagen physisch erschuf, sondern eine unzertrennbare Einheit von Geist - Kraft - Stoff ist, die ewig schafft und alles von ihm Ausgeströmte wieder zu sich holt. Auch müssten sie die Erkenntnisse der Evolutionsbiologen teilweise anerkennen, indem sie akzeptierten, dass die Erde nicht erst seit 6000 Jahren besteht. Die Anhänger der wissenschaftlichen Evolutionstheorie wiederum müssten dazu übergehen, ihre Schlussfolgerung nicht nur aus der Zwei, nämlich aus der Kraft und dem Stoff, zu ziehen. Ohne die Eins, den Geist als erste Ursache allen Seins ist jede Rechnung, jede Theorie und jedes Weltbild falsch! Drei in Eins lautet das universell gültige Gesetz jeglicher Schaffung. Nur Geist - Kraft - Stoff im Zusammenspiel sind als Ganzes fähig zu schaffen, zu verwandeln, zu vermehren.

2. Gott würfelt nicht

Mit der fast vollständigen Entschlüsselung des menschlichen Genoms hat aber fast gleichzeitig mit der eben erörterten Grundsatzdebatte das biopolitische Zeitalter, eine Facette des Wassermannzeitalters, begonnen. Die „life sciences", die Lebenswissenschaften, sind ins Zentrum der öffentlichen Debatte gerückt. Die beliebige Veränderung des menschlichen Erbgutes, diverse manipulative Eingriffe in die menschliche Keimbahn, das Klonen von Tieren und nun wohl auch bald von Menschen, haben nicht nur das wissenschaftliche Lager, sondern auch Philosophen, Theologen und auch die breite Bevölkerung in zwei Lager, „pro" und „contra", gespalten.

Es geht um grundlegende moralisch-ethische, kulturelle und auch rechtliche Fragestellungen sowohl hinsichtlich des unverzichtbaren Schutzes des ungeborenen menschlichen Lebens als auch der unantastbaren Würde des menschlichen Lebens schlechthin. Viel steht auf dem Spiel: Die Wissenschafts- bzw. Forschungsfreiheit, insbesondere der Mikrobiologie auf der einen und der Schutz des Evolutionsmechanismus auf der anderen Seite. Es geht letztendlich um nichts Geringeres als der Evolution des Menschen. Mit dem künstlichen Eingriff in den Bauplan des Menschen, und damit in das Fundament der Evolution drängen unsere Wissenschaftler in einen Bereich der Natur ein, der bislang als „Unberührbar" galt. Er war jener kosmischen Kraft vorbehalten, die man allgemein als Schöpferkraft bezeichnet, die all das, was wir auf unserem Planeten vorfinden, geschaffen hat, am Leben erhält und durch stetige Bewegung und Veränderung, Wandlung und Verwandlung zum Fortschritt drängt: Die Mineralwelt ebenso wie alles Leben der Pflanzen, Tiere und Menschen.

Zu Beginn des 3. Jahrtausends steht also die Menschheit vor dem entriegelten Tor jenes mystischen Gartens, der die Geheimnisse der Schöpfung, das Geheimnis des Lebens, beherbergt. Die Menschheit schickt sich an, die verbotenen Früchte, die in diesem Garten wachsen, zu ernten und auch zu essen. Den Schlüssel zum Öeffnen dieses Tores haben Molekularbiologen bereits gefunden. Die ersten besonders ehrgeizigen und skrupellosen Forscher sind mit dem Klonen von Tieren bereits tief in diesen Garten eingedrungen. Und viele andere Wissenschaftler, Forscher und auch ruchlose Geschäftemacher, die den Erwerb des Patents auf menschliches Leben wittern, drängen hektisch nach. Sie werden sich durch Nichts und Niemandem auf dieser Welt davon abhalten lassen, diesen Garten bestmöglich auszubeuten.

Charakteristisch für den Niedergang von Moral und Sitte auch im medizinischen Lager ist der Fall Hwang. Der südkoreanische Klon-Pionier Hwang Woo Suk hat alle Daten in seiner aufsehenerregenden Arbeit über die Herstellung von Stammzellen gefälscht und so das gesamte Forschungsfeld in Misskredit gebracht. Er hatte behauptet, embryonale Stammzellen für elf Patienten geklont zu haben. Eine Untersuchungskommission stellte Ende Dezember 2005 jedoch fest, dass in Wahrheit nicht eine einzige Stammzellenlinie geklont war. Kritiker werfen Hwang nun sogar auch noch vor, dass auch sein Hund „Snuppy" , von ihm im August 2005 als erster geklonter Hund der Weltöffentlichkeit vorgestellt, nicht durch Klonen sondern durch künstliche Befruchtung erzeugt worden sei.

Trotz aller Fortschritte in Medizin, Molekularbiologie und Gentechnologie stellen sich mehr Fragen als Antworten gefunden werden:

Bricht nun eine neue Epoche in der Evolution an?

Führt die Fortentwicklung des Menschen aus Menschenhand in eine neue Dimension zum sich selbst verfertigenden Menschen?

Wird aus der bisherigen Utopie eines immerwährenden, ewig lebenden menschlichen Individuums bald Realität?

Homo sapiens, quo vadis?

Die Klärung dieser grundsätzlichen Fragen ist nur möglich, wenn man die Ursachen und Gesetzmäßigkeiten der Evolution im allgemeinen und speziell hinsichtlich des Wesens Mensch, der eine Mischung zwischen Geist und Materie ist, kennt. Hierzu zählt auch die Sinnfrage. Hat das Leben der Menschen überhaupt einen Sinn, und, falls ja, welchen Sinn hat es als Ganzes betrachtet, also unabhängig von der Sicht des Einzelnen, der sein Leben dem Guten oder der Gier, dem Spaß und Genuss oder dem Wohlergehen der nächsten Generationen widmet. Gemeint sind auch nicht die Angehörigen einer Gruppe, die bereit sind, ihr Leben für eine Idee oder eine Sache zu opfern, etwa für das Vaterland, dem religiösen Fundamentalismus oder einer Sekte.

Sind wir Menschen etwa nur ein Glied in der Nahrungskette? Sind wir wirklich nur das Ergebnis von ein paar Mutationssprüngen zur rechten Zeit? Dienen wir, den Tieren gleich, nur der Fortpflanzung und Erhaltung unserer Art, unserer Spezies? Heißt der Menschheit kollektives Ziel schlicht Ueberleben? Welche Rolle ist uns Menschen auf Erden wirklich zugedacht?

Seit die Gestalt des Zweibeiners in der Erdgeschichte aufgetaucht ist, die sich im Zuge der Menschheitsgeschichte immer aufrechter bewegt und intelligenter wird, haben sich Dichter und Denker, Wissenschaftler und Religionsstifter die Zähne an ihnen ausgebissen. Und so viele Menschen sich auf die Suche nach dem Sinn des Lebens machten, so viele Antworten gab es.

Für die Misanthropen sind die Menschen nichts anderes als ein Glied in der Nahrungskette, für andere haben sie, die Gott „sich zu Bilde" schuf, einen göttlichen Auftrag. Es war bislang Ansichts- oder Glaubenssache, und so ist es auch heute noch. Wissenschaftlich zu beweisen war bislang weder die eine noch die andere Weltanschauung.

„Das Leben besteht in der Bewegung" formulierte einst der Grieche Aristoteles. Der Römer Seneca dagegen meinte „Leben heißt Kämpfen", während bekannte deutsche Denker und Philosophen recht konträre, moralisch kategorisierende Wertungen des Lebens vertraten. Nach Schopenhauer ist Leben „Leiden", während Schöngeist Goethe sagte: „Das Leben ist gut."

Die Verben Bewegen und Kämpfen treffen auf unser Leben sicherlich zu. Aber auch Goethe und Schopenhauer haben nicht unrecht, denn für die Einen ist das Leben gut, vielleicht oder gerade weil sie sich viel bewegen und hart kämpfen, und für die Anderen ist es Leiden, obwohl sie sich auch viel bewegen und hart, sogar sehr hart kämpfen.

Der Unterschied zwischen gutem und schlechtem Leben macht das persönliche Schicksal aus. Letzteres beruht entweder auf endogenen Faktoren - also in diesem laufenden Leben vom Menschen selbst verschuldeten Schicksalsschlägen wie Ruinierung der eigenen Gesundheit durch Raubbau, Drogen, Unfälle durch grob fahrlässiges Verhalten, Armut durch risikoreiche Spekulationen, usw. oder exogenen Faktoren, worunter signifikante Eingriffe in das Leben oder die Lebenssituation eines Menschen durch Dritte - fremdverschuldetes Schicksal - zu verstehen sind.

In aller Regel besteht das persönliche Schicksal eines Menschen jedoch aus einer Kombination von Selbst- und Fremd- verschuldung. Die allerwichtigste Bestimmungsgröße in der Konstellation eines jeden persönlichen Schicksals ist jedoch das Karma, mit dem der Mensch auf der Erde geboren wird.

Betrachtet man das menschliche Leben ganz allgemein, so lässt sich feststellen, dass mit der Evolution die Intelligenz des Menschen wuchs. Je intelligenter der Mensch im Zuge der Evolution wurde, um so mehr stellte er sich die Sinnfrage. Besonders aktuell ist sie in der heutigen Endzeit. Besonders jetzt, da die Menschheit höchst paranoide Züge aufweist und die Gefahr, sich selbst zu vernichten, zunehmend wächst. Unsere Zeitepoche, das eben angebrochene Wassermannzeitalter, ist das Zeitalter der Apokalypse (Offenbarung). Es ist die Epoche, in der die Welt die Wahrheit über ihre Erschaffung wird verstehen können. Diese Aufklärung der Menschheit über die Geheimnisse der Schöpfung und damit den Sinn des Lebens ist schon längst überfällig.

Selbst prominente Politiker der Gegenwart betrachten den Menschen als ein Zufallsergebnis der Evolution. In einem Gespräch mit Frank Schirrmacher von der angesehenen überregionalen deutschen Frankfurter Allgemeine Zeitung (F.A.Z) zum Thema Menschenrechte im biopolitischen Zeitalter sowie über Evolution und Revolution (Feuilleton vom 17. 2. 2001: Wer nur den lieben Gott lässt würfeln) tat der langjährige deutsche Außenminister Fischer kund: „Wir Menschen sind nicht der Zweck der Evolution, sondern ein Zufallsergebnis ..... aber die Individuen sind in der Evolution ja nur so etwas wie Quanten in der Quantenmechanik, Mittel zum Zweck, vorübergehende Erscheinungen". Im Zusammenhang mit den Manipulationen der menschlichen Keimbahn durch die Gentechnologen befürchtet er die Umkehr dieses Mechanismus, worin für ihn „die große moralische Dimension und Gefahr der Aufhebung der Kontingenz der menschlichen Existenz" liegt.

Fischer führte weiter aus: „Wir verabschieden den Zufall, die Kontingenz der Evolution. Unsere ganze Spezies ist das Ergebnis von derem großen Würfelspiel.

Und dieses Würfelspiel setzt voraus, dass diese Baupläne in den einzelnen Individuen, aber auch in den Spezies veränderlich sind, das heißt, dass es Mutationen gibt ......und dann wird es nicht mehr die Kontingenz der Evolution sein, sondern dann wird es vielleicht der Murks eines montags schlecht gelaunten Bioingenieurs sein".

Fischers naturwissenschaftliche Antwort zur Mutation, einer erblichen Veränderung - Änderung der DNS in Informationsgehalt, Struktur oder Quantität - bzw. der Mutabilität des genetischen Materials ist richtig, denn letztere ist ja Grundlage jeglicher Evolution und führt durch Auslese und andere Evolutionsmechanismen zur Rassen- und Artfortbildung (Gesetz der Abstammung und Verwandlung!).

Was aber die ursprüngliche Herkunft, die schöpfungsgeschichtliche Entwicklung des Menschen und den Sinn seines Hierseins auf dem Buß- und Sühneplaneten Erde in tiefster Depotenz des gesamten

221

Universums anbelangt, so ist Fischer wie Millionen von Menschen in aller Welt auch Opfer der atheistischen Wissenschaft.

Die wahre Schöpfungsgeschichte lässt keinen Zweifel daran, dass weder das materielle Universum mit seinen sieben Weltstufen und sechs Sonnensystemen noch unser Planet Erde und der auf ihr lebende Mensch ein Zufallsprodukt ist. Gott ist beileibe kein Spieler, der würfelt oder in der Alchimistenküche experimentiert. Er ist ein Gott der Ordnung. Er bewerkstelligte seine Schöpfung durch seine Urintelligenz und kraft seines Schöpferwillens.

Seine geistige Schöpfung, die Erstlinge, sollten ihm ähnlich werden, weshalb er sie mit seinen Attributen Liebe, Vernunft (Intelligenz) und dem Freien Willen ausstattete. Nicht in der gleichen Qualität, wie er sie hat, denn er ist vollkommen. Die Erstlinge, gottähnlich aber nicht gottgleich, als reine aber nicht vollkommene Wesen von Gott geschaffen, sollten sich nun entwickeln, um ihren persönlichen Vollkommenheitsgrad, der im Gotteskeim angelegt ist, zu erreichen.

Die Erstlinge, reine Geistwesen, waren also im Gegensatz zu Gott wandelbar, so wie alle Schaffungen oder Schöpfungen der Wandlung und Verwandlung unterliegen. Gott selbst ist unwandelbar, da nie geschaffen, also ewig. Es war die Eigenschaft des freien Willens, die zum Verhängnis und letztendlich auch zu unserem menschlichen Dasein auf der Erde führte. Der Freie Wille ist der Dreh- und Angelpunkt in der Entstehungsgeschichte des materiellen, uns Menschen sichtbaren Universums und aller Lebewesen einschließlich des Menschen, der vermeintlichen „Krone der Schöpfung".

Einige Erstlinge, allen voran, Lucifer, wurden - nachdem sie ihre Eigenschaften bis zu einem gewissen Vollkommenheitsgrad entwickelt hatten, hochmütig und wollten selbst - gleich Gott - alleine schaffen. Ihr freier Wille gestattete ihnen den Bruch von ihrem Dual, den sie aber gesetzmäßig lieben sollten. Und so nahm das, was wir Evolution nennen, seinen Lauf. Die gesetzwidrige Abspaltung von ihrem Dual, (im chinesischen das weibliche Yin und das männliche Yang) dem zweiten, komplementären Ich, stellt den Beginn der materiellen Schöpfung dar. Letztere ist nichts anderes als eine sich stets steigernde Verdichtung von göttlicher Energie oder Brechung des Lichts, angefangen von den Ursonnen oder 1. Sonnen hinunter bis in die tiefste Depotenz der 6. Sonnen, zu dem auch unsere Sonne, unser Mutterstern zählt.

Die Folge des tiefen Abfalls von der ursprünglichen Schöpfung besteht darin, dass auf unserem Planeten das Licht schwächer, die Atmosphäre dichter, der Erdkörper schwerer und die Bewegung vielfacher ist als auf einem Planeten, der einer geringeren Depotenzstufe angehört. So ist der Mensch kein Zufallsprodukt, sondern leidvolles Ergebnis einer ungesetzlichen Entwicklung. Das göttliche, ewige Gesetz, das diese Entwicklung gesteuert hat und weiterhin bis zur Einswerdung aller jemals geschaffenen Geistwesen steuern wird, ist das Gesetz von Ursache und Wirkung, das sogenannte Karmagesetz.

Wir Menschen werden aber immer wieder mit vermeintlichen Wahrheiten über Ursprung und Ziel unseres menschlichen Daseins konfrontiert. Von Menschen, die glauben, den Stein des Weisen gefunden zu haben. Sie schreiben Bücher oder erstellen aufwändige Fernsehdokumentationen, um „ihre" Wahrheit an die Frau und den Mann zu bringen, durchdrungen von ihrer missionarischen Aufgabe, die Bevölkerung nun endgültig aufzuklären über die ewigen unbeantworteten Fragen der Menschheit. Von den zahllosen Neuerscheinungen auf dem Büchermarkt seien stellvertretend nur zwei zitiert, um zu verdeutlichen, wie irreführend diese Informationen für die Menschen sind.

„Wir sind aus Sternenstaub gemacht" lautet der Werbeslogan des als Kultbuch der exakten Geheimnisse vom Gustav Lübbe Verlag angepriesenen Buches mit dem Titel „Die schönste Geschichte der Welt". 15 Milliarden Jahre auf 192 Seiten - noch nie hat ein Buch die Geschichte der Evolution vom Urknall bis heute so knapp und brillant zusammengefasst, heißt es weiter in der Werbung. Von wegen Urknall und Sternenstaub, im Übergang vom attraktiven Magnetismus der Erstlinge zur repulsiven Elektrizität, erzeugt durch die gegensätzliche Erstlinge, hat weder etwas geknallt noch kann man magnetisches Fluid (gebrochenes Licht) als Sternenstaub bezeichnen.

„Chaos im Universum" lautet der Titel eines weiteren Buches, benannt nach der gleichnamigen Serie im Zweiten Deutschen Fernsehen. Der Droemer Verlag preist das Buch wie folgt an: „Die Welt, in der wir leben, ist hochkomplex und vieles werden wir niemals mit absoluter Sicherheit wissen. Außer einem: Am Ende wird das Chaos siegen".

Unsere Kosmologen, auf die sich der Autor Joachim Bublath bezieht, kennen zwar nicht den Anfang oder Ursprung der

Schöpfung, kennen die Geheimnisse des Lebensprinzips nicht, mühen sich vergeblich um die alles erklärende Weltformel (die String-Theorie wäre nur dann schlüssig, wenn sie sich auf die allerersten Lebewesen in der Weltenbildung, die Lichttierchen, bezöge), und haben nur rudimentäre Erkenntnisse über das Bewegungsgesetz im Mikro- und Makrokosmos, aber eines wissen sie mit absoluter Sicherheit: „Am Ende wird das Chaos siegen". Diese Schlussfolgerung ist unlogisch und allein schon deshalb falsch, weil sie den Schöpfer und Beleber allen Seins, Gott, außer acht lässt.

Da Gott, das Alpha und das Omega, der Anfang und das Ende, vollkommen ist, und damit auch ein Gott der Ordnung ist, war weder der Anfang allen Seins ein Chaos noch wird es das Ende sein. Dass die drei Brüche in der Schöpfung jeweils ein Chaos angerichtet haben, ist wohl war, doch hat durch die versöhnende Gnade Gottes das Naturgesetz das jeweilige Chaos entwirrt und alles wieder in den gesetzmäßigen Fortschritt gebracht. Dieses Voranschreiten hat zunächst das Wiedergutmachen des Falles zum Zwischenziel, um von dort, der ursprünglichen Ausgangsbasis bei der Geburt als reines, aber nicht vollkommenes Geistwesen, das eigentliche Entwicklungsziel ins Auge zu fassen: Das Erreichen des individuellen Vollkommenheitsgrades, der in der Zugehörigkeit zum Heiligen Geist mündet.

So können alle je geschaffenen Geistwesen, gleich ob Gottes Erstlinge oder wir Paradies- oder Embriogeister, also Menschen, nicht gottgleich, auch nicht gleich mit seinem eingeborenen Sohn, Jesus Christus, werden, wohl aber gottähnlich als Teil des göttlichen Dreifaltigkeitsprinzips: Gott Vater, Gott Sohn und Heiliger Geist. Auch dieses Prinzip lässt sich als Geist - Kraft - Stoff - Einheit verstehen. Gott ist Geist (der Beleber), Jesus Christus, ist das ausgesprochene Wort Gottes, also die Äußerungsform des Geistes, die Kraft (der Beweger) und der Heilige Geist ist schließlich das Ergebnis des Wirkens von Gott Vater und Gott Sohn (die Einkleidung der Geistwesen mit dem göttlichen Funken geschah durch Jesus Christus), die Tat oder der Stoff.

Auch der irdische Mensch verkörpert die universell gültige Formel von Geist - Kraft - Stoff oder Drei in Eins: Ein Mensch, also ein Ganzes, ist ebenso eine Dreiheit: Geist, Seele, Körper.

3. Der beschwerliche, lange Weg zurück zum Ursprung

Der Wiederaufstieg als Folge des einstigen Abfalls

So wie der Beginn der materiellen Schöpfung sehr, sehr weit zurückliegt, so wird auch die Einswerdung aller Geistwesen mit Gott, Äonen, also Milliarden von Jahren, dauern. Bis aus dem gebrochenen niedrig schwingenden Licht auf unserer Erde wieder reines Licht, klarer Geist, geworden sein wird, dauert der Kreislauf oder Kräfteaustausch zwischen Geist und Materie an. Und solange nicht der letzte Mensch seinen persönlichen Vollkommenheitsgrad erreicht hat, wird auch das materielle Universum fortbestehen. Denn der Mensch ist ja das Bindeglied zwischen dem Geist und der Materie. Alles wird im Zuge der Einswerdung mit Gott vergeistigt werden, denn alles kehrt eines fernen Tages heim zum Ausgangspunkt, dem Ursprung allen Seins.

Daher wird es nicht immer die Erde und die Menschen geben. Der menschliche Körper wurde uns „Sündern" vom Schöpfer als Notwendigkeit, wegen unserer geistigen Entartung und der dichten Lebensstufe - tiefste Depotenzstufe des Universums - immer nur für kurze Zeit gegeben, aber doch lange genug, um die Gelegenheit zu nützen, aus dem vernebelten Bewusstsein zu erwachen. Die endgültige Befreiung von der Einverleibung als Mensch ist nur durch geistige Höherentwicklung, also Läuterung und Besserung , möglich.

Hat der einzelne Mensch einen gewissen Vollkommenheitsgrad erreicht, so ist er aus dem Rad der Wiedergeburt befreit und kann in lichte geistige Höhen aufsteigen. Dort angekommen, wird er auch nicht länger von Lucifer versucht und verführt, denn dessen Einfluss erstreckt sich hauptsächlich auf die heutige Erde und ihren Nachbarplaneten Merkur. Auch ist dann die Gefahr der falschen Ernährung für immer gebannt, denn Feuer, das aus lebendiger Nahrung tote Kost macht, gibt es in diesen höheren Lebensbereichen bzw. Bewusstseinsebenen nicht mehr.

Mit der nun anstehenden Umwandlung der Erde, der Potenzierung, bei der Luzifer (Satan) und sein Anhang gesetzmäßig wieder durch das Feuer ausgeschieden wird, schwindet auch sein Einfluss auf die zukünftigen Erdenmenschen. Auch die neue Erde wird es aber so lange geben, bis der letzte Mensch seinen geistigen Aufstieg geschafft hat. Die Entwicklungschancen der zukünftigen Erdbewohner werden aber weit besser sein als auf der heutigen Erde, denn die ungeheure Energie, die in allen Lebensbereichen der

Natur schwingt, und vom Schöpfer für die Menschheit in lebendiger Form gestaltet wurde, wird vom künftigen erkenntnisreicheren homo spiritualis bei weitem nicht mehr so unwirksam gemacht werden, wie dies heute der Fall ist.

Weder werden die Menschen die Luft, die Erde und das Wasser verpesten und vergiften, noch tote Nahrung zu sich nehmen. Aus der lebendigen Natur werden sie die erforderliche Kraft schöpfen, um alle Eigenschaften ihres Geistes zu entwickeln. Über den lebensspendenden Austausch, dem Nehmen und Geben auf seelischer Basis, gehen die Kräfte dann wesentlich leichter und schneller zurück zu Gott.

Der Prozess der Potenzierung

Der Gang der Einswerdung oder Potenzierung beginnt durch Absorbierung des Depotenzierten und in der Verwandlung von Geist - Kraft - Stoff. Übertragen auf das Zahlengesetz, mit dem sich der gesamte Schöpfungsverlauf bzw. Schöpfungskreislauf geometrisch und arithmetisch darstellen lässt, bedeutet die Potenzierung sowohl eine Division als auch eine Subtraktion der Depotenzen in die Potenzen.

Beim steten Abfall der Geistwesen von der geistigen Schaffung ergaben sich immer tiefere Depotenzstufen durch Addition und Multiplikation in der kreisförmigen Spiralbewegung nach außen, also eine Vervielfältigung und Verdichtung der Ursprungssubstanz. Bei der Potenzierung geschieht nun exakt das Gegenteil, denn das Endziel besteht darin, Stufe um Stufe, den Ausgangspunkt, die Drei, Gott (Geist, Kraft, Urlicht) wieder zu erreichen. Aus der depotenzierenden Spiralbewegung nach außen (die Erde gehört zum 13. Spiralkreis) wird nun eine innere absorbierende Spiralbewegung, d.h. aus der Multiplikation wird nun die Division, und aus der Addition eine Subtraktion, so dass am Ende die einsmachenden Potenzen alle derzeit getrennten Duale (Erstlinge, Paradiesgeister oder Menschen) wieder vereint haben werden, sowohl geistig als auch kräftemäßig und stofflich.

Christi Geburt: Initiierung der 1. Potenzierung

Der geistige Anstoß erfolgt immer von Gott. Er sendet seine Erstlinge zu geistigen Missionen in die verschiedenen Depotenz-Stufen, um den dortigen gefallenen Geistern (Menschen) geistige Neugeburt und Erweckung aus dem Gegensatz (Satan) zu bringen.

226

Dies war in der Vergangenheit schon häufig der Fall, nicht nur in unserem Sonnensystem, wo Jupiter, Saturn und auch die Erde schon eine evolutionäre Potenzierung erfahren haben.

Der alles entscheidende Unterschied zu den früheren evolutionären Potenzierungen zu der nun anstehenden ersten involutionären Potenzierung besteht darin, dass nicht ein gewöhnlicher Erstling (Dual) eine geistige Mission auf einer Depotenzstufe im All durchgeführt hat, sondern Jesus Christus, der wahrhaftig Geist von Gottes Geist und sein einziger eingeborener Sohn ist, also von vorzüglicherer Wesenheit ist als die Erstlinge der 1. Schöpfungsperiode oder die Embrio- bzw. Paradiesgeister der 2. Schöpfungsperiode.

Jesus Christus, der sich aus Liebe zu Gott und aus universeller Liebe zu allen Geistwesen in der „Höhle des Löwen", dem Hauptwohnsitz Luzifers, auf dem tiefschwingenden dichtstofflichen Planeten Erde freiwillig als Mensch einverleibte - was für ihn ein großes Opfer war - überbrachte den Menschen in seiner Lehre geistige Gesetze, geistige Liebe, Brüderlichkeit, Aufopferung und Entsinnlichung. Er kam, litt und starb aber nicht nur für das Häuflein Erden-Menschen, sondern für alle gefallenen Geistwesen, die dem Gegensatz gefolgt waren, um sie durch geistige Neugeburt und durch die Befolgung seiner göttlichen Lehre aus der selbstverschuldeten geistigen Sünde, d. h. aus dem Gegensatz, zu erlösen.

Vielen Christen ist heute weder die wahre Bedeutung der Kernelemente des Christentums, der Liebe, Gnade und Hoffnung, noch der Zusammenhang von Geburt, Taufe, Ehe und Tod mit der kommenden Potenzierung bewusst.

Zur Taufe: Durch Einverleibungen auf Erden nehmen die gefallenen Geister teil an dem Verdienst von Christi Tod. Wenn sie seine Taufe empfangen und seiner Lehre der Liebe und Entsagung folgen, ziehen sie Gottes Gnade an sich.

Zur Ehe: Jesus Christus brachte Entsinnlichung. Die Ehe wurde zu einem heiligen Gesetz. Ihre strenge, treue Einhaltung bis in die Gedanken hinein ist ein christliches Gesetz, denn Christus sagte, dass auch eine Gedanke die Ehe brechen könnte.

Zur Geburt: Durch die Heiligkeit der Ehe bekam die Geburt ihre Weihe und ihren heiligen Ernst, so wie sie ihre hohe Verantwortung mittels Empfang der Taufe durch den damit verbundenen Eintritt in das Christentum erhielt.

Zum Tod: Der Tod wurde zur Erlösung durch den Glauben an Christi Verdienste und an Christi Verheißung der Einswerdung mit ihm.

So erhielt die Sinnlichkeit - das Merkmal der am tiefsten gefallenen und entarteten Geistwesen (Menschen) - durch das Christentum ihre erste geistige Potenzierung: Eine geistige Weihe in der Geburt, der Ehe und dem Tode. Das Christentum, wie es der Messias und seine 12 Apostel vor rund 2000 Jahren verkündeten, ist eine einsmachende Kraft, eine Potenzierung aufwärts zu Gott.

Wo steht die Menschheit heute?

Christi Erlösungstod, Verdienst und reiner Ursprung aus Gott werden als abgelebte Dinge und Märchen der Vorzivilisation verlacht, nicht nur von überzeugten Atheisten, sondern auch von den heutigen „Dichterfürsten". So erklärte Martin Walser, Friedenspreisträger des deutschen Buchhandels 1998, neben Günter Grass einer der bedeutendsten deutschen Schriftsteller der Gegenwart, bei einem Interview mit der Bild am Sonntag (3.3.2002) anlässlich seines 75. Geburtstages am 24. März 2002 auf die Frage „Glauben Sie an Gott?": „Ich glaube, wir Menschen haben uns Gott geschaffen, um uns als seine Geschöpfe erleben zu können. Gott ist eine der größten, vielleicht die größte Erfindung der Menschen".

Die Taufe ist zu einem gesellschaftlichen „Happening", einem „Event" verkümmert. Sie ist lediglich noch ein formaler Akt, dem von den Menschen keinerlei geistige Wirkung zugeschrieben wird. Die Ehe ist ein leicht lösbares Band geworden, die Sinnlichkeit - heterosexuell wie homosexuell - ein Gesetz, der Ehebruch bzw. die reproduktionsfreie Homo- oder Lesbenehe eine natürliche Folge dieser beiden.

Während die Urchristen ein begeistertes und heiliges Leben führten, fing die Menschheit schon bald wieder an, das Geistige zu versinnlichen und das Wort zu materialisieren. So ist heute der Materialismus, der Gegensatz von Christi Wort, die vorherrschende Weltanschauung. Der materialistische Mensch will selbst schaffen, will alles wissen, um gegen Gottes Lehre des Geistes anzustürmen.

Die gentechnologischen Errungenschaften der Biologen und

228

Biochemiker mit beliebigen Manipulationen am Erbgut von Tieren und Menschen sind Fanale des Versuches des homo sapiens, sich aufzuschwingen zum wahren Herren über Leben und Tod. Dieser Versuch wird ebenso kläglich scheitern wie Luzifers einstiger Versuch, Jesus Christus vom Thron zu stürzen. **Das göttliche Patent des Lebens ist nicht lizensierbar.**

Das Erscheinen von Jesus Christus auf Erden war fraglos eine geistige potenzierende Bewegung nach innen, nach der Eins, hin zu Gott. Diese Bewegung ist seit vielen Jahrhunderten im Gange und wird in der bevorstehenden Potenzierung ihre vorläufige Vollendung finden.

Die jetzige Übergangsphase mit einer völlig gegenläufigen Entwicklung, die von extremem Materialismus geprägt ist, erscheint ganz offensichtlich als Rückschritt bzw. verkörpert das krasse Gegenteil von Vergeistigung. Der Übergang in die innere Spiralbewegung erfordert aber gerade das Ausgären der extremen Gegensätze. Aber dann, am Tage X, dem „globalen Mayday", wird es geschehen, und der minderwertige Geist-Kraft-Stoff wird in einer Feuersflut von der Erde abgesondert und ausgeschieden werden.

Bei dieser kommenden, durch nichts abzuwendenden Potenzierung absorbiert sich der bessere Geist-Kraft-Stoff in den Kern der Welt als höhere Potenz. Die Potenzierung der 7. Weltstufe bzw. des 6. Sonnenkreises, beginnt gradativ, spiralkreisförmig, in ihren Sonnen und Planeten, in dem die Sonnen - gegenüber den 5. Sonnen nur relative Solaritäten - nun wahrhafte 5. Solaritäten werden, während sich die 5. Sonnen zu 4., die 4. zu 3., die 3. zu 2., und die 2. zu Ursonnen heranbilden. Durch dieses Gesetz werden die Planeten solarisch. Dies geschieht allerdings nicht sofort, sondern Stufe um Stufe entsprechend ihrer Depotenzstufe innerhalb des jeweiligen Sonnensystems. So wird aus unserem Planeten Erde, der auch innerhalb unseres Sonnensystems zur tiefsten Depotenzstufe gehört, erst eines ganz fernen Tages eine Sonne werden. Eine 6. Sonne gleich unserer derzeitigen Sonne, die dann aber bereits zu einer höherwertigen 5. Sonne geworden sein wird.

Das Ergebnis der dreifachen Potenzierung von Geist, Kraft und Stoff ist ein gebessertes, büßendes, geistiges Prinzip, dreimal vereinfachte Kraft und dreifach potenzierte, also weniger materielle bzw. dichtstoffliche Welten. Die durch den Stoff- und Eigenschaftswechsel gegangenen und entarteten Geistwesen des 6. Sonnenkreises müssen durch den 5. Kreis der ungehorsamen, hochmütigen, sinnlichen Geister, sich bessernd, in den Kreis der Mindersinnlichen eingehen, was sie als büßende Geister tun, in dem sie in den Übergangswelten alle Verwandlungen und Läuterungen durchmachen. Die dichten Verkörperungen des 6. Sonnenkreises verwandeln sich nach und nach in die 1., 2. und 3. Verkörperungsarten des 5. und 4. Kreises. Somit haben diese büßenden Geister die schmerzlichen Übergänge des Todes und der Geburt überstanden. Das Allersinnlichste hat sich dann durch die Potenzierung von Geist, Kraft und Stoff in Halbsinnliches verwandelt.

Nachdem die büßenden Geister eine Stufe des Fortschritts erreicht haben, werden sie in kleineren Aufgaben und Missionen auf die früher verlassenen Welten zurückgesandt, um dort ihren Schwestern und Brüdern Fortschritt, Wissenschaft und geistige Liebe mitzuteilen. Ebenso wie die Sonnen ihr Licht kräftigend auf ihre Planeten entsenden, sendet Gott diese sich bessernden Geister zur Erfüllung kleinerer Aufgaben in die niederen Welten.

Für das Verständnis von Schöpfung und Schaffung, Evolution und Potenzierung unerlässlich ist die Unterscheidung zwischen individueller und kollektiver Evolution und Potenzierung. Das Gesetz der Einswerdung betrifft sowohl das einzelne Geistwesen als auch die jeweilige Gesamtbevölkerung (auf Erden die Menschheit) und deren materielle oder halbmaterielle Wohnstätte in den depotenzierten Welten oder Weltstufen. Zu Weltstufen kann man auch getrost Lebensbereiche sagen, denn Leben ist überall im Universum, oder Bewusstseins- oder Schwingungsebene. Je höher der Nervengeist schwingt, desto größer und umfassender ist sein Bewusstsein.

Dem Gesetz der Einswerdung folgend sind in den Milliarden von Erdenjahren seit dem Abfall Luzifers von der geistigen Schöpfung und des späteren Abfalls der Paradiesgeister Billionen von einzelnen Geistwesen im Zuge der geistigen Höherentwicklung durch die entsprechenden Potenzierungen am Ziel angekommen, in dem sie ihren persönlichen Vollkommenheitsgrad erreicht haben. Durch diese ständige Rückkehr von Geistwesen, die in unterschiedlichsten Lebensformen und geistigen Entwicklungs-ständen das gesamte geistige und materielle Universum bevölkern, ist eine Überfüllung desselben ausgeschlossen. Der Heilige Geist benötigt keinen Raum, er ist immateriell.

Die kollektive Evolution dagegen vergeistigt nach und nach die allgemeinen Lebensgrundlagen der einverleibten Geistwesen. Sie

230

erfasst die Wohnstätten samt ihrer Natur einschließlich aller Lebewesen. Man kann das sehr gut an der bisherigen Evolution der Erde und der Menschheit nachvollziehen. Aus dem einstigen Tiermenschen (nicht Menschenaffen!) hat sich über den anfangs auf allen vieren laufenden Hominiden, den aufrecht gehenden, Werkzeug erfindenden und benutzenden Menschen der heutige homo sapiens entwickelt. Letzterer hat das Werkzeug, die Technologie, soweit verfeinert, dass er damit ein genussvolles Leben im Wohlstand ohne großen Schweiß führen kann. Die enormen Fortschritte bei den Verkehrsmitteln und in der Raumfahrt erlauben es ihm, bequem und schnell die ganze Welt zu bereisen und sogar Ausflüge ins All zu unternehmen, wenn er denn über die hierzu notwendigen Finanzen verfügt.

Unsere Erde hat die Abkühlungsphase mit ausgedehnten Eiszeiten, die fast alles Leben erstarren ließen, weit hinter sich. Die seit tausenden von Jahren stattfindende globale Erwärmung - mit dazwischenliegenden zyklischen Gegenbewegungen - wird durch die kommende Potenzierung wesentlich verstärkt werden. Da bei der Potenzierung nicht nur große Teile der Erdoberfläche im Wasser versinken werden, sondern sich vor allem die Erdachse zur Umlaufbahn um die Sonne stark aufrichten wird, werden die Sonnenkräfte, die bei der Potenzierung auch gesteigert werden, viel stärker auf die Erde einwirken. Die Folgen sind unter anderem eine weniger dichte oder feste Materie durch ein wesentlich heißeres Klima, Wegfall der vier Jahreszeiten, längere Tage und die Veränderung der Schwerkraft.

2. Potenzierung

Diese Umwandlung betrifft den Gang der Geistwesen vom 5. und 4. in den 3. Sonnenkreis. Hierbei handelt es sich um die letzte schwere Übergangsstufe der gefallenen Paradiesgeister in ihre Heimat. Sie stehen nun vor dem Eingang der von ihnen verlassenen Paradiese oder 2. Sonnen. Sie können sie aber erst betreten, wenn sie geistig, kräftemäßig und stofflich diesen Paradieswelten adäquat geworden sind. In dieser schwierigen Übergangsstufe bildet sich ihre Intelligenz, ihre Dualliebe und ihr freier Wille noch aus. Es gilt, viele geistige Proben zu bestehen und allerhand Aufgaben zu erfüllen, denn die Stufe des Falls ist in der Potenzierung immer doppelt schwer zu überschreiten.

Mit Sehnsucht und von geistiger Liebe erfüllt, harren die gebesserten Geister nun des Eingangs in die Urheimat. Die noch einzelnen Geistwesen (männlich oder weiblich) reifen in den Welten des 3. Sonnenkreises zu standhaften, entsinnlichten Geistwesen heran. Geistig, kräftemäßig und auch stofflich erreichen sie eine Übergangspotenz, d. h. sie erlangen die Fähigkeit, bei der nächsten Potenzierung die Dualvereinigung zu vollziehen.

3. Potenzierung

In dieser Paradiesstufe, die bereits zu den Oberwelten zählt, werden die getrennten Duale der ursprünglichen Embrio- bzw. Paradiesgeister wieder eins, denn sie haben deutlich an Erfahrung, Vernunft und Intelligenz gewonnen. Von hier aus gehen die vereinten Dualgeister ihrer ursprünglichen Fortbildung entgegen, in dem sie sich durch alle Phasen der Schöpfung arbeiten und dabei höher entwickeln, bis sie ihr Ausbildungsziel, die Ähnlichkeit mit den Gesetz-Erstlingen oder Messiasse in den Ursonnen, erreicht haben.

Weit schwieriger ist es für die gefallenen Erstlinge, denn diese finden ihr geistiges Dual erst wieder in den Ursonnen, ihrer Heimat vor dem Bruch oder Fall. Sie müssen den vollständigen Prozess der Weltbildungen, die durch ihren Fall verdichtet wurden, sich bekehrend, potenzierend, abarbeiten. Sie finden damit die Sühnung ihres Falls und nach erfolgreichem Abschluss den Eingang in ihre Heimat.

Für uns Menschen, die wir alle Embrio- bzw. Paradiesgeister der 2. Schöpfungsperiode sind, ist das Erreichen dieser „Etappe" von herausragender Bedeutung. Vereint mit unserem Dual, unserem „zweiten Ich" haben wir dann unsere urgeistige Potenz, Urkraft und unser Urfluid (feinstofflicher Körper) zurückgewonnen, oder besser ausgedrückt, durch harte Arbeit an uns selbst mit viel Schweiß und Tränen zurückerobert. Auch haben wir dann der Materie endgültig den Rücken gekehrt, es sei denn wir vollbringen eine Liebesmission auf Erden oder einem anderen niederen Planeten, indem wir uns noch einmal völlig freiwillig dort einverleiben lassen, um hilfsbedürftigen Menschen Ratgeber und Vorbild zu sein.

Aus der Schöpfungsgeschichte in Kapitel IV wissen wir, dass der Bereich der 2. Sonnen halbmateriell ist. Für den Fluidalmenschen in der Halbmaterie gelten dann schon mehr die ewigen Gesetze als die endlichen, an die Existenz der Materie gebundenen Gesetze, weil die Ursache für die materiellen Verkörperungen fast völlig

232

abgeklungen ist.

Der fluidale Mensch bedarf keiner materiellen Nahrungsaufnahme mehr, denn er atmet all das aus der Atmosphäre, die ihn umgibt, in sich ein, dessen er bedarf. Er braucht folglich keine Kauwerkzeuge, keinen Magen-Darmtrakt und auch nicht die anderen Organe, wie wir irdischen Menschen sie haben. Kein „Eisenpanzer", sprich menschlicher Körper, behindert die Bewegungsfreiheit des Fluidalmenschen. Allein durch seinen Willen kommt er im gedachten Augenblick an die Stelle seiner Welt, an die er sich wünscht. Für seine Fortbewegung benötigt er also auch keine Bewegungswerkzeuge.

Der Wille des fluidalen Menschen legt den anderen fluidalen Menschen, den Mitbewohnern seiner Lebenssphäre, alles offen hin, um von vorneherein alle Missverständnisse auszuschalten. Hass, Misstrauen, Neid, Missgunst und andere Untugenden existieren in dieser Sphäre nicht länger. Auch ist er Herr über die klimatischen Verhältnisse auf dem Himmelskörper, von dessen Atmosphäre er lebt. Und seine Willenskraft ermöglicht ihm auch die harmonischste Gestaltung all dessen, was er sich wünscht. So kann er zum Beispiel durch Gedanken die größte Blumenpracht entfalten oder die bezauberndste Musik hören.

In diesem paradiesähnlichen Zustand gehören auch die schmerzhaften Vorgänge von Geburt und Tod der Vergangenheit an. Der fluidale Mensch weiß um seinen Üebergang zu noch mehr Geistfreiheit, die er nach einem mehr oder minder kurzen Anpassungsschlaf erreicht. Bei Erwachen existiert er sofort bewusst weiter. Zum Verkehr mit höheren Geistwesen benötigt er keine Mittler mehr, sondern er kann direkt mit ihnen kommunizieren. Sein Blut - auf der Erde flüssig und Träger der Odkraft - ist fluidal. Seine Sinne, mit denen er in seiner Welt lebt, sind unseren materiellen Sinnen weit überlegen. Sie nehmen fluidal und geistig all das wahr, was ihm am zweckmäßigsten erscheint.

4. Potenzierung

Die geinigten Dualgeister nehmen diese Stufe der Fortbildung und Vervollkommnung wesentlich leichter als die gefallenen Gegen-satz-Erstlinge. Letztere sind ja noch immer getrennte Duale, weswegen für sie das Erklimmen dieser Stufe schwer und mühsam ist. Auch ist zu bedenken, dass sie hierbei ihre doppelten Fälle durchlaufen müssen, und die Fallstufe ist, wie bereits ausgeführt, immer die schwierigste. Dieser neue Lebensbereich oder diese neue Bewusstseinsebene ist primär geprägt durch die Reue zeigenden büßenden Erstlinge, die folgsam wieder gesetzmäßig zu rotieren beginnen und dabei ihren Nervengeist reinigen und immer reinere Fluide bilden.

5. Potenzierung

Während sich die Paradiesgeister als Duale ruhig weiterentwickeln und vervollkommnen, gehen die Erstlinge nun folgsam der Einswerdung entgegen. Da sie immer noch einzeln, also getrennt von ihren Dualen sind, ist ihr Gang noch schwer, die Sühnung ihres Falles mühsam. Die Besserung schreitet aber fort und alle Geistwesen dieser Potenzierungsstufe - gleich ob Dualgeister oder Erstlinge - reinigen ihren Geist, verbessern ihre Kraft und ihren Stoff.

6. - 10. Potenzierung

Die Aufwärtsentwicklung schreitet über diese vier Potenzierungsstufen unaufhörlich fort. Die büßenden Erstlinge arbeiten sich dabei „rückwärts", die Dualgeister „vorwärts" durch die Weltenbildung, wobei sie auch alle Übergänge wie z. B. von den Embrio- zu den Kometenwelten rotierend und arbeitend durchlaufen müssen. All das gehört zum Gutmachen des Falls bei den Gegensatz-Erstlingen bzw. zur Ausbildung der Dualgeister zum Ähnlichwerden mit den Gesetz-Erstlingen. In den Lebensbereich der 9. und 10. Potenzierung strömt bereits das potenzierte Lebensprinzip ein.

11. und 12. Potenzierung

Es sind hier drei signifikante Prozesse hervorzuheben, die diese zwei Übergangsstufen kennzeichnen:

Das potenzierte Lebensprinzip geht seiner Verschmelzung mit dem Urlicht (stofflicher Ausdruck Gottes) entgegen.

Die gefallenen Erstlinge harren nun ihrer Dualeinigung entgegen Die Dualgeister warten auf die Vereinigung mit den Gesetz-Erstlingen, den nie gefallenen, persönlich vollkommen gewordenen Erstlingen.

234

13. und 14. Potenzierung

In diesen beiden Übergängen erfolgt die letzte Potenzierung: Die Dualeinigung der gefallenen Erstlinge; die Annäherung der Dual-Geister an die Gesetz-Erstlinge (sie werden ihnen ähnlich aber nicht gleich) und die Einswerdung aller Geister im Geist, in der Kraft und im Stoff. Nach der überaus anstrengenden Arbeit von Ewigkeiten sind die gefallenen Erstlinge wieder, als Büßer, ihrem Ursprung gleich geworden, während die Paradiesgeister ihre Entwicklung dadurch abgeschlossen haben, indem sie ihren persönlichen Vollkommenheitsgrad erreicht haben und den Gesetz-Erstlingen ähnlich geworden sind.

Am Schluss der Schöpfungsgeschichte, in der Einswerdung der Geister, angelangt, bestehen nun drei geistige Prinzipien: Die unwandelbare Eins: Gott, der eingeborene Sohn Gottes, Jesus Christus, und der Heilige Geist.

Der Heilige Geist ist die Summe aller vollkommenen, also nie abgefallenen Erstlinge, sowie der gefallenen Erstlinge, die durch Buße und Sühnung ihre persönliche Wesenheitsvollkommenheit erreicht haben. Zum dritten geistigen Prinzip, dem „Heiligen Geist" gehören aber auch die Paradiesgeister, wenn sie ihre Wesensvollkommenheit erreicht haben. Und dies trotz der Tatsache, dass die Paradiesgeister - wir Menschen - aus dem schon gegensätzlich gewordenen All, einem gereinigten Lebensprinzip, entstanden sind. Als versöhnendes Glied zwischen dem Geist und dem Gegensatz, zwischen Geist und Materie, haben die Paradiesgeister den Gottesfunken erhalten, der im Keim die Fähigkeit zur Vollkommenheit enthält.

Der Heilige Geist ist also der Zustand der Seligkeit aller einsgewordenen Geister, eine Heerschar von Geistern, welche die Menschen erleuchten und inspirieren. Er manifestiert sich in der Totalität der vollkommen und eins gewordenen Individualitäten bzw. Persönlichkeiten.

Damit werden auch die Aussagen, die Jesus Christus auf Erden tätigte, verständlich. Er sagte: **„Das Königreich wohnt in Euch"** und **„ihr seid alles werdende Götter"**. Der Weg dahin ist aber lang, sehr lang und steinig. So müssen auch wir Menschen den Kreuzweg wie Jesus Christus über 14 Stationen gehen, denn so viele Potenzierungen muss ein jeder von uns durchmachen, um sein Endziel zu erreichen: Ewiges Leben in Glückseligkeit ohne Versuchungen und Verwandlungen.

Ein jeder Mensch wird am „Ende des Tages", wie weit dieser auch weg sein mag, Teil des dritten geistigen Prinzips, also Teil des Heiligen Geistes sein. Und wenn das letzte gefallene Geistwesen die 13. und 14. Potenzierung durchlaufen hat, wird auch das materielle Universum gänzlich verschwunden sein.

Welcher unendlich lange Zeitraum bis dahin verstrichen sein wird, weiß weder Professor Tipling, der von einer Existenz des physikalischen Universums von mindestens noch 80 Milliarden Jahren ausgeht, noch sonst irgendein Mensch oder ein vollkommenes, dem Heiligen Geist angehöriges Geistwesen, sondern ganz alleine ER, der nie geschaffen wurde und unendlich ist: Gott. Da er zeitlos ist, ist die Zeitfrage für ihn aber ohnehin nicht von Belang.

Wenngleich die göttliche Dreifaltigkeit zwingend als Einheit zu betrachten ist, so ist die Hierarchie innerhalb dieser Trinität doch offensichtlich. Gott ist unangefochten die EINS, Jesus Christus als einziges eingeborenes Geistwesen die Nummer ZWEI, und alle anderen Geistwesen, die von Gott den Geist und von Jesus Christus die Kraft (Einhüllung des Gottesfunkens) erhalten haben, als Früchte des Wirkens von Gott und Gottessohn die DREI: Gott ist der Mittelpunkt, zu dem alle Anrufung von den Geistern gelangt. Die Anhörung dieser Anrufung ist die Gnade.

Die Erfüllung dieser Gnade liegt in Jesus Christus, im Verdienst seiner Liebe. Die Tat der Gnade aber liegt im Heiligen Geist, d. h. in den individuellen Geistwesen, die als Gottesboten - auch zu uns Menschen - fungieren.

So geht in der gesamten Schöpfung alles seinen Dreigang. Man kann deswegen auch die drei individuellen geistigen Prinzipien mit dem grundlegenden schöpferischen Dreiklang Geist, Kraft, Stoff vergleichen. Der unwandelbare Gott ist der ewige Motor, der Beleber des Alls. Jesus Christus ist der Beweger, der Erlöser, die Kraft. Die einsgewordenen Geister, in ihrer Totalität Heiliger Geist genannt, sind sozusagen die Erfüllung, die Tat bzw. der Stoff, in dem sich das Wirken von Geist (Gott) und Kraft (Jesus Christus) niedergeschlagen hat.

So sandte Gott seinen eingeborenen Sohn durch die Mitwirkung des Heiligen Geistes in die Einverleibung auf Erden. Hier ist die

236

Tätigkeit des Belebens, des Bewegens und der Ausführung.

Wenn auch in der heutigen Zeit der großen Gegensatzbewegung wider Gott und alles Geistige sehr viele Menschen Gott leugnen, so stammen wir Menschen dennoch von Gott ab. Der Mensch ist verwandelter und verdichteter Geist, Kraft und Stoff, nämlich Geist, Seele und Körper. Auch wenn es viele nicht wahrhaben wollen, so sind wir doch alle Gottes Kinder, denn weder haben wir uns unser Leben selbst gegeben, noch können wir die Kraft zur Bewegung selbst generieren und es waren auch nicht wir, die unseren Körper geschaffen haben.

Alles im All folgt den drei geistigen Prinzipien Gott, Jesus Christus und Heiliger Geist. Sie handeln ebenso als Einheit in gegenseitiger Relativität wie der in der gesamten Schöpfung anzutreffende Wirkungsmechanismus Geist - Kraft - Stoff. Die heutige Menschheit wird nun in Kürze den endgültigen Vollzug der ersten involutionären Potenzierung erfahren. Die geistige Initiierung der 1. Potenzierung liegt über 2000 Jahre zurück, und jetzt , da die Gegensätze zwischen Geist und Gegensatz ins Ultra-Extreme gegangen sind, werden sich auch die kräftemäßigen und stofflichen Umwandlungen in einer gewaltigen kosmologischen und geo-logischen Umwälzung vollziehen. Der minderwertige Geist, Kraft, Stoff wird dann in einer unvorstellbaren Feuersflut von der heutigen Erde abgesondert werden, so dass sich nach der Potenzierung die Erde in höherer Schwingung befinden wird, auf der sich dann nur noch stark verbesserte Geistwesen einverleiben werden.

An diesem nicht allzu fernen Tag wird jeder Mensch verstehen, was es mit dem schöpferischen Dreiklang, den drei geistigen Prinzipien und dem Gesetz der Einswerdung, auf sich hat. Dieser Tag ist das Jüngste Gericht, bei dem jeder Mensch unabhängig von Rang und Namen, Reichtum oder Armut, Rasse und Geschlecht, Religion, Alter, usw. sich bekennen muss. Es wird für niemanden einen Ausweg oder einen sicheren Zufluchtsort geben, denn das göttliche Gesetz ist gerecht und erlaubt deshalb keine Ausnahmen. Der Niedergang des Homo sapiens ist indes aber .nicht das Ende dieser Welt, sondern der Beginn einer neuen, besseren Welt des Homo Spiritualis, der stärker den geistigen und schöngeistigen Dingen zugewandt sein wird als dem ober-flächlichen und vergänglichen Materialismus verhaftet zu sein.

4. Der Antichrist Ante Portas

Als Antichrist wurden in der Menschheitsgeschichte schon viele blutrünstige und brutale Tyrannen, Diktatoren, Eroberer und Gewaltherrscher bezeichnet. Im letzten Jahrhundert betrachtete man beispielsweise Adolf Hitler und Josef Stalin als Antichristen. Doch gibt es in der ganzen Universalgeschichte nur einen Antichristen, dessen Erscheinen am Ende dieser laufenden Zeitperiode, der Endzeit, in der Bibel prophezeit wurde. Und wie alle göttlichen Prophezeiungen wird sich auch diese erfüllen.

Der Antichrist wird in den allerletzten Tagen dieser bereits im tiefen Koma liegenden laufenden Zeitperiode in der Weltöffentlichkeit erscheinen, Gott die Stirn bieten und die wahren Gläubigen verfolgen. Er wird im Namen von Frieden, Gesetz und Ordnung kommen und erfolgreich alle bisherigen Gesetze und Justizsysteme ändern. Nur wenige werden ihn sofort als lügnerischen und heuchlerischen Diktator erkennen, denn er wird sich als Engel des Lichts ausgeben.

Im Lichte der gegenwärtigen Entwicklung in der Welt - Globalisierung, weltweiter Terrorismus, Armut, Kriminalität, gravierende Wirtschafts- und Finanzprobleme vieler Nationen, ja ganzer Kontinente - ist für den geistig wachen und analytisch begabten Menschen bereits heute, im Frühjahr 2009, erkennbar, dass die biblische Voraussage, wonach der Antichrist als „irdischer Gott" auf dem Welten-Thron sitzen wird und für sich die Achtung und Anbetung der ganzen Weltbevölkerung verlangen wird, sehr bald eintreffen wird.

Von den „Vereinigten Staaten von Europa", der Neuauflage des legendären Heiligen Römischen Reiches, und den „Vereinigten Staaten von Nordamerika", sind die „Vereinigten Staaten der Erde" nur noch eine große Weltkrise entfernt Die sich gerade entwickelnde Weltwirtschaftskrise wird unweigerlich zu einem Totalzusammenbruch des Weltfinanzsystems führen. In dem daraus resultierenden Chaos schlägt dann die große Stunde des Antichristen, der dann fest das Weltenruder an sich reißen und zum Weltdiktator aufsteigen wird.

Die zu dieser Zeit vorherrschenden, zerrütteten Verhältnisse werden seinen Aufstieg stark begünstigen, denn die Konzepte und Problemlösungsmethoden der internationalen Organisationen (IWF, Weltbank, UNO usw.) werden versagen. Gefragt ist dann ein sehr starker Mann, eine Persönlichkeit von größtmöglicher

238

Erfahrung, höchster Autorität, von weltweitem Einfluss und von großer Energie. Einer, der die verfilzten Bürokratien in Schwung bringt, die Organisationen und Komitees, die alle mehr oder weniger versagt haben, ersatzlos auflöst, die Erdbevölkerung aufrüttelt und alle nationalen Regierungen antreibt. Weltanarchie und Verwirrung aller Orten wird die Erde reif machen für diesen antichristlichen Weltdiktator, der im Namen des Friedens kommen wird, um die immer mehr um sich greifende Verzweiflung und Gesetzlosigkeit zu beenden.

So wie wahr wurde, dass Jesus Christus vor rund 2000 Jahren im Menschenkleide hier auf unserer Erde erschien, um uns zu lehren, wie wir Menschen uns aus den Fängen und Netzen des Antichristen, Luzifer, dem Satan, aus eigener Kraft befreien können, so sicher ist das menschliche Erscheinen des Widersachers von Jesus Christus.

Luzifer ist der größte und mächtigste Gegensatzgeist im Universum.

So wenig wir grobstofflichen Menschen mit unseren materiellen Sinnen die guten Geister, wie zum Beispiel unseren persönlichen Schutzgeist (umgangssprachlich Schutzengel genannt) wahrnehmen, also sehen, hören oder fühlen können, so wenig können wir auch die Gegensatzgeister, also die gefallenen Engel (Erstlinge), die hier auf der Erde und ihrer näherer Umgebung in geistig fluidaler Form ihr Unwesen treiben, erkennen.

Und dies ist auch das große Problem, denn durch die einseitige Wissenschaftsgläubigkeit der heutigen Menschheit haben sehr viele Menschen außer Spott und Verachtung für diese Urwahrheit nichts übrig. Dennoch ist die Existenz guter und ungünstiger Geister oder Geistwesen um uns herum ein unumstößlicher Fakt.

Ob der Mensch es wahrhaben will oder nicht: Er ist während seines ganzen irdischen Lebens von der Geisterwelt, von guten und bösen Geistern umgeben. Die guten arbeiten im Gesetz Gottes, die bösen sind wider diese göttlichen Gesetzen tätig. So wandelt der Mensch permanent, täglich, stündlich, minütlich, ja sekündlich und nanosekündlich zwischen Gut und Böse, zwischen dem Gesetz (Gott) und dem Gegensatz, dem Gegner des göttlichen Gesetzes (Luzifer). Es liegt ganz allein in der Willensfreiheit des Menschen, eines der drei Attribute des Geistes, sich für das Eine oder Andere zu entscheiden.

Und deshalb sagte Jesus Christus: „Man kann nicht zwei Herren zugleich dienen."

Luzifer und sein Anhang - auch in seinem Geisterreich, dem Reich der Finsternis, gibt es eine ebenso strenge Hierarchie wie in der Geisterwelt Gottes - wollen es nicht zulassen, dass die Geisterwelt Gottes im Auftrag von Jesus Christus durch den Spiritualismus Kundgaben durchgibt; dass die Menschen an sich arbeiten und ihm so durch die Netze, die er gespannt hat, entgleiten und dass die Menschen mit geistiger Nahrung gestärkt werden, Kraft schöpfen, adäquate geistige Kraft erbitten und auf ihrem Lebensweg zu Gott leichter fortschreiten können.

Die Menschen haben es gerade in den letzten zwei Jahrhunderten Luzifer durch ungesunde Lebens- und Ernährungsweise leicht gemacht, sie auf den falschen Weg zu führen. Mangels einer kompakten hochschwingenden Aura (geistig-seelisches Schutz-schild) vieler Menschen konnten er und seine Geisterscharen die Menschen negativ influenzieren, das heißt ihre Gedanken und Gefühle negativ beeinflussen.

Krankheit ist naturwidrig, denn die Naturgesetze - werden sie in ihrer Wirkungsweise nicht künstlich gestört oder stark beein-trächtigt - bewirken Gesundheit. Der Schöpfer in seiner Weisheit hat den menschlichen Körper mit vielen Schutzmechanismen, angefangen von der Zelle, über die Organe, den gesamten Körper, die Seele und den Geist, so wunderbar ausgestattet, dass es nur dann zu schwerwiegenden Folgen kommt, wenn langjährige Entgleisungen vorliegen. Denn auch hier gilt ohne jede Einschränkung: Ohne Ursachen - keine Folgen.

Luzifer ist ein brillanter Meister in der Tarnung und der Täuschung. Er operiert so raffiniert und geschickt, dass die Menschen nicht einmal die Ursachen der Krankheiten erkennen. Auch die davon Betroffenen, die Kranken, ahnen diese nicht.. Sie suchen in aller Regel auch gar nicht nach der wahren Ursache dieses Unheils, sondern nutzen ihre Zeit nur zum Klagen und Jammern darüber, wie ihnen Gott so etwas antun konnte. Dabei sollten sie diese Zeit dafür nutzen, über ihr eigenes Schicksal (einschließlich ihrer ganz persönlichen Verfehlungen und Entgleisungen) nachzudenken.

Luzifer hat die Menschen mit Blindheit geschlagen. Unter Vorspiegelung falscher Tatsachen und durch planmäßige Verführung hat er die Menschheit soweit umgarnt, dass sie - der Unsinn kennt wirklich keine Grenzen - Schädigungen als Wohltat, den Feind als Freund und Gift für ein Lebenselexier hält.

Ebenso wenig wie die gute Geisterwelt Gottes des direkten Eingreifens in Vorgänge unserer materiellen Welt fähig ist, können es Luzifer und sein Anhang. Um seine Ziele und Pläne umzusetzen, benötigt er Menschen. Diese willigen Erfüllungsgehilfen hat er zuhauf gefunden. All die beobachteten und beschriebenen negativen Erscheinungen, gleich ob bei Einzelmenschen, Gruppen oder der Gesellschaft schlechthin, sind das Werk menschlicher Verführer. Diese Verführer stehen voll unter seiner Gewalt, sie sind seine gehorsamen Befehlsempfänger. Mit großer Intelligenz, sprich scharfem Menschenverstand, und viel Geschick, Ueberzeugungs- und Durchsetzungskraft, leiteten diese exponierten Menschen die fatalen Fehlentwicklungen im Denken, Fühlen und Handeln der Menschein ein, und sie, die mitten unter uns weilen, tun dies weiter voller Enthusiasmus und viel Verve. Die Menschheit aber ist völlig blind gegenüber ihren ärgsten Verführern. Und weil das so ist, entsteht gegen diejenigen, die aufklärend wirken wollen, Aggression, Ablehnung, und es kommt sowohl zu schweren Entgleisungen im Gedankenleben der Menschen als auch zu moralisch-ethisch verwerflichen Taten. Die Gewohnheit hat sich im irdischen Leben der Menschen so eingespielt, dass sie den Verursacher all dieser Umstände überhaupt nicht mehr erkennen. Die Gewohnheiten sind den Menschen so lieb geworden, dass sie sich nur noch ganz schwer von ihnen trennen können. In ihrer maßlosen Verblendung verteidigen sie sogar den Verursacher, Satan.

Dieser hat relativ leichtes Spiel, denn er hat im Gegensatz zu den Menschen das geistige Sehen. Da mit der Geburt des Menschen die Erinnerung an sein früheres geistiges Leben und Wissen ausgelöscht wird - das neue materielle Gehirn enthält keine früheren Prägungen - Satan aber seit der Beendigung seines Falles auf die tiefste Depotenzstufe im All, die Erde, den durchgängigen zeitlichen und inhaltlichen Überblick über die Menschen hat, ist er im Vorteil. Er, der nicht nur für ein kurzes Erdenleben da ist, versucht mit größten Anstrengungen die Seelen der Menschen für sich zu gewinnen, seit er Herr der Erde ist.

Aus dieser Herrschaft Satans ergibt sich zwangsläufig die Schlussfolgerung für uns Menschen, dass eine Einverleibung als Mensch auf der Erde die denkbar härteste Schule und der schwerste Prüfstein ist, den es im gesamten Universum gibt. Und da kein Geistwesen als irdischer Mensch einverleibt wird ohne früheren gröbsten individuellen Verstoß gegen geistige Gesetze -

da er durch Ungehorsam, Sinnlichkeit und Hochmut sein Hiersein selbst verursacht hat (vergessen Sie, liebe Leserin und lieber Leser, also die Mär von der kollektiven Erbsünde) kann jeder Mensch sich seinen eigenen Reim auf seinen ganz persönlichen geistigen Entwicklungsstand machen.

Seit Abertausenden von Jahren verfolgt Satan seinen strategischen Plan „Teile und herrsche", den die Menschen weder erkennen noch sich dagegen wehren können. Diese Strategie wurde von ihm bereits in den früheren, bei Säuberungen des Planeten versunkenen Kontinenten Lemuria und Atlantis angewandt, und auch in den anderen damals aufsteigenden Kulturen. Satan bleibt immer der gleiche und belastet sich im Negativen immer mehr und mehr, denn jede Seele, die er fängt, ist für ihn eine weitere Entfernung von Gott.

Wie das Gegensätzliche, das Böse, verkörpert durch Luzifer, in unsere Welt gekommen ist, ist bereits im Schöpfungsbericht in Kapitel IV angeklungen. Jener Luzifer wollte nämlich Erster sein und nicht dem eingeborenen Sohn, dem einzigen geschaffenen Geistwesen, das nicht der Zweiartigkeit unterliegt, dienen. Er wusste, dass er gegen Gott nichts ausrichten kann, aber den König der Geisterwelt, Christus, den wollte er stürzen. Und da ihm dies damals nicht gelungen ist, will er jetzt Erster in seinem ihm von Gott zugestandenen Reich sein. In diesem seinem Reich gilt deshalb auch sein Grundsatz „Teile und Herrsche".

Wir sehen und erleben ja täglich, wie es zugeht in unserer materialistischen Welt. Alles ist teilbar geworden: Nicht nur die Völker, Rassen, Stämme, Konfessionen, der Atomkern, der Zellkern, usw., sondern auch die Keimzellen der Gemeinschaft, die Ehen, sind beliebig teilbar geworden. Was Satan will, sind Einzelwesen, die er nach seinem Gutdünken manipulieren kann. Der Mensch soll keinen Halt haben auf dieser Erde, er soll von ihm manipuliert werden können. Luzifer will alle haben, ohne Ausnahme, und deshalb begann er vor rund 150 Jahren - der Beginn des modernen Spiritualismus im Jahre 1847 durch die Geisterwelt Gottes war die Ankündigung von der baldigen Wiederkehr von Jesus Christus auf die Erde - ganz zielführend und systematisch bei unseren UrUrurgroßeltern, als er erkannt hatte, was die geistige Bewegung des Spiritualismus der Menschheit bringen würde: Heim zu Gott. Näher mein Gott zu Dir!

Der Plan und das Wirken Luzifers in den letzten 147 Jahren (rund sieben Generationen a` 21 Jahre) kann in drei Perioden oder

242

Zeitabschnitte eingeteilt werden:

Periode 1

Zuerst gab er dem Bewusstsein der Wissenschaftler und Gelehrten des Industriezeitalters die Gedanken ein, die zur Erfindung der verschiedenartigsten Maschinen führten. Luzifer weiß genau, was er damit den Forschern und Ingenieuren eingab, denn durch hierfür geeignete Maschinen werden unter anderem die Samenkörner, die Ausdruck der Ganzheit oder Einheit sind, die Nahrungs- und Lebensmittel teilbar, d. h. sie werden ihrer Ganzheit beraubt. In dieser Periode des Maschinenzeitalters herrscht die Teilung, also die Aussonderung dessen, was für den Menschen und seine gesunde Ernährung lebensnotwendig ist. Dies geschieht durch geeignete Erfindungen des menschlichen Verstandes, denn Luzifer braucht nur den Verstand und will verhindern, dass die Menschheit ihre Vernunft gebraucht. Er musste ihr also die von ihm aus gesehen geeignete Nahrung verschaffen und erreichte dies, indem er den Menschen Teilwertprodukte vorsetzte, die von Maschinen erzeugt werden und die Gene und Chromosomen, also die Erbfaktoren der nachfolgenden Generationen fortlaufend schädigen, so dass sich auch die Vernunft im Geist des Menschen nicht entsprechend ausbilden kann.

Die Menschen sind hocherfreut darüber, dass ihnen die Maschinen die Arbeit abnehmen. Willig arbeiten sie unter dem Einfluss Luzifers mit und setzen all ihr Schaffenskraft und ihren Verstand ein, um immer vollkommenere Maschinen zu erzeugen. Das „Teile!" griff immer weiter um sich, so dass wir heute sogenannte „Nahrungsmittel" - die nun keine wirklichen Nahrungsmittel mehr sind - maschinell bzw. industriell produzieren. Genau das hatte Luzifer vor und die Menschheit ist darauf hereingefallen. Viele Wissenschaftler, Forscher, Erfinder und Ingenieure, heute noch wie Halbgötter von der Menschheit verehrt, sind diesem „Teile und Herrsche" fast vollständig zum Opfer gefallen.

Wir Menschen bewundern diese Verführer und verteidigen sie auch noch ob der von ihnen vollbrachten Wohltaten. Die vielen Arbeitslosen in den Industrieländern verspüren indes ihre „Nutzlosigkeit" als keine Wohltat. Ebenso empfinden Autoreisende stundenlange Staus auf der Autobahn durchaus als Kehrseite des technologischen Fortschritts, von der Luftverschmutzung durch Millionen von Kraftfahrzeugen ganz abgesehen. Der sogenannte technologische Fortschritt ist jedoch durch nichts aufzuhalten. Er wird von unseren Forschern, Wissenschaftlern und Industriemanagern vorangetrieben werden bis zum bitteren Ende.

Das Gottgewollte, die lebendige Nahrung indes, also das, was die Vernunft des Geistwesens Mensch ausbilden soll, geben wir freiwillig weg und das Leere, das nur den Verstand fördert, nehmen wir zu uns. Der Verstand aber ist endlich, d. h. er ist nur dazu da, um irdisch als Mensch bestehen zu können. Mit dem Tod erlischt dieser aber und nur die ewige Geistesgabe der Vernunft nehmen wir kumulativ über unsere sämtliche Vorleben als Nervengeist mit ins Jenseits. In anderen Worten: Eine rein verstandesbezogene Großtat auf Erden zu Lasten der Vernunft ist im heutigen diesseitigen Leben ein großer Bonus, der viel Anerkennung, Ehre, Geld und Macht einbringt. Im Jenseits verkehrt sich diese Tat aber genau ins Gegenteil, in einen Malus, der eine große Bürde für den Betroffenen darstellt.

Luzifer, dieser raffinierte Gegensatzgeist, spannt mit seinen Helfern gleicher Gesinnung aber unterschiedlicher Wirkungsmacht sein Netz immer engmaschiger und die Vernunft kann sich, auch wenn das Geistwesen mit festem Vorsatz vor seiner Einverleibung als Mensch es will, schon über Generationen, von den UrUr-urgroßeltern her bis zu den heute lebenden Menschen, nicht mehr voll entwickeln. Genau das ist aber der geheime Plan Luzifers, denn ohne Vernunft ist es äußerst schwer für den Menschen, zu Gott, zum Urvater, heimkehren zu können.

Luzifers Strategie ist voll aufgegangen. Ihren triumphalen Erfolg kann man an der heute weltweiten Abgewandtheit von Gott, also an der universellen Gottlosigkeit der Menschen erkennen. Seine Erfolgsquote ist sicherlich größer als 95 %. Weitere 4 % in etwa erkennen die Existenz Gottes an, und lassen Gott auch solange als höchste Instanz gelten, solange er ihnen ein gutes und unbeschwertes Leben beschert. Verbleibt ein „harter Kern" von rund einem Prozent der Weltbevölkerung, also etwa 65 Millionen Menschen. Und unter dieser verschwindend geringen Zahl von Menschen, die ein gottgefälliges Leben führen, befinden sich die 144.000 Gerechten, von denen in der Bibel die Rede ist.

Periode 2

Im nächsten Zeitabschnitt entwickelte der Mensch durch den Einfluss Luzifers Automaten. Luzifer will den Menschen ihren freien Willen nehmen, sie völlig automatisieren und wie eine Herde dirigieren. Es gilt daher sein Ausspruch: „Ihr werdet mit uns" - damit meint er sich, seine Helfer und Helfershelfer - weder in der äußeren noch in eurer inneren Welt fertig!" Weil sich die Vernunft bereits in den Erbfaktoren nicht mehr entwickeln kann, auch wenn es das Geistwesen will, hat Luzifer den Großteil der Menschen bereits zu Automaten, zu Nichtdenkern gemacht, und so die Menschheit entscheidend geschädigt.

Periode 3

Auch bei der Mikroelektronik im Informations-u. Kommunikations- zeitalter hat Luzifer seine Hände im Spiel, ebenso bei der Atomspaltung. Er hat zielgerichtet den menschlichen Verstand ausgebildet. Da die Vernunft sich nicht entwickeln konnte, weil über Generationen hinweg die Fehl-, Miss- und Maschinenernährung die Gene und Chromosomen degeneriert hat, sahen und sehen die Menschen in der Atomspaltung einen enormen Fortschritt, wenn- gleich alle wissen, dass das Motiv der zugrundeliegenden Forschung die Herstellung einer Atombombe war, mit der Adolf Hitler noch den Zweiten Weltkrieg gewinnen wollte. Und trotz der verheerenden Wirkungen der zwei US-Atombomben auf Hiroshima und Nagasaki und trotz Tschernobyl werden weiterhin Kernkraftwerke überall in der Welt in Betrieb genommen.Die momentan letzte Entwicklung zeigt Schweden: Ausstieg vom Atomausstieg.

Es sieht ganz so aus, als hätte die Menschheit auch noch den letzten Funken Vernunft verloren, denn nach dem Atomkern wurde der Zellkern zum nächsten Objekt der Begierde. Die Degenerierung der Vernunft schreitet mit der Gentechnologie progressiv fort. Unseren vor Ehrgeiz brennenden Biologen wurden von Luzifer die Gedanken eingegeben, wie sie in die Gene und Chromosomen der jetzt lebenden und zeugenden Menschheit Züchtungen hinein- bringen können, durch welche die sich bildende Vernunft des Geistwesens völlig ausgeschaltet werden kann. Durch Aus- tauschen bzw. Auswechseln der Geninformationen können die zukünftigen Menschen der folgenden Generationen so beeinflusst werden, dass sie richtige „Teufel" werden. Auch hier wird das Prinzip „Teile und Herrsche" wieder deutlich: Teilen der Chromo- somen, Teilen der Erbfaktoren durch Umwandlung, ganz so, wie Luzifer es möchte will. Umwandlung bedeutet aber eben weitere Verdichtung, also das Gegenteil von Vergeistigung. Vermehrung und Verdichtung sind die Vorgänge der Depotenzierung, die einen Schwingungsabfall zur Folge haben. Geistig ausgedrückt: Die

Entfernung des zukünftigen genmanipulierten Menschen von Gott (höchste Schwingungsfrequenz im Universum) würde noch größer werden, als sie es beim heutigen, degenerierten, tiefschwingenden Menschen schon ist.

Die Erfolgsbilanz von Luzifer vom Industriezeitalter bis zum Kommunikationszeitalter kann sich wirklich sehen lassen: Programmierte und zu kleinen Teufeln getrimmte Menschen, die nach immer neuen technischen Errungenschaften - und sei ihr praktischer Nutzen noch so gering - in immer schnellerem Tempo lechzen und sich in dieser totalen Manipulation auch noch wohl fühlen. Auch der Pluralismus, die Vielfalt, geht auf das Konto des Herren der Unterwelt. Auf sein Endergebnis kann er wahrlich stolz sein: Eine geistig völlig verarmte, verführte und manipulierte Menschheit, die voll in seinem Dienste steht.

Die Situation ist heute keinen Deut anders als vor den früheren Säuberungen bzw. Reinigungen unseres Planeten in der langen Erd- und Menschheitsgeschichte. Zuletzt geschah eine solche Reinigung beim Untergang der Hochkultur von Atlantis vor knapp 13.000 Jahren im Rahmen der Sintflut.

Die Gegensatzgeister, die Dämonen, kontrollierten auch damals hemmungslos das Gedankengut der Masse. Und so waren es die daraus resultierenden gewaltigen Fehlleistungen, die den Untergang dieser Riesenreiche, Völker und Stämme besiegelten. Anstelle die Lebenskraft für aufbauende Gedanken, Worte und Werke einzusetzen, setzten sich die Massen dem völligen Einfluss der ungünstigen Geistwesen aus. Ihre Schwingungszahl und die ihrer Umwelt fiel damit auf ein Niveau, das ein Eingreifen der geistigen Welt durch einen Reinigungsprozess erforderlich machte. Der mindere Geist - Kraft - Stoff musste vom höherwertigen Geist - Kraft - Stoff getrennt werden, um dem Gesetz der Einswerdung gerecht zu werden.

Da es bei Gott nichts Zweckloses geben kann, weil dies ein logischer Widerspruch zu seiner Vollkommenheit wäre, kann er es nicht länger zulassen, dass auf der Erde kein Mensch mehr die Möglichkeit hat, sich geistig zu entwickeln. Das Gesetz der Einswerdung ist ein unabänderliches göttliches Gesetz, das aber nur dann erfüllt werden kann, wenn sich die Menschen höher entwickeln. Wenn dies aber dauerhaft durch Luzifer vereitelt wird, so wäre eine weitere Einverleibung der Geistwesen als Menschen auf der Erde mit dem Ziel der Läuterung und Besserung völlig zwecklos.

246

Damit dies nicht gänzlich eintritt und auch zukünftig dieser Zweck wieder voll erfüllt werden kann, sendet Gott vorher Jesus Christus, um die Menschheit von den negativen geistigen Kräften zu erlösen und sie vor dem Satan zu retten. Der Heils- und Erlösungsplan der geistigen Welt unter Führung von Jesus Christus, dem Lenker und Leiter des gesamten Universums, liegt bereits komplett aus-gearbeitet vor. Das Startsignal zum Beginn der Reinigung und der Potenzierung der Erde samt seiner Menschen aber wird von Gott allein gegeben. Den genauen Zeitpunkt kennt alleine er, der Herrscher über unser aller Leben.

Zuvor aber wird Luzifer, der bereits heute - noch unerkannt - unter uns lebt, zum großen Finale seiner physischen Regentschaft auf Erden im Menschenkleide erscheinen und innerhalb seiner dreieinhalbjährigen (42-monatigen) Weltherrschaft wahre Wunder vollbringen. Anfangs wird er damit viele Menschen in seinen Bann schlagen. Am bitteren Ende aber, wenn er auf einen Hügel steigt, um wie Jesus Christus seinerzeit in den Himmel aufzufahren, wird seine fürchterlich zugerichtete Leiche unter einer stinkenden Wolke vor den Augen der entsetzten Zuschauer zurückbleiben.

Während Jesus Christus - das Gute verkörpernd - als menschlicher Lehrer auftrat, wird der Antichrist, der Gegenspieler von Jesus Chr., als Gewaltherrscher - das Böse verkörpernd - auftreten und für kurze Zeit seinen letzten Etappensieg genießen können. Und dann kommt für ihn und den Großteil der Menschen das bittere Ende: Die Potenzierung. Der minderwertige Geist - Kraft - Stoff wird durch Absondern von Feuerreifen von der Erde geschieden werden.

5. Die große Trübsalszeit und apokalyptische Katastrophen

Bis zum Auftritt des Antichristen in den allerletzten Jahren vor der Potenzierung, in der biblischen Terminologie „Entrückung seiner Gemeinde durch Jesus Christ" genannt, wird die Menschheit ·jedoch noch mit einer Vorlaufzeit bzw. Vorwarnzeit großen Trübsals konfrontiert werden. Alle großen Ereignisse werfen ihre Schatten voraus, d. h. die Verhältnisse in Natur und auch in der Gesellschaft verändern sich nicht plötzlich, sondern verschlechtern sich nur allmählich - mit kleinen Zwischenperioden der Erholung-, wobei das Ausmaß der Verschlimmerung um so größer wird, je näher wir an den großen Kulminationspunkt, den großen Wendepunkt in der Erd- und Menschheitsgeschichte, heranrücken.

Bis zum Ende der Epoche des Homo sapiens wird die Menschheit noch fünf tragische Katastrophen, die nur noch von den apokalyptischen Ereignissen selbst übertroffen werden, durchleben.

Diese kommen keineswegs überraschend, denn die Fehlentwicklungen dauern bereits seit mehreren Dekaden an. Nach dem universell gültigen Gesetz von Ursache und Wirkung wird die Menschheit genau das ernten, was sie gesät hat.

Katastrophe 1: Zusammenbruch des Wirtschafts- u. Finanzsystems

Die Hochkonjunktur in der letzten Dekade des 20. Jahrhunderts war ein sehr trügerischer Boom. Er basierte einerseits auf einer überzogenen Erwartungshaltung hinsichtlich der neuen Weltordnung und andererseits auf einem Investment-Rausch in neue Technologien (EDV, Internet, Mobilfunk) sowie einer übermäßigen Verschuldung, in vielen Fällen aber auch nur auf Betrug. Nun, da die schier grenzenlose Euphorie einer kalten Ernüchterung Platz gemacht hat, rächen sich die Todsünden der Vergangenheit. Die aufgehäuften Schuldenberge erdrücken bei geringeren Umsätzen und Gewinnen viele Industriefirmen und auch zahlreiche Länder stehen vor dem Staatsbankrott.

An den Aktienmärkten wird die Baisse die Baisse nähren, die Bruttoinlandsprodukte der Nationen werden in einer deflationären Depressionsspirale zusehends schrumpfen und die Arbeitslosigkeit wird auch in den Industriestaaten dramatische Ausmaße annehmen. Es liegen also äußerst magere Jahre vor uns, voller finanzieller Nöte und Verzweiflung. Die profiliertesten Wirtschaftsfachleute der Welt werden nicht in der Lage sein, das ökonomische Chaos zu erklären und eine internationale Angstkrise wird sich entwickeln. „Angst" wird also nicht länger eine rein deutsche Angelegenheit sein, sondern ein globales Phänomen werden.

Da eine Unzahl von Firmen und auch immer mehr Privatpersonen ihre hohen Kredite nicht mehr zurückzahlen können, werden neben Abertausenden von mittelständischen Firmen und Hunderten von Großfirmen auch zahllose Kreditinstitute und Großbanken fallieren. Das Endergebnis liegt klar auf der Hand: Zusammenbruch des Weltfinanzsystems.

In den Wirrnissen und Verwerfungen dieser größten Wirtschafts-

und Finanzkrise aller Zeiten wird es keine wirklich sichere Geldanlage mehr geben. Viele Menschen werden angesichts der Aussichtslosigkeit ihrer Lage Selbstmord begehen. Nur werden sie nicht mehr aus den obersten Stockwerken der Wolkenkratzer in Manhattan springen wie 1929 beim großen Aktien-Crash in den USA, und in aller Regel auch nicht den Revolver an die Schläfe setzen, sondern sich leise durch Einnahme einer Überdosis von Schlaftabletten von dieser trostlos gewordenen Welt verabschieden.

Umweltschützer werden in Misskredit geraten, denn ihre Forderungen kosten viel Geld, das weder die Unternehmen noch die Staaten haben werden. Man wird sie beschuldigen, die Entwicklung wirtschaftlicher Aktivitäten zu behindern und wird ihnen die Verantwortung für das wirtschaftliche Chaos anhängen. Man - das ist die Öffentlichkeit und allen voran wirtschaftshörige sogenannte Experten - wird sie zu Sündenböcken für Energie-krisen, Lebensmittelknappheit und den Verlust von Arbeitsplätzen machen.

Die „Positiv-Denken" - Protagonisten werden ebenfalls in arge Be-drängnis geraten. Sie werden erfahren müssen, dass große Verluste, Rückschläge und die allgemeine Verwirrung das Denkgebäude vieler wohlmeinender Menschen zertrümmern wird, die fälschlicherweise glaubten, dass ihre Fortschritte und ihr ökonomisches Wohlergehen das Ergebnis ihres eigenen positiven Denkens seien. Alles positive Denken dieser Welt wird nichts daran ändern, dass wir auf den Zusammenbruch von Weltwirtschaft und - finanzen zusteuern. Nicht der mächtigste Mann der Welt, der Präsident der USA, nicht irgendeine der vielen internationalen Organisationen, nicht der Papst, und auch kein Philosoph vom Kaliber eines Karl Marx oder ein sendungsbewusster Schriftsteller kann dieser Entwicklung Einhalt gebieten.

An den exponentiell wachsenden sozialen Problemen wie Arbeitslosigkeit, Armut, Obdachlosigkeit, Hunger, etc. werden sich Demonstrationen, Tumulte, Plünderungen und andere Ungesetzlichkeiten, ja sogar Bürgerkriege entzünden, vor allem in den großen Städten der besonders benachteiligten Wirtschafts-regionen wie Afrika, Zentral- und Südamerika, Russland und auch Teile von Südostasien.

Bis zur Regierungszeit des Antichristen mag es noch einmal zu einer vorübergehenden wirtschaftlichen und finanziellen Erholung kommen, doch wird es nie wieder eine volle Zuversicht im Sinne des uns geläufigen „Aufwärts ohne Ende" und festes Vertrauen in politisch und sozial stabile Verhältnisse geben. Die neuen ständigen Wegbegleiter der Menschen werden Angst und Unsicherheit sein.

Die völlig desillusionierten und mutlos gewordenen Menschen werden sich dann hoffnungsvoll der auftauchenden „Lichtgestalt" des Antichrist zuwenden, der ihnen eine goldene Zukunft versprechen wird. Eine solche Zukunft wäre zwar wünschenswert, doch ist sie völlig unmöglich, da mit dem Antichrist die allerletzte Phase dieser Zeitperiode beginnt, die schlussendlich mit der Potenzierung endet.

Katastrophe 2 - Klimasturz und Naturkatastrophen

In der bisherigen Erdgeschichte hat es schon viele Säuberungen bzw. Potenzierungen, häufig verbunden mit Polsprüngen, Erdteilverschiebungen, Oberflächenveränderungen und sogar Erdachsenveränderungen gegeben. So ist aus dem einstigen Urkontinent Pangäa, als die gesamte Landmasse der Erde aus einem zusammenhängenden Großkontinent bestand, der von nur einem Ozean umgeben war, durch diese Säuberungen und die allgemeine Evolution (Kontinentaldrift) die heutige Erde mit den sechs Kontinenten und den 4 Ozeanen entstanden.

Da mit Christi Geburt aus geistiger Sicht die 1. involutionäre Potenzierung eingeleitet wurde, die mit der materiellen, also der physikalischen, chemischen und biologischen Potenzierung in naher Zukunft zum Abschluss kommen wird, sind sämtliche heutigen und zukünftigen Vorgänge in der Natur völlig anders zu bewerten, als in der ganzen bisherigen Erd- und Menschheitsgeschichte. Diese imminente Potenzierung markiert den ganz entscheidenden Umkehrpunkt, d. h. die bisherige Evolution, die sich in einem expandierenden Universum geäußert hat, schlägt, materiell betrachtet, in eine Involution (Schrumpfung) des Universums um.

Die Evolution, die Fortentwicklung, besteht gerade auch nach der Potenzierung weiterhin in der Vergeistigung allen Stoffes, der Bündelung der Kräfte und des freier und reiner werdenden Geistes.

Die Unterscheidung zwischen evolutionärer Potenzierung, die den höher entwickelten, reiferen Planeten unseres Sonnensystems zu

250

ihren Monden verholfen hat und den Menschen zu dem gemacht hat, was er heute ist, und involutionärer Potenzierung (Beginn der Schrumpfung des Universums) ist deshalb so wichtig, weil ansonsten die Menschheit die kommenden Naturkatastrophen zu Recht als zyklisch wiederkehrende Erscheinungen betrachten würde.

Fortan aber gelten andere Gesetzmäßigkeiten. Die Natur wird außer Rand und Band geraten und nicht mehr in ihren Normalzustand zurückkehren. Vor uns liegt ohne Zweifel die große Hungersnot der Endzeit, die vom Propheten Joel vorausgesagt wurde: „Wehe über den Tag! Denn nahe steht der Tag des Herrn bevor, und er kommt als eine Vergewaltigung vom Allgewaltigen her. Ist nicht die Nahrung vor unseren Augen weggerafft, Freude und Jubel aus dem Hause unseres Gottes geschwunden? Verschrumpft liegen die Samenkörner unter ihren Schollen, leer stehen die Speicher, zerfallen die Scheunen: das Getreide ist ja dahin! Wie kläglich brüllt das Vieh! In voller Unruhe sind die Rinderherden, weil sie nirgends Weide haben; auch die Kleinviehherden leiden schwer. Zu Dir, Herr, rufe ich; denn Gluthitze hat die Auen der Steppe verzehrt und Lohe allen Baumwuchs des Gefildes versengt. Auch die wilden Tiere draußen schreien lechzend zu dir: denn die Wasserbäche sind ausgetrocknet!" Joel 1, 15 – 20

Bedingt durch die bereits stattfindende Vorbereitung der Erde auf die imminente Potenzierung - angefangen vom Erdinnern bis zur Atmosphäre - kann in den nächsten Jahren nichts anderes eintreten als eine drastische Verschlechterung der Wetterbedingungen. Zwangsläufig werden auch immer mehr und immer stärkere Erdbeben und Vulkanausbrüche stattfinden.

Großes Elend wird durch die gewaltigsten Wetteränderungen - tödliche Hitzewellen, extreme Kälteperioden in südlichen Ländern, fürchterliche Überschwemmungen durch übermäßige Regenfälle und Sturmfluten, reißende Orkane, furchtbare Hagelwetter mit immer größeren Hagelkörnern, die zu Eisbrocken werden - und durch schwere Erdbeben und starke Vulkanausbrüche über die gesamte Menschheit kommen. Die Erdbeben von Kobe, Japan, oder das jüngste in China sind nur ein kleiner Vorgeschmack auf das ganz große Erdbeben in den USA, das viele Experten heute schon erwarten, und es „The Big One" nennen. Befürchtungen im Hinblick auf weitere derart schlimme Erdbeben werden stellen- und zeitweise größer werden als die Furcht vor wirtschaftlichen, finanziellen und politischen Problemen. Durch die vermehrten

Vulkanausbrüche werden gewaltige Mengen von Asche in die Luft geschleudert werden, die dann durch den Jetstrom in die Troposphäre getragen wird, wodurch wiederum die Wetterverhältnisse beeinträchtigt werden.

Der Klimasturz, der Bodenversteppung, Dürren, Überschwemmungen und Verwüstungen durch Orkane, Wirbel- und Hagelstürme zur Folge haben wird , wird nicht nur Ursache großer Hungersnöte in Afrika, Indien, Pakistan, Zentral- und Westrussland sowie Südostasien sein, sondern wird auch in den USA zu Lebensmittelknappheit führen. Wegen der ausgedehnten Buschbrände, der zunehmenden Versteppung der Böden, der Dürreperioden durch ausbleibenden Regen, der Wirbel- und Hagelstürme werden die Weizen-, Reis- und Sojabohnenvorräte bald aufgebraucht sein, so dass die Nachfrage nicht mehr vollends befriedigt werden kann.

An den Fingern einer Hand kann man abzählen, was der „Krieg der Natur" gegen den uneinsichtigen Menschen zur Folge haben wird:

Abertausende Menschen, ja Millionen werden wegen Wassermangel oder Unterernährung sowie an Seuchen und Epidemien, die im Gefolge der Naturkatastrophen entstehen, sterben. Abertausende Nutz- und Schlachttiere werden ebenfalls mangels Wasser und ausreichendem Futter zugrunde gehen. Viele Landwirte werden vor dem finanziellen Ruin stehen und Versicherungsgesellschaften werden durch die Schadensregulierung anlässlich zahlloser großer Naturkatastrophen bankrott gehen. Hilfs- und Katastrophenfonds werden bald erschöpft sein und viele Nationen der Dritten Welt werden in den Staatsbankrott gehen müssen.

Katastrophe 3 - Niedergang von Sitte und Moral

Die Kriminalität und Korruption hat bereits alle Glieder der Gesellschaft erfasst, völlig unabhängig von Rasse, Religion, Herkunft, Bildungsniveau, usw. Nun sind die Menschen seit einigen Jahren auch noch dabei, ihr Schamgefühl zu verlieren. Sie breiten ihre Intimsphäre vor der breiten Fernseh-Öffentlichkeit in diversen Talk-Shows oder kollektiven „Peep-Shows" wie der Big Brother Show, aus.

In privaten Fernsehsendern präsentieren Moderatorinnen die Nachrichten „oben ohne" oder auch schon ganz nackt. Pornofilme, auch in den perversesten Spielarten, sind überall - auch für

252

Jugendliche - leicht erhältlich. Zeitungen, Zeitschriften und Magazine ohne Abbildung nackter Frauen, und immer mehr auch Männer, sind eher die Regel als die Ausnahme.

Nacktheit, Promiskuität, Pornographie, Partnertausch, Gruppensex, Vergewaltigungen, Lust- und Sexualmorde, Sadismus, Masochismus, Sodomie, Pädophilennetzwerke, Kinderschändungen, sexuelle Unmoral unter vielen Geistlichen vieler Kirchen, Okkultismus, Vodoo-Zauber, Satanskult, Schwarze Messen, und dergleichen mehr sind mittlerweile ganz alltägliche Erscheinungen geworden, die kaum noch die Gemüter der Öffentlichkeit erregen. Nur wenige werden sich noch gegen diesen allgemeinen Sittenverfall stellen, denn die „aufgeklärte Gesellschaft" sowie die sich allmählich anpassenden Kirchen werden diese Wenigen als unmodern und rückständig bezeichnen.

Exzessive sexuelle Vergnügungen, Drogen und Alkohol und die tiefe Verstrickung im Materialismus lassen den Großteil der Menschheit lau und blind, schwach und geistig arm werden. Denn inmitten all ihrer Besitztümer und den Annehmlichkeiten des Wohlstandes werden die Menschen noch unglücklicher und unzufriedener werden als sie es heute schon sind.

Die Wohlstandsgesellschaft, die gerade zu einer Wohlfühlgesellschaft mutiert („Wellness" in all ihren sinnigen und unsinnigen Erscheinungsformen und Spielarten ist das Gebot der Stunde) ist nicht nur gottfern, sondern auch geistig abgestumpft und voller innerer Leere. Auch dann, wenn die Krisen überhand nehmen, werden die meisten Menschen kein Ohr für die Botschaft vom kommenden Gericht anlässlich der Wiederkunft Jesu Christi haben und zwar aus exakt den gleichen Gründen, wie die Menschen zu Noahs Zeit: Weil sie so ausgefüllt waren mit ihren sinnlichen Vergnügungen, im Kaufen und Verkaufen und im Heiraten und Scheiden.

Die Leute in Noahs Tagen glaubten nicht an die Flut des Gerichts (Sintflut), die über die Erde kommen sollte. Sie verbrachten ihre Zeit statt dessen mit lärmenden und ausschweifenden Zechgelagen und damit, dass sie den verrückten Propheten, der von so einer närrischen Vision predigte, auslachten. Die Bibel sagt hierzu: „Sie erkannten es nicht, bis die Flut kam, und sie alle dahinraffte". Jesus sagt, dass Männer und Frauen der letzten Zeit genauso fortfahren werden mit ihren sexuellen Sünden, Gewalt und Unmoral, bis das Ende kommen wird. Die Menschen werden Visionen, Weissagungen und Prophezeiungen über eine drohende

Weltkatastrophe und ein endliches Gericht nicht akzeptieren.

Die Menschheitsgeschichte lehrt uns, dass dem Untergang aller Völker und Kulturen stets ein völliger Verfall von Sitte und Moral vorausgegangen ist. Dieser in der heutigen Welt überall und zu jeder Zeit zu beobachtende alarmierende Verfall wird sich noch intensivieren, so dass die Welt aus den Fugen geraten wird. Man wird nicht mehr in der Lage sein, die Städte zu verwalten und die einzelnen Staaten vernünftig zu regieren. Die Menschen werden Gott völlig verwerfen, und fast die ganze Menschheit wird habsüchtig und materialistisch sein. Ganze Nationen werden den Philosophien des gottlosen Aufruhrs und falscher religiöser Kulte folgen. So wird sich die Menschheit letztendlich in eine solche Situation der Gesetzlosigkeit und Rücksichtslosigkeit hinein manövrieren, dass nur ein Superdiktator, der für sich übernatürliche Kräfte in Anspruch nimmt, wieder Ordnung schaffen kann.

So bereitet der Verfall von Sitte und Moral das Terrain, auf dem der Anti-Christ seine uneingeschränkte Weltherrschaft errichten kann. Er wird kaum noch Widersacher finden, denn von den heutigen wenigen wahren Christen werden bis zu seinem Erscheinen viele den überall in der Mitwelt lauernden Verführungen und Versuchungen, der Sinnlichkeit und dem Materialismus erlegen sein. Abertausende solcher Christen werden von ihrem Gottesglauben abfallen und ihre Freunde verraten. Sie werden hitzköpfig und stolz sein und Zeiten des Vergnügens dem Gottesdienst bzw. der praktizierenden Nächstenliebe vorziehen. Sie werden den Wohlstand und die vielfältigen sinnlichen Vergnügungen mehr lieben als Gott.

Normale Zeiten werden entschwinden, statt dessen werden sich die Süchtigen, die Prostituierten, die Vergewaltiger, die Kinderschänder, die Betrüger, die Diebe, die Straßenräuber und Mörder breit machen.

Obwohl das Wissen der Menschheit in den letzten 20 Jahren sprunghaft gestiegen ist und sich weiter erhöht, werden die meisten Menschen noch stärker Sklaven des Materialismus, der Unmoral, der Gewalt und des Aufruhrs werden.

Groß wird dann die Überraschung sein, wenn die apokalyptischen Ereignisse über sie hereinbrechen, an deren Ende die große Säuberung, die geistige Wende bzw. die erste involutionäre Potenzierung der Erde stehen wird. Anders als bei der evolutionären Säuberung der Erde bei der Sintflut wird es dieses

Mal nicht das Element Wasser, sondern das Element Feuer sein. Jenes Feuer, das ja nichts anderes als gebrochenes Licht ist, das Luzifer verbotener Weise den frühen Menschen verraten hat. Und der zweite große Unterschied in der riesigen Umwälzung wird die Tatsache sein, dass nicht nur die Erde samt ihrer lebenden Menschen betroffen sein wird, sondern auch die physisch verstorbenen Menschen, die in den niederen immateriellen Sphären um die Erde als Fluidalmenschen geistig-seelisch fortgelebt haben und keine Anzeichen der Läuterung und Besserung haben erkennen lassen.

Katastrophe 4 - Verlust der Freiheit

Freiheit! Welch ein gewaltiger Begriff. Inbegriff menschlicher Emanzipation, die süße und wohlschmeckende Frucht eines ewigen Kampfes zwischen den brutalen und skrupellosen Unterdrückern, Ausbeutern, Tyrannen, Despoten, Egomanen, Diktatoren, die es zu allen Zeiten der Menschheitsgeschichte gab, und den Unterdrückten, Ausgebeuteten, Schwachen und Besonnenen, nach Gleichbehandlung, Chancengleichheit und Gerechtigkeit strebenden Menschen, die am Ende den wohlverdienten Sieg oder Teilsieg friedlich oder durch gewalttätige Aufstände oder Revolutionen davongetragen haben.

Der so häufig überstrapazierte Begriff Freiheit verdankt seine Existenz wie jeder andere Begriff in unserer polaren Welt der Negativausprägung einer Sache oder wie in diesem Falle (allzu-) menschlicher Eigenschaften. Hätten Menschen seit Beginn ihres Auftauchens auf der Erde friedlich in Eintracht und Harmonie gelebt, also ohne jegliche verachtende Bevormundung, Unterdrückung, Ausbeutung, Streit und Krieg, hätte für eine solche Begriffsbildung gar keine Notwendigkeit bestanden. Die Menschheitsgeschichte zeigt jedoch bedauerlicherweise, dass dieser Kampf keineswegs endgültig und unwiderruflich ent-schieden ist.

Im Gegenteil: Unterzieht man die derzeit in aller Welt vorherrschende Situation einer kritischen Analyse, so lautet das niederschmetternde Fazit: Zu keinem Zeitpunkt der Menschheitsgeschichte war das ideelle Gut Freiheit gleichzeitig in allen Ländern der Erde so massiv bedroht bzw. elementar beschädigt wie heute. In vielen Ländern ist sie schlichtweg eine Illusion oder Utopie. Zwar findet sich das Wort Freiheit fast in allen Verfassungen demokratisch rechtsstaatlicher Republiken und fortschrittlicher Monarchien als ein vom Staat bzw. vom

Herrscherhaus zu garantierendes elementares Menschenrecht, doch sieht die Realität häufig sehr viel anders aus. Und seit dem 11. September 2001 ist die Freiheit aller Weltbürger bedrohter denn je.

Hört man den Begriff, denkt man unmittelbar an die progressiven Ideale der französischen Revolution „Freiheit, Gleichheit, Brüderlichkeit". Freiheit ist ein hohes erstrebenswertes Ziel für jeden Menschen dieser Erde, doch die Verhältnisse auf unserem Planeten sind alles andere als homogen. Es gibt Naturvölker wie diverse Stämme in Afrika, die Pygmäen, die Eskimos, die Aborigines in Australien und die Indianer in den USA. Dann gibt es die Länder der Vierten Welt, die sich fern jeglicher Zivilisation befinden, die früher Entwicklungsländer genannten Nationen der Dritten Welt, und schließlich die entwickelten und hochentwickelten Länder und Nationen der zivilisierten Zweiten und Ersten Welt. Diese Heterogenität bedeutet, dass wirkliche Freiheit eigentlich nur für jene Menschen besteht, die in der zivilisierten Welt leben. Denn dort sind die Freiheitsrechte der Menschen der jeweiligen Verfassung nicht nur deklaratorisch artikuliert, sondern in aller Regel auch mit konstitutiver Wirkung kodifiziert: Redefreiheit, Meinungsfreiheit, Pressefreiheit, Versammlungsfreiheit, Religionsfreiheit, Freiheit der Berufswahl, die Niederlassungsfreiheit, die Reisefreiheit, usw. Diese Freiheiten sind ein eminent wichtiger Teil des Fundaments zivilisierter Nationen und Ausdruck der geistigen Entwicklung der Menschheit. Bedenkt man, dass von den 6,8 Milliarden Erdenbewohner 855 Millionen weder Lesen noch Schreiben können, so wird das riesige geistige Gefälle in der heutigen Menschheit offensichtlich.

Wie sieht die Freiheit aber in den zivilisierten Ländern wirklich aus? Wie frei ist der moderne gebildete Mensch angesichts des kapitalistischen Konsumzwanges, der ihn indirekt zwingt, stets das neueste Produkt zu kaufen oder die allerneueste Dienstleistung in Anspruch zu nehmen, oder sich der letzten sinnfreien Freizeitbeschäftigung hinzugeben, nur um auf der Höhe der Zeit zu sein, sozusagen „in" zu sein, beachtet und respektiert zu werden, als fortschrittlicher, zeitgeistkonformer, moderner und weltoffener Mensch angesehen zu werden?

Wie sieht es mit all den anderen genannten Freiheiten bzw. Freiheitsrechten de facto im „richtigen Leben" aber aus, das durch unzählige Gesetze, Erlasse, Verordnungen, Richtlinien und sehr umfangreiche Rechtsprechung überbürokratisiert ist? So kann zum Beispiel zwar theoretisch jeder Jugendliche jeden gewünschten

Beruf ergreifen, aber schafft der Abiturient, der eine innere Berufung verspürt, Arzt zu werden, um möglichst vielen Menschen helfen zu können, in Deutschland den Numerus Clausus nicht, dann ist das Studium für Humanmedizin passe´ und der Abiturient wird eventuell etwas studieren, für das er sich nicht wirklich interessiert.

Der Katalog der Freiheitsrechte ist recht umfänglich, doch kommt es in der tatsächlichen Umsetzung zu vielerlei Restriktionen, die viele Bürger als unzulässige Eingriffe in ihre persönlichen Rechte betrachten und - zurecht auf diese Freiheiten pochend - nötigenfalls auch den Rechtsweg beschreiten, um diese Freiheitsrechte auch tatsächlich durchzusetzen. Unabhängig von den vorgenannten konkreten, objektiv beschreibbaren und in einem Rechtsstaat einklagbaren Freiheitsrechten hat der Begriff Freiheit aber auch noch eine subjektive, vom Gefühl der Menschen beeinflusste oder abhängige Dimension.

Die derzeit in aller Welt geführten Diskussionen um Gesetzesänderungen bezüglich einer erhöhten Sicherheit angesichts des weltweiten Terrorismus: Verstärkte Video-überwachung an öffentlichen Plätzen und Einrichtungen; Erfassen, Speichern und Verwerten von biometrischen Daten der Menschen für die zweifelsfreie Identifikation von Menschen; Durchführung von Rasterfahndungen; das Abhören von Telefongesprächen, vermittelt so manchem Staatsbürger in Europa, den USA, und auch anderswo, dass sich ihre Nationen immer mehr zu einem perfekten Ueberwachungsstaat entwickeln. Der Weg zum global gläsernen Menschen wird in diesen Tagen, im Frühjahr 2009, asphaltiert. George Orwell lässt bereits heute ganz herzlich grüßen.

Die Sicherheit ist also zum Preis der Freiheit geworden. Aber welcher Natur ist Freiheit dann noch, wenn sie nur mit der Preisgabe anderer Freiheiten „erkauft" oder bewerkstelligt werden kann? So ist die hochgepriesene Freiheit heute in vielen Bereichen nur noch eine Scheinfreiheit, die ihren einmal eingeschlagenen negativen Entwicklungspfad zur Unfreiheit im Gefolge der kommenden Krisen und des Terrors und der Gewalt konsequent zu Ende gehen wird. Sie wird schließlich im Gleichschritt mit den beiden anderen humanistischen Idealen zivilisierter Gesellschaften, der Gleichheit und der Brüderlichkeit, unter den Hammer der Geschichte des homo sapiens kommen.

Katastrophe 5 - Jugendliche hassen ihre Eltern abgrundtief

Die Bibel warnt die Eltern eindringlich davor, ihre Kinder durch eigenes Fehlverhalten zu verärgern und zu reizen. In der jüngeren Vergangenheit gingen Jugendliche, die sich von der Gesellschaft und der Regierung betrogen und herausgefordert fühlten, auf die Straßen und demonstrierten, randalierten und provozierten Krawalle. Studentenführer wie Rudi Dutschke und die Außerparlamentarische Opposition in Deutschland, die Flower Power-Bewegung in den USA „Make Love Not War" in den USA als Protest gegen den Vietnamkrieg, usw. waren Ausdruck des Protestes gegen die Unzufriedenheit der studentischen Jugend. Ihrem Hass gegen die Politiker und ihrer Verachtung der Regierung verschafften die Studenten dadurch Luft, dass sie versuchten, das politische System zu stürzen.

Diese Revolutionsversuche in den westlichen Ländern sind inzwischen abgeflaut, denn die einstigen Aufrührer und Rädelsführer sind heute Teil des Establishments und versuchen jetzt, das System von innen zu ändern - natürlich vergeblich. Der Ärger, die Unzufriedenheit und Verdrossenheit, die jene Studenten früher auf die Straße trieb, hat sich jedoch nicht etwa in Wohlgefallen aufgelöst, sondern richtet sich heutzutage gegen ihre heuchlerischen Eltern.

Diese Eltern erteilten ihnen während ihrer ganzen Kinder- und Jugendzeit gute Belehrungen, obwohl es in deren eigenen Leben nicht dementsprechend zuging. Das Unverständnis der Eltern ihren Kindern gegenüber in Sachen Kleidung, Haartracht, Körperschmuck wie Piercing und Tätowierung, Drogen, Musik, Alkohol, sexuelle Freizügigkeit und ganz generell die Freizeitgestaltung - Discotheken anstelle Sport oder musischer Aktivitäten - wird die Jugendlichen angesichts des schlechten Beispiels, das die Eltern geben, in Wallung bringen. Großer Unmut wird durch diese Inkonsequenz und Heuchlerei der Eltern in den meisten Familien zum Ausbruch kommen. Ältere Jugendliche und Heranwachsende werden beginnen, ihre Eltern regelrecht zu hassen, und viele werden ihr liebloses Zuhause in der Hoffnung verlassen, bei anderen Menschen oder Gleichgesinnten mehr Verständnis und Liebe zu finden.

Diese nie zuvor in unserer zivilisierten Gesellschaft beobachtete Hasswelle der Jugendlichen gegenüber ihren Eltern ist auch das Ergebnis der seit ca. 20 Jahren ständig ansteigenden Scheidungsrate. Das für unser aller Zukunft so wichtige

Engagement der Eltern für das geistige, seelische und leibliche Wohlergehen ihrer Kinder wird durch die steigende Anzahl der Ehescheidungen - fast jede zweite Ehe wird heute geschieden - in hohem Masse gefährdet. Millionen unschuldiger Kinder nehmen dadurch erheblichen Schaden in ihrem Gemüt und ihrer Persönlichkeitsbildung. Sogar die Ehen scheinbar „idealer" Paare zerbrechen in unserer Zeit, und die Kinder geschiedener Eltern stehen zwischen den einstigen Ehepartnern wie in einer Falle gefangen.

Als Teenager und Jugendliche begleichen heute und in naher Zukunft Abermillionen Kinder mit irreparablen seelischen Schäden und Persönlichkeitsstörungen diese offene Scheidungsrechnung. Die Währung an diesem Zahltag ist nicht materieller Art. Viel schlimmer, denn bezahlt wird mit einem der bittersten menschlichen Gefühle, mit abgrundtiefem Hass. Man hat sie als Kinder ja gelehrt, den einen oder anderen Elternteil, oder gar beide, zu hassen, denn die verbindende Mitte war zerstört. Daraus entstand die heute überall anzutreffende Revolution der Jugend, die sich von den Straßen in die Häuser und Familien verlagert hat.

Da sich auch die meisten Eltern in vermeintlich intakten Ehen mehr Sorgen um ihren gesellschaftlichen Standard machten als um die Erziehung ihrer Kinder, sind auch all diese Kinder potentielle Elternhasser. Vernachlässigt und ungeliebt von den Eltern, bar jeder moralisch-ethischer Wertvorstellungen, und im subjektiven Empfinden entweder zu streng - nach altmodischen Werten und Normen - oder zu antiautoritär - keinerlei Richtungsweisung - erzogen worden zu sein, entfremden sich diese Kinder von ihren Eltern. Ein nicht zu vernachlässigender Teil dieser Kinder wendet sich daher vom Elternhaus ab und schließt sich radikalen Kinder- und Jugendbanden an, wo sie sich ihr eigenes „Zu Hause" schaffen. Die Kinder- und Jugendbanden, die mit Fernseh-Kriminalität, mit Fernsehmahlzeiten und mit Videospielen groß geworden sind, werden sich leidenschaftlich gegen ihre Eltern wenden. Es ist für sie leicht zu hassen, denn sie haben in ihrem bisherigen Leben so wenig echte Liebe kennen gelernt.

Die Bibel sagt klar voraus, das ein Tag kommen wird, wo Söhne und Töchter ihre Eltern verraten werden und manchmal sogar dafür sorgen, dass man sie umbringt. Wir gehen also Zeiten entgegen, wo auch in den Familien, in denen heute schon überall großer Zwist und Streitigkeiten herrschen, der „Krieg" ausbricht, wo die schlimmsten Feinde die Kinder im eigenen Haushalt sind: Der Vater steht gegen den Sohn, die Mutter gegen die Tochter und alle

Familienbande werden verraten.

Die Kinder werden deshalb zu Verrätern an ihren Eltern, weil sie glauben, einen berechtigten Grund dafür zu haben. Viele dieser Eltern haben nicht einmal versucht, sich ernsthaft mit den Nöten ihrer Kinder auseinanderzusetzen. Sie waren so sehr beschäftigt mit ihren eigenen Problemen und Wünschen, dem Geldverdienen, dem Feiern von Partys, dem Trinken, dem Rauchen, dem Betrügen und Scheiden, dass sie wenig oder gar keine Zeit hatten, sich ihrer Kinder liebevoll anzunehmen. Die Kinder nun, immer allein gelassen mit ihren Problemen, mit Geld und sonstigen Annehmlichkeiten abgespeist, sind nicht in der Lage, mit diesen fertig zu werden. Außerdem haben sie miterleben müssen, wie sich ihre Eltern gegenseitig belogen und betrogen, wie sie miteinander stritten und jeder Elternteil seine eigenen Wege ging.

Gerade dann, wenn überall in der äußeren Welt die Krisen über Hand nehmen und allerorten Kriege aus religiösen, ökonomischen sowie geo- und machtpolitischen Motiven geführt werden, gerät auch die wichtigste Zelle einer Gesellschaft, die Familie, in einen schlimmen Krieg, bei dem sich kein Familienmitglied seines Lebens mehr sicher sein kann. Am Ende der Zeitperiode herrscht also der totale Krieg!

Die apokalyptischen Katastrophen

Die oben beschriebene Zeit des großen Trübsals, des Elends, der Heimsuchung und Leiden, wie es sie zuvor in der Mensch-heitsgeschichte noch nie gegeben hat, wird ganz sicher über unsere Erde kommen, denn kein Geringerer als Jesus Christus hat geweissagt:

„Sehet euch vor, dass niemand euch irreführe! Denn viele werden unter meinem Namen kommen und behaupten „Ich bin der Christus", und werden viele irreführen. Ihr werdet ferner von Kriegen und Kriegsgerüchten hören: gebt acht, lasst euch dadurch nicht erschrecken! Denn das muss kommen, ist aber noch nicht das Ende. Denn ein Volk wird sich gegen das andere erheben und ein Reich gegen das andere; auch Hungersnöte werden eintreten und Erdbeben hier und da stattfinden; DIES ALLES IST ABER ERST DER ANFANG DER WEHEN. Und die Gesetzlosigkeit wird überhand nehmen. Und die Heilsbotschaft vom Reich wird auf dem ganzen Erdkreis allen Völkern zum Zeugnis gepredigt werden, und dann wird das Ende kommen".

Matthäus 24, 4-8, 12, 14

Die Bibel beschreibt im Buch der Offenbarung die sieben letzten schrecklichen Plagen, die über die Erde kommen werden. Plagen, die schlimmer sein werden als alles, was vorher geschah.

Die dem Lieblingsjünger von Jesus Christus, Johannes, offenbarten sieben letzten Gerichte, sind schwer zu deuten. Ähnlich wie bei der in Metaphern gefasste Schöpfungsgeschichte von Moses, müssten also auch die Johannes per Vision illustrierten Ereignisse, die letzten Gerichte, in Klartext „übersetzt" und, soweit wie irgendwie möglich, mit Entwicklungsgesetzmäßigkeiten, Fakten und Schlussfolgerungen untersetzt werden.

Da bislang alle alttestamentarischen Prophezeiungen, die unsere Vergangenheit betrafen, in Erfüllung gegangen sind, müssen wir zwingend davon ausgehen, dass auch diejenigen, die unsere nahe und fernere Zukunft betreffen, ebenfalls wahr werden. Da Gott zeitlos ist, können seine Botschaften auch durch menschliche zeitliche Differenzierungen bzw. Abgrenzungen wie in die Zeitepoche des Alten und Neuen Testaments, keinen „Qualitätsverlust" erleiden.

Weil zu den letzten sieben Gerichten keine neuzeitlichen geistigen Kundgaben vorliegen, ist bei der Interpretation höchste Achtsamkeit geboten.

Hintergrund für die fehlende neuzeitliche Aufklärung der Menschheit seitens der Gottesboten ist deren Befürchtung, der Heils- und Erlösungsplan für die Menschheit, erstellt vom König des Universums, Jesus Christus, könnte seinem Widersacher, Luzifer, dem heutigen König der Erde, bekannt und damit von ihm durchkreuzt werden.

Da aber in den vorhandenen Kundgaben von Gottes Boten zur geistigen Wende klar und deutlich von kosmischen Gewalten im Verein mit Naturgewalten die Rede ist, und die sieben Plagen von sieben Engeln, also von Gottes Erstlingen in den Ursonnen (1. Sonnen) ausgelöst werden sollen, ist es eher unwahrscheinlich, dass die irdischen Fehlentwicklungen direkt in diesen Plagen kulminieren. Die weit fortgeschrittene Degeneration von Mensch und Natur macht jedoch die diesbezügliche kosmische Einwirkung erforderlich, damit der Lebenszweck der Menschen auf der Erde

261

auch zukünftig wieder erfüllt werden kann. Insofern gilt auch hier eine strenge Kausalität, das Gesetz von Ursache und Wirkung, das Karmagesetz, dem niemand entgehen kann.

Gericht 1 - Bösartige Geschwüre und Hautkrebse

„Da ging der erste hin und goss seine Schale auf die Erde aus; da kamen schlimme und bösartige Geschwüre an die Menschen, die das Malzeichen des Tieres trugen und sein Bild anbeteten.

Offenbarung 16,2"

Gericht 2 - Verunreinigung der Meere

„Dann goss der zweite Engel seine Schale in das Meer aus; da wurde es zu Blut, wie Leichenblut, und alle lebenden Seelen im Meere starben.

Offenbarung 16,3"

Gericht 3 - Verunreinigung aller Flüsse und Binnengewässer

„Weiter goss der dritte Engel seine Schale in die Flüsse und die Wasserquellen aus; da wurden sie zu Blut.

Offenbarung 16,4"

Gericht 4 - Tödliche Sonnenhitze

„Hierauf goss der vierte Engel seine Schale auf die Sonne aus; da wurde ihr verliehen, die Menschen mit Feuerglut zu versengen. So wurden denn die Menschen von gewaltiger Glut versengt, lästerten aber trotzdem den Namen Gottes, der die Macht über diese Plagen hat und bekehrten sich nicht dazu, ihm die Ehre zu geben.

Offenbarung 16,5"

Gericht 5 - Weltweite Finsternis

„Nun goss der fünfte Engel seine Schale auf den Thron des Tieres aus; da wurde ein Reich verfinstert und die Menschen zerbissen sich die Zungen vor qualvollen Schmerzen.

Offenbarung 16.10"

Gericht 6 - Ein Blutbad auf israelischem Boden

„Hierauf goss der sechste Engel seine Schale auf den großen Strom Euphrat aus; da vertrockneten seine Wasser, damit den Königen vom Aufgang der Sonne her der Weg offen stände.

Offenbarung 16.12"

Das sechste Gericht prophezeit den Dritten Weltkrieg, das größte Blutbad aller Zeiten, die Schlacht von Harmagedon. Dieser letzte Weltkrieg vor der Potenzierung, in den fast alle größeren Nationen verwickelt sein werden, ist eine Tat des Antichristen. Die Zeit seiner Terrorregierung wird zwar nur kurz sein (42 Monate oder 3,5 Jahre) aber total verheerend. Denn wenn sich eine 200 Millionen Soldaten zählende Armee zum letzten großen Gefecht, zum „finalen Count Down" bei Harmagedon einfinden, so wird ein Drittel der Menschheit, also über 2 Milliarden Menschen, im Zuge der weltweiten Kampfhandlungen ihr Leben verlieren (40 mal so viel wie im Zweiten Weltkrieg). Denkt man an die vielen Atomwaffenstaaten mit den irrsinnigen „Overkill"-Kapazitäten, und auch an die furchtbaren biologischen und chemischen Kampfmittel, so ist diese große Opferzahl durchaus vorstellbar.

Dieser Dritte Weltkrieg, der alles menschliche Begriffsvermögen übersteigt, wird seinen Höhepunkt also in Israel, dem Geburtsland von Jesus Christus finden. Dies ist natürlich kein Zufall, denn Jerusalem ist der fluidale Hauptwohnsitz von Luzifer. Zur Befreiung der Menschheit von ihm war einst Jesus Christus dort (in Bethlehem, unweit von Jerusalem) geboren worden, und hat dort gewirkt, um den Menschen aufzuzeigen, wie sie aus eigener Kraft die Erlösung vom negativen Einfluss Satans auf sie erlangen können.

Die Zuverlässigkeit der biblischen Prophezeiungen zeigt sich gerade auch an diesem Land, denn Israel wurde, wie vorhergesagt, in den „letzten Tagen", im Mai 1948 von neuem geboren und begann „zu blühen wie eine Rose in der Wildnis". Und das Buch aller Bücher, die Bibel, sagt weiter voraus, dass sich viele Feinde gegen Israel aufmachen werden und versuchen, das Land zu berauben. „Doch alle Feinde werden in ihre Niederlage rennen".

Israel hat in der Tat bislang noch keinen einzigen Krieg verloren, worauf der frühere Armeegeneral und Ministerpräsident Sharon gerne verwies. Israel wird also lange Zeit unüberwindbar sein bis zu dem Tage des Sechsten Gerichts. Dann werden die Feinde Israels durch die Straßen von Jerusalem ziehen. Und dann ist das Ende der Zeitperiode nah!

Gericht 7 - Zentnerschwere Hagelsteine und die ganze Erde erschütternde Beben

„Nun goss der siebente Engel seine Schale in die Luft aus; da erscholl eine laute Stimme vom Throne her und rief: „Es ist geschehen!" Da erfolgten Blitze, Rufe und Donnerschläge; und ein gewaltiges Erdbeben entstand, wie noch nie eins gewesen war, seit es Menschen auf der Erde gegeben hat, ein solch gewaltiges Erdbeben.   Offenbarung 16, 17 u. 18"

„Es ist geschehen!" Das ist der entscheidende Satz, denn das bedeutet, dass die Erde nun in die neue Umlaufbahn um die Sonne eingeschwenkt sein wird. Von diesem größten Erdbeben aller Zeiten, der „Mutter" aller Erdbeben, wird aber kein TV-Sender, auch nicht der amerikanische Sender CNN, der bei solchen Berichterstattungen immer die Nase vorn hat - wie z. B. beim „Big One" in den USA, das weit vorher stattgefunden haben wird - denn alle Mattscheiben rund um den Globus werden dunkel bleiben an diesem Tag, dem Tag des Herrn!

Die Erde, die aus ihrer normalen Anziehung und Abstoßung geworfen werden wird, scheint angesichts dieses kosmischen Eingriffes zerbersten zu wollen. Es wird keinen einzigen sicheren Fleck auf der Erde geben, denn die mit der Achsenverlagerung einhergehenden geologischen Umwälzungen werden gigantisch sein. Fast alle Städte werden in Trümmern liegen, Inseln, Halbinseln und halbe Kontinente werden im Wasser versinken, und große Teile ehemals versunkener Kontinente wie Atlantis werden aus über 2.000 Metern Tiefe wieder an die Oberfläche gelangen. Bis zu 50 kg schwere Hagelsteine werden auf die Erde niederregnen und nicht nur die Menschenwerke, Fauna und Flora zerstören, sondern auch Abermillionen von Menschen töten.

Die Erde wird nach den gleichen kosmischen Gesetzen aus ihrem Gleichgewicht gebracht und in eine neue Umlaufbahn um die Sonne eingeschwenkt werden, wie zum Beispiel der geistig hochentwickelt reife Planet Jupiter, dessen elektromagnetische Achse fast senkrecht zur Umlaufbahn um die Sonne steht. Ein Komet, den die Menschen „Nova" (den neuen Stern) nennen werden, wird der Erde so bedenklich nahe kommen und durch seine starke magnetische Anziehungskraft die Erde aus ihrer derzeitigen Rotation um die eigene elektromagnetische Achse und Umlaufbahn um die Sonne bringen.

Vom riesigen Kometen abfallende Feuer- und Eisbrocken werden fast alle Landstriche auf der Erde verwüsten und vor allem verbrennen. Feuer wird das fast alles vernichtende Element am Ende sein. So wie einst das materielle Universum mit gebrochenem Licht = Feuer (Abfall Luzifers von Gott) begann, wird die Um- und Rückkehr, die Vergeistigung der Materie, ebenfalls mit Feuer beginnen. Die laufende Zeitperiode endet also mit Sicherheit nicht etwa mit einer erneuten Sintflut, sondern mit jenem Element, das alles Lebendige abtötet und zum toten Stoff macht: Feuer!

Die Bibel beschreibt diesen Tag wie folgt:

„Kommen aber wird der Tag des Herrn wie ein Dieb; an ihm werden die Himmel mit Krachen vergehen, die Elemente aber in der Flammenglut sich auflösen, und die Erde wird mit allen Menschenwerken, die auf ihr sind, in Feuer aufgehen.
2.Petrus 3, 10"

6. Die dramatischen Ereignisse der Potenzierung

Die Menschheit hat ihre große Chance in den letzten Jahrhunderten vertan, aus Einsicht und eigener Kraft einen höheren geistigen Entwicklungsstand zu erreichen. Die Evolution, die das gesamte Universum zum Fortschritt drängt, duldet kein unbegrenztes Verharren in tiefster Depotenz, in der wir uns auf der Erde befinden, sondern folgt einem festen Zyklus.

Eine Zeitperiode ist aus geistiger Sicht sowohl qualitativ als auch zeitlich von vornehrein festgesetzt, aber nach bestimmten göttlichen Gesetzen - so sagen es die geistigen Durchgaben - kann sie sich etwas dehnen oder verkürzen.

Qualitativ betrachtet bedeutet Zeitperiode, dass ein ganz bestimmte Anzahl von Geistwesen (Menschen) in dieser einen gewissen Vervollkommnungsgrad erreichen müssen, um für höhere Planeten (z. B. Saturn, Jupiter) reif zu werden. Am Ende einer Zeitperiode wird die Erde nicht zerstört, wie es die falschen Übersetzungen von „Ende der Zeitperiode" oder „Endzeit" mit dem Begriff Weltuntergang suggerieren. Eine Zerstörung wäre völlig zwecklos und - im Hinblick auf die gottgewollte Einswerdung - auch eine Zeitverschwendung. Bei Gott gibt es aber nichts Zweckloses , und wenn die neue Zeitperiode kommt, soll sich die Erde in sauberen höheren Schwingungen für die sich neu zu inkarnierenden Geister befinden.

Die jetzige Zeitperiode befindet sich trotz des langsamen Tempos im geistigen Fortschritt der heutigen Menschheit seit geraumer Zeit in einer Dehnungsphase. Da auch aus geistiger Sicht das Wassermannzeitalter schon längst begonnen hat, ist die anstehende Potenzierung bereits überfällig. Doch auch diese Toleranzgrenze, die ihre Ursache im positiven Eifer und guten Willen der Menschheit hat, nach der Beendigung des Kalten Krieges (Zusammenbruch des Kommunismus) eine von Frieden und Gerechtigkeit geprägte neue Weltordnung zu schaffen, wird bald erschöpft sein, denn wie wir heute erkennen können, war der Friede in der letzten Dekade ein falscher Friede.

Somit tritt das Gesetz in Kraft, denn der wahre Zweck des menschlichen Daseins auf der Erde kann nicht mehr erfüllt werden. Den Hauptbestandteil der nun zu Ende gehenden Zeitperiode bilden Geister des Übergangs. Am Anfang dieser Zeitperiode, die nicht identisch ist mit dem Fischezeitalter, kam es in bestimmten Ländern zu konstanten Einverleibungen von Geistwesen (Menschen), die sich nicht entwickeln wollten oder konnten. Der Hauptteil der heute auf Erden inkarnierten Geister - das sind wir alle, die über 6,8 Milliarden Erdenbewohner - ist trotz der vielen Gnaden und Hilfen aus dem Jenseits stehen geblieben oder hat sich zu langsam entwickelt.

Es wurden auch verhältnismäßig viele Geister aus anderen, höheren Planeten auf Erden inkarniert, um den Erdenfortschritt zu beschleunigen, doch gelang es nicht vielen von ihnen, richtig Fuß zu fassen, da sich der Gegensatz auf Erden dieser Unterwanderung durch Höherentwickelte widersetzte und diese vielfach durch negativ eingestellte Menschen aus dem Weg räumen ließ (z.B. Dr. Martin Luther King).

In der letzten Phase der Endzeit, also am Ende dieser laufenden Zeitperiode, ist das Karmagesetz kräftig in Tätigkeit, denn der Weg muss eben und gerade gemacht werden, kommt doch der Herr und Erlöser der Menschheit, Jesus Christus, zur Ernte!

Christi Geburt gilt als 1. Potenzierung im Gesetz der Einswerdung, wonach sich alle Schöpfungen, die alle aus den Grundelementen Geist-Kraft-Stoff bestehen, zu ihrem Ausgangspunkt zurückbilden werden. Dies geschieht durch die Absorbierung des Depotenzierten durch Geist-Kraft-Stoff höherer Potenz. Wie aus dem geistigen Schöpfungsbericht hervorgeht, entstanden die Depotenzen durch Vervielfältigung (Vermehrung) und Verdichtung in einer kreisförmigen abfallenden Spiralbewegung nach außen. So

266

ist das expandierende Universum entstanden.

Die Potenzierung ist die Umkehrung dieses Prozesses, d. h. es ist eine innere absorbierende Spiralbewegung, so dass durch die einsmachenden Potenzen auf dem „Rückweg" zum Ursprung aus der Vielheit die Einheit wird und an die Stelle der zunehmenden Verdichtung des Stoffes (Materie) die Vergeistigung des Stoffes tritt. Aus Grobstofflichem in tiefster Depotenz wird so Feinstoffliches in den Oberwelten. Dieser Prozess, der eine Involution ist, bedeutet die allmähliche Schrumpfung des materiellen Universums bis zu seinem völligen Verschwinden in Äonen. Damit wird auch klar, dass der von unseren Kosmologen prognostizierte „Bang Big", die plötzliche Implosion des Universums, nie stattfinden wird. Alles entwickelt sich Stufe um Stufe zurück im gleichen Prozedere des ursprünglichen Entstehens.

Die Erde wird also auch nach der kommenden Potenzierung in unserem Sonnensystem weiterbestehen. In Milliarden von Jahren jedoch wird die allmähliche Vergeistigung allen Stoffes soweit fortgeschritten sein, dass die Weltkörper der 7. Weltstufe, also alle Planeten der 6. Sonnen, zu denen auch unsere Erde gehört, verschwunden sein werden. Und danach, Stufe um Stufe, alle anderen Weltkörper und Sonnensysteme der 6., 5., 4., 3., 2., und 1. Weltstufe bis zur Apotheose.

Geist, Kraft und Stoff beleben und leiten die Potenz, so wie sie die Depotenz belebten und leiteten. Die Potenzierung beginnt beim Geist, also beim motorischen, belebenden Prinzip, und teilt sich der Kraft und dem Stoff mit. Gott sendet hierzu seine Erstlinge zu Missionen in die unterschiedlichen Depotenzstufen, um den dortigen gefallenen Geistern geistige Neugeburt und Erweckung aus dem Gegensatz (Luzifer) zu bringen.

Die Geburt von Jesus Christus ist der alles entscheidende Wendepunkt nicht nur in der Menschheitsgeschichte, sondern in der das gesamte Universum betreffenden Schöpfungsgeschichte überhaupt.

Diese Mission des höchsten geschaffenen Geistes auf Erden - Gott selbst kann sich nicht auf der Erde oder einem anderen Planeten inkarnieren, da er als vollkommener, nie geschaffener Geist, nicht wandelbar ist - der Wohnstätte seines ehemaligen „Erstlingsbruders" Luzifer, markiert nämlich den Anfang vom Ende jeglicher weiterer Expansion des materiellen Universums. Nur so erhält auch die Schöpfungsparabel von Moses ihre wahre Bedeutung: **Der 7. Schöpfungstag, der Ruhetag, steht symbolisch für das Ende der materiellen Schöpfung.**

Als Erdbewohner befinden wir uns auf der 7. Weltstufe, die die tiefste Stufe im All ist, und unser besonderes, selbst verschuldetes Schicksal (Karma) ist es, gerade jenen Planeten zu bewohnen, auf dem der Gegensatz, Luzifer, also Satan, seinen Hauptsitz hat. Diese Tatsache erschwert ohne Zweifel die geistige Höherentwicklung der Menschen, da die Einflussmöglichkeiten des Gegensatzes samt seiner negativen Geisterwelt auf die Erdenmenschen besonders groß sind. Sein Einflussbereich erstreckt sich aber auch noch auf die sonnennahen Planeten Venus und Merkur.

Unsere Sonne, die eine von Millionen von 6. Sonnen ist, besteht als Sonnensystem - wie das Universum auch - aus 7 Stufen, hat also eben so viele Depotenzstufen bzw. Spiralkreise. Denn Mikrokosmos ist gleich Makrokosmos, d.h. das Große findet sich im Kleinen und das Kleine im Großen. Innerhalb unseres Sonnensystems gehört die Erde zu einer tiefen Depotenzstufe, was man sehr leicht auch daran erkennen kann, dass die Erde nur einen Mond hat.

Die Potenzierung oder stoffliche Reinigung der Welten geschieht durch das Abwerfen von Feuerreifen. Wenn die geistigen Gegensätze ihren Höhepunkt erreicht haben, so haben auch Kraft und Stoff ihren Höhepunkt der Reife zum Herausgebären erreicht, was durch Abwerfen von Feuerreifen geschieht. Der Erdenmond ist also nichts anderes als die weniger potenzierte, minderwertige Erdmasse, die im Rahmen einer früheren stofflichen Säuberung der Erde ausgeworfen wurde. Damit ist auch klar, dass die Erde vor dem Erdenmond da war.

Unter Kraft versteht man die Form der Umlaufbahn um den Mutterstern. Eine kreisförmige Umlaufbahn bedeutet unreif, ellipsenartig bedeutet reif. Die Achse senkrecht zur Sonnenumlaufbahn bedeutet reif; geneigt, wie z. B. die Erde mit 23,5 Grad, bedeutet unreif. Unter Stoff versteht man die Dichte und Schwere des Weltkörpers. Da in der Evolution alles synchron verläuft, haben eben Kraft und Stoff auch dann ihren Höhepunkt erreicht, wenn die geistigen Gegensätze nicht weiter gesteigert werden können.

Man kann unser Sonnensystem nur verstehen, wenn man die wahre Schöpfungsgeschichte als Erkenntnisquelle nutzt. Wie jeder andere Planet in unserem Sonnensystem auch, ist die Erde ein solarischer Keim, d. h. sie trägt die Anlage in sich, zu einer 7. Sonne zu werden. Da aber die Expansion des materiellen Universums abgeschlossen ist, wird sie im Zuge der Potenzierungen zu einer 6. Sonne werden. Im Verlauf der Entwicklung bauten sich die Planeten nach und nach ihr eigenes Sonnensystem auf. Jupiter mit vier großen Satelliten und einem Dutzend kleineren Monden und Saturn mit neun größeren Satelliten und acht kleineren Monden sind diesbezüglich schon sehr weit gediehen, während die Erde mit nur einem Mond noch in den Kinderschuhen steckt. Die Ringe des Saturn sind übrigens nichts anderes als die abgeworfenen Feuerreifen anlässlich von stofflichen Säuberungen oder Potenzierungen.

Der Erdenmond selbst hat im Evolutionsprozess der Weltenbildung erst die Stufe der Rollenden Welt erreicht. Eines Tages wird auch er eine drehende Welt sein wie die Erde, und später, da auch er den Keim zu einer Sonne in sich trägt, zu einer 6., 5., 4., usw. Sonne werden, bis auch er schließlich nicht mehr existiert.

Die bevorstehende Wandlung der Erde kann ansatzweise mit dem Tode des Menschen verglichen werden, denn dieser ist ja auch nur eine dreifache Verwandlung von Geist, Kraft und Stoff. Die Veränderung der Erde fällt jedoch weit weniger spektakulär aus. Während der Mensch als Fluidalmensch (als Nervengeist gehüllt in ein Fluid) im Jenseits weiterlebt, lebt die Erde in höherer Potenz im diesseits fort. Sie wird also keineswegs aus dem Sonnensystem ausscheiden, sondern lediglich ihren derzeitigen Zustand verlieren und einen neuen, geistig, kräftemäßig und stofflich verbesserten annehmen.

Man muss die Potenzierung ohnehin im Gesamtzusammenhang mit der allgemeinen, alles erfassenden Evolution bzw. dem Gesetz der Einswerdung betrachten. Denn nichts im All geschieht isoliert, da ja alles mit allem zusammenhängt. Vorrang in jeder Betrachtungsweise hat immer der Geist bzw. der geistige Entwicklungsstand. Da der geistige Fortschritt der Bewohner von .unseren Nachbarplaneten Venus, Merkur, Mars, usw. - alle Planeten sind entgegen der Vorstellung von unseren Wissenschaftlern von menschenähnlichen Wesen bewohnt - weit besser vorangekommen ist, als jener der Erdenmenschen, muss ja der bereits heute unterschiedlich wirkenden Kraft - der anziehenden und abstoßenden Kraft - in unserem Sonnensystem Rechnung getragen werden.

Der Erdenplanet muss sich zwecks Fortentwicklung an seine Planetenbrüder anpassen und anschwingen, d. h. auch die Erde muss in eine neue Umlaufbahn um die Sonne eingeschwenkt werden. Um diese Umlaufbahn nicht zu gefährden und einer eventuellen Kollision vorzubeugen - die geistig reiferen Planeten sind durch die Vergeistigung des Stoffes, der Materie, bereits leichter, also nicht mehr so dichtmateriell wie die Erde - ist der Schwerpunkt des Geschehens bzw. der kosmischen Aktivitäten jetzt auf die Erde gerichtet.

Aus geistiger Sicht geht es nicht an, dass ein verhältnismäßig großer Planet des Sonnensystems sich immer mehr verdichtet und beschwert, nur weil seine Bewohner, die Erdenmenschen, keinen Willen zum geistigen Fortschritt und dadurch zur Erleichterung und beginnenden Vergeistigung der Erde zeigen. **Die vielen negativen Gedanken und Gefühle von Milliarden von Menschen - Gedanken und Gefühle sind Lebewesen - teilen sich so der Kraft lähmend und dem Stoff verdichtend mit.**

Die meisten Menschen auf der Erde stecken bis über den Kopf im Materialismus. Für eine gesetzmäßige Weiterbildung und Höherentwicklung müssten sie aber genau das Gegenteil tun, nämlich sich Gott und seinen Geboten zuwenden, also ein gottgefälliges Leben führen. Zwar sagen immer mehr Menschen heute, dass es so auf der Welt nicht weitergehen kann, doch haben viele von ihnen nicht den Mut, selbst fest anzupacken und für den geistigen Fortschritt zu arbeiten.

Es geht nicht mehr so recht vorwärts mit allem Technischen und Wirtschaftlichem, überall Rückschläge und Zusammenbrüche. Am deutlichsten sieht man das am Niedergang der Zivilisation der Völker und ganz entscheidend am Niedergang der Moral. Da Moral auch den geistigen und ethischen Fortschritt beinhaltet, so ist mit dem immensen Rückschritt der Moral der Menschen auch eine Hemmung der geistigen Werte Hand in Hand gegangen.

Während zu Beginn des Fischezeitalters im Urchristentum große geistige Fortschritte erzielt wurden, erscheint einem die heutige gehetzte, von Geldgier und Erlebnishunger getriebene Menschheit wie eine Horde Lemminge, die, ohne zu schauen und zu denken, in das Meer stürzen wird. Nur wenige Menschen haben den Mut und die Kraft, von dem negativen Treiben der Mitwelt Abstand zu nehmen und sich des wahren Lebenszweckes zu besinnen: Erwerb von beständigen Werten wie Liebe und Weisheit anstelle materiellen Werten nachzujagen, denn diese werden sich in der

270

kommenden Wandlung ins Nichts auflösen.

Der Vorgang der geistigen, kräftemäßigen und stofflichen Ausscheidung und Läuterung - Potenzierung oder Wandlung genannt - kann mit dem Jüngsten Tag oder Letzten Gericht, von dem Jesus sprach, verglichen werden. An diesem Tag werden wirklich die Schafe von den Böcken, d. h. der potenziertere Geist-Kraft-Stoff vom depotenzierteren Geist-Kraft-Stoff durch die Ausscheidung getrennt. Bei dieser Potenzierung absorbiert sich also der bessere Geist-Kraft-Stoff in den Kern der Welt als höhere Potenz, in dem er dabei den minderen Geist, Kraft und Stoff aus sich absondert.

Den Tag der Potenzierung kennt niemand außer dem Beleber, dem Motor des Alls, Gott. Und Gottes eingeborener Sohn, Jesus Christus, der nicht nur der Schöpfer des materiellen Universums ist, sondern auch dessen Lenker und Leiter, wird den Willen Gottes mit Hilfe seiner ihm unterstellten guter Geisterscharen erfüllen. Jesus Christus wird aber dieses Mal nicht wie vor 2.000 Jahren als menschlicher Lehrer auf die Erde kommen, sondern in Form von geistigen Gewalten im Verein mit den Naturgewalten und mittels ihnen die Säuberung und Potenzierung des Planeten Erde bewirken. Er wird dabei alle richten, die Lebendigen und die Toten. Die Toten sind die Erdengeister, also ehemalige Menschen, die sich nach ihrem irdischen Tod im fluidalen Raum um die Erde in den unteren der insgesamt sieben Sphären als fluidaler Nervengeist aufhalten.

Schon vor 2.000 Jahren wurde angekündigt, dass in diesem Zeitabschnitt die geistige Wiederkehr Christi und die Scheidung der Erdenmenschen sowie der Geister aus den niederen Erdsphären stattfinden wird. Aber nur ein verhältnismäßig kleiner Teil von ernsthaft suchenden und strebenden Menschen hat diese Situation erkannt. Und es ist genau dieser verschwindend geringe Teil der Menschheit, der sehnsüchtig den neuen Advent, die Ankunft von Jesus Christus, erwartet.

Die dramatischen Ereignisse

Die Erde wird aus der gleichmäßigen Anziehung und Abstoßung geworfen werden. Dadurch werden sich in ihrem Inneren Gewichtsverlagerungen und an der Oberfläche Wasser- und Festlandveränderungen zeigen, die die jetzige Gestalt der Erde beträchtlich ändern werden.

271

Diese äußeren Veränderungen haben zur Folge, dass die in verschiedenen Prophezeiungen angekündigten Erscheinungen auftreten: Dunkle Tage (70 Stunden Dunkelheit auf der ganzen Erde) und ein Brausen und Rauschen der Wasserfluten und innere Bewegungen der Erde, die ganz ungewöhnlichen Riesenerdbeben gleichen werden.

Während Sie, verehrte Leserin und verehrter Leser, dieses Buch lesen, ist die Erde in ihrem Inneren bereits großen Veränderungen unterworfen. Sie können das selbst an den vielen Erdbeben, Vulkanausbrüchen, Stürmen und drastischen Wetterveränderungen bemerken. Der Erdkern wird dadurch, dass es eine Achsenveränderung geben wird, auf eine solche vorbereitet, denn die Erdkruste außerhalb des Wassers wird abgeändert werden. Der Winkel zur Umlaufbahn um die Sonne wird nach der Potenzierung, der geistigen Wende und stofflichen Reinigung der Erde ein geänderter, d. h. ein geringerer Neigungswinkel sein. Die Folge davon wird sein, dass die Sonnenkräfte stärker und intensiver auf die Erde einstrahlen werden und so eine mehr geistig-fluidale Vegetation hervorrufen. Alles auf der Erde wird sich verfeinern, d. h. sich in anderen, höheren Schwingungen bewegen.

Die Oberfläche der Erde wird bedeutend verkleinert werden, und zwar so, dass nur geistige Wesenheiten (Menschen) des Fortschritts für die Dauer ihrer materiellen Ausbildung (Reinkarnation) darauf ihre Heimat finden können. Daraus folgt, dass große Teile der Erde im Meer versinken werden und einzelne Teile jetzt versunkener Stätten wieder über dem Meeresspiegel zu liegen kommen werden, wie zum Beispiel der einstige Kontinent Atlantis.

Man muss nicht Geologe sein, um zu erkennen, dass diese gewaltigen tektonischen Veränderungen nur von der unterirdischen feurigen Masse der Erde hervorgerufen werden können. Es wird also zu unvorstellbar heftigen Eruptionen im Erdinnern kommen. Vorboten dieses Geschehens werden vermehrt auftretende und starke Vulkanausbrüche überall auf der Welt sein. Wenn dies eintritt, ist das Ende der Zeitperiode nahe!

In der neuen Welt nach der Potenzierung werden paradiesähnliche Zustände herrschen. Da es in der Evolution, wie bereits mehrfach erwähnt, keine Sprünge gibt, werden sich diese paradiesischen Verhältnisse nicht auf einen Schlag einstellen, sondern sich graduell aus dem zunächst eintretenden Chaos entwickeln. Der Grundstein für diese aus geistiger Sicht höchst willkommene

Entwicklung wird jedoch in der jetzt kommenden Wandlung gelegt werden.

Vor dieser Wandlung aber werden noch verschiedene andere, für die Menschheit sehr ungünstige Ereignisse eintreten. Es wird der Antichrist auftauchen, es wird viele falsche Propheten geben, viele Medien (Menschen mit der Fähigkeit, geistige Botschaften zu empfangen) werden der negativen Geisterwelt dienen, eine Drangsal wird die andere ablösen und somit genau das kommen, was Jesus Christus, der Retter und Erlöser der Menschheit (Erlösung vom negativen Einfluss Luzifers) für die Endzeit vorausgesagt hat. Der Erde werden also, wie bereits erwähnt, die Lichter nicht mehr scheinen, d. h. Sonne und Mond werden für die genannten 70 Stunden ihren Schein verlieren. Dies aber nicht etwa deshalb, weil die Sonne plötzlich ihre Strahlkraft verlieren würde, sondern weil die vom Antichristen erzeugte Dunstglocke diese verdüstern wird.

Schlimm genug für die Menschheit, dass sie das beschriebene Szenario in keiner Weise beeinflussen oder dessen Wahrwerden verhindern kann. Denn aus geistiger Sicht gilt: Das, was Gottes auserwählte Propheten vorausgesagt haben, muss sich erfüllen.

Und mit der gleichen Präzision, wie Jesus Christus mit seiner Menschwerdung vor 2000 Jahren die alttestamentarischen Prophezeiungen erfüllt hat, wird sich Gottes Wort auch bei der kommenden geistigen/kosmischen Wiederkehr von Jesus Christus auf Erden bewahrheiten.

Im Einflussbereich oder in der Willensfreiheit der Menschen liegt es jedoch, den prognostizierten Dritten Weltkrieg zu verhindern. Nach den Weissagungen soll dieser letzte große Krieg vor der Potenzierung den ersten und zweiten Weltkrieg an Grauen und Blutzoll noch weit übertreffen. Träfe dies zu, so bliebe von der mühsam und unter viel Schweiß, Tränen und Blut aufgebauten Zivilisation und Kultur nicht mehr viel übrig als ein großer Trümmerhaufen.

7. Die neue Erde und der neue Mensch

Eine zuverlässige Orientierung hinsichtlich der auf der neuen Erde

vorherrschenden Verhältnisse liefern die derzeitigen Lebensbedingungen auf den höheren Planeten unseres Sonnensystems.

Je höher ein Planet, Wohnstätte von verkörperten Geistwesen
(Menschen) entwickelt ist, desto mehr Ausdehnung hat er und um
so feiner, leichter und lichter ist er. Demzufolge haben die höher
entwickelten Planeten unseres Sonnensystems mehr Läuterungs-
und Reinigungsperioden, also Potenzierungen, hinter sich. Und
weil bei diesen minderwertige Substanz ausgeworfen wird, die in
der Folge unter den Naturkräften zu einem Satelliten heranwächst,
gilt: Je höher der Planet entwickelt ist, desto mehr Satelliten oder
Monde hat er.

Ein weiteres Erkennungsmerkmal für den geistigen Entwicklungsstand ist die Eigenschaft eines Planeten. Manche sind
entwicklungs - vorwärtsdrängende Planeten, andere gemischte,
wieder andere sogar hemmende wie z. B. der Planet Venus, der
demzufolge noch keine Reinigung erfahren hat, also auch keinen
Mond hat. Auf dem Planeten Venus leben drei Kategorien von
Menschen: Geistleitende, lernende und büßende Menschen. Auf
der Erde dagegen, einer der tiefsten Depotenzstufen sowohl im
Universum als auch in unserem Sonnensystem, sind größtenteils
nur büßende, weniger lernende und noch weniger lehrende
(geistleitende) Menschen vertreten.

Um eine gewisse Vorstellung darüber zu erhalten, wie die
Verhältnisse auf der Erde nach der Potenzierung in etwa sein
werden, kann als Vergleichsmaßstab oder „Referenzplanet" der
Planet Uranus gewählt werden. Um den Entwicklungsweg für jeden
Menschen verständlich aufzuzeigen, bietet sich dieser Planet an,
da er wesentlich höher entwickelt ist als die Erde. Da der Uranus
bereits heute vier Monde hat, und die Erde nach der Potenzierung
erst zwei haben wird, ist nachzuvollziehen, dass die Verhältnisse
auf der neuen Erde nicht schon jenen des Uranus gleichen werden.
Sie gehen aber deutlich in diese Richtung, so dass sich ein jeder
ein ungefähres Bild davon machen kann, was der neue Mensch auf
der neuen Erde vorfinden wird, was sein Weltbild und seine
wahrscheinliche Lebensführung sein wird.

Durch den Vergleich des Planeten Erde mit dem Planeten Uranus
wird auch das eklatante Gefälle im geistigen Entwicklungsstand
innerhalb unseres Sonnensystems evident. Auch gewinnt der
Vergleich noch eine höhere Aussagekraft da dort die
Lichtgeschwindigkeit bereits eine andere ist. Damit ist auch das
Zeitmaß ein anderes als auf der Erde. Am Beispiel der

274

interplanetarischen Raumfahrt, die eine Tatsache ist, sei die Relativität von Zeit und Raum verdeutlicht.

Da die Umdrehung der Erde um ihre eigene Achse, durch deren 50 mal kleineren Rauminhalt bedingt, eine schnellere ist, und ebenso der zu durchquerenden anderen Planetendruckwellen - die kugelförmigen Raumfahrzeuge der Uraniden nutzen die unterschiedlichen Abstoßungs- und Anziehungskräfte zur rotierenden Fortbewegung anstelle der von unserer Raumfahrt benutzten Verbrennungsmaschinen zur Erlangung von Schubkraft zur fliegenden Fortbewegung - ergibt sich eine verschobene Zeitrechnung. Was in der irdischen Zeitrechnung ein Monat ist, ist aus Uranidensicht gerade mal eine Woche, d. h. das Verhältnis ist mathematisch ausgedrückt 1 : 4. Der Raumflug vom Uranus, der unter höchst intelligenter Ausnutzung fast aller Naturkräfte - einschließlich der Naturseelen und Naturgeister - aber noch nicht in Lichtströmungszeit erfolgt - dauert erdenrechnerisch etwas mehr als zwei Monate, während auf dem Uranuskalender erst 16 Tage vergangen sind.

Zum Trost für unsere Kosmologen und Physiker: Auch die Uranidenwissenschaftler haben die Kraftwellen des Lichts noch nicht ganz enträtseln können, so dass auch ihnen eine Fortbewegung nur unterhalb der Lichtgeschwindigkeit möglich ist.

Wir Menschen nennen den Uranus den „grünen Planeten". Die Natur dort ist in der Tat erhaben grün. Ein homogenes Grün, das wir Erdenmenschen uns nicht vorstellen können. Es ist ein Flimmern, Glitzern, Wogen, Wallen und ein Wachsen ohne Unterbrechung, ein Wandeln im „ewigen" Grün. Aus der höheren geistigen Sicht der Uraniden ist unser Planet Erde nicht etwa blau, so wie unsere Astronauten/Kosmonauten ihn aus unserer Erdatmosphäre wahrnehmen, sondern braun-gräulich. Die Farbskala von Weiß bis Schwarz verdeutlicht ja nichts anderes als die Schwingungsunterschiede vom Höchsten (Weiß) bis zum Niedrigsten (Schwarz), denn Farbe ist gebrochenes Licht. Wohl können wir Menschen die Regenbogenfarben mit unserem materiellen Auge sehen, nicht aber die Übergänge und Feinabstimmungen in diesem universellen Polaritätsprofil der Schwingungsfrequenzen, das das komplette Universum von Gott (Geist und damit Gesetz) bis Satan oder Luzifer (Gegensatzgeist) umfassend beschreibt. Graubräunlich rangiert in dieser Farbskala der Schöpfung ziemlich weit unten.

Die Konsistenz von Uranus gegenüber der Erde ist feiner. Seine

Schwingungsfrequenz im Verhältnis zur Erde ist ungefähr so wie zwischen Schlamm und festem Gestein. Die Oberflächenkruste ist demnach weicher und poröser als die der Erde. In der porösen Oberfläche wachsen, leben und wirken die Seelenwesen, wie Mineralstoffe, Pflanzen, Bäume, Tiere und auch die Menschen wie auf der Erde. Die Beschaffenheit der Körperwesen ist natürlich den unterschiedlichen Lebensbedingungen angepasst. Dem Prinzip der Einswerdung folgend wird die Materie bei der Entwicklung ihrer Vollendung entgegen immer mehr vergeistigt, also immer feinstofflicher, fein- bzw. hochschwingender. Das Gewicht nimmt durch die auf Uranus vorherrschende höhere Anziehungskraft im Vergleich zur Erde ab, denn Gewicht ist ebenfalls relativ, weil alles Schwingungsgefälle ist.

Wie bereits erwähnt, entspricht der Rauminhalt von Uranus in etwa 50 Erden. Sämtliche bereits erwähnten und auch die nachkommenden Vergleichszahlen sind immer nur annähernd zu verstehen, da sich die Anschauungs- und Berechungspunkte kreuzen, und wir Erdenmenschen aus der Erdensicht und Erdenerkenntnis messen und wiegen.

Der Uranusmensch oder Uranide

Die körperlichen Wesen auf Uranus sind ebenfalls Menschen, jedoch von etwas anderer Struktur und anderem Aussehen. Sie verständigen sich untereinander nicht mehr in einer Wortsprache wie wir auf der Erde und die Bewohner anderer niederer Planeten wie Venus, Merkur und Mars, sondern in der Gedankensprache = Telepathie.

Der Gewichtsunterschied zwischen einem 2 m großen Mann auf der Erde und etwa einem ebensolchen auf dem Uranus - im leeren Raum - ist beträchtlich. 90 kg auf der Erde entsprechen etwa 21 bis 22 kg auf dem Uranus. Der Uranusmensch wiegt also bei gleicher Größe nur ein Viertel dessen, was der Erdenmensch auf die Waage bringt. Dieser Vergleich ist aber ebenso relativ und im Zuge der weiteren Involution der Wandlung unterworfen, doch zeigt er als Momentaufnahme deutlich das Ausmaß der Unterschiedlichkeit der Lebensbedingungen und Erscheinungsformen allein in unserem Sonnensystem.

Auch der Unterschied an Körpergröße ist beträchtlich. Das Verhältnis ist ca. 1 : 1,5. Das Menschenkörpersystem verändert sich um so mehr, in je höhere Planetenwelten ein Geistwesen hineingeboren wird. Hat ein erwachsener Erdenmann das äußere

276

feststoffliche Schwingungserscheinungsmaß von 1,80 m, so betrüge seine Körpererscheinungsgröße bei gleicher Lebenspulsität auf Uranus 2, 70 m.

Die Organe des Uraniden sind ähnlich der des irdischen Menschen. Einige sind jedoch schon in der Rückbildung begriffen, da sie der Weltanschauung, den Lebensbedingungen und der Form der Lebensführung angepasst sind. Da die Nahrung weniger hart und auch leichter verdaulich ist, bedarf es zum Beispiel keiner so festen Kauwerkzeuge und intensiven Verdauungssekrete mehr. Auch die Darmverbindung vom Magen bis zum Kolon ist kürzer. Die Physiognomie der Uraniden unterscheidet sich analog der verschiedenen geistigen Entwicklungsstufen von Lebensbereich bzw. Lebensfläche zu Lebensfläche. Die Missionare, die auch die Fähigkeit zum Ausstieg aus ihrem materiellen Uranidenkörper haben, haben demzufolge den feingliedrigsten Körper. Die Hautfarbe des Uraniden ist von zartgrünlicher Tönung. Die einzelnen Muskelpartien sind nicht so hervortretend wie beim Erdenmenschen, der noch häufig harte körperliche Arbeit leisten muss.

Geburt

Da die Uranidenmenschen ein sehr viel höheres geistiges Entwicklungsniveau erreicht haben, ist auch die allgemeine Lebensauffassung dementsprechend eine andere. Das Lebensziel besteht nicht im Anhäufen materieller vergänglicher Dinge, im Erreichen von Ansehen, Wohlstand und Reichtum, sondern in der raschen geistigen Fort- und Höherentwicklung. Die Einverleibung - der Eigenschaftswechsel vom Geist-Seele-Wesen zum Menschen - vollzieht sich viel intensiver, zwar nicht ganz bewusst, jedoch auch nicht vollständig ohnmächtig. Je höher entwickelt ein Geistwesen ist, um so bewusster erlebt es die Geburt als Uranidenkind. Die Geburt selbst verläuft zwar ähnlich wie auf der Erde, ist aber bei weitem nicht so langwierig und schmerzhaft.

Tod

Jedem Uranidenmensch ist bekannt, dass der Wert der inneren, geistig seelischen Substanz, das Spiegelbild in der äußeren notwendigen Geburt (Verkörperung oder Materialisation) hat, d. h., er weiß, dass, solange er in einem materiellen Körper einverleibt ist, noch nicht die erforderliche geistige Reife erlangt hat, die ihn von der Bindung an die Materie, von Einverleibungen, befreit. Den Tod fürchtet der Uranide deswegen nicht, weil er definitiv weiß - so sicher wie wir Erdenmenschen wissen, dass wir eines Tages sterben müssen - dass der Tod der Beginn einer neuen Lebensepoche ist. So geht er mit Freude und positiver Erwartungshaltung in die Verwandlung zu neuer physischer Spannkraft und zu neuem geistigen Bewusstsein.

Wenn ein Uranusbewohner seinen Tod (Eigenschaftswechsel) herangekommen fühlt, so begibt er sich zur Ruhe. Der Wechsel zum Wesen ohne Uranuskörper tut nicht weh, er vollzieht sich - ebenso wie die Geburt - bei teilweisem Bewusstsein. Er erfordert nur die willentliche Mithilfe bei der Loslösung. Damit dies leichter geschehen kann, vollziehen sowohl Körperwesen, also Uranidenmenschen - Magnetiseure - als auch körperlose Wesen (Geistwesen) die fluidische Behandlung. Der Ablauf ist gesondert, d. h. erst arbeiten die körperlichen Uranus-Magnetiseure an der Uranushülle-Körperloslösung, sodann die geistigen Wesen, bis die Trennung der Geist-Seele (Nervengeist) vom Körper vollzogen ist. Mit dieser Verwandlung oder Umwandlung ist, wie auch beim irdischen Menschen, in jedem Falle eine Reinigung verbunden, bevor der fluidale Mensch in die reineren, feinstofflichen Bezirke der geistigen Welten (Sphären) eingehen kann. Der Prozess in der geistigen Welt ist gleich jenem auf der Erde. Je nach erreichter geistiger Stufe und evt. weiter bestehenden karmatischen Bindungen, die gesetzmäßig eine erneute Verkörperung auf dem gleichen Planeten erforderlich machen, gelangt das Geistwesen in eine entsprechende Ebene der geistigen Sphären um den Uranus.

Klima

Winter und kühle Jahreszeiten wie auf der Erde gibt es auf Uranus nicht. Auch Tag und Nacht im Erdensinne gibt es nicht mehr in der klaren Trennschärfe von Helligkeit und Dunkelheit wie auf der Erde. Uranus ist der Sonnenhelligkeit, sprich der Sonne, unserem Mutterstern, viel schwingungsähnlicher als die Erde, so dass hier zwar noch von Dämmerung aber nicht mehr von Dunkelheit gesprochen werden kann.

Uranidenmenschheit

Die Begriffe Mensch und Menschheit sind keine erdspezifischen

278

Angelegenheiten, sondern universelle Erscheinungen. Das Bindeglied zwischen der rein geistigen Welt und der Materie ist der Mensch, das für Zwecke seiner Läuterung und Vervollkommnung verkörperte Geist-Seele-Wesen. Der menschliche Körper unterscheidet sich lediglich in der seiner jeweiligen Umwelt (Sonnenkreis, Planet, Satellit) adäquaten Ausprägung, damit er dort leben und sich entwickeln kann. Demzufolge sind wir Erdenmenschen nur ein verschwindend geringer Teil der gesamten Menschheit, wenngleich unser überaus begrenztes Weltbild davon ausgeht, dass es in dem riesigen All nur uns gibt, und das Universum ansonsten unbewohnt und unbelebt ist. Dies ist der größte Trugschluss der Erdenmenschheit überhaupt.

Bedingt durch den Fokus der Uraniden auf ihre geistige Entwicklung, gibt es dort keine Trennung der Menschen in Länder, Völkerrassen, Sippen, Stämme oder Religionen. Somit gibt es auch keine geographischen Grenzen, Grenz- und Zollstationen. Und, was von großer Bedeutung ist, auch keine sprachlichen Grenzen, die bei uns auf der Erde ja häufig Barrieren in den Beziehungen zwischen Menschen und Nationen sind. Es gibt nur die eine Sprache, die Gedankensprache, die Telepathie.

Es gibt natürlich ein Ordnungsprinzip, wie alles in der Schöpfung strengen Ordnungsregeln unterliegt. Uranus hat einen Flächen-widmungsplan, der drei unterschiedliche Lebensflächen- bzw. Lebensbereiche ausweist. Diese Einteilung ist ein getreues Abbild der den Uranus umgebenden geistigen Sphären, d. h. die Fläche und der Raum gehören, in Ordnungsgesetze aufgeteilt, grundsätzlich jedem Bewohner, praktisch jedoch nur insofern als er, seiner geistigen Entwicklungsstufe gemäß, Zutritt hat. Die Flächen des Uranus sind drei Menschengruppen gewidmet. Den „Missionaren", den erkenntnisreichsten, geistig am höchsten entwickelten Menschen, gehört eine Fläche, zu der nur sie Zugang haben. Die zweite Fläche ist jenen Menschen zugeordnet, die noch einige Mängel an Tugenden aufweisen, und in der dritten Fläche wohnt und lebt die erkenntnisschwächste Lebensgruppe.

Die Missionare sind Einverleibte aus einer höheren Entwicklungswelt, die sich freiwillig im Solidaritätsgesetz der Geister inkarniert haben. Sie sind mit ihrem vollen Bewusstsein in die Uranuswelt eingetaucht zur Erkenntnisstärkung der dort inkarnierten weniger entwickelten Geistgeschwister. Da sie Einblick in das jeweilige vorgeburtliche wie auch nachgeburtliche Leben eines jeden Uranidenmenschen haben, können sie Ratsuchende gezielt beraten und deren Fragen nach dem Warum, Wieso und

Wohin ihres Lebens befriedigend beantworten.

Zwölf dieser Missionare oder geistleitende Menschen regieren die Uranidenmenschheit, wobei sich Regieren nicht in dem uns bekannten Sinne via Machtausübung vollzieht, sondern aus dem Zusammenspiel der 12 unterschiedlichen Erkenntnisbereiche. Jede sogenannte Entschließung, Verordnung oder Gesetzeskraft beinhaltende Richtlinie ist aus der höchstmöglichen Erkenntnis geboren. Der eigentliche Regierungschef oder Herrscher des Planeten Uranus ist ein von einer höheren Sphärenwelt Inkarnierter, der noch erkenntnisstärker ist als die 12 Missionare. Er ist der Weiseste, der die größten Tugenden stets in die Tat umsetzt. Er wird nicht von den 12 Missionaren gewählt, sondern er ist von höherer Warte bestimmt. Die 12 Uranidenmissionare dienen diesem „Ältesten" in freier Beratung. Da der Körper den Geist beengt, treten sie für die Zeit ihrer Beratung aus dem Körper aus, um mit dem befreiten Geist zu einer noch erkenntnisreicheren Entscheidung zu gelangen. Nach Rückkehr in den Körper erhalten sie das Ergebnis ihrer „körperfreien Beratung" per Telepathie vom Ältesten übermittelt.

Dieses „oberste Gremium" aus dem Weisesten und den 12 Missionaren (Verwirklichung des Prinzips von Jesus Christus und seinen 12 Aposteln) beschließt nur solche Richtlinien, Veränderungen und Entschließungen, die allen in den Flächen des Uranus Lebenden, jedoch im zweiten und dritten Flächenbereich in Abstufungen, zum Wohle und zum größtmöglichen raschen Fortschritt der Uranusbewohner dienen. Da das Wirken der 13 geistigen Führer selbstlos geschieht, gibt es keinerlei Interessenskollisionen oder eigennützige Entscheidungen. Oberster Leitsatz des Führungsgremiums, das keinerlei Gewalten-teilung in Legislative, Exekutive und Judikative kennt, sondern ganzheitlich agiert, ist Bewusstseinsbereicherung und Erkenntnis.

Jeder der 12 Missionare hat aber auch ausführende Ver-antwortung, d.h. je nach persönlichen Fähigkeiten und Bewusstseinsstufe verwaltet und betreut ein Missionar bestimmte Distrikte und Gebiete. Die Stärkeren unter den Zwölf sind bei den dritten, etwas problembehafteten Flächenbewohnern eingesetzt. Die etwas einseitig ausgerichteten, jedoch nicht minder Gutgesinnten sind bei den zweiten Flächenbewohnern tätig. Der Vollzug einer Verordnung geschieht so wie auf der Erde durch Bekanntmachung und Belehrung.

Da es auf Uranus weder Krieg noch Mord, Totschlag, Kriminalität und lasterhaftes ausschweifendes Leben gibt, bedarf es keines Strafgesetzbuches. Auch eine Bestrafung bei leichter Gesetzesübertretung durch Geld-, Freiheits- oder andere Strafen kennt der Uranide nicht, denn an deren Stelle tritt die freiwillige Selbstbestrafung des Übertreters. Ganz selten ergibt sich eine Übertretung, die einer Ausstoßung des Betroffenen gleichkommt, jedoch nicht in Todesmartern. Eine Ausstoßung, die fast nur im dritten Flächenentwicklungsbereich der Minderentwickelten anzutreffen ist, kommt meist gedanklich-fluidisch von Mitmenschen. In der Regel sind aber auch die wenigen Tieferentwickelten zu größeren Untaten und schlimmem Gebaren nicht in der Lage, weil sie zum einen überhaupt keine Vorbilder hierzu haben und es ihnen aufgrund ihrer anerzogenen Zucht und Ordnung auch gar nicht in den Sinn kommt.

Im zweiten Flächenwidmungsbereich, in dem die höherentwickelten Uraniden leben, gibt es keine Gesetzesübertretungen mehr, die eine Ausstoßung zur Folge haben. Dort überwiegt das Verzeihen, denn die Aufgeklärtheit, die gegenseitige Hilfe und die Liebe zum Bruder- und Schwesterwesen zeichnen diese Uranidenmenschen aus. Ein Großteil dieser Bewohner hat schon die unteren Planeten unseres Sonnensystems wie Venus, Merkur, Erde, Mars und Saturn bewohnt und ist froh, diese Klippen der Unfreiheit überwunden zu haben.

Die Einwohnerzahl des Planeten Uranus ist gesetzmäßig geregelt. Eine ständige Abstimmung zwischen der Anzahl von Todesfällen und Geburten stellt sicher, dass die Fortschrittstüchtigen immer in der Überzahl sind, so dass sich der Planet Uranus in einer ständigen Höherentwicklung befindet. Dieser Regelungsprozess entspringt einem geistigen Gesetz, das auf der Erde deshalb keine Anwendung findet, weil sie die Aufnahmestelle eines der niedrigsten Lebens- bzw. Bewusstseinsbereiche ist. Auf der Erde kommen oft Geistwesen erstmals zur Einverleibung, die den Geistkern in sich erst bewusst erleben müssen und solches Erlebenmüssen und - bei weiteren Einverleibungen auf der Erde - das spätere Erlebenwollen ergeben die Lust am Leben. Während also auf der Erde die Lust am Leben dominiert, konzentriert sich das Leben auf einem höheren Planeten wie dem Uranus auf die Erfüllung des wahren Lebenssinnes. Der hohe Entwicklungsgrad der Uraniden beinhaltet bereits die ersten Ansätze der willentlichen Beeinflussung der feinstofflicheren Uranusmaterie. Naturphänomene, die wir auf der Erde als Wunder preisen, sind auf dem Uranus das Ergebnis konzentrierter Willensformgebung. Was wir auf der Erde heute noch durch Technik, also durch Materie und deren Einsatz erreichen, das bewerkstelligen die fort-geschrittensten Uraniden bereits durch ihre starken Willenskräfte. Voraussetzung hierfür sind selbstverständlich profundes Wissen über die verschiedenen Kräfte der Natur sowie deren Zusammenwirken, persönliche Reife und geistige Erkenntnis. Die Veränderung der Materie durch schiere Willenskraft ist nur deshalb möglich, weil auf dem Uranus die Substanzschwingung viel feiner und höher ist als auf der Erde, die aus träge schwingender Substanz besteht.

Gesellschaftliches Leben

Auf Uranus gibt es keinerlei Gewalttätigkeiten oder gar Kriege. Auch körperliche Gebrechen (Geburtsfehler am Körper) oder Ver-stümmelungen, etwa verursacht durch Unfälle mit Maschinen, Werkzeuge oder durch andere Körperarbeit, kommen so gut wie nicht vor. Der Uranide arbeitet für seinen Körperhaushalt nur so viel, wie er unbedingt zu seiner Erhaltung braucht. Es gibt keine Reichen und keine Armen. Der Unterschied besteht nur im geistigen Bereich, der Erkenntnisfähigkeit.

Die Körperarbeit besteht darin, die Naturkräfte, also die Naturseelen, in ihrer Tätigkeit der Reinigung der Fluide, des Wassers und der Luft zu unterstützen. Die Uraniden bauen materielle Landschaftsstriche, Bewässerungssysteme und Kanäle, Wohngebäude und Kultureinrichtungen. Letztere sind frei zugänglich und für jedermann zu seiner eigenen Entwicklung zu nutzen. Die Wissenschaft, Kunst und gestaltende Formgebung an Material und Bewusstsein haben absoluten Vorrang vor der Körperbetätigung.

Die materiellen Bedürfnisse sind gering und werden von den geistigen Führern absichtlich auf bescheidenem Niveau gehalten, denn auf Uranus soll der Zweck der Einverleibung erreicht werden.

Auch Mode, ein herausragendes Differenzierungsmerkmal in unser irdischen materialistischen Gesellschaft, ist auf Uranus kein Thema. Dem geistigen Prinzip Freiheit, Gleichheit und Brüderlichkeit folgend, tragen alle Uraniden in der Regel eine Art altägyptisches Gewand.

Betrachtet man das Gesellschaftsleben auf Uranus, so assoziieren wir damit doch unmittelbar die Kunst und geistige Hochkultur der alten Griechen, die sich vorrangig mit Philosophie, Dichtkunst,

Studium diverser Wissenschaften, Gesang, Malerei und der Kommunikation mit Planetariern beschäftigt haben. Diese alten Griechen, die uns heute noch so in manchem Dingen Vorbild sind, kamen vom Planeten Venus auf die Erde.

Als sie abgebüßt hatten, ihren Turnus erfolgreich bewältigt hatten, verschwanden sie ebenso überraschend von der Weltbühne wie sie einst vermeintlich aus dem Nichts erschienen waren.

Bewegungsfreiheit der Uraniden

Die drei unterschiedlichen Lebensflächen zeichnen sich durch recht unterschiedliche Substanzschwingungen aus, so dass der Verkehr zwischen den Uraniden des zweiten und dritten Lebensbereiches gehemmt bzw. sogar eingeschränkt ist.

Die Missionare, selbst hochschwingend, können überall hin, wenngleich ihnen die im dritten Lebensbereich vorherrschende, wesentlich niedrigere Schwingung nicht angenehm ist. Sie ist aber auch kein Hindernis für sie, dort zu wirken. Bewohner des zweiten Flächenbereiches, deren Schwingung zwischen der dritten Gruppe und den Missionaren liegt, können den Bereich der Missionare jedoch nur nach vorheriger magnetischer Anweisung und Behandlung betreten. Der Besuch von Bewohnern des dritten Bereiches bei den Missionaren im ersten Bereich ist eher ausgeschlossen, es sei denn , es geht ihm eine intensive Reinigungsperiode voraus.

Die Minderentwickelten kommen aber schon von sich aus nicht auf die Idee, denn gefühlsmäßige und gedankenmäßig bestimmte, für die Augen nicht wahrnehmbare Grenzen hindern sie daran.

Energieversorgung

Die von Technikern gebauten Energieversorgungsanlagen stellen für die Allgemeinheit elektromagnetische Energie zur Verfügung. Elektrizität oder Strom, wie wir ihn kennen, ist ja in Wahrheit nicht reine Elektrizität, sondern Elektromagnetismus, wobei der Magnetismus relativ schwach ausgeprägt ist. Je höher der Planet, desto größer ist der Anteil des Magnetismus an der Energie. Es wird aber auch systematisch persönliche Energie, d. h. ein Heilmagnetismus zur Verfügung gestellt. Was wir auf der Erde an Schwachstromverbindungen für Heilzwecke manuell suchen, ist auf Uranus bereits vorhanden. Obwohl es keine direkten Krankheiten bei den Uranusmenschen gibt , so gibt es doch ab und an Unpässlichkeiten, die von falschen Gedankenvorstellungen und negativen Beeinflussungen herrühren können. Ist kein Magnetiseur zugegen, so begibt sich jener Hilfesuchende zu dieser energetischen Quelle, die gespeist wird von Magnetiseuren und Anlagen in bestimmter Schwingungsfrequenz, entnimmt die geeignete Kraftzufuhr und ist sofort wieder harmonisiert.

Pflanzenwelt und Bereich der Mineralien

Die Pflanzen und Mineralien sind wie auf der Erde, nur verfeinert und strahlender. Bei letzteren zeigt sich der Bewegungsunterschied zwischen Erde und Uranus besonders deutlich. So vollzieht sich das Werden der Steine viel rascher in den Verwandlungen. Die Gesteinsformationen liegen nicht so lange in totähnlichem Sein. Das innere Seelenleben und die Belebungsfluide, vom Menschen, der Tier- und der Pflanzenwelt ausgehend, wirken verwandlungsfördernd. In wesentlich gemilderter Form kennen wir diesen Prozess auf der Erde, wenn durch nichtmaterielle Einwirkung der Menschen auf Tiere und Pflanzen - durch positive Gedanken- und Gefühlsausstrahlung, durch Worte und zärtliches Berühren und Streicheln - diese in ihrem Wachstumsverhalten und in ihrem Gebaren (bei Tieren) positiv beeinflusst werden.

Der Turnus der Auflösung, d.h. die Zeitperiode einer kompletten Entwicklungsstufe, ist also wesentlich kürzer als auf der Erde. Was auf Uranus heute noch Stein ist, kann morgen schon Sand und Schlamm, und damit Basismaterial für eine neue Lebensanlage der Pflanzen sein. Eine positive Auswirkung des wesentlich schnelleren Ablaufs der Naturprozesse ist auch die schnellere Reifung der Früchte. Die Uraniden können, bei entsprechend planvoller Bebauung ihrer Felder, ständig ernten. Hungersnöte sind damit völlig ausgeschlossen.

Tierwelt

Die Tiere befinden sich in Naturparks und sind allesamt friedlich. Sie sind der Umgebung, den Menschen und den Geistwesen angepasst und auch mit ihnen vertraut. Wilde Tiergattungen wie sie auf der Erde vorkommen, sind auf dem Uranus zahm, weil die Mensch-Tier-Entwicklung konform geht. Widerstände zwischen Mensch und Tier ergeben sich erst dann, wenn der Mensch das Tier zu einem Tun treibt, das gegen seine Natur ist. Wir

Erdenmenschen kennen das doch sehr gut, denn wir sagen: „Das Tier sträubt sich". Das Nutztier treiben wir trotzdem an und prüfen nicht die Ursachen der Verweigerung des Tieres. Ein Tier hat zu funktionieren, urteilt der arrogante und unwissende Erdenmensch.

Aus der vorstehenden Schilderung der wesentlichen Aspekte der Lebensbedingungen und Lebensauffassungen der Uraniden wird deutlich, dass auch die Erdenmenschheit eines Tages dieses Stadium erreichen wird.

Auch wenn wir diesen paradiesisch anmutenden Zustand auf Uranus nicht gleich bei der bevorstehenden Potenzierung erreichen werden, so geht aus dem Vergleich doch klar und deutlich die Entwicklungstendenz hervor. Der zukünftige Mensch, der „homo spiritualis", wird auf jeden Fall der Hülle, seinem Körper nach, viel feiner gebaut sein. Auch wird er aufgrund seines geringeren Gewichts und der geringeren Schwerkraft des nun größeren Planeten Erde eine viel größere Bewegungsfreiheit besitzen. Die Erde selbst, nun nicht mehr ganz so grobstofflich, und deswegen leichter und größer mit dann zwei Monden (der zweite Mond entsteht aus den bei der Potenzierung abgeworfenen Feuerreifen) behält jedoch ihre Eigenschaft, nämlich Aufbau- und Entwicklungsplanet zu sein für die irdische Menschheit.

Die Quelle allen Lebens, die Natur, wird viel reichhaltiger sein, als dies heute auf der Erde der Fall ist. Die Jahreszeiten wird es in der jetzigen Trennschärfe nicht mehr geben, denn die Erdachse wird nach der Potenzierung viel steiler zur Umlaufbahn um die Sonne stehen. Es werden nach wie vor große Unterschiede in der geistigen Entwicklungsstufe der dann auf der neuen Erde einverleibten Geist-Seelen (Menschen) bestehen, aber das Gefälle wird weit weniger groß sein als heute. Mörder, Verbrecher, Betrüger, Lüstlinge usw. wird es nicht mehr geben und auch Krankheiten werden bei weitem nicht mehr so häufig sein wie auf der heute degenerierten Erde. Der Kampf zwischen den Religionen und zwischen Nationen wird keine gewalttätigen Züge mehr tragen, der Krieg auf dem Abfallhaufen der Erd- und Menschheitsgeschichte verwesen.

Vergleicht man den Zustand der heutigen Erdenmenschheit mit dem Zustand der Uranidenmenschheit, dann wird schnell klar, dass ein großer Schritt in die Richtung der Uraniden mannigfache Veränderungen, die allesamt Verbesserungen sein werden, bringen wird.

Auch die Wissenschaft wird sehr bald zu der Erkenntnis kommen, dass sie ihre Studien, Forschungen und Entwicklungen auf den Grundlagen durchführen müssen, die nicht auf die Vergänglichkeit bezogen sind. Wenn sich die bisherigen Erkenntnisse, insbesondere der Astrophysik, Biologie und Medizin, durch die Potenzierung als falsch oder stark anpassungsbedürftig herausstellen werden, wird zwangsläufig die Einsicht wachsen, sich mit den fundamentalen wahren Gesetzmäßigkeiten in der gesamten Schöpfung auseinanderzusetzen. Es werden insbesondere die Schwingungen, die jedes Leben beinhaltend in sich bergen, sein, die zukünftig im Zentrum der Forschungsbemühungen der Wissenschaftler der neuen Erde stehen werden.

Das neue Zeitalter, das Wassermannzeitalter mit dem Sinnbild der Amphore - ein Wassertropfen gleicht dem anderen, somit Gleichheit und Brüderlichkeit symbolisierend - wird nach der katastrophalen Reinigung der Erde durch die Potenzierung, die fast allen Erdbewohnern das physische Leben kosten wird, friedlich und brüderlich sein. In der neuen Ära nach der Metamorphose der Erde einschließlich ihrer Menschen wird der Antagonismus zwischen dem Materiellen und Spirituellen wesentlich abgemildert sein, denn Beides wird friedlich nebeneinander bestehen, wobei das Materielle immer mehr an Bedeutung verlieren wird.

Der degenerierte homo sapiens wird also in absehbarer Zeit vom homo spiritualis abgelöst werden. Und dieser geistig fortentwickelte, neue Mensch wird das tun, was der derzeitigen Menschheit völlig misslungen ist, nämlich Nachfolger von Jesus Christus zu werden. Er, der neue Mensch auf einer neuen Erde, wird beginnen das Leben zu führen, für das Jesus Christus uns allen ein Beispiel war.

Sein Leben, ausschließlich der Gottes- und Nächstenliebe gewidmet, ist, gepaart mit der Eigenliebe, in Wahrheit die Erbschaft aller Menschen.

Der homo sapiens liegt schon im Koma. Keine ärztliche Kunst wird ihn daraus zum Leben zurückholen können. Er wird für eine gute Sache sterben: Dem neuen Menschen, auf einer neuen Erde, dem „**Homo Spiritualis**".

286

Literatur

Dr. Batra, Ravi, Die große Rezession von 1990, Heyne, 1988

Die Bibel (ganze Heilige Schrift) nach der deutschen Übersetzung von Dr. M. Luther

Bublath, Joachim, Chaos im Universum, Droemer, 2001

Coogan, Michael D., World Religions, Duncan Baird Publishers, London, 1998

Ditfurth, H. von, Im Anfang war der Wasserstoff, Hoffmann und Campe, 1972

Fischinger, Lars. A. & Horn, Roland M., UFO-Sekten, Moewig, 1999

Dr. de Fontbrune, Max, Was Nostradamus wirklich sagte, Ullstein,1991

Genzmer,Herbert, Hellenbrand U., Rätsel der Menschheit, Parragon Books Ltd.

Green, Brian, Das elegante Universum, Siedler 2000

von Hassler, Gerd, Wenn die Erde kippt, Facta Oblita, 1989

Hawking, Stephen W., Einsteins Traum, rororo science, 1999

Hawking, Stephen W., Eine kurze Geschichte der Zeit, rororo science, 1999

Klaus, G., Jesuiten, Gott, Materie, VEB Deutscher Verlag der Wissenschaften, Berlin , 1958

Korinth, Helmut, Dr. Martin Luthers kleiner Katechismus, Hamburg, 1977

Marx, Karl, Manifest der kommunistischen Partei, Dietz Verlag, Berlin, 1965

Moore, Patrick, Grosser Atlas der Sterne, Isis, 1995

Prechter, Robert R., Gezeitenwechsel, Markt & Technik, 1990

Rabanne, Paco, Das Ende unserer Zeit, Herbig 1994

Tipler, Frank J., Die Physik der Unsterblichkeit, Piper 1994

Weidner, Gisela, GEIST,KRAFT,STOFF, Eigenverlag, Wien

Weidner, Gisela, Wissenschaftler des Uranus, Eigenverlag, Wien

Wilson, Robert Anton, Der neue Prometheus, Phoenix, Arizona,

Vorhersage des großen amerikanischen Sehers des 20. Jahrhunderts, bekannt als der „schlafende Prophet", Edgar Cayce:

„Anfang des 21. Jahrhunderts wird eine **Verlagerung der Pole** stattfinden.

Sie wird den **Anbruch des Wassermannzeitalters** und der **fünften Wurzelrasse** verkünden und dicht auf ein anderes prophezeites Ereignis folgen:

der **zweiten Wiederkehr des Jesus Christus**."